RELIGIONS

DE

L'ANTIQUITÉ

IMPRIMERIE DE E. DUVERGER,
RUE DE VERNEUIL, N° 4.

RELIGIONS DE L'ANTIQUITÉ,

CONSIDÉRÉES PRINCIPALEMENT DANS LEURS FORMES
SYMBOLIQUES ET MYTHOLOGIQUES;

OUVRAGE TRADUIT DE L'ALLEMAND

DU Dr FRÉDÉRIC CREUZER,

REFONDU EN PARTIE, COMPLÉTÉ ET DÉVELOPPÉ

PAR J. D. GUIGNIAUT,

Membre de l'Institut de France, Professeur à la Faculté des Lettres
de l'Académie de Paris.

TOME TROISIÈME,

SECONDE PARTIE.

Section première : Cérès et Proserpine, leur culte et leurs mystères.

PARIS,

CABINET DE LECTURE ALLEMANDE
DE J.-J. KOSSBÜHL, RUE GUÉNÉGAUD, N° 5.

M DCCC XLI.

AVERTISSEMENT

POUR

CETTE SECONDE PARTIE DU TOME TROISIÈME.

Nous sommes assez heureux pour pouvoir compléter enfin, par cette livraison nouvelle de deux volumes, encore plus considérable que la précédente et qui la suit de près, la double publication du texte proprement dit des *Religions de l'antiquité*, et des planches si nombreuses qui, jointes à leurs explications, lui servent déjà de commentaire perpétuel. Le traducteur, parvenu au terme de cette œuvre complexe et difficile, où ses remaniements, ses intercalations, ses additions se fondent dans un ensemble et sous des formes qui donnent à la *Symbolique* française l'allure d'un livre original sans lui ôter ni le mérite d'une version fidèle, ni l'autorité d'un grand nom, peut désormais se consacrer tout entier à la reprise de ce travail personnel d'éclaircissements et de compléments, qui achèvera, du moins il l'espère, de lui imprimer le caractère d'une exposition de la science mythologique à la hauteur de ses derniers progrès.

Nos prochaines publications se composeront donc 1° des Éclaircissements des livres IV, V et VI, qui compléteront le tome II de l'ouvrage ; 2° du livre IX° et dernier, qui en sera la récapitulation générale développée, des Éclaircissements des livres VII, VIII et IX, et de la Table alphabétique des matières, par où se trouvera terminé le tome III ; 3° du Discours préliminaire, qui, accompagné de quelques notes additionnelles aux livres I, II et III, dont les Éclaircissements publiés depuis 1825 sont nécessairement en arrière de la science, devra prendre place à la tête du tome I ; 4° d'un Discours destiné à former l'introduction spéciale du tome IV ou de la partie archéologique, planches et leur explication, avec une Table alphabétique raisonnée des sujets mythologiques gravés et expliqués dans ce tome, et qui, au nombre de près de 1,000, en font le recueil de beaucoup le plus riche, le plus varié et le plus complet en monuments antiques de ce genre.

En mesurant de l'œil la carrière qu'il a parcourue depuis l'époque où il conçut, avec l'enthousiasme, mais aussi avec l'imprévoyance de la jeunesse, la première pensée de ce grand travail, le traducteur ne saurait regretter ni les longues veilles qu'il lui a coûtées, ni même les accidents multipliés qui en ont fait languir la publication aujourd'hui si avancée. Nonseulement il a retrouvé tout le charme de ses premières impressions, en écrivant sous l'inspiration puissante de son auteur et de son ami, les savantes pages que l'on va lire sur le culte et les mystères de Cérès et de Proserpine, cette couronne du paganisme ancien ; mais plus que jamais il est convaincu que le prix de ses recherches complémentaires aura singulièrement gagné aux causes mêmes qui en ont retardé la rédaction. Dans le mouvement si rapide et toujours si fécond des études de l'antiquité en Allemagne, il n'est presque pas un point essentiel de la mythologie et de l'histoire ou de la philosophie des religions qui, depuis quinze années, ne soit devenu l'objet d'un livre spécial, plus ou moins important. Nous continuerons de présenter dans nos Éclaircissements les principaux résultats de ces travaux, et déjà les indications des notes additionnelles placées au bas du texte, et où les noms des O. Müller, des Welcker, des Gerhard, des Panofka, des Lobeck, des Preller, brillent parmi tant d'autres, en laissent prévoir tout l'intérêt. Nous ne négligerons pas non plus les écrits étrangers à l'Allemagne, ceux surtout de nos compatriotes, dignes émules des mythologues et des archéologues d'outre-Rhin, MM. Raoul-Rochette, Letronne, Lajard, de Luynes, Lebas, Lenormant, etc., sans oublier le savant et consciencieux M. de Witte. Des ouvrages d'un caractère plus général, des théories nouvelles ou données pour telles, depuis Schelling jusqu'à Hegel et ses disciples, depuis Baur jusqu'à Stuhr ou même Strauss, seront également résumés et jugés, soit dans les Éclaircissements, soit dans le Discours préliminaire et dans le livre IXe, qui doit en être le pendant. Nous n'avons pas besoin de dire que, dans ces études pour servir à l'histoire critique de la science, la première place appartiendra de droit à la troisième édition de la *Symbolique et Mythologie des anciens*, par Fr. Creuzer, dont la publication, commencée en 1836, se poursuit avec une activité qui rappelle la double jeunesse du vieil Hésiode, et s'achèvera, selon toute apparence, avant celle des *Religions de l'antiquité*, auxquelles elle rendra plus encore qu'elle ne leur a pris.

Nota. L'éditeur croit devoir faire observer que, dans la distribution générale de l'ouvrage, les 3 tomes du texte formant avec les Éclaircissements et les autres accessoires 6 volumes ou parties, les 3 parties complètes en elles-mêmes et que l'on peut faire relier dès à présent, sont : 1° la 2° partie du tome I ; 2° la 1re partie du tome II ; 3° la 1re partie du tome III. Quant aux planches, formant avec leur explication le tome IV, elles peuvent se diviser également en deux parties ou volumes, dont le second, contenant les planches, est en état d'être relié sur-le-champ ; le premier, renfermant les explications, doit attendre une Introduction et une Table. En résultat, sur les 8 volumes des *Religions*, 4 sont complets, 4 encore incomplets, quoique les souscripteurs possèdent maintenant en totalité le texte de la *Symbolique* française, et les planches et explications de la *Galerie mythologique* renouvelée, qui s'y rattache désormais exclusivement.

TABLE

DES CHAPITRES ET ARTICLES

CONTENUS DANS LA SECONDE PARTIE DU TOME TROISIÈME, PREMIÈRE SECTION.

LIVRE VIII.

CÉRÈS ET PROSERPINE ET LEURS MYSTÈRES.

Pages.

Point de vue de ces recherches, et leurs sources. 409

SECTION PREMIÈRE.

Propagation, développements divers du culte de Cérès et de Proserpine, et ses rapports avec l'Orient. 415

CHAP. Ier. Origines du culte de Cérès recherchées en Crète et sur les bords du Pont; double contact avec l'Égypte et avec l'Asie. . . . . 415—434

I. Idée du perfectionnement successif de la religion de Cérès, dans sa marche d'Orient en Occident, et dans ses ramifications à travers la Grèce et jusqu'en Attique, p. 415. — II. Importance de la Crète, dans les temps anciens, soit pour l'histoire des religions grecques, en général, soit pour celle de Cérès, en particulier; relations historiques et conceptions religieuses impliquées par les généalogies des rois de cette île, en rapport avec les généalogies à la fois divines et humaines de la Colchide, p. 419. — III. Famille du soleil en Colchide : Æétès et Persès, Circé et Médée, divinités solaires et lunaires en opposition; Colchide, seconde Égypte; Ino-Leucothée, dans cette

TABLE DES CHAPITRES

contrée comme en Béotie, analogue à Isis et à la Cérès cabirique. Dualisme et magie, caractères communs de tous ces êtres mythiques, p. 425.

CHAP. II. Le culte de Cérès en Argolide et dans l'Asie antérieure. . . . . 435—469

I. Persée, héros solaire de l'Argolide, en rapport avec les origines égyptiennes, libyques, asiatiques, de la religion de Cérès; symboles et rites principalement funèbres qui s'y rattachent, à Argos, à Hermioné, à Épidaure, à Égine; culte de Déméter Chthonia, de Damia et Auxesia, p. 435. — II. Analyse de la légende de Persée, suite; Bellérophon continuateur de Persée; comment Persée se retrouve en Asie-Mineure, principalement à Tarse, dans un double rapport avec l'Argolide, avec le culte de Cérès et de Proserpine, et avec la Perse, avec ses dieux et ses héros solaires, p. 446. — III. Continuation du même sujet : rapprochement de quelques-uns des symboles contenus dans les mythes de Persée et de Bellérophon, des rites religieux et des représentations figurées qui s'y rattachent, avec les symboles, les dieux, les rites de la Haute-Asie et de l'Asie-Mineure. La Chimère et les animaux merveilleux de l'Orient; Chrysaor, le Jupiter Chrysaoreus de la Carie, Déméter Chrysaoros, et le sacrifice symbolique du taureau, p. 460.

CHAP. III. Le culte de Cérès dans le reste du Péloponnèse et en Béotie; et Proserpine-Vénus dans les légendes héroïques de la Thessalie, de la Crète et de l'Attique. . . . . 470—526

I. La Cérès-Erinnys et sa fille Despœna en Arcadie, dans leur double rapport avec

ET ARTICLES. XI

Neptune et avec Pan ; autres Cérès du Péloponnèse, issues de l'Attique ; la Cérès Achæa de Béotie, analogue à la Cérès-Érinnys, p. 470. — II. Proserpine-Vénus, sous le nom de Pasiphaé ; analyse de la légende crétoise de cette dernière ; son caractère ; Pasiphaé rapprochée d'Ino en Laconie, en relation avec Hercule dans la Thessalie, partout divinité lunaire en rapport avec le soleil, p. 481. — III. Minos, époux de Pasiphaé, héros luni-solaire, ses divers aspects ; le labyrinthe de Crète et sa signification ; famille de Minos et Pasiphaé, Glaucus, Androgée, symboles analogues aux précédents, p. 491. — IV. Légende de Thésée et Ariadne ; épisode de Scylla ; Thésée dans le labyrinthe ; Thésée agriculteur et législateur, héros solaire sous divers points de vue ; Scylla et Ariadne, héroïnes lunaires, identiques à Proserpine sous différents aspects, p. 497. — V. Thésée, le fort, le dompteur de taureaux, en rapport avec l'agriculture et la religion de Cérès ; sacrifice du bœuf à Athènes, sens symbolique et mystérieux de cette cérémonie ; le Minotaure, Achéloüs, Hébon, symboles analogues aux précédents et qui se correspondent, p. 506. — VI. Érysichthon maudit par Cérès, et sa fille Mestra, nouveau héros et nouvelle héroïne solaire et lunaire, nouveaux symboles sidériques et agraires tout à la fois, d'origine orientale, p. 518.

CHAP. IV. Proserpine-Dioné en Épire, associée à Aïdoneus ou Jupiter-Silène, et identique avec la Vénus-Libitina de Rome. . . . . . . 527—539

I. Les diverses femmes de Thésée, en rapport avec la lune ; son expédition dans le royaume d'Aïdoneus pour enlever Proserpine; enlèvement analogue d'Hélène reprise par les Dioscures, p. 527. — II. Différentes généalogies de Dioné; Dioné, mère d'Aphrodite ou Aphrodite elle-même, identique au fond avec Pasiphaé, avec Proserpine ou Libera, avec Vénus-Libitina, comme le Jupiter de Dodone avec le Dionysus-Liber ou Silène, et avec Aïdoneus ou Dis-Pluton, p. 532.

Chap. V. Proserpine-Diane, et le culte de Cérès en Sicile et à Rome. . . . . 540—562

I. La Sicile consacrée à Cérès et à Proserpine; principal théâtre de l'enlèvement de cette dernière, et pourquoi; diverses formes et circonstances de ce mythe; fêtes et sacrifices qui s'y rattachaient, soit en Grèce, soit à Rome, p. 540. — II. Suite du même sujet : déesses associées à Cérès et à Proserpine dans la légende de l'enlèvement; combien intimement unies Proserpine et Diane; Cérès cherchant sa fille, ses attributs; théâtres du rapt autres que la Sicile, p. 550.

Chap. VI. Proserpine-Minerve, Proserpine-Fortune et Cérès-Proserpine, en elles-mêmes et dans leurs rapports avec les dogmes de l'Égypte et de la Haute-Asie. . . . . 563—603

I. Divinités orientales comparées à Minerve en même temps qu'à Diane et à Vénus; idées fondamentales communes à toutes ces déesses et qui se retrouvent dans Proserpine-Lune; Minerve surtout rapprochée de Proserpine en qualité de Victoire; toutes deux identifiées sous le nom de Praxidicé, comme principe et fin de toutes choses, p. 563. — II. Proserpine-Minerve ou Praxidicé identique à la Fortune-Primigénie ou première née, en rapport avec la lune ou avec le soleil, et présidant à la marche de la nature et à ses vicissitudes, dès l'origine des choses, p. 575. — III. Cérès et Proserpine exaltées jusqu'au rang de l'être primordial, principe et fin de tous les autres êtres, par leurs rapports avec Isis-Neith et avec Isis-Athor, la Minerve et la Vénus de l'Égypte, avec la Sémiramis et la Dercéto de l'Assyrie, avec la Mitra de la Perse et la Maïa de l'Inde. Explication des légendes égyptiennes des rois Mycérinus et Rhampsinit. Essai de restitution, principalement sous le point de vue égyptien, du système théologique d'où dérivent les dogmes transcendants de la religion de Cérès et de Proserpine, p. 581.

CHAP. VII. Cérès en Attique; son épiphanie à Éleusis. 604—635

I. Retour à la Grèce; analyse rapide de l'hymne homérique à Cérès; monuments figurés qui s'y rattachent, p. 604. — II. Développement des points fondamentaux de l'hymne homérique à Cérès; la guerre éternelle d'Éleusis; dogme de la lutte entre l'esprit et la matière, et rites qui s'y rattachaient, p. 608.— III. Combats du taureau à Éleusis et dans d'autres contrées, soit de l'Occident, soit de l'Orient; sens symbolique et religieux de ces combats, p. 627.

CHAPITRE COMPLÉMENTAIRE. Noms et surnoms de Cérès et de Proserpine. . . . . 636—654

I. Noms et surnoms de Cérès, p. 636. —
II. Noms et surnoms de Proserpine, p. 645.

SECTION DEUXIÈME.

Éleusis et le culte de Cérès et de Proserpine en Attique. . 655
CHAP. I. Éleusis avec ses temples, ses prêtres et ses traditions.. . . . . 655—713

I. Topographie et antiquités d'Éleusis; ses héros, Triptolème, Eumolpe, p. 656. — II. Guerre des Athéniens avec les Éleusiniens, de Minerve avec Neptune, et leur réconciliation, gage de la prospérité de l'Attique; double sens, physique et historique, de ces traditions, p. 662. — III. Anciennes familles sacerdotales de l'Attique : les Eumolpides, les Céryces, les Étéoboutades, p. 671. — IV. Noms, symboles et mythes qui, dans les traditions d'Éleusis et dans d'autres traditions anciennes, impliquent les faits dogmatiques ou historiques d'un âge patriarcal; d'un culte primitif, pur et saint; du sacerdoce et de la royauté intimement unis; d'une discipline religieuse en rapport avec la doctrine des mystères. Symbole de l'abeille et ses sens divers, plus ou moins élevés; Jupiter-Aristée, ou le Jupiter aux abeilles, dieu-homme et prêtre-roi; Anius, autre prêtre-roi, d'un caractère analogue. L'airain et le son de l'airain, symbole connexe à celui de l'abeille, et se rattachant également aux dogmes supérieurs de la religion de Cérès, p. 676. — V. Suite du même sujet. Jupiter-Picus, patriarche et prophète, premier prêtre et premier roi; sa mort et son tombeau; symboles de la chèvre et du pic ou pivert en rapport avec lui. Cérès prophétesse et son hôte Céléus, rentrant dans le même ordre d'idées. Liaison qu'indiquent ces noms et ces symboles entre les religions primitives de la Crète, de l'Attique et de l'Italie, p. 701.

Chap. II. Les Thesmophories des Athéniens.... 714—751

I. Principales fêtes de Cérès; les Thesmophories combien répandues et combien anciennes; monuments relatifs à cette fête et sources écrites de son histoire, p. 714.— II. Époque de la célébration des Thesmophories; période, ordonnance, acteurs de cette fête; son double caractère agricole et conjugal, révélé par les rites qui y préparaient aussi bien que par les symboles qui y trouvaient place; rôle qu'y jouaient certaines plantes consacrées ainsi que dans les Scirophories, fête analogue aux Thesmophories, p. 722. — III. Suite du même sujet : principaux rites des Thesmophories et leur sens. Le rire opposé aux larmes, légendes qui s'y rattachaient; différentes processions, sacrifices et autres cérémonies, p. 737. — Résumé des attributions de Cérès-Thesmophore; comment y correspondent les fonctions diverses des Édiles de Rome, p. 749.

CHAP. III. Les Éleusinies, et leurs dogmes fondamentaux. . . . . 752—820

I. Établissement et organisation des Éleusinies; prêtres chargés de leur célébration; lois qui les régissaient, p. 753.—II. Distinction des petits et des grands mystères, époques différentes de ces fêtes, et particularités connues de la première; dénominations et formules qui se rapportaient à l'une ou à l'autre; emprunts que leur firent à cet égard et la philosophie et le christianisme, p. 765.— III. Rapport des petits mystères avec les grands; intervalle observé entre les deux principaux degrés d'initiation. Les Éleusinies proprement dites ou la fête des grands mystères; nombre et suite des jours de cette fête; cérémonies qui les remplissaient, et entre autres le Géphyrisme; l'Époptie ou la dernière initiation, p. 776. — IV. Jugements des anciens et des modernes sur les mystères d'Éleusis et sur la nature des dogmes qui y étaient enseignés; considérations sur leur origine, sur leur histoire, sur leurs rapports avec la religion populaire et avec la philosophie; transformations subies par la doctrine des mystères, et comment peut-elle être aujourd'hui retrouvée? En quoi consiste-t-elle principalement? p. 795.

Chap. IV. Conclusion...................... 821—831
  Le paganisme comparé avec le christianisme; esprit opposé des deux religions, p. 821.

CORRECTIONS ET ADDITIONS.

Page 480, note 2 : *au lieu de* ἄχος, *lisez* ἄχος,

Page 536, note 2, ligne 3 : *lisez* Poet. Astron. II, p. 469 Stav.

Page 621, note 5 : *au lieu de* ἀλήτρια, *lisez* ἀλετρία ou ἀλετρίς, de ἀλέω, quoiqu'on trouve ἀλιτηρία dans le même sens, par suite d'une fausse étymologie, dans l'Etymol. M. p. 65, p. 59 sq. Lips., coll. Etymol. Gudian. p. 35. — *V.* Thesaur. H. Steph. vol. I, col. 1440, 1441, 1492, ed. Didot. (J. D. G.)

Page 621, notes, ligne 2 : Herodot. V, 6, *lisez* V, 61.

Page 699, note 1 : Ovid. Fast. II, *lisez* III.

LIVRE HUITIÈME.

CÉRÈS ET PROSERPINE, ET LEURS MYSTÈRES.

POINT DE VUE DE CES RECHERCHES, ET LEURS SOURCES.

« Autant les dieux sont au-dessus des héros, autant les Éleusinies l'emportent sur tous les autres établissements religieux qui ont été institués par les hommes. » Tel était, suivant Pausanias[1], le jugement que portaient les anciens Grecs, et c'en est assez pour appeler notre plus sérieuse attention sur le culte de Cérès et de Proserpine, sur leurs temples et sur leurs fêtes. Que sera-ce si les plus grands esprits de la Grèce et de Rome, lorsqu'ils parlent du dogme de l'immortalité de l'âme ou de celui de l'unité de Dieu, nous renvoient précisément aux mystères de l'Attique ? Ces mystères peuvent être considérés comme une sorte d'introduction au christianisme, et nous aurons à marquer, en terminant nos recherches, par où le christianisme s'en distingue, et comment cette religion vraiment divine, grâce à son essence plus épurée encore, surpasse la gloire des Éleusinies reconnues pour telles chez les anciens.

Cette haute opinion qu'avait l'antiquité des fêtes de

---

[1] IX, 31, *fin.*

Cérès en Attique dut en faire de bonne heure, aussi bien que du culte de cette déesse et de sa fille, en général, un objet favori des investigations de la science. Déjà Meursius, Sainte-Croix et son savant traducteur[1], Heyne dans son Apollodore, et d'autres encore[2], ont signalé les sources, jadis si abondantes, aujourd'hui taries en grande partie, où elle puisa. La seule indication de quelques-unes des plus importantes suffit pour montrer combien fut étendue la sphère du développement de cette religion. Elle se propagea avec les plus anciennes colonies transplantées en Grèce, et se rattacha étroitement à la fondation même de la civilisation dans cette contrée par le double moyen de l'agriculture et des demeures fixes. Quiconque, parmi les anciens, remontait dans ses explorations jusqu'aux premiers temps, et avait à parler de la Crète, d'Argos, de Dodone, de la Béotie, de Samothrace, de la Thrace, ces points lumineux de l'époque pélasgique, devait par cela même rencontrer sur ses pas Cérès et Proserpine. Ainsi les poëtes qui, tels que l'auteur de la Phoronide, s'étaient occupés des dieux de l'Ida[3]; ainsi les écrivains, soit en vers, soit en prose, qui avaient traité du culte des Cabires. Dans les Dionysiades, on le pense bien, les deux déesses tenaient une place d'hon-

---

[1] Le premier, dans sa Græcia feriata et ses Eleusinia; le second dans ses Recherches sur les mystères du paganisme, traduites en allemand par Lenz, pag. 212, rééditées en français par Silvestre de Sacy, tom. I, pag. 396 sqq.

[2] Surtout Lobeck, Aglaophamus, sive de Theologiæ mysticæ Græcorum causis, liber primus, Eleusinia, pag. 193 sqq.   (J. D. G.).

[3] V. livre V, sect. I, chap. II, p. 275 sq. et *passim*, tome II.

neur, à cause de leurs rapports intimes avec le dieu qui en était le sujet principal ; elles passèrent non moins naturellement dans les Thébaïdes, les Héraclées et les Théséides, de même que dans les compositions des logographes, où se trouvait reproduite, d'après les poëtes, l'histoire des tribus et des héros de la Grèce. Pareillement les mythographes avaient compris dans leurs recueils la fable de Cérès et de Proserpine, comme nous nous en assurons par l'extrait d'Antoninus Liberalis, par les Métamorphoses de Nicander et par celles d'Ovide. Dans tous les lieux consacrés au culte de ces divinités, existaient, en outre, des chants solennels où elles étaient célébrées spécialement, et quelques-uns avaient pour auteurs d'illustres poëtes. Lasus d'Hermioné en Argolide, par exemple, avait composé un hymne en l'honneur de la grande déesse de sa patrie ; et nous avons encore l'hymne de Callimaque à Cérès, reflet savant des cantiques populaires qui retentissaient aux fêtes de la moisson[1].

Mais aucun pays de la Grèce n'était plus riche que l'Attique en poëmes et en autres ouvrages sur ce sujet. On prétendait avoir, dans cette contrée, des chants antérieurs à Homère, qui avaient pour objet l'établissement des fêtes de Cérès en Attique, entre autres l'hymne de

---

[1] Ἴουλοι, Οὖλοι, Δημήτριουλοι, Chants des gerbes, de même que Cérès était elle-même appelée Ἰουλώ, en tant que liant les gerbes. — Sur Lasus et les autres auteurs d'hymnes, soit lyriques, soit épiques, en l'honneur de Cérès, il faut voir maintenant Preller, dans sa remarquable monographie intitulée : *Demeter und Persephone*, Hambourg, 1837, in-8°, p. 56 sqq.

(J. D. G.)

l'antique Pamphos, dont Pausanias fait mention plus d'une fois[1]. Indépendamment des Théséides, d'autres épopées, telles que l'Hécalé de Callimaque, avaient touché le mythe de Cérès, mythe qui fut transporté sur la scène dramatique, ainsi qu'en témoignent les fragments de nombreuses tragédies. Il suffit de nommer le Triptolème de Sophocle[2].

C'est dans ces poëmes que puisèrent, pour ce qui concerne le culte et la fable dont il s'agit, les narrateurs en prose et les auteurs d'Atthides, entre autres Phérécyde, Hécatée, Ister, Philochorus, Androtion; les grands historiens, Théopompe, Éphore, et les chronographes, Apollodore, par exemple, sans parler de la chronique de Paros; les périégètes, tels que Polémon, Héliodore, etc. D'autres écrivains s'étaient occupés des généalogies et des légendes ou annales des anciennes familles sacerdotales de l'Attique, vouées au culte de Cérès. Enfin les mystères de cette contrée, par où il faut entendre les Thesmophories et les Éleusinies, excitèrent à l'envi l'attention des historiens et celle des philosophes. Ceux même qui avaient traité des mystères en général ne pouvaient passer sous silence les plus célèbres institutions de ce genre; et souvent, d'ailleurs, quand les anciens nous parlent de mystères, sans autre désignation, et

---

[1] I, 39, IX, 31, *fin*. — *Cf.* Preller, *ibid.*, p. 60 sqq.

[2] Sur cette pièce, dont il nous reste de curieux fragments (Dindorf Poet. scen. Sophocl. fr. 527-547), consultez, indépendamment de Fabricius, Bibl. gr. II, p. 212 sq. ed. Harles., les savantes recherches de Welcker, *Rheinisches Museum*, supplém. II, 1, p. 300 sqq., et Preller, ouvr. cité, p. 303 sqq.   (J. D. G.)

d'ouvrages sur les mystères, tels qu'ils en avaient un grand nombre, ce sont les mystères de l'Attique qu'ils ont en vue[1]. Outre Mélanthius, Philochorus avait écrit sur les mystères; et la même Arignoté, la pythagoricienne, que nous avons citée, dans le livre précédent, au sujet de la doctrine secrète de Bacchus, n'avait pas négligé non plus celle de Déméter[2]. Il existait, en outre, sur les rites de ce culte mystérieux, des espèces de livres sacrés, tels que le rituel en trois mille vers attribué à Eumolpe[3]. Le nombre des ouvrages sur les mystères ne cessa pas de se multiplier jusqu'aux derniers temps, comme on le voit par les citations de plusieurs écrivains[4], et tous n'étaient pas historiques. Beaucoup, qui n'étaient point destinés au public, sont l'objet des vives attaques des Pères de l'Eglise[5].

La plupart de ces documents de divers genres sont aujourd'hui perdus; et toutefois nous possédons encore, sur l'origine, le sens et l'esprit de la religion de Cérès, de précieux renseignements, non-seulement dans des ouvrages d'un cadre général, tel que celui de Pausanias,

---

[1] Par exemple, le scholiaste d'Aristophane (Av. v. 1073) citant l'ouvrage de Mélanthius, comme l'on s'en assure par le rapprochement d'Athénée, VII, 325 C, 195 Schweigh. D'autres allégations sont moins précises, dans le même scholiaste, *ibid.*, dans le même Athénée, IX, 376, XIII, 602. *Voyez* encore Clem. Alex. Protrept., p. 56; Diogen. Laert. V, 84, *ibi* Ménage.

[2] Suidas, tom. I, p. 320; Kuster, coll. Eudoc. Violar. p. 71.

[3] Suid. *s. v.*, tom. I, p. 897.

[4] Par ex., chez l'auteur des Apotelesm. II, 197 sqq.

[5] *Voy.* Galen. de Virt. simpl., cap. 7, *init. Cf.* Theodoret. Therap. Serm. VII, p. 583.

mais aussi dans une suite de compositions tout-à-fait spéciales, depuis l'hymne homérique à Déméter jusqu'au poëme de Claudien, sans oublier celles qui figurent parmi les poésies orphiques. Les historiens, tels qu'Hérodote, Diodore et autres, nous sont aussi d'une grande utilité, ainsi que l'orateur Andocide dans sa harangue sur les mystères, Isocrate dans son panégyrique et ailleurs, Aristide dans le discours panathénaïque et dans l'Eleusinius. La suite de ce livre nous fournira de fréquentes occasions de citer ces auteurs, et de rendre à chacun ce qui lui revient. C'est là que nous apprécierons toute l'importance de la découverte du fameux hymne homérique dont il vient d'être question. Son antiquité, son étendue, la richesse des développements qu'il présente, lui donnent un prix égal pour la connaissance des formes les plus anciennes du mythe de Cérès et pour l'explication des monuments de l'art qui s'y rapportent. On peut, par exemple, le considérer comme un véritable commentaire sur le célèbre vase Poniatowski, dont la copie se trouve dans notre tome quatrième[1].

---

[1] Pl. CXLIV *bis* et CXLIV *ter*, avec l'explicat., p. 224 sqq. — Les travaux de critique et d'exégèse moderne les plus importants, sur le culte et les mystères de Cérès et de Proserpine, ainsi que sur les monuments qui s'y rattachent, sont indiqués et appréciés dans les Éclaircissements de ce livre VIII, note 1, à la fin du volume. (J. D. G.)

SECTION PREMIÈRE.

PROPAGATION, DÉVELOPPEMENTS DIVERS DU CULTE DE CÉRÈS ET DE PROSERPINE, ET SES RAPPORTS AVEC L'ORIENT.

CHAPITRE PREMIER.

ORIGINES DU CULTE DE CÉRÈS RECHERCHÉES EN CRÈTE ET SUR LES BORDS DU PONT; DOUBLE CONTACT AVEC L'ÉGYPTE ET AVEC L'ASIE.

I. Idée du perfectionnement successif de la religion de Cérès, dans sa marche d'Orient en Occident, et dans ses ramifications à travers la Grèce et jusqu'en Attique.

Les mystères de l'Attique enseignaient, comme nous l'avons déjà fait observer et comme la suite le prouvera, le grand principe de l'unité de Dieu; mais les chefs de ces mystères auraient cessé d'être grecs, s'ils eussent présenté ce dogme tel que nous le concevons aujourd'hui, et sous la forme abstraite et épurée que le judaïsme et le christianisme pouvaient seuls lui donner. Il n'en fut point ainsi, et, même dans le plus sublime essor de leur pensée, les mystagogues d'Éleusis et d'Athènes, qui puisaient à d'autres sources, demeurèrent fidèles au génie mythique de l'antiquité païenne.

C'est donc dans le mythe de Cérès et de Proserpine, ces deux objets principaux du culte d'Éleusis, qu'il faut chercher, sous son enveloppe non moins orientale que grecque, le dogme dont il s'agit; c'est dans l'essence même et dans la plus haute idée de ces déesses qu'il doit se révéler à notre science moderne, comme il se révélait jadis à la foi antique. Nous pourrions dire sur-le-champ qu'aux yeux des initiés Cérès et Proserpine, se résolvant l'une dans l'autre, ne formaient qu'une seule et même divinité. Nous pourrions ajouter que cette divinité unique était considérée comme la mère ou matrice de tous les dieux et de toutes les choses créées[1]. Mais ce serait peu de chose que cette simple affirmation; ce qu'il importe surtout de savoir, c'est la raison pour laquelle les deux déesses furent exaltées jusqu'à ce comble d'honneur, et comment elles y parvinrent. Si l'on veut pénétrer tout le sens de la croyance mystérieuse des Athéniens, en saisir le véritable esprit, il faut reconnaître la route que suivit cette doctrine pour arriver chez eux, et tâcher de mesurer les degrés qu'elle eut à parcourir dans sa marche vers Athènes.

Or, sur cette route, nous est, avant tout, signalée l'île de Crète. Là, Déméter ou Cérès s'était unie avec Jasion, que nous avons vu, plus haut, associé à Triptolème, héros de l'Attique[2]. Quoique Jasion appartienne origi-

---

[1] Comme « le lieu des dieux, » τόπος θεῶν, expression employée par Simplicius in Aristot. Auscult. phys. IV, p. 150 ed. Ald.

[2] Livre VII, chap. V, pag. 371 de ce tome.

nairement à Samothrace, ce n'est pas moins en Crète qu'Hésiode transporte la scène de cet hymen sacré dans ces vers de la Théogonie :

« Déméter, l'auguste déesse, mit au jour Plutus, alors que, sur un champ trois fois retourné, elle s'unit par un tendre amour à Jasion, dans l'île fertile de la Crète[1]. »

Le mythe est ici traité d'une manière toute poétique, tout extérieure, absolument comme par Homère lui-même, dans le cinquième chant de l'Odyssée[2], où il nous montre l'amant de Cérès foudroyé en outre par Jupiter. Déjà nous avons indiqué ailleurs le vrai sens de cette fable agraire, méconnu par l'antique épopée[3]. L'épopée alexandrine, différente à tant d'égards, nous révèle un nouvel ordre, une nouvelle liaison d'idées. Callimaque, dans son Hécalé, où il identifiait Apollon avec le soleil, à l'exemple des Orphiques[4], avait également identifié Artémis et Perséphone[5], comme, avant lui, probablement Pindare[6], et comme Eschyle, qui donnait Artémis pour fille à Déméter, selon le dogme égyptien[7]. Une autre généalogie présentait Perséphone elle-même comme la mère d'Artémis, de la première Diane, qu'elle aurait eue de Jupiter, et qui à son tour aurait eu

---

[1] V. 969 sqq. ed. Wolf. *Cf.* l'imitation élégante de Gœthe dans les Élégies romaines.

[2] V. 125 sqq.

[3] Livre V, ch. II, p. 313 sqq., et ch. III, p. 327, t. II.

[4] *V.* Eratosthen. Catasterism. 24, p. 19 Schaub.

[5] Callimach. Fragm., p. 432, *ibi* Bentley.

[6] *Cf.* ch. V, art. II, *ci-après*.

[7] Livre IV, ch. IV, p. 133, t. II.

de Mercure le premier Cupidon ou Éros[1], ce qui rappelle l'Ilithyie asiatique de l'antique Olen, également mère de l'Amour[2].

L'on voit donc que, dans ces mythes, tout semble, dès l'abord, nous reporter à l'Égypte et à l'Orient, et c'est là que nous pourrions sur-le-champ chercher le berceau de notre Cérès, identique au fond avec Proserpine. Toutefois, comme les indices de Samothrace, de la Haute-Asie, de l'Égypte, pareils à des rayons lumineux, convergent dans l'île de Crète; comme la doctrine secrète s'accorde avec la religion publique à nous y montrer l'un des siéges les plus anciens, sinon le plus ancien, des cultes de Déméter et de Cora[3], c'est la Crète que nous prendrons pour point de départ de nos études sur ces cultes; c'est de là que nous en rechercherons les origines, soit en Asie, soit en Égypte, les développements divers à Argos, à Dodone, dans le reste de la Grèce, et le perfectionnement définitif à Athènes. Athènes elle-même nous indique, dans des légendes significatives, les rapports primitifs de ses religions nationales avec la Crète, avec l'Orient. Elle est par excellence la ville de Thésée. Or, Thésée, non-seulement s'en va visiter Proserpine dans le ténébreux pays des Molosses, mais il forme en Crète un double lien avec la famille divine du soleil, étant à la fois le ravisseur d'Ariadne et l'époux de Phèdre sa sœur. C'est du lever de l'astre du jour que viennent, avec les gerbes solennelles, avec la

---

[1] Cic. de Nat. deor., III, 23.
[2] Même livre et même ch., p. 97 sq., t. II.
[3] *Voy.* livre VII, ch. V, art. II, *passim.*

semence du blé, les rites du culte de Cérès, comme avec le vin procèdent de l'Orient ceux du culte de Bacchus.

II. Importance de la Crète, dans les temps anciens, soit pour l'histoire des religions grecques, en général, soit pour celle de Cérès, en particulier ; relations historiques et conceptions religieuses impliquées par les généalogies des rois de cette île, en rapport avec les généalogies à la fois divines et humaines de la Colchide.

Nous avons fait ressortir, dans un de nos livres précédents, les avantages de la position géographique de l'île de Crète, et nous avons montré le parti que surent en tirer ses anciens habitants pour former des relations avec leurs voisins d'Afrique ou d'Asie[1]. L'étude des antiquités de cette île dépose au plus haut degré de l'influence de ces rapports, et surtout de celle qu'exercèrent sur sa religion et sur toute sa civilisation primitive la Phénicie et l'Égypte. Aussi fut-elle, comme nous l'avons dit, un des plus anciens foyers où s'alluma le flambeau qui devait illuminer les ténèbres de la Grèce pélasgique. Quant au culte de Cérès, dont nous avons ici à nous occuper, c'est en Crète que déjà nous avons trouvé le berceau de la fille de Déméter et de Jupiter transformé en serpent, de cette Cora qui donna le jour au dieu-taureau Zagreus, dont l'histoire mythique a été expliquée plus haut[2]. Cette île fut donc un des siéges principaux du culte secret de Cérès et de Proserpine, aussi bien que de celui de Bacchus, et ce n'est pas pour rien

---

[1] Livre VI, chap. I, p. 545 sq., tom. II.
[2] Livre VII, *ibid.*, surtout pag. 237 sqq. de ce tome.

sans doute qu'elle était désignée par d'anciens poëtes comme le lieu même où Proserpine avait été ravie par Pluton[1], rapt qui, comme on sait, est le fait capital de la légende mystérieuse de Cérès.

Une étude rapide de la généalogie des rois de Crète va nous faire pénétrer plus avant dans l'histoire de nos deux déesses et de la propagation de leur culte. Le nom de *Minos* ou Minos premier, suivant une distinction à laquelle nous n'attachons pas grande importance, nous ouvre à lui seul une vaste et diverse perspective, d'abord en Phénicie et dans l'Asie antérieure, par les oncles mythiques du héros crétois, Cadmus, Phénix et Cilix, et, par le premier, à Samothrace et dans la Béotie en même temps; puis, par son épouse Pasiphaé, dans la famille solaire de la Colchide, et, par ses descendants immédiats, à Athènes et dans la maison de ses antiques rois ; enfin, par sa mère Europe, il nous conduit à Agénor et aux enfants de Bélus, depuis Danaüs jusqu'à Persée et de celui-ci à Hercule, nous faisant remonter, par le même Agénor, au principe de toute l'histoire grecque, à Inachus. Or, cet Inachus, d'après la tradition commune, eut pour fille Io, qui, sous la figure d'une vache, mit au jour, sur les bords du Nil, Épaphus, qu'elle avait conçu de Jupiter. Telle est la forme donnée par les Grecs à un mythe égyptien transplanté chez eux ; car ils savaient très bien eux-mêmes qu'Épaphus n'était autre qu'Apis[2], de même que Io était Isis, la génisse fécondée par un

---

[1] Bacchylid. ap. Schol. Hesiod. Theogon. v. 914, p. 537 ed. Gaisford. *Cf.* l'allusion de l'hymne homérique à Cérès, v. 123.

[2] Herodot. III, 27 ; Apollodor. II, 1, 3.

rayon descendu du ciel, d'autres disent, d'une manière plus précise, par un rayon de la lune[1]. La lune, considérée comme mâle chez les Égyptiens, apparaît donc ici en qualité de générateur. Mais elle ne donne que ce qu'elle a reçu, et c'est du soleil que lui vient sa puissance génératrice[2]. Le soleil, source de toute fécondité, est le premier générateur, de qui la lune conçoit les semences qu'à son tour elle communique à la terre, notion fondamentale que nous allons voir ressortir avec une grande évidence dans la religion de Cérès et de Proserpine.

On se rappelle qu'Épaphus, suivant les fables des Grecs, eut de Memphis, fille du Nil, Libye, et que cette Libye eut elle-même de Poseidon ou Neptune, Agénor et Bélus, double tige de deux puissantes familles[3]. Ici, à côté des éléments égyptiens, nous avons à remarquer les éléments libyques, qui se retrouvent dans la légende de Cérès en Arcadie, selon laquelle tantôt un coursier merveilleux, tantôt une vierge mystérieuse est le fruit des embrassements de Poseidon et de Déméter[4]. Dans la lignée de Bélus, paraît maintenant en Égypte, à Chemmis, un fils du soleil, Persée, bientôt reproduit dans Hercule. D'un autre côté, Minos, petit-fils d'Agé-

---

[1] Herodot. II, 41, coll. Philostrat. Vit. Apollon. I, 19, p. 23; Malelas, Chronic. p. 31 ed. Oxon.; Schol. in Gregor. Nazianz. Carm. pag. 50 ed. Gaisford. — Herodot. III, 28; Plutarch. de Isid. p. 508 Wyttenb.

[2] *Voy.* tom. II, p. 4. — *Cf.* les Éclaircissements du tome I, pag. 830, 834.   (J. D. G.)

[3] Apollodor. II, 1, 4.

[4] *V. ci-après,* chap. III, art. I.

nor, dont l'épouse Téléphassa annonce *celle qui luit au loin*, se rattache lui-même par sa femme Pasiphaé, *celle qui luit pour tous*, aux enfants du soleil. Déjà toute cette famille d'Agénor et de Téléphassa nous met sur la voie du culte de la Cérès cabirique, dont Cadmus, l'aîné de leurs fils, fut le premier serviteur en même temps que l'époux d'Harmonie, sœur de Jasion, cet autre héros que la déesse jugea digne de ses faveurs. Quant à Cadmus, si nous résumons les principaux traits de son histoire mythique, l'enlèvement de sa sœur Europe l'oblige de quitter la Phénicie, sa terre natale. Il trouve l'hospitalité en Thrace, ainsi que sa mère Téléphassa et son frère ou son proche parent Thasus, qui donna son nom, dans la suite, à l'île voisine où fut fondé par lui un nouveau temple de Cérès cabirique[1]. Cadmus, lui, est conduit par sa destinée dans la contrée des bœufs, dans la Béotie, où il devient le père d'une nombreuse postérité, et, par Sémélé, l'aïeul du dernier dieu-taureau, Dionysus. C'est aussi par un dieu-taureau qu'avait été ravie Europe, sa sœur; par Jupiter ainsi métamorphosé, et qui d'Europe eut Minos, comme de Sémélé Bacchus. Minos devait voir naître dans sa famille, de même que Cadmus dans la sienne, un merveilleux taureau solaire. Mais, avant d'insister sur ce rapprochement, revenons un peu sur cette race du soleil, originaire de la Colchide, et à laquelle Minos tient, comme nous l'avons dit, par Pasiphaé, son épouse.

---

[1] Pausan. V, 25; Schol. Euripid. Phœniss. v. 5; Apollodor. III, 1, 1; Conon. Narrat. 37.

Suivant une généalogie remarquable[1], Pasiphaé était fille de Hélius, le dieu du soleil, et de Perséis, l'une des Océanides. Celle-ci appartenait, par conséquent, à cette famille des Titans, si riche en dieux et en déesses astronomiques[2]. D'autres fruits de son union avec le soleil furent Circé et Æétès, le roi de Colchide, donnés comme leurs seuls enfants par Hésiode[3], tandis que Phérécyde, suivi par Apollodore[4], y ajoute Persès et Pasiphaé. D'Æétès uni avec Idyia naquirent Médée et Apsyrte, Médée qu'une autre généalogie, empruntée par Diodore à des auteurs plus anciens[5], fait naître d'Æétès et d'Hécate, fille de Persès, ainsi que Circé et Ægialeus. Ce qui nous frappe surtout dans ces généalogies, parmi tant d'autres noms qui se rapportent aux corps célestes, à leur éclat, à leur révolution, c'est le retour fréquent des noms de Persès et Perséis. *Pars, Pares*, on se le rappelle, signifie, dans les antiques dialectes de la Perse, le *clair*, le *pur*, et la Perse elle-même est le pays de lumière ; qui plus est, dans cette religion de la lumière qui fut celle des anciens Perses, le dieu fécondateur du soleil, Mithras, se nommait encore, ainsi que le prêtre de son culte, *Perses*[6]. N'oublions pas que, d'un autre côté, le nom de Persée nous renvoie à la Haute-Égypte. Quand,

---

[1] Apollodor. III, 1, 2.

[2] *Voy.* liv. V, chap. IV, pag. 362, 367, tom. II. — *Cf.* notre dissertation sur la Théogonie d'Hésiode, p. 29 sq. (J.D.G.)

[3] Theogon. v. 956 sqq., coll. 371 sqq.

[4] I, 9, 1.

[5] Diodor. IV, 45.

[6] *Cf.* liv. II, chap. IV et V, pag. 360, 368, tom. I.

plus tard, nous nous assurerons que Perséphone, identique avec Artémis, selon Eschyle, se rattache, par une double origine, à l'Égypte et à l'Asie supérieure, que son culte tient en principe à cette religion de la lumière, à ce culte des planètes, communs à ces deux contrées, nous aurons à examiner si son nom même ne la rapproche pas naturellement de tous les êtres lumineux qui précèdent et n'a pas avec eux une seule et même étymologie. Qu'il nous suffise maintenant de remarquer que cette idée de lumière pénètre toute l'antique généalogie de Colchos. Thia, l'épouse d'Hypérion, la mère de Hélius, chef de cette race divine, était célébrée, dans des cosmogonies anciennes, comme la source de toute lumière, ainsi que le donne à penser le début de la cinquième Isthmique de Pindare. Aussi lui assigne-t-on pour enfants, indépendamment du soleil, Perséis ou la clarté, son épouse, Sélène ou la lune, et l'Aurore; puis, cette famille solaire du ciel a sur la terre ses représentants dans la maison royale de la Colchide. Pourquoi se localise-t-elle dans cette contrée? c'est que longtemps, pour les Grecs auteurs de ces fables, l'extrémité du Pont où elle se trouve fut la borne orientale du monde; ce qui fait que le poëte ionien Mimnerme y plaça la couche du soleil, sans parler de maint autre mythe analogue [1]. La généalogie de Colchos offre en même temps des traces multipliées de ce dualisme, qui est le fondement de l'antique doctrine des Parses, et qui se laisse entre-

---

[1] Mimnerm. ap. Strabon. I, p. 67 (Fragm. X, p. 222 Gaisford.). *Cf.* Wesseling. Observat. I, 22, p. 88 sq.; — et surtout Völcker, *Mythische Geographie*, p. 111 sqq. (J. D. G.)

voir dans la religion des Cabires aussi bien que dans les autres théogonies de la Grèce. J'entends par là, soit un couple d'êtres opposés l'un à l'autre et reproduisant d'ordinaire le grand antagonisme de la lumière et des ténèbres, par exemple, Astérie en opposition avec sa sœur Léto ou Latone, la déesse des étoiles avec la nuit ténébreuse; soit un seul et même être s'opposant à lui-même dans les diverses périodes de son existence, passant de la lumière aux ténèbres et revenant des ténèbres à la lumière, tel que Mithras, qui tour à tour s'élève au ciel ou s'abaisse aux enfers, ou bien Hercule qui languit obscurément dans le palais d'Omphale après s'être illustré par de glorieux exploits. Enfin, cette doctrine de lumière a cet autre trait caractéristique qu'elle fait dépendre la destinée des astres et des planètes. De là des idées d'astrologie et de magie dans toutes les religions qui en découlent; de là encore ces nouvelles oppositions de la gauche et de la droite, de nœuds formés et dissous tour à tour; notions que déjà nous avons rencontrées dans le culte des dieux planétaires de l'Ida, et que nous allons retrouver dans les légendes magiques de la famille solaire de Colchos, ainsi que dans la religion de Cérès.

III. Famille du soleil en Colchide : Æétès et Persès, Circé et Médée, divinités solaires et lunaires en opposition; Colchide, seconde Égypte; Ino-Leucothée, dans cette contrée comme en Béotie, analogue à Isis et à la Cérès cabirique. Dualisme et magie, caractères communs de tous ces êtres mythiques.

La Colchide nous offre, dès l'abord, un *homme de la terre*, une espèce d'Adam, à côté d'un *homme de la lu-*

mière, et le dualisme sous son double aspect, tel que nous venons de le définir. En effet, *Æétès* est bien l'homme de la terre, du nom de *Æa*, terre, comme s'appelèrent, dans l'origine, la ville et le pays sur lesquels il était supposé avoir régné[1]. Son frère est *Persès*, le fils de la lumière, ou bien encore le *destructeur*. Nulle part on ne rencontre plus nettement caractérisée cette duplicité des êtres solaires et lunaires. Persès a pour fille la formidable Hécate, la bruyante et terrible et magique déesse de la nuit, celle qui atteint au loin et qui de loin fait sentir son action, celle qui trouva les herbes vénéneuses et les breuvages empoisonnés. Hécate est la suivante d'Artémis, la déesse de la lune qui luit; elle érige un autel en son honneur; mais sur cet autel doivent tomber des victimes humaines, doivent être immolés les étrangers[2]. Elle est donc un malin esprit, comme cette Sybaris ou cette Lamia, dont nous avons parlé ailleurs[3], et qui sacrifia tant de jeunes hommes. Une ville prit son nom, quand elle se fut écoulée en eau, et ce qu'il y a de singulier, c'est que l'Æa de Colchide s'appela également Sybaris[4]. Que ce nom se rattache ou non aux astres et à leur influence, il est sûr au moins que cette dernière ville avait été, suivant la tradition, la demeure d'une famille toute magique. Parmi les enfants d'Æétès, suivant la seconde des deux généalogies rapportées plus haut, figure en première ligne *Circé*. Or, Circé, c'est la

---

[1] Herodot. I, 2; Heyne ad Apollodor. p. 85.
[2] Diodor. IV, 45.
[3] Liv. VII, chap. 1, p. 16 de ce tome.
[4] Diodor. IV, 48.

femme de l'anneau magique[1]. Déjà Homère signale en elle la grande magicienne de l'Occident, d'après les contes des navigateurs phéniciens[2]. Elle plonge dans l'abîme des voluptés grossières les infortunés qui la visitent; elle les métamorphose en pourceaux, comme les compagnons d'Ulysse, en oiseaux, comme Picus; mais elle peut en même temps ouvrir les portes de l'empire des morts et les rendre à la vie[3]. Telle elle apparaît aussi en Orient et dans sa ville natale, à Æa, qui, sous son nom de Sybaris, semble correspondre à la voluptueuse et sensuelle Sybaris du couchant[4]. A cette puissante et malfaisante magicienne est opposée, dans la tradition primitive, *Médée*, elle aussi magicienne, mais magicienne bienfaisante, qui n'emploie que des plantes salutaires et se plaît à sauver les étrangers victimes des funestes breuvages préparés par sa sœur. Voilà pourquoi elle fut, dans la suite, unie à Jason, le *sauveur* d'Iolcos[5], jusqu'au jour où, infidèle à elle-même et transportée de fureur, elle devint destructrice à son tour. A côté de ces deux magiciennes, également en rapport avec la lune, prend place leur frère Ægialeus, l'*homme du rivage*, qui nous rappelle l'Océan, premier père de toutes ces personnifications mythiques, et la mer, du sein ténébreux

---

[1] Κίρκος, anneau, en dorien pour κρίκος. Gregor. Corinth. et *ibi* Kœn. p. 165, p. 360 sq. Schæfer. *Cf.* Hesych. II, p. 348, *ibi* Alberti.

[2] Odyss. VIII, 448, *ibi* Eustath. p. 319 Basil.; X, 303 sqq., 570 sqq.

[3] Tzetzes ad Lycophron. v. 805.

[4] Sur les deux Circé, de l'Orient et de l'Occident, *voy.* le scholiaste d'Apollonius de Rhodes, II, v. 400, en comparant le schol. de Paris, *ibid.*, p. 160 Schæfer.

[5] *Cf.* liv. V, chap. III, p. 327 et n. 1, tom. II.

de laquelle sortent, avec le soleil et la lune, tous les êtres de la création.

Nous reviendrons plus loin sur la suite de l'histoire de Médée; insistons, quant à présent, sur les preuves de cette opposition, de ce dualisme, d'origine Sabéenne, qui est la base de toutes ces légendes. Persès, l'homme du soleil, renverse du trône Æétès, l'homme de la terre[1], et bientôt il adopte Médée, sa fille. Celle-ci est encore bonne et droite; elle rompt le charme formé par sa mauvaise sœur; elle sépare les mains croisées de la malicieuse Circé, pour résoudre le nœud magique, comme nous avons vu l'adroite Galinthias faire à Ilithyie et aux Mœres ou Parques, pour favoriser la naissance d'Hercule, le héros solaire[2]. C'est ainsi que Médée se montre la digne fille de la *Savante*, d'Idyia, sa mère, d'après la tradition la plus généralement reçue[3]. Dans le célèbre hymne homérique, Cérès se présente elle-même avec des caractères tout semblables à l'épouse de Céléus, chez qui elle trouve accueil en qualité de gardienne d'enfants. Elle sait, dit-elle, écarter les sorts par des amulettes, et neutraliser l'effet des herbes malfaisantes par la vertu des plantes salutaires. En sorte que le chant épique laisse encore entrevoir l'antique notion qui réside au fond de toutes ces divinités lunaires, et aussi bien de Cérès-Proserpine; notion sans laquelle il est impossible de pénétrer complétement l'essence des deux grandes déesses de l'Attique.

---

[1] Apollodor. I, 9 *fin.*
[2] Liv. IV, chap. V, pag. 194 sq., tom. II.
[3] Hygin, fab. 25, p. 73, *ibi* Muncker.

Cette idée, au reste, et celles qui s'y rapportent, doivent avoir été propagées en Béotie par la colonie phénicienne. Ce qui nous porte à le croire, c'est le culte d'*Ino-Leucothée*, qui se retrouve en Béotie aussi bien qu'en Colchide. Dans ce dernier pays, raconte Strabon[1], existait un temple de Leucothée, fondé par Phrixus, avec un oracle de la déesse, à qui jamais l'on ne sacrifiait de béliers. C'était sans doute pour une raison analogue à ce qui se passait en Égypte, hormis à la fête d'Ammon, le dieu du soleil parvenu au signe du bélier[2]. Nous n'ignorons pas tout ce qui, récemment encore, a été conjecturé sur la fameuse toison d'or de Colchos, expliquée par les peaux de béliers au moyen desquelles ce métal était recueilli dans les fleuves de la Colchide[3]. Assurément cette côte, avec les métaux précieux dont elle abonde, dut attirer de bonne heure les marchands phéniciens d'abord et puis les Grecs. Mais ce qui nous paraît au moins aussi sûr, c'est que les symboles dont il s'agit ont une autre origine, une origine puisée dans l'antique doctrine égyptienne du soleil. En effet, la Colchide, gouvernée par les enfants de cet astre, fut, à tous égards, une seconde Égypte, comme elle en porte le nom chez les anciens. Non-seulement une tradition positive faisait de ses habitants une colonie de cette contrée; mais des indices frappants déposaient en faveur de l'opinion conforme, adoptée par Hérodote et par une

---

[1] XI, p. 498 Casaub.
[2] Herodot. II, 42.
[3] D'après Strabon, *ibid.*; Arrien, Peripl. Pont. Euxin., etc. *Cf.* Weichert, *Ueber Apollonios von Rhodos*, p. 114 sqq.   (J. D. G.)

foule d'autres écrivains de l'antiquité: la peau noire et les cheveux crépus des Colchiens, la circoncision en usage chez eux, enfin leur langage et leurs mœurs en général. Le seul point sur lequel les anciens ne fussent pas d'accord, c'est l'époque de l'établissement égyptien[1]. Beaucoup d'autres raisons ont été ou peuvent être alléguées à l'appui, par exemple le nom du fleuve de Colchide *Isis*, rapporté dans Pline et ailleurs[2]. Ainsi la Colchide aurait eu aussi son fleuve d'abondance, le fleuve de la grande mère du pays, Isis, le fleuve céleste, le fleuve lunaire, toutes attributions du Nil de l'Égypte. Il semble pourtant qu'aux yeux des Colchiens, le Phase ait été plutôt le fleuve des fleuves, ou le *fleuve*, *l'eau* par excellence, comme Bochart en donne la preuve d'après le syriaque[3]. Cette idée rentre bien dans l'ordre de celles auxquelles nous avons affaire ici. Nul doute que les Colchiens n'eussent, entre autres cultes, celui de l'eau, des divini-

---

[1] *Voy.* Herodot., *ubi supra*; Apollon. Rhod. IV, 272, *ibi* Schol.; Diodor. I, 55, *ibi* Wesseling.

[2] Plin. H. N. VI, 4, p. 304 Hard. *Cf.* Isaac Vossius ad Scylac. p. 78, où il faut lire également Ἶσις. K. Ritter, assez récemment, dans son livre intitulé *Vorhalle Europæischer Vœlkergesch.*, cap. I et II, a essayé de réfuter l'opinion d'Hérodote, on peut dire l'opinion vulgaire de l'antiquité, sur l'origine des Colchiens et sur celle de leur civilisation, qu'il rapporte à l'Inde. De là leur serait venu également le culte de l'eau. — Nous donnerons une idée plus étendue de l'hypothèse de Ritter, dans les Éclaircissements de ce livre, note 2, à la fin du volume, où nous examinerons également ce qu'il faut penser des rapports historiques, impliqués ou non entre la Colchide et la Grèce, soit par les généalogies, soit par les traditions en général, et en particulier par celles qui concernent le culte de Cérès.

(J. D. G.)

[3] Geograph. sacr. p. 289.

tés marines, identiques avec leurs déesses lunaires ; qu'ils n'eussent aussi une Isis présidant à la navigation, telle que l'Isis Pharia des Égyptiens, que nous avons rencontrée sous le nom de Cérès Cabiria et sous les traits de la Fortune, portant la rame et la corne d'abondance, dans les religions de Samothrace[1]. C'est ce dont nous allons nous convaincre par l'examen des mystères et des rites d'Ino-Leucothée, adorée, comme nous l'avons dit, en Colchide.

Et d'abord, son nom de *Leucothea*, la *blanche déesse*, nous rappelle l'Artémis *Leucophryne*, révérée, nous l'avons vu, à Magnésie du Méandre[2]. C'est une Diane en rapport d'origine avec la Haute-Asie, une déesse évidemment lunaire. Les Romains la nommaient *Albunea*, la *blanche*, ou *Matuta*, la *déesse du matin*[3]. Par là, elle s'identifie avec l'Aurore, d'après laquelle les navigateurs prédisent le beau temps ou la tempête, ce qui déjà implique sa double nature, salutaire et funeste. Déjà, en effet, elle apparaît dans Homère comme une divinité favorable aux malheureux naufragés, quand elle sauve Ulysse, battu par l'ouragan, en lui donnant son voile magique, attribut que nous avons rattaché aux initiations

---

[1] *Voy.* tom. I, 2ᵉ partie, p. 847, et tom. II, p. 315. *Cf.*, dans le t. IV, les planches LII, 160 *a*, LXXXIX, 320, CL *bis*, 564 *a*, CCXVIII, 740 *b*.

(J. D. G.)

[2] Livre IV, chap. IV, p. 146 sq., n. 4, tom. II, coll. pl. LXXXVIII, 319.

[3] Ovid. Fast. VI, 545 ; Cic. de N. D. III, 19, et Creuzer ad Cic. de N. D. III, 15, p. 547 sq. de son édit. *Cf.* liv. V, sect. II, ch. V, p. 502 sq., tom. II.

de Samothrace[1]. Cette île, chère aux navigateurs par les divins secours qu'elle leur offrait, s'appelait encore *Drépané*, ou *l'île de la faucille*. Là, dit une légende, Vulcain avait fait présent à Cérès de la faucille avec laquelle il avait enseigné aux Titans à moissonner, et la déesse l'avait cachée au bord de la mer, où elle demeura jusqu'à ce que l'invasion des flots en eut donné la forme à l'île entière[2]. Ne retrouve-t-on pas ici la déesse de la terre, celle qui fait croître les moissons, mise en rapport avec la mer, les forces telluriques avec la puissance des vagues? Cérès prend le surnom de Chthonia ou Souterraine, elle opère du sein de la terre; tout pouvoir qui agit également dans ses profondeurs lui est ami ou ennemi. D'une part, elle domine en souveraine sur les flots de l'humide élément, et c'est alors que s'associent à elle les Dioscures, dieux propices aux marins, alors qu'elle porte la rame aussi bien que la couronne d'épis[3]. D'autre part, elle fuit devant Poseidon, le dieu de la mer, qui la soumet en revêtant la figure d'un puissant coursier. Elle s'irrite d'abord, elle devient Cérès-Erinnys; mais bientôt elle s'apaise et met au jour ou le merveilleux cheval Arion, ou bien une fille ténébreuse, redoutable, la maîtresse par excellence (Despœna)[4]. Voilà, dans sa transformation par le mythe arcadien, la notion de la

---

[1] Odyss. V, 339 sqq., et notre t. II, p. 321, n. 2, avec la pl. CCXLV, 853, et l'explicat.

[2] Schol. Apollon. IV, 984; Etymol. M. v. Δρεπ.; Tzetzes ad Lycophron. 869.

[3] *Voy.* les planches indiquées plus haut, et surtout CCXVIII, 740 *b*.

[4] *Cf.* chap. III, art. I, *ci-après*.

Cérès cabirique, que Cadmus, père héroïque de Leucothée, transplanta en Béotie, et qui, d'après cet indice, paraît, comme nous l'avons dit, avoir été apportée des côtes du Pont dans cette contrée, par l'intermédiaire de Samothrace, sous les auspices des Phéniciens [1].

Ino, fille de Cadmus, devenue Leucothée, est la grande libératrice des hommes, comme l'appelle l'hymne orphique qui lui est adressé. Elle est en même temps la secourable nourrice de Bacchus enfant [2]. Cette Ino nourrice se rapproche manifestement de la Cérès *Courotrophos*, dont nous aurons à parler, de celle qui trouve accès chez le roi d'Éleusis Céléus, en qualité de gardienne d'enfants. Proserpine aussi nous apparaîtra comme nourrice et comme mère. Quant à l'Ino, déesse de la mer, le mythe bachique la mit en accord avec la précédente par l'histoire de la fureur de son époux Athamas, qui la força de chercher un refuge au sein des flots avec son fils Mélicerte. Mais elle-même elle fut en proie à de furieux transports, dont Phrixus et Hellé, les enfants d'Athamas et de Néphélé, ne se sauvèrent qu'en traversant la mer [3]. La bonne nourrice Ino-Leucothée devient une redoutable marâtre. Les noms de Néphélé, de Hellé, nous révèlent des phénomènes atmosphériques, ce dernier qualifiant la lune, comme nous le verrons; et il est dit, dans le même sens, de la mauvaise Ino, que, pour

---

[1] *Cf.*, sur la Cérès cabirique, son origine, et ses rapports réels ou non avec Ino-Leucothée, la note 3 sur ce livre, dans les Éclaircissements à la fin de ce tome. (J. D. G.)

[2] Orph. hymn. LXXIV (73), v. 4 et 2.

[3] Apollodor. I, 9, 1.

amener la disette dans le pays, elle desswha les semences[1]. C'est une forme nouvelle de dualisme, qui se complique et ressort encore davantage par l'opposition d'*Antiphéra*, autre concubine d'Athamas, autre marâtre. Athamas, disait une légende béotienne, aima une jeune servante étolienne de ce nom, et ce fut la jalousie qu'en éprouva Ino qui la rendit furieuse. De là vient qu'à Chéronée, le jour de la fête de Leucothée, le sacristain se tenait devant la chapelle de cette déesse, un fouet à la main, en prononçant ces mots : « Aucun valet, aucune servante n'entre ici ; aucun Étolien, aucune Étolienne. » Avec cet usage était probablement en rapport celui en vertu duquel, à la fête de Matuta, les matrones romaines excluaient de son temple toutes les servantes, une seule exceptée, à qui elles donnaient des soufflets[2]. Quelque raison que puisse avoir, d'ailleurs, l'anecdote béotienne dans l'histoire de l'antique maison royale de Thèbes, il n'en est pas moins vraisemblable qu'en Antiphéra comme en Néphélé se trouve personnifiée une puissance de la nature opposée à une autre. Les idées fondamentales de l'épouse et de la concubine, de la mère et de la marâtre, de l'amour et de la haine, de la malédiction et de la bénédiction, appartiennent également à ces mythes physiques de la discorde et de l'amitié qui forment l'un des points principaux de la doctrine de Samothrace.

[1] Apollodor., *ibid.*
[2] Plutarch. Quæstion. Roman. p. 267, p. 94 sq. Wyttenb. Ἀντιφάρα, comme disaient les Syracusains pour Ἀντιφέρα, signifie à la fois jalousie, discorde, haine, concubine et marâtre. Etymol. M. *s. v.*, coll. Hesych., tom. I, p. 405 Alberti.

CHAPITRE II.

LE CULTE DE CÉRÈS EN ARGOLIDE ET DANS L'ASIE ANTÉRIEURE.

I. Persée, héros solaire de l'Argolide, en rapport avec les origines égyptiennes, libyques, asiatiques, de la religion de Cérès; symboles et rites principalement funèbres qui s'y rattachent, à Argos, à Hermioné, à Épidaure, à Égine; culte de Déméter Chthonia, de Damia et Auxesia.

C'est ainsi que des hautes montagnes de l'Asie, en passant par la Colchide, descendent les fils du soleil et les vierges lunaires, tantôt pour le salut des peuples, et tantôt pour leur ruine. Parmi les héros solaires, il en est un qui réclame avant tous les autres notre attention, d'abord parce qu'il est le plus ancien, et puis parce qu'il tient à la fois à l'Asie et à l'Égypte. C'est Persée, le fils de Danaé, dont les aïeules, les fameuses Danaïdes, avaient fondé les Thesmophories, la plus ancienne fête de Cérès, chez les Grecs, et qui se rattache diversement au culte de cette divinité. Tandis que Phérécyde et Antiochus, d'après la tradition populaire d'Athènes, envoyaient Ogygès et sa fille bâtir les murs de la Thèbes égyptienne et y établir les mystères d'Isis, Hérodote, au contraire, soutenait que les filles de Danaüs avaient apporté d'Égypte à Argos les Thesmophories, qu'elles les avaient enseignées aux femmes des Pélasges, et que, ces fêtes mystérieuses étant tombées en désuétude dans les autres parties du Péloponnèse, par suite de l'invasion des Doriens, elles s'étaient maintenues en Arcadie et n'avaient pas cessé d'y fleurir. C'était là un des points débattus entre les Athéniens et les Argiens, chacun de ces peuples voulant être le plus ancien de la Grèce, chacun prétendant avoir reçu le premier les dons de Cérès, que les Argiens disaient encore avoir été importés de la Libye dans leur pays, au temps du vieux roi Argus[1]. Quoi qu'il en soit, l'analyse de la légende de Persée, le héros solaire de l'Argolide, est éminemment propre à éclairer les origines de la religion de Déméter. La Libye fut le principal théâtre des exploits de ce héros, et les divinités originaires de cette contrée sont mises en rapport avec lui : par exemple, il avait été élevé dans le temple de Minerve à Sériphe, tout comme les Danaïdes avaient fondé un temple en l'honneur de cette déesse, à Lindos, dans l'île du soleil, Rhodes[2]. Mais les vestiges de Persée nous conduisent non-seulement sur la côte voisine de l'Asie-Mineure, à Tarse en Cilicie, comme nous le verrons bientôt ; ils nous entraînent jusque dans la Haute-Égypte, jusque dans la Haute-Asie. Dans le premier de ces deux pays, à Chemmis, où Hermès, Osiris, Pan et Isis étaient également adorés, Persée, racontait-on, laissait de temps en temps sa sandale en signe de bénédiction. C'est de

---

[1] Pherecyd. et Antioch. ap. schol. mscr. Aristid. ad p. 185 Jebb. (edit. tom. III, p. 313 Dindorf); Herodot. II, 171 ; Pausan. I, Attic., 14 ; Plutarch. de Isid. pag. 464 Wyttenb.; Polemo ap. schol. Aristid. ad pag. 188 Jebb. (p. 321 Dindorf.).

[2] Strab. XIV, p. 967 Casaub., coll. Herodot. II, 182, et notre liv. VI, chap. VIII, art. I et IV, pag. 707 et 731 sq., tom. II.

cette même ville, patrie de Danaüs et de Lyncée, qu'étaient venues aux Grecs les Thesmophories, et Persée, ajoutait-on, l'avait reconnue lui-même comme le berceau de sa race, lorsqu'il marchait en Libye contre les Gorgones. Il y avait son temple, et les Chemmites, rapprochés à d'autres égards des mœurs grecques, l'y révéraient en qualité de héros et célébraient en son honneur des jeux gymniques [1]. Ainsi Persée s'en va de Chemmis combattre les monstres de l'Occident, et des combats solennels lui sont consacrés comme à un héros. Nouvelle notion qu'il nous faut remarquer dès l'abord et qui est l'une des idées dominantes dans la religion de Cérès; la notion de la guerre et de la lutte, et des jeux, des combats sacrés, destinés, en quelque sorte, à personnifier cette lutte.

Mais la Haute-Asie, nous l'avons dit déjà, réclamait Persée aussi bien que l'Égypte. Les chefs des Doriens, selon cette autre généalogie, auraient été, d'après le récit des Grecs, Égyptiens, en remontant depuis Danaé; d'après le dire des Perses, Persée lui-même aurait été Assyrien et serait devenu Grec, sans avoir aucune connexité d'origine avec ses ancêtres prétendus, à partir d'Acrisius, lesquels étaient Égyptiens, comme le voulaient les Grecs [2].

Ainsi donc, l'Afrique et l'Asie se disputent Persée; car ces deux régions du monde ont chacune leur part des germes qui ont produit les principales branches de

[1] Herodot. II, 91. *Cf.* liv. IV, ch. V, art. I, p. 164 sq., tom. II, avec les renvois au tom. I.
[2] Herodot. VI, 53 sq. *Cf.* liv. V, ch. V, art. I, p. 163 sq., tom. II.

la religion grecque. Pareillement elles revendiquent l'une et l'autre un des symboles les plus sacrés du culte de Cérès, qui forme un nouveau lien entre ce culte et Persée. C'est ce héros, disait-on, qui avait apporté de la terre de Céphée la plante appelée de son nom *Persea*. Or, les uns mettaient cette terre de Céphée dans la Perse, et les autres en Éthiopie[1]. Quant à la Perséa, c'était, nous le savons, une plante consacrée de tout temps à Isis, comme elle le fut encore à l'époque des Ptolémées[2]. Qui plus est, elle se retrouve, non-seulement dans la tradition chrétienne, mais jusque dans le Coran, où elle conserve son caractère sacré[3]. Toutefois, il ne fut pas donné à Danaüs et à Lyncée de la naturaliser en Grèce avec la religion d'Isis devenue Cérès; ils durent y substituer des plantes indigènes, en usage dans les Thesmophories, comme nous nous en assurerons plus loin; ce qui n'empêche pas le mythe d'évoquer du fond des temples-grottes de l'Éthiopie le héros solaire Persée, pour porter en Égypte et de là sur la terre grecque la fleur consolante de la mort.

Mais si le symbole de la doctrine ne parvint pas jusqu'en Grèce, la doctrine elle-même y vint et s'y acclimata, par l'œuvre de Persée ou de ses ancêtres. En Argolide où on les fait aborder, nous foulons, pour ainsi dire, à chaque pas les vestiges d'un culte antique

---

[1] *Voy.* Saumaise ad Solin. p. 655 sqq., et Boden a Stapel ad Theophrast. Histor. Plantar. p. 125 sqq., 295 sqq.

[2] Diodor. I, 34; Plutarch. de Isid. p. 548 Wyttenb.; Athen. V, cap. 27 Schweigh.

[3] *Cf.* les Éclaircissements du liv. III, pag. 957 sq., tom. I.

des morts, qui semble avoir été d'origine égyptienne. A peu de distance d'Argos était le marais de Lerne, où se célébraient ces mystères si rapprochés de ceux de Saïs, dont nous avons déjà parlé plus d'une fois. Là Bacchus rencontra un génie tout isiaque, Prosymnus, le guide des morts, lorsqu'il entreprit de ramener sa mère Sémélé des enfers[1]. Là Isis-Cérès avait elle-même un temple, en qualité de *Prosymna*, à côté de celui de Dionysus[2]. Quelques changements qu'eût apportés, dans la suite des temps, l'invasion dorienne, comme nous l'apprend Hérodote, les vieux dogmes sacerdotaux des Pélasges n'en continuèrent pas moins à se propager au moyen des rites qui s'y rattachaient. A Argos, par exemple, subsistait la coutume significative de jeter des flambeaux allumés dans une fosse, le jour de la fête annuelle de Proserpine[3]. En effet, cette déesse est la lumière qui se plonge au sein du ténébreux abîme, comme elle est la lumière sortant des ténèbres. De même, nous verrons bientôt en Carie les peuples à sa fête précipiter un taureau dans la fosse fatale, ce qui rappelle en outre Persès-Mithras égorgeant le puissant taureau, à l'entrée de la grotte au-dessus de laquelle brillent les grands flambeaux du jour et de la nuit. Le lever et le coucher de la lumière, l'apparition et la disparition du taureau lumineux, ce sont là encore des idées fondamentales dans les mystères de Cérès et de Proserpine.

---

[1] Clem. Alexandr. Protrept., p. 8 sq. Potter.
[2] Pausan. II, Corinth., 37. *Cf.* liv. VII, chap. II et IV, pag. 114 et 265 sq. de ce tome, avec le renvoi au livre VI, p. 607, tom. II.
[3] Pausan. II, Corinth., 22.

En Argolide, le symbole du taureau se rencontre dans un rapport évident avec le culte de Cérès. Des deux promontoires qui forment au sud le golfe d'Hermioné, celui du nord se nommait Bucéphale, c'est-à-dire tête de bœuf; le plus méridional, Buporthmos ou le trajet du bœuf. Sur le dernier, Cérès, Proserpine et Minerve Promachorma avaient un temple. Dans la même contrée, sur les ruines de la ville ancienne, Isis et Sérapis en avaient un autre, dans les cours duquel les habitants de la ville nouvelle célébraient les rites secrets de Cérès. Pausanias mentionne ensuite un temple de Vénus Pontia et Limenia, et un autre de Cérès Thermesia ou qui réchauffe [1]. Mais c'était sur la montagne voisine de la nouvelle ville des Hermionéens que se trouvait leur célèbre sanctuaire de Déméter. Clyménus, fils de Phoronée, et sa sœur Chthonia passaient pour en avoir été les fondateurs ; mais nous savons que Déméter elle-même et sa fête solennelle y portaient ce même nom de *Chthonia* [2]. C'est donc là une Cérès *souterraine*, telle qu'Hérodote crut la retrouver en Égypte, une Cérès homonyme des Euménides [3]. Les Lacédémoniens avaient aussi le culte de Cérès Chthonia, qu'ils prétendaient avoir reçu d'Orphée ; mais Pausanias en fait honneur aux Hermionéens [4]. Le frère de la prêtresse reproduisait comme elle le nom de son dieu, de « celui qui règne sous terre » ; et c'est

---

[1] Pausan., II, 34.

[2] Pausan., II, 35. *Cf.*, sur ces localités et sur les débris d'antiquités qui s'y trouvent, Will. Gell, *Argolis*, p. 124-128, avec la pl. XXVII.

[3] Schol. Euripid. Phœniss., 817.

[4] III, Laconic., 14.

avec grande raison que le voyageur grec attribue le temple et les sacrifices de Clyménus en ce lieu, non pas au prêtre argien ainsi appelé, mais à Hadès ou Pluton lui-même, dont ce n'était là qu'un surnom[1]. Il le portait dans une foule de passages des anciens poëtes, entre autres au début, que nous avons seul, de l'hymne fameux composé par Lasus, d'Hermioné même, en l'honneur de Cérès et de Proserpine[2]. Le nom de *Clymenus* signifie, au reste, littéralement *celui qui appelle*, soit parce qu'il appelle à lui en effet tous les êtres créés, soit parce qu'il se fait entendre de tous[3].

Rien de plus caractéristique que la nature des rites observés à Hermioné, aux fêtes appelées *Chthonia*[4]. Il y est aussi question d'une fleur des morts, d'une plante funèbre nommée *Cosmosandalon* et semblable à la hyacinthe. Dans la procession solennelle on menait à l'autel du sacrifice une vache sauvage et rebelle, qui d'abord opposait une vive résistance, mais qui, sitôt qu'elle avait franchi la porte ouverte du temple, était aisément maîtrisée par quatre vieilles femmes ; et successivement une seconde, une troisième et une quatrième vaches, ainsi domptées par de faibles mains, étaient immolées avec une faucille. Ce miracle avait été célébré dans un hymne d'Aristoclès cité chez Élien[5], et où il est dit avec une va-

---

[1] II, 35.

[2] Ap. Athen. X, p. 170 Schweigh. *Cf.* pag. 411 *ci-dessus*.

[3] *V.* Suidas, tom. II, pag. 333 Kuster. *Cf.* Creuzer, *Homer. Briefe*, p. 195 sq.

[4] *V.* Pausan., II, 35.

[5] Hist. Anim. XI, 4, p. 347 Schneid.

riante remarquable : « Que le puissant taureau qu'à peine dix hommes robustes auraient pu subjuguer, une seule des prêtresses chargées d'années le conduit par l'oreille à l'autel. » Notons ici, sauf à l'expliquer dans la suite, ce nouveau fait symbolique : à l'antique fête annuelle de Cérès et de Proserpine, des vaches furieuses, de forts taureaux sont domptés sans peine par des femmes, et immolés dans le temple de ces déesses, quand les hommes y ont consumé tous leurs efforts.

C'était, en effet, un culte antique et enveloppé d'une obscurité mystérieuse que ce culte d'Hermioné. L'accès du temple de Cérès était expressément interdit aux hommes. Aux portes de la même ville se trouvait un autre temple consacré à Ilithyia, dont personne, si ce n'est les prêtresses, ne pouvait voir l'image [1]. Ainsi Ilithyia, Aphrodite, Dionysus y avaient, à côté des divinités souterraines Isis, Déméter, Pluton, Sérapis, Perséphone, leurs sanctuaires révérés. Nous ne saurions nous défendre de faire remarquer dès à présent cette réunion de divinités, et d'énoncer ici par avance notre opinion, à savoir que, dans les mystères d'Hermioné, était sans doute enseigné un dogme sacerdotal, d'origine égyptienne, selon lequel tous les dieux et déesses se résolvaient en un seul et même être primitif, en une grande divinité femelle que les Égyptiens concevaient comme la Nuit, mère de toutes choses.

Hermioné, la ville des morts, tirait son nom d'Hermion, fils d'Europe, suivant la tradition [2]. Quelle que

---

[1] Pausan. II, 35 *fin*.
[2] Pausan. II, 34.

puisse être l'étymologie de ce nom, il est curieux de voir Déméter, après que sa fille eut été ravie par Pluton, s'enquérir auprès des Hermionéens sur ce qu'elle était devenue[1]. Il n'est pas moins curieux d'apprendre qu'à Syracuse, où Cérès et Proserpine jouissaient d'un culte si fameux, ces déesses étaient appelées *Hermioné*[2]. Dans la ville homonyme de l'Argolide, derrière la demeure sacrée de Cérès souterraine, se trouvait, dit-on, l'entrée de l'Hadès, par où Hercule en avait amené Cerbère[3]. C'est ce qui fait que les Hermionéens se dispensaient de donner à leurs morts l'obole destinée au nautonnier Charon, voisins qu'ils étaient des enfers. Danaëns d'origine, ils épargnaient la *Danaké*, c'est-à-dire le prix du passage, mot que l'on disait persique[4], et que les grammairiens grecs font dériver de *Danaï* même, signifiant ceux qui sont desséchés, les morts, parce que c'était pour eux qu'était payée la *Danaké*[5]. L'on donne, il est vrai, une tout autre étymologie au nom de Danaé, la mère de Persée[6]; mais en considérant combien fréquemment, dans la tradition locale d'Argos, se représentent les notions de sécheresse, de stérilité, de malé-

---

[1] Apollodor. I, 5, 1, *ibi* Heyne.

[2] Hesych., tom. I, p. 1439 Alberti.

[3] Strab. VIII, p. 373 Casaub.; Eustath. ad Iliad., p. 286; Pausan. II, 35 *fin*.

[4] Δανάκη. *V.* Heraclid. ap. Etymol. M. *s. v. Cf.* Relandi dissert. de vet. ling. Pers. p. 170 sq. (Dissertat. tom. II).

[5] Hesych. I, p. 885 Alb.; Pollux, IX, segm. 82. *Cf.* Zoëga de Obelisc. p. 277, not.

[6] Δανάη, de δάν, δήν, parce que son père avait longtemps tardé à l'engendrer : Hesych. *ibid.*, avec les remarques.

diction, et leurs contraires, celles des sources d'eaux vives, de l'abondance et du salut, nous ne saurions, ici encore, méconnaître un trait caractéristique de la doctrine des mystères, où se réfléchit le fait géographique de la plaine d'Argos, tantôt aride et tantôt arrosée. Les Danaïdes, fondatrices des Thesmophories, étaient, nous l'avons vu[1], celles qui portent l'eau, les symboles des sources fécondantes; elles étaient aussi les sources taries, celles qui perdent incessamment les eaux en les versant dans des vases percés. Sous ce point de vue seul les Argiens auraient pu déjà être nommés *Danaëns*. Mais ils l'étaient encore sous un autre point de vue, leurs ancêtres étant venus d'Égypte, de cette terre brûlée par le soleil, si aride et si humide tour à tour, et où, d'ailleurs, les morts devaient si naturellement porter le nom de *desséchés*, réduits qu'ils étaient en momies par l'usage d'embaumer les corps.

Ce n'est là, au reste, qu'une simple conjecture, dont la vraisemblance tient à divers indices déjà observés ou qui le seront par la suite. L'Argolide avait un autre culte, corrélatif à celui de Déméter Chthonia, et qui rappelle les rites égyptiens aussi bien que les Éleusinies de l'Attique. C'était le culte de *Damia* et *Auxesia* à Épidaure et à Égine. Hérodote nous raconte, dans son livre cinquième, la légende remarquable qui y a trait. A l'époque d'une grande disette, l'oracle ordonna aux Épidauriens d'élever des statues à Damia et Auxesia, statues qui devaient être faites du bois des oliviers d'Athènes. Peu

---

[1] Livre VII, ch. V, art. IV, p. 335-339 de ce tome. — *Cf.* la note 22, dans les Éclaircissements sur ce même livre. (J. D. G.)

après, les Éginètes s'en emparèrent. Dans les deux villes furent institués, en l'honneur de chacune de ces déesses, des chœurs de femmes placés sous la conduite de dix chorages, et qui harcelaient, dans des chansons moqueuses, les femmes du pays ; des cérémonies secrètes s'y joignaient[1]. Analysons rapidement ce récit. D'abord *Damia*, comme l'indique son nom, est la bienfaisante divinité du peuple, et *Auxesia* celle qui fait croître, celle qui procure les fruits de la terre. A la présence de leurs images s'attache l'idée d'une influence magique : voilà pourquoi elles sont regardées comme la part la plus précieuse du butin dans la guerre entre les deux peuples. Ces images sont éminemment saintes, étant tirées des oliviers les plus sacrés de tous, ceux de l'Attique, ainsi que le prétendaient quelques-uns. Elles éloignent la famine et deviennent l'objet de joyeuses solennités. Ne rappellent-elles pas les antiques jeux des Romains, et ces lits sacrés dressés pour les dieux, à l'occasion des pestes et des autres calamités publiques ? D'un autre côté, les chœurs malins des femmes argiennes ne font-ils pas songer aux pèlerinages des Égyptiens à Bubastis, où les femmes étaient également raillées par des femmes[2] ? Plus loin, nous aurons à rapprocher sous un même point de vue la procession d'Éleusis à son passage sur le pont du Céphise[3].

---

[1] Herodot. V, 82 sqq., *ibi* Valckenaer et al. — *Cf.* Pausan. II, Corinth., 30.　　　　　　　　　　　　　　　　　　　　　　　　(J. D. G.)

[2] Herodot. II, 60, *ibi* Bæhr et Creuzer, t. I, p. 620 sq. de leur édit.

[3] Trézène, également en Argolide, avait aussi sa légende sur *Damia* et *Auxesia*. Elles y seraient venues de l'île de Crète, pendant une émeute, et

II. Analyse de la légende de Persée, suite; Bellérophon, continuateur de Persée; comment Persée se retrouve en Asie-Mineure, principalement à Tarse, dans un double rapport avec l'Argolide, avec le culte de Cérès et de Proserpine, et avec la Perse, avec ses dieux et ses héros solaires.

Mais revenons à Persée et à sa légende, que nous devons étudier surtout dans les points de rapport qu'elle offre avec la religion de Cérès et de Proserpine. Le premier trait qui nous frappe dans le remarquable récit de Phérécyde[1], c'est la chambre d'airain, la chambre souterraine, où Acrisius enferme sa fille Danaé pour la dérober à toutes les poursuites. Dans cette espèce de grotte sépulcrale, ouverte par le haut, Jupiter se précipite en pluie d'or, et il a commerce avec la jeune captive, vouée, mais en vain, à une éternelle stérilité. De ce commerce naît Persée. Sa naissance se rapproche naturellement de celle d'un autre fils de Jupiter, Dionysus ou Bacchus; mais elle forme avec cette dernière un contraste qu'ont fait ressortir les anciens eux-mêmes, sans l'expliquer[2]. Ici la foudre brûlante éclate dans les appartements de Sémélé et la dévore à la fleur de ses ans, au moment où Bacchus s'échappe de son sein; là, c'est

---

auraient été lapidées dans le tumulte avec beaucoup d'autres, d'où leur fête appelée *Lithobolia*, quand elles eurent reçu les honneurs divins (Pausan. II, 32). *Voy.*, du reste, sur l'étymologie du nom de *Damia*, qui semble désigner Déméter ou Cérès, comme *Auxesia* Proserpine, le chapitre complémentaire, à la fin de la première section de ce livre, art. I. (J.D.G.)

[1] Ap. Scholiast. Apollon. IV, 1091, et Phavorin, *v.* Ἀκρίσιος. *Cf.* Pherecyd. fragm., p. 72 sq. ed. alt. Sturz.

[2] *Voy.* Nonn. Dionysiac. XLVII, 500 sq.

une pluie merveilleuse, une pluie bienfaisante qui réjouit Danaé dans sa prison souterraine et la rend mère du héros divin. Sémélé, nous le savons, c'est la vierge de la terre, mais de la terre ébranlée par le tonnerre et par les éclairs. Dans l'aride contrée des Danaëns, Danaé ne peut être que la terre altérée, que vient rafraîchir la pluie d'or, la pluie céleste des amours, comme s'exprime Nonnus[1]. Aussi Persée est-il appelé le fils de l'or, de même que Bacchus le fils du feu[2], et sa postérité en masse est qualifiée du surnom de race d'or[3].

Poursuivons. Le père barbare enferme à la fois la mère et l'enfant dans un coffre qu'il abandonne à la merci des flots de la mer. On sait avec quel charme pathétique et touchant cette situation a été traitée par Simonide de Céos dans une ode dont il nous reste un beau fragment[4]. Pareillement nous avons vu Bacchus porté jusqu'à Brasies dans un coffre avec sa mère Sémélé[5]; et ce même trait se trouve reproduit dans mainte autre légende héroïque de la Grèce, notamment dans celle d'Hercule[6]. Il rappelle la momie d'Osiris abandonnée sur les eaux, et, vers le déclin de l'année, poussée par les vagues dans le royaume des ombres, dans l'A-

---

[1] V. 519.

[2] Χρυσόπατρος. Lycophron. v. 838. *Cf.* liv. VII, ch. II, p. 60 *ci-dessus*.

[3] Χρυσογόνου γενεᾶς. Æschyl. Pers. 77.

[4] *V.* Brunckii Analect. I, p. 122, p. 58 ed. Jacobs. — *Cf.* Simonid. Cei Carmin. reliq. ed. Schneidewin, p. 67 sq. (J. D. G.)

[5] Pag. 69 sq., *ci-dessus*.

[6] *Cf.* Hecatæi Miles. fragm., p. 48 sq. Creuzer. — Pag. 146 ed. Klausen. (J. D. G.)

menthès, dans l'île du dieu qui reçoit toutes choses[1]. De même le coffre qui contient la vierge terrestre et son céleste fils, est porté jusqu'à l'île de Sériphe, une des Cyclades, où il est recueilli par le frère du roi, nommé Dictys. C'est encore un nom né d'un symbole antique, car *Dictys* signifie *le pêcheur*, l'homme du filet[2]. Le fils du soleil, avec la terre son amante, se trouve pris, aux approches de l'hiver, par le puissant pêcheur, dans l'île des morts. A Sériphe, en effet, continue la légende, le roi reconnaît Danaé et Persée pour ses parents. Quel est ce roi? c'est *Polydectès*, c'est-à-dire celui qui reçoit beaucoup, un fils de Pluton, suivant l'hymne homérique à Cérès[3], ou Pluton en personne. Ainsi nous avons vu, à Hermioné, la ville des morts, Hadès-Clyménus et son prêtre confondus l'un avec l'autre. Persée, comme il a été dit plus haut, est élevé à Sériphe, dans le temple de Minerve, peut-être la Minerve égyptienne, mère du soleil; bientôt il en sort pour courir sa carrière d'héroïques travaux, et revenir enfin délivrer sa mère des mains redoutables de Polydectès, qui veut la garder en sa possession. Il lui faut d'abord combattre les Gorgones. Pour cela, il reçoit d'Hermès le casque d'Hadès qui rend

---

[1] Liv. III, ch. II et VI, p. 390 et 464, tom. I.

[2] Hygin. fab. 63, p. 130, et *ibi* Muncker. Une statue d'Osiris en pierre, que Beger a publiée le premier, et que Bœttiger a reproduite plus fidèlement (*Antiquar. Æhrenlese*, I, 1), représente le dieu dans son enveloppe de momie, avec divers attributs, parmi lesquels des filets. Celui qui jadis tomba lui-même dans les filets de la mort y prend à son tour tous les êtres vivants.

[3] V. 9, — *ibi* Voss, p. 9. (J. D. G.)

invisible, et les brodequins ailés avec lesquels il traversera les airs. Héphæstus lui donne la serpe ou la faucille de diamant, qui devient son attribut caractéristique[1]. Ces symboles annoncent un être qui a pour domaine la région de l'air, et le dernier le met dans un rapport intime avec Cérès. D'un autre côté, les Gorgones et les Grées ou Vieilles qui les défendent[2], réalisées, en quelque sorte, dans les prêtresses décrépites d'Hermioné, qui, à la fête de la moisson, immolaient avec une faucille les victimes consacrées à Cérès et à Proserpine, font songer aussi bien que la Libye, théâtre des premiers exploits de Persée, à la saison de l'hiver, à ses ténèbres, à ses horreurs, à celles de la région du couchant, dont triomphe également le héros du soleil. Mais d'autres combats, d'autres monstres l'attendent en Éthiopie, enfants des marais ou des déserts. La dernière de ces luttes glorieuses a pour prix Andromède, qui donne à Persée un fils où il se reproduit, Persès, tige des Perses, la race d'or, comme les nomme Eschyle[3]. Après avoir tiré vengeance de Polydectès, changé en pierre, Persée ramène sa mère à Argos, de Sériphe, l'île des morts, comme Bacchus la sienne du royaume des morts. Il ramène aussi d'Orient les Cyclopes, qui lui bâtissent les murs de Mycènes, et que déjà Prœtus avait fait venir de Lycie pour élever ceux de Tirynthe. Ces Cyclopes, à qui bien d'au-

---

[1] Eratosthen. Catasterism., cap. 22 ; Nonni Dionysiac. XLVII, 504 sq. (δρεπανοφόρος). — *Cf.* nos planches CLX, CLXI, CLXX, CLXXIV, 608-612, avec l'explication.   (J. D. G.)

[2] Eratosthen. *ibid.*; Apollodor. II, 4, 2.

[3] *Ubi supra*, coll. Herodot. VII, 61. — *Cf.* pl. CLXI, 613. (J. D. G.)

tres ouvrages gigantesques sont attribués dans le Péloponnèse, étaient, suivant la tradition, au nombre de sept[1]. Quand on les voit ainsi en rapport avec Persée, le héros du soleil, et que l'on considère leur pouvoir sur les éléments, sur les métaux, sur le fer entre autres, il est difficile de ne pas soupçonner dans ces ouvriers merveilleux des forces planétaires, supposées mues par les puissances célestes et analogues aux fameux Dactyles, dont nous avons parlé ailleurs[2]. On sait que les murs *cyclopéens*, comme les Grecs appelaient traditionnellement les restes encore subsistants de ces antiques constructions, datent, selon toute apparence, de l'époque pélasgique, de cette époque où, sous l'influence d'une caste sacerdotale toute-puissante, furent à la fois exécutés ces travaux surhumains et mises en circulation les légendes mythiques qui les concernent[3].

De retour dans sa patrie, Persée veut, avant tout, se réconcilier et réconcilier sa mère avec son aïeul. Ne le trouvant point à Argos, d'où il s'était enfui, il va le chercher à Larisse en Thessalie. Là, dans des fêtes, dans un jeu nouvellement introduit, dit encore la tradition, le disque parti de sa main va frapper le vieillard et lui

---

[1] Strab. VIII, p. 372 sq. Casaub., coll. Eustath. ad Odyss. IX, p. 346 Basil.; Pherecyd. fragm., pag. 76; Hecat. Miles. fragm., pag. 72 Creuz. (p. 151 Klausen); Pausan. Corinth., 25, et Achaïc., 25; Apollodor. II, 4, 4; Hygin. fab. 64.

[2] Liv. V, sect. I, ch. II, p. 275 sqq., tom. II.

[3] *Voy.* sur ce sujet curieux, et qui est loin encore d'être épuisé, ainsi que sur le mythe des Cyclopes, les Éclaircissements de la note 4 sur ce livre, à la fin du volume. (J. D. G.)

donne la mort[1]. Ainsi nous voyons, par un rapprochement qui est en même temps une opposition, le jeune Hyacinthe tué d'un coup du disque qu'avait lancé Apollon, le dieu du soleil[2]. Si l'on songe, d'un autre côté, aux jeux célébrés à Chemmis en l'honneur de Persée, du héros solaire qui féconde la contrée, on soupçonnera, comme fond du mythe grec, une fête annuelle, où la course de l'astre du jour était représentée dans des jeux solennels, et son globe étincelant figuré par le disque. Peut-être aussi faut-il penser à des jeux funèbres en l'honneur de héros frappés de mort subite, de cette mort qui était rapportée au dieu du soleil.

Nous n'avons point, du reste, la prétention d'expliquer trait pour trait et dans tous ses détails le mythe de Persée, non plus que ceux des autres héros dont nous aurons à nous occuper après lui[3]. Qu'il nous suffise de reconnaître les éléments fondamentaux de ces mythes dans le culte antique consacré au soleil et à la lune, et dans les rites et cérémonies qui s'y rattachaient. Ces cérémonies, les processions, les scènes de toute sorte qui en faisaient partie, étaient représentées dans une suite de reliefs ou de peintures, sur les murs et sur les parois des temples, et c'est de ces représentations, interprétées par les peuples, que sont provenues les légendes mythiques dont se compose l'histoire des dieux et des héros. Il en était ainsi en Égypte et dans tout l'an-

---

[1] Pherecyd. *ibid.*, coll. Pausan. Corinth., 16.
[2] *Cf.* la note 10 dans les Éclaircissements du livre IV, t. II. (J.D.G.)
[3] *Voy.*, quant à Persée, les observations complémentaires de la note 5 dans les Éclaircissements sur ce livre, à la fin du vol.   (J. D. G.)

cien Orient; les monuments de ces contrées ne laissent aucun doute à cet égard. Dans la Grèce pélasgique, demi-orientale et demi-égyptienne, la même coutume de tracer des symboles religieux sur les parois des temples dut s'introduire; et il est question, en effet, de figures de phallus, de lions, d'animaux divers, sur les murailles antiques de Tirynthe, de Mycènes et d'autres villes [1].

Parmi les faits ultérieurs de l'histoire de Persée, nous rappellerons la guerre qu'il eut à soutenir contre Bacchus, guerre que nous avons considérée, dans le livre précédent [2], comme une lutte de la croyance primitive contre un culte nouveau d'un caractère orgiastique. Les analogies nombreuses que nous avons remarquées jusqu'ici entre les légendes des deux fils de Jupiter, ne sont point en contradiction avec cette idée. Du même pays, de la terre d'Ammon, le prototype de Jupiter, plusieurs prophètes émigrèrent successivement dans la Grèce. Ils apportaient tous un seul et même dogme fondamental, le dogme du dieu suprême qu'ils confessaient, révélé dans un fils identique avec le soleil. Mais ils différaient dans la manière de présenter ce dogme, dans le caractère des histoires divines qu'ils racontaient, du culte et des pratiques qu'ils voulaient établir. C'étaient, en un mot, des sectes distinctes entre lesquelles ne pouvaient manquer d'éclater de violents débats.

De l'union de Persée et d'Andromède naquirent, suivant la tradition, de nombreux enfants, dont les noms,

---

[1] *Cf.* la note 4 dans les Éclaircissements sur ce livre. (J.D.G.)
[2] Pag. 111 sqq. de ce tome.

tous également significatifs, semblent attester une commune origine, symbolique et mythique[1]. Parmi eux, nous remarquerons principalement, dans l'intérêt de nos recherches subséquentes, une fille appelée *Gorgophoné*, c'est-à-dire la *meurtrière de Gorgo*, que sa généalogie, rapprochée du nom de *Perséphoné*, identifie au premier abord avec cette déesse. Il faut encore noter deux jumeaux merveilleux en rapport avec Persée, le cheval ailé, Pégase, et l'homme au glaive d'or, Chrysaor, tous deux enfants de Poseidon et de Méduse, et qui naquirent du sang de cette dernière, quand Persée l'eut décapitée[2]. Monté sur Pégase, le héros corinthien *Bellérophon* (le *meurtrier de Bellérus*) poursuit la carrière héroïque et solaire ouverte par Persée[3].

Nous allons maintenant retrouver en Asie-Mineure ces deux héros si voisins l'un de l'autre, Persée et Bellérophon, et les retrouver dans de remarquables rapports avec la religion de Cérès et de Proserpine. Et d'abord, dans la province de Cilicie, existait une seconde Argos, colonie vraisemblable de l'Argos du Péloponnèse[4]. A Iconium en Lycaonie, Persée, disait-on, avait érigé sa propre image, par où l'on expliquait le nom de cette

---

[1] Apollodor. II, 4, 5. — *Cf.* la note 5, fin du vol. (J. D. G.)

[2] Hesiod. Theogon. 281, coll. Apollodor. II, 3, 2.

[3] *Voy.* les sources du mythe de Bellérophon, dans Fischer sur Palæphat., cap. 29, p. 114. — *Cf.* nos pl. CLXXI, 614, CLXII, 615, 616, 619, CLVII, 617, CLXX, 618, avec l'explicat. (J. D. G.)

[4] Stephan. Byz. v. Ἄργος. Philostrat. Vit. Apollon. VI, 30. *Cf.* Pellerin, Rec. de Méd. I, p. 22.

ville¹; ce qu'il y a de sûr, c'est que les médailles qui en proviennent montrent encore la figure de Persée, armé de la faucille². Mais aucune cité ne possédait des traditions et des monuments relatifs à ce héros, et tout ensemble aux cultes de l'Argolide et de la Haute-Asie, qui réclament notre attention à un aussi haut degré que ceux de Tarse en Cilicie. Nous y insisterons quelque peu, à cause de leur étroite connexité avec notre sujet.

Le nom de *Tarsos*, disait-on, équivalent de *tersos*, signifiait *sec*. Cette ville aurait été ainsi nommée, soit parce que le sol qui en formait le territoire se serait d'abord élevé au-dessus des eaux après le déluge, soit parce que ses habitants, les premiers, apprirent à sécher les fruits pour l'hiver. On dérivait encore son nom de *tarsos*, plante du pied, sabot de cheval, parce que le Pégase de Bellérophon y aurait brisé la corne de son pied, ou bien parce que le héros lui-même s'y serait brisé le pied en tombant de son coursier ailé³. Quant aux traditions sur son origine, elles ne sont pas moins diverses. Suivant l'une, Tarse serait une colonie des Argiens; elle aurait été fondée par Triptolème et ses compagnons, partis d'Argos pour aller à la recherche d'Io⁴. Suivant une autre, rapportée par le vieil Hellanicus dans ses Histoires

---

[1] Εἰκόνιον, de εἰκών. Les traditions, du reste, variaient beaucoup sur l'origine de ce nom. *V.* Stephan. Byz. p. 414, et *ibi* Berkel., coll. Malal. Chronogr., p. 42 Oxon. (p. 36 Dindorf).

[2] Eckhel Doctr. Num. vet. p. 271 sq.

[3] Dionys. Thrax ap. Steph. Byz. *s. v.*, coll. Dionys. Perieget. 869, *ibi* Eustath., et Mal. Chronogr., p. 42 sq.

[4] Strab. XIV, p. 673 Casaub.

persiques¹, le véritable fondateur de Tarse serait Sardanapale l'Assyrien, qui l'aurait fait bâtir en un même jour avec Anchialé. Enfin, l'on cite expressément, comme auteur de cette ville, Persée, qui serait venu s'y établir, et qui, ajoute-t-on, y aurait mis à mort le voluptueux Sardanapale². Une circonstance digne de remarque, c'est que Tarse reconnaissait dans Persée un dieu, non pas seulement un héros, comme sa métropole Argos, et l'honorait au premier de ces titres³.

Sur les nombreuses médailles de cette cité fameuse, se trouvent les preuves incontestables de tous ces mythes. On y voit Pégase, on y voit Triptolème sur son char tiré par des serpents⁴; la faucille ou harpé de Persée s'y montre également, quoique plus rare⁵. Sardanapale y paraît aussi sous son costume oriental, portant l'arc et le carquois, monté sur un loup à cornes, la main droite étendue et tenant dans la gauche un canthare⁶. Sur une médaille impériale de la même ville, on voit encore un Apollon barbu, porté sur un lion, qui a par-derrière une tête de taureau, et, sur d'autres monnaies fort anciennes, qui appartiennent également à Tarse, un lion égorgeant un taureau⁷. Sur ces médailles se remarquent aussi des figures humaines avec différents attributs,

---

¹ Ap. Schol. Aristoph. Av. 1022. *Cf.* Hellan. fragm. p. 92 Sturz.
² Ammian. Marcellin. XIV, 8, *ibi* interpret.
³ Dio Chrysostom. Orat. 32, p. 24 sqq. Reisk.
⁴ *V.* Rasche Lexic. rei num., t. V, 1, p. 574 sq. et 592 sq.
⁵ Eckhel Sylloge, tab. V, coll. p. 47.
⁶ Beger Thesaur. Brandenb. I, p. 507.
⁷ Eckhel Doctr. Num. vet. III, p. 71.

montées tantôt sur une panthère, tantôt sur un lion cornu, ou bien sur d'autres animaux fabuleux, sans parler d'Hercule combattant l'hydre[1].

Monuments et traditions, ainsi d'accord, pourraient donner matière à une multitude d'observations; nous nous bornerons aux plus importantes. En premier lieu, Tarse nous est présentée comme un berceau primordial de l'humanité, un pays de primitive culture, nouvellement sorti des eaux, une terre desséchée, de même qu'Argos, patrie de ses fondateurs. Ceux-ci sont des dieux, jadis descendus sur cette terre, où ils ont laissé les vestiges de leurs combats et de leurs souffrances, où leurs pas ont imprimé une trace de bénédiction. On sait combien l'antique langue des symboles se complaît dans ces figures de la trace des pas, de la plante du pied, de la chaussure, depuis la trace d'abondance et de richesse que laisse après lui le Sauveur, selon le Psalmiste[2], depuis la sandale de Persée, devenue pour Chemmis, pour la terre égyptienne, le gage d'une année prospère, jusqu'au vestige que le pied d'Hercule avait imprimé sur les rochers de la Scythie et jusqu'à l'île de son fils Sardus, nommée d'après une circonstance semblable[3]. Ici, en Asie-Mineure, nous avons une ville de la plante du pied, dans les légendes de Persée et de

---

[1] Rasche, *ibid.*, p. 573, 591 sqq.
[2] Ps. LXV, 12.
[3] *Voy.* liv. IV, ch. V, tom. II, p. 164, 169, et ch. complém., p. 248, n. 5, avec le passage de Pausanias qui y est cité. *Cf.* sur la trace du pied de Bouddha, à Ceylan et ailleurs, t. I, p. 299, et Ritter, *Vorhalle Europ. Völckergesch.*, p. 332-342.

Bellérophon, de même que, dans les Argonautiques, nous voyons la chaussure de Jason s'enfoncer dans une terre limoneuse [1], et que les Théséides attachent encore à celle d'Égée un présage important [2]. Ce symbole, au reste, se retrouve sur les monuments avec une signification analogue; témoin cette inscription, publiée par Fabretti et Gude, [3], et où se lisent, entre les traces figurées de deux pieds ou de deux sandales, les mots: *Isidi Fructiferæ*, qui en sont l'explication.

L'Argien Triptolème, qui vient chercher Io au pied du Taurus, n'est pas moins digne d'attention. Ce n'est plus, comme nous l'avons vu déjà, comme nous le reverrons plus loin, le laboureur de l'Attique. Ce héros, qui appartient en propre à Cérès, se trouve ici introduit dans les généalogies mythiques de l'Argolide, mais sans cesser d'être en rapport avec la déesse. Dans la légende argienne, il est à la recherche de la génisse divine, tout comme dans l'Attique il accompagne Cérès cherchant sa fille Proserpine. Io est un symbole qui se rattache, aussi bien que Proserpine, au culte de la lune [4], à l'antique civilisation d'Argos et de tous les lieux où fut établi un culte semblable. Triptolème fonde la ville de Tarse, en suivant les traces de la fille d'Inachus changée en vache. De même Cadmus arrive dans la Béotie, et devient le fondateur de Thèbes, en suivant à la piste une vache,

---

[1] Valer. Flacc. I, v. 83.
[2] Apollodor. III, 15, 6, 7.
[3] Depuis par Schlæger, de nummo Hadriani et gemma Isiaca, p. 142.
[4] *Cf.* t. II, p. 605 sq., 683, 753, et nos pl. CLXIV-CLXIV *bis*, 604, 604 *a-d*, avec l'explication. (J. D. G.)

en cherchant sa sœur Europe ravie par le dieu-taureau[1]. Hercule aussi s'en va chercher les bœufs du soleil, et sur sa route il sème les cultes et les cités. Ces routes du taureau, de la vache, sont les grands chemins de la civilisation ; là où les divinités solaires et lunaires s'arrêtent et obtiennent des autels, le bœuf laboureur est pris et dompté, l'agriculture fonde les demeures fixes et avec elles la société civile. C'est ce qui advint à Tarse, sur cette côte qui va s'abaissant des sommets du Taurus. En traversant cette grande chaîne de montagnes y vinrent de l'Orient les premiers dieux, les premiers héros, auxquels s'associèrent plus tard, selon toute apparence, des colons partis de l'Occident. L'Assyrien Sardanapale représente les premiers, l'Argien Triptolème les seconds; Persée semble les réunir en soi, lui aussi venu d'Argos, après Triptolème, mais, en tant que Persès, appartenant à la Haute-Asie où subsistent sa race et son peuple.

Perseus-Perses, n'en doutons pas, vint primitivement du pays où fut trouvée la coupe du soleil, la coupe de grâce et de bénédiction, suivant les traditions orientales. Celui qui la trouva fut Dschemschid, lorsqu'il jetait les fondements de la grande cité des Parses. C'est ce même Dschemschid qui fend le sein de la terre avec son glaive d'or pour la féconder, Dschemschid le héros du soleil, le prince de l'année, qui lutte incessamment contre le mal, qui dompte les lions et tant d'autres monstres, et devient ainsi le modèle des grands rois, tels qu'on les

---

[1] *Cf.* nos planches CLXIV, 620, CLXXVII, 621, 622, avec l'explication.

(J. D. G.)

voit encore représentés sur les murailles de Persépolis[1]. Il a lui-même pour prototype Mithras-Persès, poursuivant sa carrière héroïque et divine un glaive à la main, combattant les Dèves, enfants des ténèbres, ouvrant les portes du jour et faisant triompher la lumière[2]. Mithras est le génie du soleil, comme Dschemschid en est le héros, et Persée, copié sur ces originaux, apparaît encore, dans les sphères grecques, sous des traits analogues[3]. Aussi, comme on l'a remarqué[4], la constellation tout entière de Persée appartient-elle à l'Orient ; aussi, chez les Grecs, le héros porte-t-il encore des épithètes qui trahissent son caractère primitivement si élevé. Il s'appelle *Eurymédon*, c'est-à-dire celui qui domine au loin[5], et nous ne saurions oublier qu'à Tarse et à Chemmis il jouissait également des honneurs divins. Même dans les derniers temps ne s'effaça point tout-à-fait en Grèce l'idée fondamentale de Persée. C'est ce que prouvent les interprétations astronomiques, soit de son nom, soit de son mythe, quelque gâtées, quelque obscurcies qu'elles soient par la manie de vouloir tout expliquer. Pour Jean-le-Lydien, pour les scholiastes de Lycophron[6], par exemple, Persée est le soleil et le mouvement

---

[1] *Cf.* liv. II, ch. I, p. 311 sq., t. I, avec les pl. XXIV et XXVII *bis*, 122, 122 *a* et *b*, et l'explicat. p. 28 sq.

[2] Même livre, chap. IV et V, *passim*, surtout p. 352, 375, 380, t. I.

[3] Comme un héros courant, qui semble fouler la tête du Cocher. Hygin. Poet. Astronom. III, 11, p. 510 Staver.

[4] Schaubach ad Eratosth. Caraster., cap. 15-22.

[5] Scholiast. Apollon. IV, 1514.

[6] Ad v. 18, p. 296 ed. Müller, coll. J. Lyd. de Mens. p. 66 Schow., p. 168 Rœther.

circulaire, si rapide, du ciel igné; donnée juste au fond, quoique faussement ou subtilement développée dans les détails.

III. Continuation du même sujet : rapprochement de quelques-uns des symboles contenus dans les mythes de Persée et de Bellérophon, des rites religieux et des représentations figurées qui s'y rattachent, avec les symboles, les dieux, les rites de la Haute-Asie et de l'Asie-Mineure. La Chimère et les animaux merveilleux de l'Orient ; Chrysaor, le Jupiter Chrysaoreus de la Carie, Déméter Chrysaoros, et le sacrifice symbolique du taureau.

Quand un mythe a des origines aussi évidemment orientales que celui de Persée, que celui de Bellérophon, c'est à l'Orient, ce semble, qu'il faut en demander avant tout l'interprétation. L'Orient, ses dieux, ses héros, ses animaux symboliques, ses monuments et ses traditions, ses cérémonies religieuses, peuvent seuls répandre un jour véritable sur les principaux traits des légendes que nous venons de parcourir, ainsi que sur les rites et les représentations figurées qui s'y lient. Par exemple, si nous voulons nous rendre compte des figures tracées sur les médailles de Tarse, de ce Sardanapale, de cet Apollon, de cet Hercule ou de ce Persée qu'elles nous offrent, luttant avec des lions, des lions armés de cornes ou composés avec le taureau, c'est aux monuments de Persépolis qu'il faut recourir. C'était une coutume antique des Perses et de leurs monarques de combattre les lions, de les terrasser, de les égorger avec le poignard, comme l'attestent ces monuments[1]. Quant aux animaux com-

[1] *Cf.* les indications données ci-dessus, et la note 7 sur le livre II dans les Éclaircissements du tom. I, p. 716-728, *passim*.   (J. D. G.)

posés, ou, comme l'on dit, chimériques, que domptent également les rois ou les héros de la Perse, ils rappellent, d'une manière plus positive encore, la fameuse Chimère vaincue par Bellérophon, et qui se voit non-seulement sur les médailles de Corinthe, mais sur celles de Sériphe, à cause des rapports intimes de Bellérophon avec Persée[1]. On veut que la fable de la Chimère, figurée sur les vases, entre autres monuments[2], ait son origine dans des phénomènes physiques du genre de ceux qui firent assigner le sol volcanique de la Cilicie comme demeure au géant Typhée[3]; on veut aussi que le Pégase s'explique tout entier par les premières tentatives faites pour dompter le cheval[4]. Mais quelle qu'ait pu être la part de ces circonstances locales ou historiques dans les mythes dont il s'agit, il est plus sûr encore que leur source première est dans les religions et dans les symboles de la Haute-Asie ou de l'Égypte, naturalisés de bonne heure en Asie-Mineure et en Grèce.

Sur les médailles de Tarse, nous voyons encore Sardanapale armé de l'arc et du carquois, et tenant une

---

[1] Eckhel Doctr. Num. vet. II, p. 385 coll. 334, et Millingen, Recueil de méd. gr. inéd., p. 49 et tab. III. — On connaît la célèbre Chimère de bronze trouvée à Arezzo en Étrurie, et portant une inscription (Micali, *Antichi Monum.*, pl. 42, 1). La Chimère paraît avoir appartenu en propre aux Égyptiens; car l'on rencontre des Chimères en bois de sycomore, soigneusement travaillées et peintes, dans les hypogées de Thèbes (Descript. de l'Ég. II, pl. 47, fig. 3, 4; pl. 56, fig. 4, 5. — Les figures indiquées ici n'ont rien de commun avec les Chimères proprement dites. (J. D. G.)

[2] *V.* notre pl. CLVII, 617, avec l'explicat. (J. D. G.)

[3] Bœttiger, *Vasengemælde*, I, p. 113 sqq., III, p. 97.

[4] *Id., ibid.*—*Cf.* liv. précéd., p. 197 et n. 4, avec les monuments indiqués.

coupe à la main; nous y voyons un Apollon barbu. Ces figures nous rappellent, d'un côté, l'Apollon d'Amycles et de Métaponte avec le casque, l'arc et la flèche, de l'autre, l'Apollon armé de toutes pièces des Assyriens[1]. Elles nous rappellent en même temps le Bacchus indien à la longue barbe avec la coupe dans sa main[2]. Si bien que, dans le mythe de Persée, particulièrement à Tarse, où il était honoré comme un dieu, il semble que la religion d'Apollon et celle de Bacchus soient réconciliées entre elles par une commune origine orientale.

Le Jupiter de Labranda en Carie, dont nous avons parlé ailleurs[3], va nous fournir de nouveaux et féconds rapprochements, soit avec la légende de Persée et les cultes connexes de Bacchus, de Cérès et de Proserpine, soit avec les symboles religieux de la Haute-Asie, spécialement de la Perse. C'était, on le sait, un Jupiter belliqueux, armé d'une bipenne et d'une lance, tel qu'il paraît sur les monuments[4]. Dans une autre ville de la même province, à Lagines, se trouvait un temple d'Hécate, et près de cette ville un autre temple, commun à tous les Cariens, dédié à Jupiter *Chrysaoreus* ou au glaive d'or[5]. Ce Jupiter est évidemment identique au précédent, et ce qui le prouve, c'est qu'Élien[6] donne expressément au

---

[1] *Cf.* liv. IV, ch. IV, p. 155 coll. p. 113, n. 1, tom. II.

[2] Liv. VII, ch. II, p. 87 sq., ch. V, p. 319 sq., *ci-dessus*, et les planches CXII et CXI, 429, 429 *a*, avec l'explicat., p. 175 sq.

[3] Liv. VI, ch. I, p. 583, tom. II.

[4] Pl. LXX, 267.

[5] Strab. XIV, p. 660 Casaub.

[6] H. A. XII, 30, p. 278 Jacobs.

Jupiter des Cariens un glaive, ajoutant ces paroles remarquables : que Jupiter avait reçu de ce peuple le surnom de *Labrandeus*, pour avoir envoyé de fortes pluies[1]. Il en résulte que la notion du Jupiter armé d'un glaive, du Jupiter au glaive d'or, rentre absolument dans celle de Jupiter *Pluvius*, et que l'idée des pluies fécondantes était liée à l'image du glaive d'or. Ce qui suit lèvera toute espèce de doute à cet égard.

Dans Étienne de Byzance, au mot *Mastaura*, se lit cette curieuse notice : « *Mastaura* est une ville de Lydie, nommée ainsi de *Ma*. Ma faisait partie de la suite de Rhéa, et Jupiter lui donna Bacchus à élever. Junon ayant demandé à Ma de qui il était fils, celle-ci répondit : d'Arès (Mars). De là vient que, chez les Cariens, Dionysus fut appelé *Masaris*. Rhéa aussi portait le nom de *Ma*, et, chez les Lydiens, un taureau lui était immolé, d'où vient le nom de *Mastaura*. Au milieu de cette ville coule un fleuve appelé *Chrysaoras*[2]. » Dans cette compilation évidente de documents divers, se révèle surtout l'effort des Grecs pour expliquer d'après leur langue la dénomination vraisemblablement étrangère de la ville dont il s'agit. Nous pourrions essayer de la rapporter à son étymologie orientale, et y soupçonner le nom de *Mastres*, *Mestres*, enfin une forme quelconque du nom fameux de *Mithras*[3]. Mais il est inutile de recourir à des ressemblances souvent trompeuses de mots ; les rapports d'idées

---

[1] Ὕσας λάβρῳ καὶ πολλῷ.

[2] Stephan. Byz. *v.* Μάσταυρα. *Cf.* Creuzer, Histor. Græcor. antiquiss. fragm., p. 147 sq.

[3] *Cf.* liv. II, ch. V, p. 367 sq., tom. I.

sont assez manifestes, assez concluants pour nous en dispenser. Nous trouvons ici Rhéa impliquée dans l'histoire de Bacchus, un taureau qui lui est offert en sacrifice, un fleuve du glaive d'or. Eh bien! Jupiter qui, se répandant en pluie d'or, met au jour Persée, le héros porte-glaive, qui lui-même tient le glaive à titre de dieu des pluies et des orages; ce même Jupiter fait alliance avec Rhéa, la mère humide des dieux, à qui l'on immole un taureau, et dont la ville sainte est arrosée par le fleuve du glaive d'or. Observons encore que la nourrice de Bacchus nomme son père Arès, c'est-à-dire Mars. C'est que le belliqueux Mars, qui, dans le système de Samothrace, était en même temps le grand fécondateur de la terre dont il ouvrait le sein, comme il ouvrait la carrière de l'année et celle des combats[1], s'identifie complétement avec le Jupiter belliqueux des Cariens et des Lydiens, lui-même, nous venons de le voir, dieu des pluies fécondantes. Ajoutons que le Jupiter *Chrysaoreus*, qui porte à volonté ou la hache ou le glaive d'or, symbole de sa puissance terrible et bienfaisante à la fois, semble se retrouver, avec son caractère le plus élevé, dans la cosmogonie des Phéniciens, et dans ce *Chusorus* ou *Chrysor*, espèce de Phtha-Vulcain, qui ouvre l'œuf du monde et qui est l'artisan de la création[2].

Le taureau reste à expliquer, et c'est justement le taureau, c'est le sacrifice symbolique de cet animal offert à Rhéa, qui va nous livrer et le sens complet de ces mythes et leur véritable, leur première origine. Dschemschid,

---

[1] Liv. V, p. 514, tom. II.
[2] Liv. IV, ch. II, p. 14 et n. 2, tom. II.

le héros solaire de la Perse, lui aussi ouvrant le sein de la terre avec son glaive d'or; Mithras, le génie du soleil, de son glaive également égorgeant le taureau, emblème de cette terre ainsi fécondée, voilà les prototypes de tous ces dieux porte-glaives que nous venons de voir, aussi bien que du *Chrysor* phénicien, aussi bien que de ce *Chrysaor* énigmatique qui paraît dans la légende grecque de Persée et de Méduse, et où semble se transfigurer Persée lui-même. Le taureau, emblème de la terre, l'est aussi de l'année, de la rénovation périodique et annuelle de la nature, représentée par le sacrifice de cet animal. Mais comme l'année est l'image du temps, la petite création de la grande, il s'ensuit qu'en un sens supérieur le taureau de l'année devient le taureau primitif, symbole de la matière, et le dieu qui l'immole, le dieu créateur, qui la sépare du chaos, qui la distribue dans les grandes masses du ciel et de la terre, qui ouvre l'œuf du monde. Le glaive d'or devient également un glaive cosmogonique; et de même que, suivant le Zendavesta, toutes les eaux proviennent du grand taureau cosmique, de même, dans la légende gréco-lydienne de Mastaura, près de la cité de Rhéa, de la déesse des eaux primitives, coule le fleuve du glaive d'or[1].

Aussitôt que la séparation de la matière est opérée, que l'œuf du monde est ouvert, apparaissent les divinités de la terre et celles du ciel. Le taureau, dont la queue se termine en un faisceau d'épis, n'appartient pas seulement à Mithras, à Persée-Chrysor, à Jupiter Chrysaoreus; il

[1] *Cf.* livre II, ch. IV et V, p. 353 sq., 356 sqq., 381, avec nos notes 5 et suivantes, *passim*, dans les Éclaircissements sur ce livre, t. I. (J.D.G.)

appartient encore à Rhéa, ainsi que nous l'avons vu, et par Rhéa à Cérès; car que peut être cette *Ma*, compagne de la mère des dieux, mère elle-même, comme le dit son nom, si ce n'est *Déméter*, la terre-mère, la déesse de la terre? Voilà pourquoi Cérès aussi portait le surnom de *Chrysaoros*, la déesse au glaive d'or, que lui donne le grand hymne homérique[1]; voilà pourquoi, sur les médailles de Mastaura et des villes voisines, se montre une figure de femme, tantôt avec le glaive dans une main et des épis dans l'autre, tantôt enveloppée d'une tunique et avec un jeune enfant sur son bras, tantôt accompagnée d'un taureau[2].

Rhéa-Cérès a de Jupiter, le père par excellence comme elle est la mère, le couple divin des Dioscures, mâle et femelle, c'est-à-dire Bacchus et Proserpine, qui règnent dans les profondeurs de la terre et auxquels appartient aussi le taureau, attribut commun des divinités du ciel, de celles de la terre et de celles des enfers. C'était à Nysa en Carie, d'après une tradition suivie, selon toute apparence, par l'auteur de l'hymne homérique à Cérès[3], que Proserpine avait été enlevée par Pluton. Sur les médailles de cette ville et de celles du voisinage, par exemple d'Orthosia, se trouve, en effet, représentée la scène de l'enlèvement[4], et le culte de Proserpine, en général, pa-

---

[1] V. 4, Δήμητρος χρυσαόρου, texte maintenu par Voss lui-même, dans son édition et dans sa traduction. (J. D. G.)

[2] *V.* Rasche Lexicon rei num., tom. III, 1, p. 358.

[3] V. 17, *ibi* Ruhnken. — *Cf.* le chap. V, art. II, *ci-après.*

[4] *V.* Spanheim ad Callim. hymn. in Cer. v. 9; Pellerin, Recueil, II, pl. 67, n° 46.

raît avoir été extrêmement répandu dans toute cette région de l'Asie-Mineure. Près de Nysa on montrait le bois sacré de Pluton, le temple de ce dieu, et la caverne de Charon, par où la jeune déesse avait été ravie aux enfers. Là, chaque année, était célébrée une grande fête, avec un sacrifice du taureau d'une forme toute particulière. Le jour de la fête, vers midi, sortaient réunis du gymnase les jeunes gens et les éphèbes, qui, nus, comme pour la lutte, s'emparaient de la victime et l'entraînaient dans la caverne de Pluton. Ils y laissaient l'animal livré à lui-même; mais à peine avait-il fait quelques pas qu'il tombait mort contre terre[1]. De semblables rites avaient lieu, chez les Cariens, près du temple de Neptune Heliconius. C'étaient des rites fort antiques, auxquels Homère semble faire allusion dans l'Iliade[2]; qui se retrouvaient en diverses contrées, rapportés à des divinités différentes, mais toujours avec un caractère symbolique et significatif. Pour nous en tenir en ce moment à l'Asie-Mineure et aux cultes de Cérès et de Proserpine, à Cyzique en Mysie, où cette dernière déesse était adorée sous le nom de *Coré Soteira,* ou *la Vierge qui sauve,* un taureau noir lui était sacrifié à sa fête annuelle[3]. C'est pourquoi, sur les médailles de cette ville, se voit la tête de la déesse avec l'inscription qui la caractérise et une couronne d'épis, avec divers attributs entre lesquels se remarquent des flambeaux entourés de serpents, et enfin un bœuf ou

[1] Strab. XIV, p. 640 Cas. Cette scène est également figurée sur les médailles de Nysa, chez Vaillant, Num. Imperat., Amstel. 1700, p. 145.
[2] XX, 403, *ibi* Heyne.
[3] Appian. Bell. Mithrid., cap. 75; Plutarch. Lucull., c. 10.

une tête de bœuf[1]. Sur les médailles de Tralles en Lydie, c'est Cérès qui se montre portée sur un char traîné par deux taureaux, et tenant dans chacune de ses mains un flambeau allumé[2]. Sur les médailles d'Amphipolis en Macédoine, la déesse est montée sur un taureau et saisit de ses deux mains un seul flambeau[3]. Enfin, sur les monnaies de la Sicile, pour le dire ici par anticipation, la tête de Cérès couronnée d'épis porte elle-même des cornes de taureau au-dessus des tempes[4].

Nous concluons de tous ces exemples que, dans la religion de Cérès-Proserpine, le symbole du taureau ou de la vache était diversement employé, d'après ses rapports multiples avec le soleil et la lune, avec la terre, la mer et les enfers. Il y était le gage des biens de l'année, à titre de dépositaire des germes de toutes les choses matérielles. Il appartenait à la fois au règne de la lumière et à celui des ténèbres, soit en général, sous un point de vue théogonique et cosmogonique, soit en particulier et quant à la révolution périodique de l'année et des saisons. D'autres notions accessoires se rattachaient à celles-là, également figurées et sur les monuments et dans les cérémonies symboliques. Le taureau qui résiste, qu'il faut entraîner de force, c'est le taureau de l'année nouvelle, subjugué par de jeunes mains, comme à Nysa; le taureau du printemps, belliqueux et cornupète. Le taureau qui

---

[1] Eckhel, Doct. Num. vet., II, p. 451.
[2] Pellerin, Méd., II, p. 101, et Supplém. p. 73.
[3] Rasche Lexic., II, 2, p. 483.
[4] Chez Paruta, n. 130, 149, et dans Dorville, Sicul. II, p. 280. — *Cf.* notre pl. LV, 212, 212 a, et l'explicat. p. 106 sq.   (J. D. G.

cède sans résistance, qui se laisse conduire à l'autel par de vieilles femmes, ou qui, entré dans la caverne de Pluton, y tombe aussitôt, c'est l'emblème de l'arrière-saison, du soleil languissant, épuisé, de l'hiver, qui, comme l'animal, semble succomber et descendre aux sombres demeures. Non-seulement en Argolide et en Asie-Mineure, mais à Éphèse, à Athènes, en Crète, ainsi que nous le verrons bientôt, des rites semblables, des représentations solennelles de même genre et plus significatives encore avaient lieu, qui nous rappellent les sacrifices du taureau ou les combats contre des taureaux, si fréquents dans les tableaux religieux de la Haute-Asie, surtout de la Perse [1].

---

[1] Cf. notre pl. XXVII, bis, 122 a et b, avec l'explicat., et la série des monuments mithriaques, même pl. et XXVI, XXVII, 131-134. — Les idées développées dans ce chapitre, et particulièrement ce qui concerne Persée et Bellérophon, mis en rapport, soit avec le culte de Cérès, soit avec l'Orient, sont l'objet de quelques remarques et de quelques observations complémentaires, dans les Éclaircissements sur ce livre, note 5, fin du volume. (J. D. G.)

CHAPITRE III.

LE CULTE DE CÉRÈS DANS LE RESTE DU PÉLOPONNÈSE ET EN BÉOTIE; ET PROSERPINE-VÉNUS DANS LES LÉGENDES HÉROÏQUES DE LA THESSALIE, DE LA CRÈTE ET DE L'ATTIQUE.

I. La Cérès-Erinnys et sa fille Despœna en Arcadie, dans leur double rapport avec Neptune et avec Pan; autres Cérès du Péloponnèse, issues de l'Attique; la Cérès Achæa de Béotie, analogue à Cérès-Erinnys.

La Cérès *Erinnys* ou *irritée* de l'Arcadie va nous ouvrir un nouveau cycle de symboles lunaires et solaires, terrestres et célestes, où nous voyons d'abord la déesse et sa fille Proserpine en relation avec Poseidon ou Neptune et avec Pan. Le premier de ces dieux la transforme en Erinnys sur la terre; le second contribue à la ramener au séjour de l'Olympe. Déméter, racontaient les Arcadiens, était en quête de sa fille. Poseidon la poursuivit de son amour, et, comme elle s'était métamorphosée en cheval pour lui échapper, il prit la même forme et parvint à la posséder. La déesse fut saisie d'une violente colère; puis, s'étant apaisée, elle se baigna dans le fleuve Ladon. Le courroux qu'elle ressentit lui valut le surnom d'*Erinnys*, et le bain qui suivit, celui de *Lousia*. Sa statue colossale portait, en qualité d'Erinnys, une ciste et un flambeau. Quant au fruit de ses amours avec Poseidon, ce fut une fille mystérieuse, dont les seuls initiés savaient le nom, *Despœna*, et un coursier merveilleux, *Arion*, ayant une crinière couleur de mer, et qui servit à Hercule et plus tard à Adraste dans la guerre contre Thèbes[1]. Conformément à cette tradition, Déméter, dans la grotte qui lui était consacrée à Phigalie, se voyait avec une tête de cheval, à laquelle étaient attachées des images de serpents et de bêtes féroces, tenant sur une main un dauphin, une colombe sur l'autre, et le reste du corps enveloppé dans une tunique étroite et serrée, de couleur noire; d'où vient qu'on la nommait *la Noire*[2]. De ces deux récits, il faut en rapprocher un troisième concernant l'enceinte sacrée de Despœna, située non loin d'Acacésium. A l'entrée s'élevait le temple d'Artémis Hégémoné ou conductrice, avec sa statue d'airain, portant dans ses mains des flambeaux; on y remarquait une cour à part avec des niches, où les Parques et Jupiter Mœragétès, leur chef, de plus Hercule enlevant le trépied à Apollon, étaient représentés. Venait ensuite le temple même de Despœna. On y voyait Cérès tenant dans la main droite un flambeau, et la gauche appuyée sur sa fille. Cette dernière avait un sceptre et posait sa main gauche sur la ciste placée sur ses genoux. Près du trône était, à côté de Cérès, Artémis vêtue d'une né-

---

[1] Pausan. VIII, Arcadic., 25, coll. 37. *Cf.* Antimachi reliq. ed. Schellenberg, p. 64 sqq., et Creuzer Commentat. Herodot. I, p. 219, n. 200.

[2] Pausan. VIII, 42 *init*. Comparez, d'après l'une des cosmogonies orphiques, la figure non moins compliquée et non moins bizarre de Proserpine, née de l'union de Jupiter et de Rhéa-Cérès transformés en serpents (liv. VII, ch. III, p. 210 *ci-dessus*).

bride et le carquois sur l'épaule; elle portait dans une main un flambeau, dans l'autre deux gros serpents. Auprès de Despœna se tenait le Titan Anytus, que les exégètes appelaient le père nourricier de la déesse[1].

Déjà nous nous sommes expliqués ailleurs, d'une manière générale, sur le sens de ces traditions et de ces images[2]. Plus elles sont caractéristiques et plus ancien était, au rapport d'Hérodote, le culte de Cérès chez les Arcadiens, plus il importe d'y insister. L'art lui-même n'a point dédaigné cette classe de mythes; il s'est borné, en la traitant, à en retrancher ce qui, dans la forme, eût été repoussant ou bizarre. Une améthyste de la collection de Stosch nous montre Cérès, la faucille dans une main, conduisant un cheval qui se cabre et sous les pieds duquel se replie un serpent[3]. C'est là une représentation adoucie de la Cérès *Erinnys*, une allusion à sa colère, au cheval dans lequel elle se transforma, ou bien à celui qu'elle mit au jour après son union violente avec Neptune[4]. La Cérès *Noire* d'Arcadie nous rappelle encore la *noire* Proserpine de Rome, en l'honneur de qui des jeux étaient célébrés et des sacrifices offerts, d'après les prescriptions des livres sibyllins [5], et qui peut-être était venue dans le Latium avec les vieilles colonies pélasgiques.

[1] Pausan. VIII, 37.
[2] Liv. VI, ch. III, p. 630 sq., tom. II.
[3] Schlichtegroll, I, n° 37.
[4] La médaille donnée dans notre pl. CXLIV, 548 *b*, reproduit aussi à quelques égards Déméter *Erinnys* ou Cérès *noire;* elle a le serpent et le dauphin. *Cf.* l'explicat. des planches, p. 223.   (J. D. G.)
[5] Censorin. de die natal., cap. 17, p. 80 ed. Lindenbrog.

Des faits physiques, nous l'avons dit, sans doute en rapport avec l'agriculture, sont le fond commun de ces mythes ainsi que des représentations qui s'y rattachent. Les relations entre Déméter, la terre-mère, et Poseidon, le dieu de la mer, doivent être interprétées comme elles l'ont été plus haut, à propos de la Cérès cabirique de Samothrace, l'île de la faucille [1]. Elles se retrouvent également dans les légendes sacrées de l'Argolide sur Poseidon *Phytalmius*, épithète appliquée à ce dieu, à Hélius ou au Soleil, et à Jupiter [2]. Sous ce nom, Neptune était censé favoriser l'accroissement des plantes, dont auparavant il avait vicié les germes par ses flots amers. C'est seulement quand le sol a été conquis sur les eaux marines que l'agriculture et la société civile peuvent y fleurir ; d'où vient que le temple de Cérès-Thesmophore ou Législatrice était voisin du temple de ce Neptune conjuré et devenu propice à la végétation. Le fils de la mer, le cheval indompté, rapproché de Cérès tenant la faucille, veut dire la même chose. Ainsi les anciens peuples consacraient-ils l'histoire de leur sol natal par des mythes, par des symboles et par des rites religieux. Ils y déposaient en même temps des observations ou des idées astronomiques. Avec les phases de la lune varient les phénomènes de la terre et ceux de la mer. Le lumineux satellite de la terre a aussi son influence sur la végétation. Au noir coursier fils de Neptune ou de la mer et de Dé-

---

[1] Chap. I, p. 432 *ci-dessus*.
[2] *Cf.* liv. VI, *ibid.*, p. 628, — et notre note 1 sur la p. 629, tom. II.

(J. D. G.)

méter ou bien de la terre, comme le voulait Antimaque [1], est opposé le blanc coursier de la lune. Si Despœna était la sœur du ténébreux Arion, Perséphone portait, entre autres, le surnom de *Leucippos*, à cause des chevaux blancs qui l'avaient ramenée, sur son char, du royaume de Pluton dans celui de Jupiter ou dans l'Olympe [2]. Telle est la double nature, à la fois tellurique et sidérique, de Cérès-Proserpine [3].

Revenons aux traditions de l'Arcadie, et voyons maintenant Déméter dans ses rapports avec Pan. Inconsolable de la perte de sa fille Perséphone, indignée des outrages de Poseidon, elle s'était cachée à tous les yeux dans une grotte près de Phigalie, lorsque Pan l'y découvrit. Il avertit Jupiter, qui, aussitôt, envoya les Mœres ou Parques, pour fléchir la déesse et la déterminer à réjouir de nouveau par ses dons la terre affligée. Voilà le fait mythique qu'était chargée de retracer à la mémoire des peuples l'idole bizarrement composée que nous avons décrite; voilà du moins l'explication qu'ils s'en donnaient [4]. Pour nous, qui savons que Cérès, aussi bien que Pan, son révélateur, habite tout ensemble la région céleste et les profondeurs de la terre; qu'ici elle règne sur les ombres, en même temps que là elle poursuit sa carrière lumineuse, nous verrons dans la grotte de Phigalie un symbole des ténèbres de l'hiver. Nous penserons que

---

[1] *Cf.* Antimachi reliq., p. 64 sqq. ed. Schellenberg.

[2] Schol. Pindar. Olymp. VI, 161.

[3] *Cf.*, sur ces symboles et sur ces mythes, les idées de Welcker, *Zeitschrift für alte Kunst*, I, 1, p. 68.

[4] *V.* Pausan. VIII, Arcadic., 42.

Jupiter, le chef des Parques, en rappelle Déméter, au même sens à peu près que, selon un autre mythe, Vénus Apatouros cache Hercule, le héros solaire, dans la grotte de Phanagorie, jusqu'au jour où il triomphe des Géants, emblèmes des puissances telluriques[1].

Suivant une tradition, la lune avait paru en Arcadie peu de temps avant le combat d'Hercule contre les Géants[2]. Ce n'est pas sans dessein que nous rapprochons ce mythe de celui qui vient d'être reproduit. Nous reconnaissons dans tous deux, comme dans les Héraclées, en général, l'expression fabuleuse d'antiques observations astronomiques sur l'année tant solaire que lunaire, et c'est encore en ce sens que nous expliquons la vieille renommée des Arcadiens d'avoir existé avant la lune. Ce peuple était l'un des plus anciens de toute la Grèce, et nous savons que, dans la langue égyptienne, Isis signifiait l'ancienne, c'est-à-dire la lune[3]. Isis-Cérès apparaît, dans l'hymne homérique, sous la figure d'une femme chargée d'années; son temple d'Hermioné, nous l'avons vu, était desservi par des femmes d'un grand âge. Il semble donc que les Arcadiens aient cru ne pouvoir mieux fonder leur réputation de haute antiquité qu'en se disant *prosélènes*, c'est-à-dire en se faisant antérieurs à la lune, au culte qu'ils avaient appris à lui rendre, à la connaissance qu'ils avaient acquise de ses phases et de leurs rapports avec

---

[1] *Cf.* liv. VII, ch. V, p. 366 et n. 6 *ci-dessus.*

[2] Theodor. ap. Schol. ad Apollon. Rh. IV, 264, ad Aristoph. Nub. 397.

[3] J. Lydus de Mens., p. 78 Schow, p. 190 Rœther.

la révolution annuelle du soleil, avec l'année luni-solaire[1].

Dans cette contrée où tout rappelait ainsi la lune et son culte, dont les habitants s'étaient en quelque sorte placés eux-mêmes sous son invocation, tout en se prétendant plus anciens qu'elle, il n'est pas surprenant de rencontrer une grotte positivement dédiée à la lune, qui la partageait avec Pan, le dieu du Lycée[2]. Cette grotte datait sans doute de l'époque où des excavations souterraines tenaient encore lieu de temples. Un nouveau mythe s'y rattachait. Pan, disait-on, avait, un jour, revêtu la figure d'un bélier blanc comme la neige, attiré la lune dans une forêt, et là, reprenant sa forme première, joui de ses faveurs[3]. Si tout à l'heure la lune était Isis, c'est maintenant ici le Pan égyptien, frère de lait de Jupiter-Ammon, le Pan fils d'Hermès à qui le bélier était consacré, le Pan ithyphallique de Chemmis ou Panopolis, qui, de même que son père, veut avoir commerce avec la lune, ou, ce qui est tout un, avec Proserpine[4]. Tels ils étaient l'un et l'autre sans doute représentés chez les Pélasges, et les deux mythes d'Her-

---

[1] *Cf.*, sur cette tradition des Arcadiens *antélunaires*, les recherches de Heyne, Opuscul. Acad. II, p. 337 sq., et Larcher, Chronol. d'Hérodote, p. 223 sqq.

[2] Porphyr. de Antro Nymphar. cap. 20, p. 19 ed. Goens, coll. Quint. Calab. X, 126 sqq., et Schol. Apollon. IV, 56.

[3] Virgil. Georgic. III, 391 sqq., d'après Nicander. *V.* Macrob. Saturn. V, 22, et interpret. ad Virgil. *ibid.* — *Cf.* liv. VI, ch. VI, p. 676, tom. II. (J.D.G.)

[4] *Cf.* liv. VI, *ibid.*, et pag. 673, tom. II; liv. VII, ch. II, art. VII, p. 160 sqq. *ci-dessus.*

mès et de Proserpine, de Pan et de la Lune, ne sont que des traductions en paroles de ces vieux et muets symboles[1]. Images et fables ne veulent dire qu'une seule et même chose : c'est que le soleil féconde la lune et par celle-ci la terre. Pan changé en bélier, c'est, comme Ammon, comme Thoth-Hermès, le soleil au signe du bélier, communiquant à la lune les germes de la création nouvelle. La grotte de la lune, qui est aussi celle de Pan, c'est encore une grotte de l'hiver, d'où sort le bélier blanc, le dieu de lumière, à l'époque du printemps et de la nouvelle année, pour inonder de ses rayons fécondants et le ciel et la terre.

Les Arcadiens célébraient encore à Mégalopolis les mystères des *grandes déesses*, ainsi qu'on les nommait, dont le temple ne s'ouvrait aux hommes qu'une seule fois l'année. Ces grandes déesses étaient *Déméter* et *Coré-Soteira* ou la Vierge qui sauve[2]. Il faut en dire autant des *grandes déesses* des Messéniens, transplantées d'Éleusis, suivant la tradition[3]. On conservait en Messénie, dans une urne d'airain, les caractères de la doctrine sacrée gravés sur du plomb, et on les enfouit dans le mont Ithome lors du grand désastre de la guerre contre Sparte[4]. Les Spartiates aussi professaient le culte de Dé-

---

[1] Il faut y joindre un troisième mythe, dérivé de la même source et qui prouve le rapport des deux autres avec la fable de Cérès. Un jour, dit-il énergiquement, Jupiter coupa les testicules d'un bélier, puis il les jeta dans le sein de Déo, c'est-à-dire de Cérès. *V.* Clem. Alex. Protrept., p. 13.

[2] Pausan. VIII, Arcadic., 31 *init.*

[3] Pausan. IV, Messeniac., cap. 1 et 2.

[4] *V.* les détails dans Pausanias, *ibid.*, cap. 20, 26 et 27.

méter Eleusinia, qu'ils rapportaient également à Éleusis, faisant Hercule et les Dioscures, ces héros de la Laconie, disciples du héros de l'Attique, Triptolème[1]. Les noms d'Esculape et d'Orphée semblent déposer, là encore, de la transmission d'une antique doctrine sacerdotale. Dans la petite ville d'Hélos en Laconie, que l'on disait avoir été fondée par Hélios, le plus jeune des fils de Persée, la statue de Perséphone était, à certains jours, transportée dans l'Eleusinium[2]. Enfin, Cérès et Proserpine, représentées sur le célèbre trône d'Amycles, s'y trouvaient entourées d'un cortège remarquable. On y voyait Biris (peut-être Iris), Amphitrite et Poseidon, Jupiter et Hermès, Dionysus, Sémélé et Ino ; sur l'autel même, Déméter, Coré et Pluton, et au-dessus d'elles les Parques et les Heures, avec Aphrodite, Athéné et Artémis. Ces divinités emportaient au ciel Hyacinthe et sa sœur Polybœa, morte vierge[3]. Quand on observe, sur un monument aussi ancien, le rapprochement de toutes ces déesses concourant à un même but, ramenant de concert aux célestes demeures le jeune couple victime d'une mort prématurée, on est moins disposé à s'étonner du résultat final auquel doivent nous conduire ces recherches : c'est que Vénus, Minerve, Diane, Cérès et Proserpine se résolvent en une seule et même divinité, ayant pour mission d'introduire les âmes dans la vie et de les en

[1] Pausan. III, Laconic., 20, coll. 19, et Xenoph. Hellenic. VI, 3, 6.

[2] Pausan., *ibid.*, cap. 20.

[3] Pausan., *ibid.*, cap. 19. — *Cf.*, sur ce monument célèbre, contemporain du règne de Crésus, Heyne, *Antiquar. Aufs.* I, 1 ; Quatremère de Quincy, Jup. Olymp. p. 196 ; Velcker *Zeitschrift,* I, 11, p. 280 sqq.

faire sortir. C'est, au reste, l'idée fondamentale de Cérès *Catagousa* ou celle qui ramène, parce qu'à l'époque fixée elle ramène en effet au ciel sa fille Proserpine [1].

Dans la petite contrée d'Achaïe était adorée une Cérès *Mysia*, tenant ce nom de celui d'un Argien qui avait importé son culte. Sa fête, célébrée à Pellène, rappelait, comme les précédentes, les rites des Thesmophories et des Éleusinies [2]. A Sicyon, les hommes et les femmes célébraient aussi séparément les fêtes de Cérès *Présidente* et de Coré, sa fille [3].

Plus d'une fois déjà nous avons eu occasion de parler du culte de Cérès en Béotie. Nous avons fait mention de la tradition populaire de Mycalessus, qui donnait Hercule pour sacristain à la déesse [4]. Nous avons signalé l'origine de ce culte, qui dérivait de Samothrace, et l'esprit de mystère et de terreur dont il était entouré [5]. Ce même esprit avait inspiré un usage remarquable, pratiqué dans les temples du pays et que nous croyons pouvoir expliquer en conséquence, sans recourir à des interprétations forcées ou même à des conjectures critiques. Plutarque, dans le célèbre traité sur Isis et Osiris [6], fait observer le rapport de plusieurs fêtes grecques avec des fêtes égyp-

---

[1] Déméter *Catagousa* ou *Catagusa* (Plin. XXXIV, 8 ou 19) est proprement Cérès reconduisant sa fille aux enfers. *V.* notre pl. CXLV *bis*, 556, et l'explication des planches, p. 231 coll. 227.   (J. D. G.)

[2] Pausan. VII, Achaic., 27.

[3] Pausan. II, Corinth., 11.

[4] Liv. IV, ch. V, p. 176, tom. II.

[5] Liv. V, sect. I, ch. II, p. 315 sq., tom. II.

[6] Pag. 378 E, p. 549 Wyttenb.

tiennes, et il raconte à cette occasion que les Béotiens célébraient dans le mois Damatrius (en Égypte Athyr) une fête de Cérès qu'ils appelaient la fête de l'affliction [1], à cause de la douleur dont la déesse avait été accablée lors de l'enlèvement de sa fille. Cette Cérès se nommait elle-même la Cérès *Achæa*[2]. « Les Béotiens, ajoute notre auteur, dans cette fête, mettent en mouvement les temples d'Achæa[3]. » Ici l'on a pensé à de petits temples portatifs que l'on promenait dans les cérémonies de la fête ; mais les expressions grecques se prêtent difficilement à cette explication. Aussi a-t-on proposé diverses corrections d'un texte que, mal à propos, selon nous, l'on supposait altéré[4]. Rappelons-nous les rites égyptiens auxquels nous renvoie Plutarque lui-même, Tithrambo ou l'Isis irritée, dont la Cérès-Erinnys n'était qu'une copie. Rappelons-nous que, selon Pausanias[5], la Cérès béotienne devait être également une déesse terrible, à voir la crainte manifeste avec laquelle il glisse sur les cérémonies de son culte. D'ailleurs la fête dont il s'agit était une fête de l'affliction, et la déesse qui en était l'objet une Cérès affligée, affligée de la descente de sa fille aux enfers. Or, cette descente, le rapt de Proserpine par Pluton, étaient des événements telluriques, aussi bien que l'indignation

---

[1] Ἐπαχθῆ.

[2] Ἀχαία, de ἄχος, douleur profonde, affliction.

[3] Τὰ τῆς Ἀχαιᾶς μέγαρα κινοῦσιν.

[4] Toup change κινοῦσιν en οἰκοῦσιν ; Spanheim, μέγαρα en μεγαλάρτια, à cause d'une fête de ce nom chez les Déliens, qui lui rappelle les pains de proposition du Lévitique. Wyttenbach garde le texte vulgaire.

[5] IX, 25.

de Cérès violée par Poseidon, par le dieu qui fait trembler la terre. Pluton, de son côté, retourne aux enfers avec sa proie à travers les profondeurs des eaux[1]. Cérès, quand sa fille lui a été ravie, voile son front; elle devient Erinnys, une furie de douleur, et les fondements de la terre s'ébranlent sous ses pas comme sous ceux du ravisseur. Et comme, dans les mystères, les histoires ou les légendes divines étaient représentées dans des espèces de drames religieux, n'est-il pas permis de penser que les prêtres béotiens, à cette fête qui était une fête de terreur non moins que d'affliction, avaient trouvé moyen d'ébranler les appartements souterrains du temple[2], par un tremblement de terre simulé? Nous aurions ici un exemple de plus des artifices par lesquels le sacerdoce des temps anciens cherchait à frapper l'imagination au profit de la foi, dans les cérémonies religieuses.

II. Proserpine-Vénus, sous le nom de Pasiphaé; analyse de la légende crétoise de cette dernière, son caractère; Pasiphaé rapprochée d'Ino en Laconie, en relation avec Hercule dans la Thessalie, partout divinité lunaire en rapport avec le soleil.

Nous avons vu en Arcadie, dans le précédent article, la lune séduite et trompée par le blanc bélier du soleil : nous allons voir, dans celui-ci, l'héroïne ou la déesse lunaire Pasiphaé, identique à Proserpine et à Vénus à la fois, séduire à son tour le taureau solaire en se cachant sous la figure d'une vache.

[1] Hom. hymn. in Cerer. 38; Orph. Argon. 1192-1196.
[2] C'est le sens de μέγαρα.

Déjà nous connaissons Pasiphaé comme épouse de Minos, roi de l'île de Crète, comme fille du Soleil et de Perséis[1]. Le mythe qui la concerne est à la fois très ancien et très répandu, si bien qu'en observant ses ramifications à travers les cultes et les légendes héroïques de presque toutes les tribus grecques, nous ne pouvons nous empêcher de lui appliquer en ce sens le proverbe attique employé dans une acception quelque peu différente : « La honte de Dédale retentit par toutes les bouches[2]. » Ce mythe, du reste, est si connu qu'il est inutile de le rapporter dans tout son développement[3]. On sait, pour en rappeler seulement les traits principaux, que Minos de Crète ne voulut point immoler le taureau sorti de la mer et consacré à Neptune ; que, par suite, cet animal, dans un transport de rage causé par le dieu offensé, commit dans l'île les plus grands ravages, jusqu'à ce qu'Hercule parvînt à le dompter ; que Neptune toujours irrité ou Vénus offensée à son tour inspira à la propre épouse de Minos, Pasiphaé, une passion contre nature pour un autre taureau des troupeaux du roi, et que l'artificieux Dédale, venu de l'Attique, favorisa cette passion par une œuvre de son esprit inventif. De là la naissance du Minotaure, auquel l'élite de la jeunesse athénienne était sacrifiée dans le labyrinthe, lorsqu'enfin parut un libérateur, Thésée.

Telle est en peu de mots la légende de Pasiphaé. Es-

---

[1] Chap. I, art. II, pag. 420, 422 sq. *ci-dessus*.

[2] Suidas I, p. 752 Kuster ; Zenob. Proverb. IV, 6.

[3] *V.* Apollodor. III, 1, 3 sq.; Hygin. Fab. 40, p. 102 sqq., *ibi* interpret. *Cf.* Fischer ad Palæphat. II, p. 21 sq.

sayons maintenant de l'analyser dans ses éléments symboliques et de découvrir le vrai caractère de cette reine dissolue, qui, si nous ne nous trompons, doit être renvoyée parmi les magiciennes lunaires de sa race, parmi les divinités de la famille du soleil en Colchide.

Le premier point qui appelle notre attention, c'est le nom même de *Pasiphaé*, dont une autre forme est *Pasiphaessa* (*celle qui luit pour tous*). Aussi, dans les hymnes orphiques, le Soleil est-il dit *Pasiphaès*, et Diane y reçoit cette même épithète, ainsi que la pleine lune dans le poëme de Maximus[1]. D'autres lui donnent un sens différent, mais qui se ramène aisément à la même idée fondamentale. Par exemple Plutarque le rapporte au don de prophétie, à la révélation des oracles[2]; et, ce qui n'est pas moins remarquable, comme surnom de Vénus il exprime, au dire de Jean-le-Lydien, la séduction universelle de la volupté[3].

Quoi que l'on puisse penser de ces diverses étymologies considérées en elles-mêmes, elles n'en correspondent pas moins aux divers points de vue de l'être mythologique dont il s'agit. Pasiphaé est appelée la fille du Soleil, elle est dite immortelle, mais c'est en même temps une magicienne, comme Circé, comme Médée à qui elle tient de si près. Elle ensorcelle Minos, son époux, et il faut le secours de Procris, du breuvage salutaire qu'elle apporte, pour qu'il recouvre la faculté génératrice qu'il a per-

---

[1] Περὶ καταρχῶν, v. 146, coll. Orph. Hymn. VIII (7), 14, XXXVI (35). Πασιφαής et πασιφανής.

[2] Agid. et Cleomen., cap. 9 (πᾶσιν φαίνειν τὰ μαντεῖα).

[3] Ἡ πᾶσιν ἐπαφιεῖσα τὴν ἡδονήν. De Mens., p. 89 Schow., 214 Rœther.

due[1]. Nous reviendrons plus loin sur ce trait important du mythe. Voyons d'abord ce qu'était Pasiphaé en général et hors de la Crète. Sous ce nom les Laconiens honoraient un être femelle, dont ils rapportaient diversement la généalogie[2], mais à qui, dans tous les cas, ils reconnaissaient le don de prophétie, tellement qu'ils consultaient l'oracle de Pasiphaé même sur les affaires d'état[3]. Pausanias donne sur cet oracle, qui était un oracle par incubation ou par les songes, des détails curieux, en l'attribuant à Ino, au-devant du temple de laquelle s'élevaient toutefois les statues d'airain de Pasiphaé et d'Hélios, comme auprès coulait le ruisseau de Séléné. Le voyageur ajoute que Pasiphaé était une divinité étrangère, adorée par les habitants de Thalames[4]. En rapprochant son récit de ceux de Cicéron et de Plutarque, il faut conclure de deux choses l'une : ou que Pasiphaé et Ino avaient en commun le temple et l'oracle, ou plutôt que les deux déesses n'étaient qu'un même être, divisé seulement dans la religion extérieure et dans la croyance du peuple. Quoi qu'il en soit, l'existence d'une déesse du nom de Pasiphaé, qui rendait des oracles en Laconie, est suffisamment attestée.

En Thessalie nous allons trouver sous le même nom une Vénus et une Proserpine. Hercule l'adore, comme

---

[1] Antonin. Liberal. 41, p. 278 Verheyk.; Apollodor. III, 15.

[2] Plutarch., *ubi supra*.

[3] Cic. de Divinat., I, 43, où il faut lire avec la plupart des mss., *Pasiphaæ* au lieu de *Pasitheæ*. — *Cf.* Moser, p. 211 de son édit., et la note de Creuzer, *ibid.* (J. D. G.)

[4] Pausan. III, 26 *init.*, où il faut substituer Πασιφάη à Παφίη.

en Sicile il avait sacrifié à Perséphone[1]. C'est, dans les deux cas, Hercule conducteur de bœufs, poussant devant lui les bœufs de Géryon. En Sicile, il en précipite quelques-uns dans la mer ; en Thessalie Pasiphaé ramène et adoucit par les attraits de l'amour ces animaux devenus sauvages. Pareillement, en Crète, Hercule est obligé de lutter contre le taureau sauvage, issu de la mer, que plus tard Pasiphaé, prenant l'aspect d'une vache, soumet aisément à ses brûlantes ardeurs. Rappelons, pour compléter ces parallèles, les taureaux qui résistent à tous les efforts des hommes, et qui se laissent mener à l'autel par des femmes, dans la fête célébrée à Hermioné en l'honneur de Cérès souterraine[2].

C'est à dessein que nous faisons ces rapprochements si naturels en eux-mêmes, parce que d'avance ils expliquent et ils justifient, par l'accord intime des idées et des vieilles conceptions religieuses, ce que va nous apprendre, de l'identité de Pasiphaé avec Cérès et Proserpine, un auteur suspect à la critique, mais qui, pour être pseudonyme, n'en a pas moins son antiquité relative et ne se fonde pas moins, dans ce cas particulier, sur des traditions authentiques. Il s'agit du Pseudo-Aristote, ou de l'auteur inconnu du recueil des Récits merveilleux, parvenu jusqu'à nous sous le nom du philosophe de Stagire[3].

---

[1] *Cf.* chap. V, art. I, *ci-après*.

[2] Chap. précéd., p. 441 sq.

[3] *V.*, sur cet ouvrage, Fabric. Bibl. Gr. III, pag. 246 sq., *ibi* Harles. *Cf.*, pour le récit qui suit, Mirab. Auscult., cap. 145, p. 294 Beckmann. — CXXXIII, p. 47 sq. Westermann, et la préface de ses Παραδοξογράφοι, p. xxv sqq. (J. D. G.)

A Hypata dans le pays des Ænianes en Thessalie, raconte cet auteur, fut trouvée une colonne couverte de caractères antiques. Les habitants, ne pouvant lire cette inscription, envoyèrent quelques-uns des leurs à Athènes pour la faire déchiffrer. En passant par la Béotie, ceux-ci apprirent que, dans le temple d'Apollon-Isménien, se trouvait une inscription pareille, entre autres dédicaces gravées en caractères semblables sur des offrandes faites au dieu. Par là ils se trouvèrent en état de découvrir le sens de l'inscription qui les préoccupait.

Cette inscription, que donne ensuite textuellement le Pseudo-Aristote, est devenue une nouvelle énigme par suite des altérations qu'elle a subies dans le cours des temps. Heureusement les premiers vers, les seuls qui soient pour nous d'une importance réelle, sont assez intelligibles. Ils signifient : « Qu'Hercule avait dédié un temple à Cythéré Perséphaassa, alors qu'il conduisait les troupeaux (les bœufs de Géryon) à Érythie ou les en ramenait, troupeaux que la déesse Pasiphaessa avait domptés par la puissance de l'amour. » Tel est le sens qui résulte des trois premiers vers, dont le troisième, le plus important de tous, est parfaitement conservé. Dans les suivants, pour nous en tenir à cette indication rapide, il est question d'un monument sépulcral érigé sur la place même à la mémoire d'êtres regrettés[1].

Si l'on admet un point de doctrine que déjà nous avons plus d'une fois établi, mais qui sera mieux démontré encore par la suite, à savoir que Proserpine, dans

---

[1] *V.* l'inscription entière dans les Éclaircissements sur ce livre, à la fin du vol., note 6. (J. D. G.)

les anciennes religions, était souvent confondue avec Vénus; et si l'on se rappelle, d'un autre côté, que Vénus porte expressément le nom de Pasiphaé[1], on trouvera que l'inscription précitée est une précieuse confirmation des résultats de nos recherches, comme aussi ces résultats prouvent que tous les savants qui se sont occupés jusqu'ici de ce texte curieux, ont erré sur le point principal et conséquemment sur l'interprétation totale du sens. Tenons pour certain qu'il n'y a rien d'essentiel à changer dans ce texte, parce que Perséphassa, Pasiphaé et Cythéré, bien que distinctes par les mots, étaient, dans le fond des idées, une seule et même déesse, dont les appellations diverses pouvaient, selon les différents points de vue sous lesquels elle se présentait, être employées tour à tour ou comme noms propres, ou comme simples épithètes. Cette conclusion générale, appuyée par les témoignages positifs de Cicéron, de Plutarque, de Jean-le-Lydien, qui ont été allégués plus haut, nous assure que l'inscription du pays des Ænianes représente fidèlement la primitive théologie des Grecs, quelques doutes que des critiques modernes aient jeté sur elle aussi bien que sur celles du temple d'Apollon Isménien, rapportées par Hérodote. Il est incontestable que ces inscriptions n'existent plus que sous une forme relativement récente; mais elles ne sont pas par cela seul des fraudes pieuses, et, quand elles le seraient, il faudrait convenir que les faussaires n'étaient pas seulement pieux,

---

[1] *V.* Jean-le-Lydien, cité plus haut. — *Cf.* Gerhard, *Venere Proserpina*, p. 18 et 56 sqq., et notre note déjà indiquée. (J. D. G.)

mais encore fort instruits et profondément familiarisés avec les dogmes de l'ancienne religion.

Résumons maintenant, pour achever de la faire connaître, les traits les plus caractéristiques de cette Pasiphaé, commune à la Crète, à la Laconie, à la Thessalie, à la Béotie, et probablement aussi à l'Attique. Sa patrie est la terre magique de la Colchide; elle est sœur de Persès, le héros du soleil, sœur de Circé et d'Æétès, le père de Médée. Elle est originaire du pays où les taureaux respirent le feu autour de la toison d'or, gardée par le dragon. Elle est magicienne comme Médée, mais le breuvage de Circé rompt le charme qu'elle forme. Celle qui apporte ce breuvage, c'est Procris, la fille d'Érechthée, l'homme-serpent, Procris trompée par l'Aurore et qui la trompe à son tour[1]. Toujours donc des symboles qui se rapportent au ciel en même temps qu'à la terre, à des phénomènes astronomiques et physiques; toujours des artifices magiques qui tendent à rendre compte de ces phénomènes; toujours des oppositions, des actions contraires, en un mot le dualisme antique des religions de Samothrace et de l'Ida. L'opposition tantôt a lieu entre des êtres distincts, tantôt se

---

[1] Antonin. Liberal. cité plus haut. *Procris* est celle qui sépare, qui choisit d'avance, la purification, l'initiation personnifiée (Προκρίς et Πρόκρις, de προκρίνειν, nom donné également à la figue sèche qui purifie : Eustath. ad Odyss. XI, 321, pag. 440 Basil., coll. Hesych. II, 1033, Photii Lex. p. 336, Pollux VI, 81, et Casaubon et Schweigh. ad Athen. XIV, p. 610). Dans la légende attique sur Céphale, *Procris*, ennemie de *Néphélé* (la nue), est l'air qui purifie et qui rend la santé. *Cf.* liv. VI, ch. VIII, art. X, p. 776 sqq., tom. II.

concentre dans les aspects divers d'un même individu.
Ainsi Pasiphaé est tour à tour une funeste sorcière qui
frappe de stérilité la couche de son époux, qui égorge
dans ses bras ses concubines, et une séduisante, une
secourable déesse, qui porte avec elle la fécondité et le
salut, et dont les oracles remédient aux malheurs publics
ou les préviennent. Quant à cette honte de Dédale, qui,
selon le proverbe grec, était dans toutes les bouches,
elle est écrite également sous la voûte des cieux en
caractères éternels. L'histoire de l'union monstrueuse
de Pasiphaé avec le taureau de Neptune ne veut pas dire
autre chose, nous l'avons fait entendre en commençant,
que la légende arcadienne de la lune séduite par Pan,
le bélier blanc comme la neige. Dans l'un comme dans
l'autre mythe fut déposé le dogme antique de l'hymen
du soleil avec la lune au printemps, et de la fécondation
de la terre par la lune, qui en est la conséquence. Cette
fécondation a lieu, là dans le signe du Taureau, ici dans
celui du Bélier. Pasiphaé se glissant dans la vache fabri-
quée par Dédale pour attirer le taureau qui doit la
féconder, c'est la lune, sous la figure connue de la génisse, exerçant son charme sur le soleil représenté par
celle du taureau; et leur hymen a lieu dans le labyrinthe,
emblème de la carrière tortueuse que parcourent les
astres, c'est-à-dire du zodiaque. Telle est la Pasiphaé
de Crète; pour celle de Thessalie, au fond elle n'est pas
différente. Hercule ramenant les bœufs de Géryon de
l'île d'Érythie, de l'île enflammée du soleil couchant,
consacre un temple à la déesse, parce qu'elle a dompté
par son charme ses taureaux devenus furieux et qui

s'étaient dispersés¹. C'est le héros solaire conduisant les lunes, c'est-à-dire les mois figurés par des bœufs², qui lui échappent et qu'il ne peut régler seul; c'est Pasiphaé-Vénus, la lune subjuguant tous les êtres par l'attrait de la volupté, qui lui soumet à ce titre les mois qui dépendent d'elle, comme l'année qui les comprend dépend du soleil. Dans le même sens s'expliquent les taureaux d'abord rebelles d'Hermioné, qui résistent aux hommes, et se laissent ensuite docilement conduire par des femmes à l'autel de Cérès infernale. Ce sont encore les mois, les lunes, qui montent d'abord dans toute leur vigueur jusqu'au point culminant de la carrière du soleil, mais qui, parvenus là et cédant peu à peu au charme qui les entraîne, s'acheminent, dans la décroissance des jours, vers le sombre royaume de Proserpine. C'est encore ici Pasiphaé-Vénus, mais c'est en même temps Vénus-Proserpine ou Perséphassa, identique à la Vénus-Libitina des Romains, déesse à la fois de la volupté et de la mort, de la génération et de la destruction, dont nous traiterons au long dans un prochain article³.

[1] Pseudo-Aristotel. Mirab. Auscult., *ibid.*, et interpret. *ad loc.;* Apollodor. II, 10.

[2] *Cf.* liv. VII, ch. V, p. 318, *ci-dessus.*

[3] *Voy.* la Pasiphaé de Crète et toute son aventure mythique avec le taureau, représentées dans nos planches CXCVIII, 700, et surtout CCI, 701, avec l'explication. Dédale paraît encore, avec son fils Icare, CXCVIII, 702, CC, 703. (J. D. G.)

III. Minos, époux de Pasiphaé, héros luni-solaire, ses divers aspects; le labyrinthe de Crète et sa signification; famille de Minos et Pasiphaé, Glaucus, Androgée, symboles analogues aux précédents.

Jetons maintenant un coup d'œil sur la famille de Pasiphaé, et commençons par *Minos*, son époux. Lui aussi il soutient des rapports divers avec le taureau; c'est sous ce signe qu'il naquit de Jupiter et d'Europe, et sa généalogie nous l'a montré en relation avec l'Asie et l'Égypte ainsi qu'avec la Grèce[1]. Une foule d'autres traits des légendes qui le concernent tendent à nous faire voir en lui un nouveau symbole des antiques divinités de la nature importées de l'Orient, un pendant du Ménès égyptien, du Manou de l'Inde, une contre-épreuve de Dschemschid, de Persée et d'Hercule. Comme ces derniers il est tantôt un bon, tantôt un mauvais roi, en un sens également sidérique et agraire, physique et politique. Tous les neuf ans ou toutes les neuf saisons, c'est-à-dire tous les trois ans, il se rapproche de Jupiter, son père, et prête l'oreille à ses inspirations[2]. Il veut jouir des embrassements de la douce Britomartis, de la vierge lunaire, de Diane-Lune, qui lui échappe en se précipitant au sein des eaux[3]. Il a commerce avec de

---

[1] Chap. I, art. II, p. 420 *ci-dessus*. — *Voy*. les sources principales du mythe de Minos, indiquées par Fischer ad Æschin. Dialog. III, p. 163, et Tollius ad Apollon. Lexic. Homeric. p. 263 sq.

[2] D'où l'épithète ἐννέωρος, qui lui est donnée déjà dans Homère, Odyss. XIX, 178.

[3] *Voy*. liv. IV, ch. IV, p. 119, tom. II. *Cf*. Antonin. Liberal., cap. 30.

nombreuses concubines, mais ce commerce ne produit que des reptiles venimeux, des serpents funestes, à cause de l'influence toute-puissante de la fille du Soleil, de la magicienne Pasiphaé[1]. Et pourtant il est le fondateur de l'agriculture, de la société et des lois dans l'île de Crète. D'un bras vigoureux il étend son sceptre sur les îles et sur les terres lointaines, et le tribut qu'il impose n'est que le prix des sages institutions qu'il communique. Il est sujet aux mêmes alternatives de splendeur et d'obscurcissement que déjà nous avons remarquées dans les autres génies ou héros solaires. De même que Mithras-Persès sort de la grotte de ténèbres pour immoler le taureau, de même Minos a sa grotte souterraine, des profondeurs de laquelle sort aussi un taureau, un taureau dompté à la fin et immolé dans cette grotte. Mithras et Osiris, les premiers législateurs de la terre, les premiers instituteurs des vivants, sont en même temps les juges des morts aux enfers. Ainsi Minos est-il associé à son frère Rhadamanthe dans les fonctions de juge infernal[2]. C'est par suite d'une conception semblable, d'un semblable rapport établi entre le monde supérieur et le monde inférieur, sans doute aussi de la connexité des dogmes religieux de la Crète et des mystères de l'Attique, que Platon, dans l'Apologie[3], ajoute aux trois

---

[1] *Cf.* l'art précéd., p. 483, et 484, n. 1.

[2] *Cf.*, sur Rhadamanthe, liv. III, ch. VI, p. 464, tom. I. — Minos et Rhadamanthe sont rapprochés dans notre planche CXLIX *bis*, 555. *Voy.*, quant au premier, les compléments de notre note 7 sur ce livre, fin du volume. (J. D. G.)

[3] Cap. 32, p. 41 A. *Cf.* Welcker, *Zeitschrift f. alt. K.*, 1, 1, p. 134.

juges bien connus des enfers, Triptolème, l'amant de Cérès, qui, le premier, donna aux peuples le blé, et avec le blé les lois, les mœurs et la doctrine.

Des artisans étrangers, merveilleux, avaient construit les murs de Tirynthe, de Mycènes, et les grottes de Nauplie, pour les héros des temps anciens, pour Prœtus et Persée, à qui les esprits mêmes, les génies des planètes, se montraient obéissants. Pour Minos aussi, un merveilleux ouvrier bâtit le labyrinthe de Crète. C'était Dédale, l'Athénien, de la famille d'Érechthée, de cette race sacerdotale qui fut l'institutrice d'Athènes en fait de mœurs et de croyances. Ce labyrinthe qu'il édifia était, selon toute apparence, un monument religieux, analogue à celui de l'Égypte, et, comme ce dernier, d'une signification toute symbolique [1]. S'il était, ainsi qu'on l'a pensé [2], ouvert par le haut, il n'en ressemblait que mieux à mainte construction de ces vieux siècles pélasgiques, et il rappelait, entre autres, la prison souterraine de Danaé qu'y vient féconder la pluie d'or de Jupiter. De cette prison, nous l'avons vu, sort ensuite un héros du soleil. Pareillement un taureau solaire, une fille du soleil, qui

[1] Le labyrinthe d'Égypte, avec ses trois mille chambres, quinze cents en haut, quinze cents en bas, correspondait aux trois mille années de la migration des âmes. — *Cf.* Herodot. II, 123, 148, *ibi* Creuzer et Bæhr, et notre tome I, pag. 464, avec la note 12 dans les Éclaircissements sur le livre III. (J. D. G.)

[2] Valckenaer ad Theocrit. Adoniaz. p. 230 B, C. *Cf.* Creuzer. Meletem. I, p. 84 sq., *ibi* annot. — Sur le labyrinthe de Crète, il faut consulter, indépendamment des passages recueillis par Meursius, Creta, II, 2, l'ouvrage récent de Hœck, *Kreta*, I, pag. 56 sqq., pag. 447 sqq., et notre note 4 dans les Éclaircissements sur le présent livre, fin du vol. (J. D. G.)

représente la lune sous sa figure de vache, ont pour demeure le labyrinthe de Crète. Et toutefois c'est une demeure de honte, selon le mythe vulgaire, honte qui avait rejailli sur Dédale, son auteur. Mais déjà nous avons fait entrevoir, dans le précédent article, le vrai sens des infâmes amours de Pasiphaé et du taureau, et bientôt nous le pénétrerons à fond en examinant de près le monstre qui fut le fruit de leurs amours, le fameux Minotaure.

Pasiphaé, au reste, donna à Minos de légitimes et de plus dignes enfants, quatre fils, Androgée, Crétée, Glaucus, Deucalion, et deux filles, Ariadne et Phèdre. Sans nous arrêter sur chacun d'eux en particulier, nous choisirons dans les légendes qui les concernent ce qui peut contribuer à éclairer notre sujet principal. Le mythe de *Glaucus*, entre autres, est fort remarquable [1]. Glaucus enfant jouait avec une souris, lorsqu'il tomba dans un vase de miel et y trouva la mort. Le devin Polyidus, qui avait découvert son cadavre, fut enfermé avec lui dans le tombeau, et une plante miraculeuse, apportée par un serpent, lui servit à le ressusciter. L'enfant avait été nourri par la nymphe Mélissa, dont le nom veut dire abeille. Dans les recherches longtemps vaines qui furent faites après sa disparition, Minos, son père, finit par s'adresser aux Curètes, aux prêtres planétaires qui avaient formé la danse sphérique autour de Jupiter enfant. Une énigme, celle d'un taureau à trois couleurs, fut le signe auquel dut être reconnu celui qui saurait retrouver le corps du jeune Glaucus. Nous avons ici, rap-

---

[1] *Cf.* Apollodor. III, 1, 2, *ibi* Heyne; Hygin. Fab. 136; Palæphat. 27, *ibi* Fischer.

prochés, les symboles du taureau, de l'abeille et du serpent, du serpent apportant l'herbe du salut et de l'immortalité dont il exprime l'idée. Cette même idée est déjà suggérée par l'abeille, à ce point qu'un proverbe rattachait la résurrection de Glaucus à sa mort dans le miel[1]. Telle était si bien la foi des Grecs que le philosophe Démocrite promettait aux morts qu'il y aurait ensevelis de ressusciter, nous ne savons, il est vrai, dans quel sens précis[2]. Quoi qu'il en soit, les anciens attribuaient au miel une grande puissance de conservation[3]; ils l'employaient dans leurs sacrifices, particulièrement pour les libations en l'honneur des morts[4]; ils en faisaient des offrandes aux divinités infernales, à Pluton, à Hécate, aux Furies[5]; et nous retrouverons l'abeille, avec une signification analogue, dans les mystères de Cérès et de Proserpine[6].

De ces rapprochements nous concluons que, dans la fable de Glaucus, résident les souvenirs de rites antiques, ayant trait à la sépulture des morts, et de dogmes qui s'y rattachaient, surtout du grand dogme de la résurrection, sans doute sous la forme orientale de la transmigration des âmes indiquée par le taureau[7].

---

[1] Γλαῦκος πίνων μέλι ἀνέστη, « Glaucus est ressuscité en buvant du miel. »

[2] Plin. H. N. VII, 55, *ibi* Harduin.

[3] Plin., *ibid.*, et XXII, 24.

[4] Euripid. Iphig. Taur. v. 165, 636 sq.

[5] Apollon. Rhod. III, 1034 ; Sil. Ital. XIII, 415.

[6] *Cf.* les développements de la section II de ce livre, ch. I, art. IV.

[7] Ce taureau, dont la couleur change avec la lumière du jour, et qui est un gage de salut pour Glaucus, rappelle le taureau solaire de l'Égypte,

Le taureau fut pour Glaucus une signe de salut : son frère *Androgée,* du moins suivant un mythe, fut tué par un taureau en Attique. Le nom de ce nouveau fils de Pasiphaé veut dire *homme de la terre* . Il périt à Athènes par l'artifice du méticuleux Égée, en combattant le taureau de Marathon, qui le brûla du feu que jetaient ses naseaux[2]. Ce taureau nous rappelle ceux de la Colchide, du royaume d'Æétès, lui aussi un homme de la terre. Après la mort d'Androgée furent institués des jeux solennels en l'honneur de ce vaillant fils de Minos, qualifié d'*Eurygyes*, ce qui signifie l'homme qui laboure au loin ou qui possède de vastes champs[3]. Il s'assimile par-là à ces héros laboureurs de l'Attique, révérés comme les inventeurs de l'agriculture, tels qu'Échétlus, Buzygès et Triptolème. Nous expliquerons bientôt sa mort par le fait du taureau vomissant la flamme. Mais ce qui dès à présent mérite notre attention, c'est que ce fils de Minos, de même que le premier, fut, dit-on, rappelé à la vie par le dieu-serpent Esculape[4]. Ainsi l'homme de la terre, non plus que celui dont le miel reçoit le corps, ne reste point à jamais enseveli dans son sein ; mais, renouvelé, comme le serpent qui y fait sa demeure, il reparaît à la lumière ; il monte au séjour des étoiles, où brille pour sa consolation le symbole du serpent.

Onuphis. *Cf.* Macrob. Sat. I, 21, et notre livre III, ch. IX, p. 498, t. I.

[1] Ἀνδρόγεως, comme βαθύγεως, λεπτόγεως, etc.

[2] Apollodor. III, 15, 7 ; Serv. ad Virgil. Æneid. VI, 20.

[3] Εὐρυγύης. Hesych. I, p. 1332 Alb.

[4] Propert. II, 1, 61 sq.

IV. Légende de Thésée et d'Ariadne ; épisode de Scylla ; Thésée dans le labyrinthe ; Thésée agriculteur et législateur, héros solaire sous divers points de vue ; Scylla et Ariadne, héroïnes lunaires, identiques à Proserpine sous différents aspects.

La mort d'Androgée coûta cher aux Athéniens. On sait la guerre que leur déclara Minos, et les dures conditions de la paix qui suivit[1]. Nous n'en reproduirons point ici toute l'histoire ; mais nous nous bornerons, avant de nous occuper de Thésée, le héros national d'Athènes, en rapport si suivi avec la Crète et avec Minos, à un épisode de la campagne de ce roi contre l'Attique. Il s'agit du siége de Mégare et de l'amour que Scylla, fille de Nisus, conçut pour le héros crétois. Cet amour la porta à couper le cheveu fatal de la tête de son père, acte par suite duquel elle se précipita dans les flots où elle fit désormais son habitation[2]. Sans doute il faut distinguer cette Scylla de celle de Sicile[3] ; mais il n'en est pas moins vrai que les types caractéristiques de ces différentes traditions rentrent également dans le domaine des vieilles religions de la nature. Ce père dont Scylla coupe le cheveu de pourpre est formé sur le modèle des dieux solaires à la chevelure brillante, tels qu'Horus et d'autres que nous avons vus. L'autre Scylla de la mer de Sicile est donnée pour fille de Phorcys et d'Hécate, ou bien de Typhon,

---

[1] *V.* Heyne ad Apollodor. III, 161 ; Plutarch. Thes., cap. 15 sqq., coll. Hellanici fragm. p. 115, et Philochor. fragm. p. 30 sqq.
[2] Pausan. I, Attic., 39 ; II, Corinth., 34.
[3] Heyne ad Virgil. Cirin, v. 65, et ad Eclog. VI, 75.

ou encore de Neptune [1]. Sa mère est appelée non-seulement Hécate, mais aussi Perséa, comme fille de Persès. Lorsqu'Hercule conduisait les bœufs de Géryon le long du détroit de Sicile, elle en saisit quelques-uns et les égorgea ; Hercule, pour se venger, lui donna la mort ; mais son père Phorcys la rappela à la vie en brûlant son corps avec des torches [2]. Ainsi, tandis que la Scylla de Mégare coupe la chevelure de pourpre d'un roi solaire, celle de Sicile égorge les taureaux du soleil, et toutes deux sont reléguées au fond des eaux. C'est un seul et même mythe, où nous voyons la mer ténébreuse, séjour de la redoutable fille d'Hécate, engloutir dans ses profondeurs les lunes ou les mois que l'héroïne lunaire arrache au héros du soleil et de l'année. Phorcys rend sa fille immortelle en brûlant son cadavre, parce que cet usage, censé séparer la portion périssable de l'être de la portion permanente, était par cela même un symbole d'immortalité. Scylla périt, mais elle ressuscite ; les taureaux du soleil deviennent périodiquement sa proie et celle de l'abîme des eaux. Fille terrible qu'elle est d'une mère ténébreuse, son surnom de meurtrière des taureaux l'assimile, aussi bien que sa généalogie, à Proserpine sous son aspect le plus redoutable, où, en qualité de *Persephatta*, elle apparaît elle-même comme meurtrière, comme égorgeant les taureaux, tandis que, d'un autre côté, par la destruction du corps mortel, elle nous appelle à l'immor-

---

[1] Apollon. Rhod. IV, 828, *ibi* Schol.; Virg. Ciris, 65 sqq.

[2] Tzetzes ad Lycophr. v. 45 et 47, où elle est appelée ταυροσφάγος et ταυροσφάγος λέαινα. — *Cf.* Scylla attaquant les compagnons d'Ulysse, dans notre pl. CCXLV, 851. (J. D. G.)

talité. C'est ce dont nous nous assurerons par la suite. Abordons, en attendant, la légende de Thésée.

La carrière de ce héros, telle que la présente cette légende, objet de tant d'élaborations successives[1], offre une galerie tout entière des plus merveilleuses images, images empruntées au ciel étoilé, aux merveilles des temples, aux chants des poètes. Nous y retrouvons dès l'entrée, et quand à peine Thésée vient de recouvrer l'épée et la chaussure d'Égée, son père, Médée, la magicienne de Colchide, mêlant ses poisons. Elle veut à la fois guérir et tuer. Elle veut, par la vertu de son art, guérir l'impuissance d'Égée qui désire des enfants; elle veut qu'en récompense l'étranger assis à sa table boive la coupe empoisonnée. Mais Thésée se fait reconnaître, l'enfant du premier amour est sauvé, et bientôt il chasse la marâtre qui avait juré sa perte[2]. Le fils légitime d'Égée, ou plutôt de Neptune, car Neptune était son véritable père, ne tarde pas à se montrer digne de ce père divin, en délivrant sa patrie d'un redoutable fléau. Il parvient à saisir le taureau de Marathon, le promène vivant par la ville d'Athènes, et le sacrifie à Apollon Delphinien[3]. Sur le point de s'embarquer pour l'île de Crète, le dieu de Delphes lui ordonne de prendre Vénus pour guide, cette même Vénus qui, dans la suite, porta le nom d'*Epitragia*

---

[1] *V*. Plutarch. Thes., c. 19, et Heyne ad Apollodor. *l. c.*

[2] Plutarch. Thes., c. 12. — *Voy.* les premiers faits de la vie héroïque de Thésée, dans nos planches CXCVI, 696, CXCVII, 697, CXCIX, 698, avec l'explicat. (J. D. G.)

[3] Plutarch. Thes., 14. — *Cf.* notre planche CXCVII, 699, et l'explication. (J. D. G.)

parce que la chèvre du sacrifice s'était métamorphosée en un bouc sous la main de Thésée[1]. Le héros fait, en outre, à Apollon et à Diane salutaires[2], c'est-à-dire au soleil et à la lune, auteurs de la santé, un vœu pour son heureux retour. En Crète, il prouve devant Minos, qui en doute, sa divine origine, en s'élançant dans les flots et rapportant du sein de la mer, non-seulement l'anneau du roi, mais encore une couronne d'or, don d'Amphitrite[3]. Selon d'autres, cette couronne avait été donnée en présent de noces par Bacchus à Ariadne dans l'île de Crète; ou bien le dieu l'avait laissée comme signe près du gouffre d'Hermioné, puis l'avait placée parmi les étoiles, lorsqu'il eut ramené des enfers sa mère Sémélé[4]. C'est la constellation appelée la Couronne d'Ariadne, au moyen de laquelle on a cru pouvoir expliquer le mythe entier de Proserpine[5]. Sans partager cette vue exclusive, nous ferons pourtant les remarques suivantes. La couronne dont il s'agit est bien une couronne qui, de même que les autres constellations en général, sort ou paraît sortir des profondeurs de la mer; elle est un monument du retour des enfers, un monument qui brille aux cieux. Thésée aussi appartient tout ensemble au monde supérieur et au monde inférieur, à la terre et à la mer. Dès l'origine de sa carrière, nous le voyons venir de Trézène ou Posidonie, la ville de Neptune, d'un pays funèbre,

---

[1] Plutarch. Thes., 18. *Cf.* liv. VII, ch. VI, p. 376 *ci-dessus*.

[2] Οὐλίῳ, οὐλίᾳ. Pherecyd. ap. Macrob. Saturn. I, 17.

[3] Pausan. I, Attic., 17; Hygin. Poet. Astron. II, 5, p. 434 Stav.

[4] *Cf.* liv. VII, ch. II et IV, p. 72 et 266 sq. *ci-dessus*.

[5] Dupuis, Orig. des cultes, tom. III, part. 2, p. 112 sqq., in-4º.

l'Argolide, siége d'un culte antique des morts, et par où Dionysus était descendu dans leur sombre royaume.

Lorsque Thésée s'aventure dans le labyrinthe, il est encore dans un royaume des morts, il est dans un édifice souterrain. Cet édifice est une figure du monde et de la vie, un symbole de la course du soleil et de celle des âmes à travers tous les signes, course tortueuse et qui revient sur elle-même par mille et mille détours. De ces détours sans fin Libéra seule peut sauver les âmes, seule elle peut fermer le cycle fatal de leurs migrations, comme s'exprime le poëte orphique [1]. Le labyrinthe est habité par le fruit des brutales ardeurs de Pasiphaé et du taureau, par le brûlant destructeur, par le *Minotaure*, taureau et homme à la fois, en qui la suite nous montrera le malfaisant génie du soleil et en même temps l'emblème de la passion animale, consumant tout par leurs feux. Voilà le monstre que doit combattre le fils de Neptune, paraissant à l'horizon, voilà le théâtre ouvert à ses exploits, mais où il est plus facile d'entrer que d'en sortir. Heureusement un auxiliaire attend Thésée à la porte du labyrinthe ; c'est Ariadne, la fille de Minos, dont le héros athénien a mérité l'amour, Ariadne que les Crétois nommaient *Aridela*, celle qui a un grand renom [2], ou plutôt, en se rapprochant davantage de l'étymologie, celle qui luit, qui illumine (les ténèbres). En effet, ce fut l'éclat de sa couronne d'or, parsemée de pierreries, qui guida les pas de Thésée dans les profondeurs du labyrinthe et le

---

[1] *Cf.* liv. VII, ch. V, p. 310 sq., et le renvoi indiqué au liv. III.
[2] Hesych. I, p. 529 Alb.

ramena au séjour de la lumière [1]. Cette couronne est encore celle qui brille dans les cieux, la Couronne boréale. En automne, d'après la manière de voir des anciens, elle précédait immédiatement le soleil, et elle déterminait par son lever héliaque sa descente vers les signes inférieurs [2], son entrée dans l'empire de la nuit et du ténébreux hiver. Six mois plus tard, en mars, quatorze jours avant son entrée dans le signe du bélier, cette même couronne, par son lever du soir, marque le retour de cet astre dans les signes supérieurs. On voit maintenant pourquoi Thésée, le héros solaire, rapporte la couronne du sein de la mer, pourquoi Bacchus en fait le monument de sa descente aux enfers, et pourquoi il la place au ciel comme un symbole de son retour dans les régions d'en-haut.

Des fêtes de l'année, des fêtes des semailles et de la moisson, que le héros du soleil était censé avoir instituées à Athènes aux époques de l'automne et du printemps, du lever et du coucher de la Couronne boréale, ce sont les seuls faits historiques dont il puisse être ici question. Thésée, en effet, passait pour un grand laboureur et un grand législateur à la fois, pour un nouveau Triptolème, qui avait remis en vigueur les antiques établissements de Cécrops et d'Érechthée tombés en désuétude. L'idée, les éléments de cette restauration, il dut les puiser dans la Crète, d'où nous voyons, quelques siècles plus tard, venir encore Epiménide prêchant des dogmes nouveaux [3].

[1] Hygin., *ibid.*, p. 432 Stav.
[2] Columell., XI, 2, p. 523 Schneid.
[3] *Cf.* Heinrich, *Epimenides aus Kreta.*

Les institutions de Thésée, dans cette petite contrée de l'Attique, en proie à tant de révolutions, passèrent de mode à leur tour; mais ce qui contribua peut-être à l'obscurité dont elles sont couvertes, ce furent les efforts mêmes que l'on fit dans la suite, que firent surtout les poètes dramatiques pour les présenter sous un jour de plus en plus brillant. N'est-ce pas à l'occasion de Thésée précisément que Pausanias dit ces paroles remarquables : « Bien des traditions fausses ont cours parmi la multitude; comme elle ne connaît pas l'histoire, elle accueille avec une foi implicite ce qu'elle a entendu dès l'enfance dans les chœurs religieux et dans les tragédies[1]? » Toutefois, il est à croire que, dans les degrés supérieurs des mystères de l'Attique, le sens et le but de maint symbole, de mainte légende, dérivant de ces temps antiques où dominait le sacerdoce, étaient révélés aux initiés. Ceux-ci, par exemple, devaient savoir que la couronne qui ceignait leur tête représentait la Couronne d'Ariadne, la couronne du lever et du coucher, de la descente de l'âme à travers les signes du zodiaque, et de son retour par le même chemin au séjour des dieux; que cette couronne, par conséquent, était pour eux un gage d'immortalité, comme elle l'est encore à nos yeux dans les peintures des vases. Dans le même cercle d'idées rentrent, selon nous, la voile noire et la voile blanche que Thésée avait emportées d'Athènes et qu'il oublia d'échanger l'une pour l'autre, cause involontaire de la mort de son père. Nous y voyons, aussi bien que dans cette dis-

[1] I, Attic., 2.

parition du père au moment où reparaît le fils, une nouvelle allusion au lever et au coucher, à la vie et à la mort, aux vicissitudes de la nature et à celles de l'humanité. Quant à Ariadne ou Aridéla, la maîtresse de la couronne rayonnante, les fables de la Crète et de Naxos nous la montrent, ainsi qu'il a été remarqué dans le livre précédent[1], ravie, pour ainsi dire, dans la sphère lumineuse des dieux, et parée d'attributs qui ne permettent guère de la distinguer de Proserpine. Elle aussi, avec son sommeil de douleur et son fortuné réveil, avec son ascension au ciel dans les bras de son divin époux, elle était, dans les récits des poëtes comme sur les bas-reliefs des sarcophages[2], un symbole de l'immortalité au sein de la mort. Mais elle était plus encore; le peloton dans sa main, ce peloton, gage d'amour, dont le fil aida Thésée à se reconnaître dans les sinuosités du labyrinthe, en fait une Parque, une Proserpine-Vénus, qui préside à la vie et à la naissance. C'est elle qui introduit l'âme dans le labyrinthe de cette vie et qui l'en fait sortir, qui met le fil conducteur dans nos mains pour nous diriger à travers ses détours. Elle revient en principe à la *bonne fileuse* Ilithyia, ainsi appelée dans les hymnes antiques[3].

[1] Chap. IV, p. 267 sqq., *ci-dessus*.

[2] *Cf.* nos pl. CXX-CXXII, 452-455, CXXVI, 456, 457, coll. CXIII, 461, avec l'explication, p. 187-191. (J. D. G.)

[3] *Cf.* liv. IV, ch. IV, p. 97, tom. II. Les Naxiens reconnaissaient deux Ariadne comme deux Minos, l'une mariée à Dionysus et mère par lui de Staphylus, l'autre abandonnée par Thésée à Naxos, et qui y était morte. En l'honneur de la première ils ne célébraient que des fêtes d'allégresse, tandis que celles de la seconde étaient des fêtes de deuil et de larmes (Plutarch. Thes., cap. 20).

D'après tout ce que nous avons dit sur l'esprit et le but des mystères en général, il est hors de doute que, dans l'île de Crète comme à Athènes, ces dogmes et d'autres encore étaient imprimés de deux manières différentes dans l'imagination des initiés. D'abord, les histoires des dieux et des héros étaient représentées par des chœurs aux fêtes annuelles, puis le sculpteur les fixait dans les reliefs dont il couvrait les murs des temples et des autres monuments de l'architecture sacerdotale. C'est ainsi que les Déliens avaient leur danse du labyrinthe, instituée, disait-on, par Thésée, à son retour de Crète, alors qu'il dédia, dans l'île de Délos, la statue de Vénus reçue des mains d'Ariadne, et qu'il y sacrifia à Apollon. Cette danse figurait les détours du labyrinthe, exécutée qu'elle était autour de l'autel dit *des cornes,* construit exclusivement en cornes gauches[1]. Les Crétois avaient aussi, selon toute apparence, leur danse figurative de la carrière du soleil et de celle des âmes. Un bruit en avait retenti jusqu'en Ionie et jusqu'à Homère, qui y fait allusion dans les vers où il parle de la danse exécutée autrefois par Dédale dans la vaste Cnosse, en l'honneur d'Ariadne à la belle chevelure[2]. Il s'agit sans doute ici d'un bas-relief, mais d'un bas-relief qui représentait réellement un chœur. Nous savons, en effet, que des reliefs de ce genre existaient en Crète, auxquels la tradition attribuait une haute antiquité, et qu'elle mettait, pour cette

---

[1] Plutarch. Thes., 21, et *ibi* Dicæarchus; Pollux IV, 101; Lucian. de Saltat. § 16, t. V, p. 133 Bip., coll. § 49, p. 152.

[2] Iliad. VIII, 590, *ibi* interpret. ap. Heyne, p. 561 sqq.

raison, sur le compte de Dédale [1]. Athènes avait aussi ses monuments figurés, dont les sujets étaient puisés dans la vie de Thésée [2]. Nous parlerons plus loin d'une fête extrêmement caractéristique, dans laquelle les Athéniens avaient voulu perpétuer le souvenir des institutions agraires qui leur venaient de l'île de Crète.

V. Thésée, le fort, le dompteur de taureaux, en rapport avec l'agriculture et la religion de Cérès ; sacrifice du bœuf à Athènes, sens symbolique et mystérieux de cette cérémonie ; le Minotaure, Achéloüs, Hébon, symboles analogues aux précédents et qui se correspondent.

Thésée, nous l'avons vu, est un dompteur de taureaux aussi bien qu'Hercule. A cet acte l'antiquité rattachait immédiatement l'idée d'une force supérieure, et elle y joignit le souvenir de ce fort par excellence, qui, le pre-

---

[1] Pausan. IX, Bœot., 11.

[2] Parmi les peintures du célèbre temple de Thésée à Athènes, il en était une qui le représentait s'élançant dans la mer, comme nous l'avons vu plus haut (Pausan. I, Attic., 17). — Sur un vase de Tischbein (I, 25) se voit une espèce de pantomime ou de danse mystérieuse, divisée en trois actions, tirées toutes trois de l'histoire de Thésée dans le labyrinthe ; elle est reproduite dans notre planche CXCIX, 706. Une mosaïque reproduite également dans nos planches, CXCIX bis, 706 a, b, c, d, développe davantage encore cet événement mythique, et montre Ariadne partant avec Thésée, puis abandonnée par lui, telle que nous la remarquons en outre sur une peinture d'Herculanum, copiée planche CC, 707. Cf. l'explication des planches, avec les sujets analogues qu'on trouvera planches CXCIX, 704, CXCVI, 705. Quant aux autres faits de la vie de Thésée que nous n'avons pas indiqués encore, on peut voir planches CCXV, 708, CXCVII, 709, et sur le caractère mythique de ce héros aussi bien que sur sa légende et les monuments qui s'y rapportent, consulter notre note 8 dans les Éclaircissements, fin du volume. (J. D. G.)

mier, avait su ployer le taureau sous le joug et l'avait contraint de labourer la terre. Le langage, cet écho fidèle des temps primitifs, rend témoignage à cet égard, et il nous renvoie à l'Orient comme à la vraie source de ces conceptions. Non-seulement la langue des Grecs, mais celle des Hébreux, fait du taureau le symbole de la force[1]. Dans l'Inde, au rapport des anciens, il était un peuple renommé entre tous pour sa vigueur, et appelé à ce titre *Gandaros*, le dompteur de taureaux[2]. Du reste, l'art de dompter les taureaux fut de bonne heure en rapport intime avec l'agriculture. Si Osiris, Dionysus et les autres dieux ou héros qui leur ressemblent sont célébrés comme ses premiers instituteurs, Cérès elle-même passait pour avoir enseigné la manière de faire battre le blé sous les pieds des taureaux[3]. Le bœuf, compagnon de l'homme dans la culture des champs, acquit bientôt à ses yeux, par les services qu'il lui rendait, un prix inestimable, et, pour ainsi dire, un caractère sacré. De là l'existence de cet utile animal placée sous la garde de la religion; de là ces prescriptions des prêtres-législateurs de la haute antiquité, qui défendent d'attenter à la vie, tantôt du bœuf,

---

[1] Hesych. *v.* ἐπίταυρον, et citat. ap. Bochart, Hierozoic. P. I, lib. II, cap. 29, p. m. 287.

[2] Hesych. I, p. 799 Alb., *ibi* interpret. — Hésychius dit simplement : Γάνδαρος, ὁ ταυροκράτης παρ' Ἰνδοῖς, ce que confirme l'étymologie sanscrite, *gâm-dhâra*, en latin *bovem coërcens*. Les noms de *Gandara*, *Gandarii*, *Gandaræ*, qui emportent la même idée, selon toute apparence, sont donnés par les anciens à une ou plusieurs tribus du N. O. de l'Inde, et se retrouvent sous la forme *Gandhára* dans les livres sanscrits. (J. D. G.)

[3] Callimach. hymn. in Cerer., v. 21.

et tantôt de la vache. Tels étaient, entre autres, les trois fameux commandements de Triptolème, que le philosophe Xénocrate nous a conservés dans Porphyre[1]: « Honore les auteurs de tes jours; glorifie les dieux en leur offrant les prémices des fruits de la terre; ne touche point aux animaux qui travaillent. »

Et pourtant, à côté de la défense de tuer le taureau laboureur existait à Athènes l'institution d'un sacrifice antique où ce même taureau était immolé. Ce sacrifice ou le *meurtre du bœuf,* ainsi qu'on le nommait, faisait partie de la fête appelée *Diipolies,* et célébrée en l'honneur de Jupiter *Polieus* ou protecteur de la cité, à la suite des mystères[2]. Suivant une des légendes qui s'y rapportent, le premier qui avait mis à mort le taureau, pour avoir mangé, est-il dit, les pains d'oblation sur l'autel de Jupiter, fut un certain Thaulon, de qui descendait la famille sacerdotale des Thaulonides[3]. Il reçut le nom de *meurtrier du bœuf,* nom qui continua d'être appliqué d'âge en âge au prêtre qui, dans les Diipolies, était chargé de frapper le taureau[4]. La tradition faisait remonter ce premier sacrifice au règne d'Érechthée, c'est-à-dire à l'un des plus anciens rois d'Athènes[5]. Le récit le plus remarquable qui nous ait été transmis à ce sujet se trouve

---

[1] De abstin. IV, § 22, p. 378 Rhoer. *Cf.* Petit Leg. Attic. et *ibi* Wesseling, p. 68; Bœttiger, *Aldobrand. Hochzeit,* p. 165.

[2] Βουφόνια, Διπόλια. *V.* Aristophan. Nub., v. 981, *ibi* Schol. *Cf.* sur Jupiter Πολιεύς, liv. VI, ch. I, tom. II, p. 557.

[3] Ælian. V. H. VIII, 3; Androtion. fragm. ed. Lenz et Siebelis, p. 111.

[4] Βουφόνος, βούτυπος, ou encore βούτης. Hesych. I, p. 755 Alb.

[5] Pausan. I, Attic., 28.

encore chez Porphyre[1]. C'est une autre légende, plus détaillée, suivant laquelle le premier meurtrier du bœuf aurait été un étranger, du nom de Diomos ou Sopatros. Après cet acte, considéré comme un sacrilége, il s'enfuit dans l'île de Crète. Mais l'Attique fut affligée d'une sécheresse et d'une stérilité effrayantes, et l'on fut obligé de recourir à l'oracle de Delphes, qui déclara que le fugitif seul pouvait mettre un terme à ce fléau. On le fit revenir, et il se chargea d'abattre pour la première fois un taureau au nom de la cité. Depuis cette époque, à la fête annuelle des Diipolies furent observés, dans la citadelle d'Athènes, les rites suivants : des femmes apportaient l'eau pour aiguiser la hache et le couteau ; un homme présentait la hache à celui qui avait mission de frapper le taureau, et qui s'enfuyait après l'avoir frappé; un troisième l'égorgeait. Puis tous les assistants mangeaient de sa chair. Après le repas, on empaillait la peau de l'animal et on l'attelait, ainsi restauré, à une charrue. Ensuite avait lieu, dans le Prytanée[2], un jugement solennel sur le meurtre du bœuf, où tous les acteurs de la scène, mis en cause, se rejetaient mutuellement le crime, si bien qu'à la fin le couteau, qui seul ne pouvait se défendre, était condamné et jeté dans la mer. Aux premiers sacrificateurs se rattachaient diverses familles de prêtres, dont les noms exprimaient chacun des actes principaux de cette cérémonie[3].

---

[1] De abstin. II, § 29, p. 154 Rhoer.
[2] *Cf.* Pausan., *ibid.*
[3] Les Βούτυποι, ou ceux qui frappaient le taureau; les Κεντριάδαι, ou

Quant à la signification de ces rites singuliers, la première remarque à faire, c'est que la fête où ils avaient lieu venait après les mystères, c'est-à-dire après la fête de Cérès à Éleusis. Cela nous est attesté formellement, et d'ailleurs c'était Triptolème, l'amant de la déesse, qui avait ordonné par une loi expresse d'épargner le bœuf de labourage. Ainsi l'animal qui rend de si grands services à l'agriculture était placé sous la protection de la divinité à qui l'on rapportait tout ensemble le blé et les lois. En même temps qu'elle défendait de toucher au bœuf, elle recommandait de préférence une nourriture où ses dons avaient la part principale[1]. Toutefois la sensualité, le besoin, et aussi la puissance de l'habitude l'emportèrent ; l'homme voulut tirer un double profit du compagnon de ses travaux. Mais alors intervint encore la religion pour restreindre au moins le mal qu'elle ne pouvait empêcher tout-à-fait. Voilà la raison de cette solennelle immolation du taureau et du jugement qui la suivait ; voilà pourquoi cette immolation, présentée d'abord comme un sacrilége, puis comme un meurtre dont les hommes durent se faire absoudre, dont l'instrument passif était condamné à leur place.

---

ceux qui le piquaient pour le faire tourner en cercle ; les Δαιτροί, ou ceux qui l'égorgeaient et en partageaient la chair. Nous y reviendrons dans la seconde section de ce livre. — Des *Bouphonies* étaient célébrées, dans l'île de Ténédos, aux Dionysies ou fêtes de Bacchus, avec des rites semblables (Ælian. H. A. XII, 34). *Cf.* liv. VII, ch. IV, p. 229 sq. *ci-dessus*.

[1] Il faut probablement expliquer en ce sens le rite mystérieux de la boisson préparée avec de la farine d'orge et nommée κυκεών, sur lequel nous reviendrons également dans la seconde section de ce livre. Le philosophe

Le sacrifice du taureau fut donc destiné à représenter, en le limitant, le goût de la chair, l'usage de la nourriture animale. Mais, nous nous en sommes assurés plus haut, le taureau, dans les religions primitives, était un symbole de la matière en général et du sort qui attend tout être participant de la matière. Aussi des idées d'un ordre supérieur ne manquèrent-elles pas de se rattacher aux *bouphonies* de l'Attique. Le bœuf revenant du labourage, est-il dit dans la légende, mangea l'orge et le blé sur l'autel de Jupiter; c'est pour cela qu'il périt; et l'homme qui l'emploie à la culture de la terre, qui en goûte aussi les fruits, périt comme le bœuf et retourne à la terre. C'est depuis cette époque également que le laboureur mange la chair de son compagnon de travail, mais par là il commet un crime dont il ne parvient à se purifier qu'en le rejetant sur le couteau fatal. Ce couteau, chargé seul des fautes de tous, est précipité dans la mer, parce que là est l'origine de tout mal, parce que de l'eau, de l'humide, dérive toute matière et tout plaisir sensuel. Nous avons vu, par la même raison, le fleuve du glaive d'or couler près de la ville de la mère humide des dieux, de Rhéa, en l'honneur de qui un taureau était immolé [1]. Rhéa passait dans cette ville pour la nourrice de Bacchus, du dieu-taureau sortant des profondeurs de la mer; et à la fête de ce dieu la chair de la victime, partagée entre les assistants [2], rappelait, ainsi que celle du bœuf à Athè-

Héraclite en faisait une condition de la frugalité qu'il conseillait à ses concitoyens d'Éphèse (Plutarch. de garrul., p. 58 Wyttenb.).

[1] *Cf.* chap. précéd., art. III, p. 463.
[2] *Cf.* liv. VII, *ibid.* et p. 276 *ci-dessus*.

nes, la destinée commune des hommes, dont le corps, fait de matière, est sujet à la mort. Mais avant que la chair du bœuf soit partagée par les *Dætri*, avant qu'il tombe sous la hache du *Boutypos*, les *Kentriades* le font marcher en cercle, à l'exemple d'Hercule, du héros solaire, qui fait marcher ses taureaux autour de la Sicile, jusqu'à ce qu'il atteigne la place où il doit, lui aussi, sacrifier le plus beau d'entre eux à Proserpine [1]. Nul doute que les Kentriades d'Athènes, lorsqu'ils poussaient devant eux la victime pour la faire tourner en rond, ne fissent également allusion à la course circulaire du soleil et des lunes. Le premier sacrificateur du bœuf n'était-il pas venu de l'île de Crète, où les Curètes conduisaient les danses planétaires, où l'Athénien Dédale avait construit le labyrinthe, image de la carrière du soleil, et institué un chœur figurant la révolution de cet astre? Là aussi étaient érigés, pour la fille du soleil Pasiphaé, des simulacres de bœuf, comme, dans les Bouphonies athéniennes, l'image de cet animal, revêtu de sa peau, était attachée à la charrue. Le bœuf n'est point mort, voulait-on dire par là, il est remplacé par son semblable ; car l'individu, anéanti en apparence, revit dans son espèce : vérité dont le laboureur lui-même devait se faire l'application.

Ainsi paraît pouvoir s'expliquer, en un sens transcendant, cet emblème du taureau qui joue un rôle si considérable dans toutes les religions de l'antiquité. Nous ne serons pas surpris que tant d'idées diverses se soient groupées

---

[1] *Cf.* chap. V, art. I, *ci-après.*

sous ce grand symbole, si nous réfléchissons que, presque partout, la civilisation eut pour condition première l'agriculture dont il était l'instrument. A l'agriculture tient aussi en principe la signification astronomique du taureau, puisque c'est à l'entrée du taureau dans le signe zodiacal de ce nom que la terre commençait à répandre ses bienfaits, et que, chez la plupart des peuples, s'ouvrait en même temps l'année civile.

Le *Minotaure* vaincu par Thésée nous révèle une autre face du même symbole, modifié pourtant dans la forme comme dans le fond. C'est un homme-taureau, issu du taureau solaire et de la femme-lunaire Pasiphaé, dans lequel paraissent être personnifiées les influences funestes, sidériques ou atmosphériques, qui agissent sur la terre et sur ses productions. Sous ce point de vue il tient encore à la religion de Cérès et à des idées qui seront présentées plus loin dans tout leur développement. Ici nous nous bornerons à noter son origine vraisemblablement égyptienne, et à faire ressortir les analogies de sens ou de figure qui le rapprochent de quelques autres compositions également symboliques de l'homme et du taureau.

L'Égypte, nous devons nous en ressouvenir [1], n'avait pas moins de trois taureaux ou bœufs sacrés : *Apis* à Memphis, consacré à Isis-lune et au soleil ; *Mnévis* à On ou Héliopolis, consacré également au soleil, mais de couleur noire ; *Onuphis*, noir aussi, avec le poil hérissé et rebroussant en arrière, peut-être par allusion à la marche rétrograde des planètes. Nous savons, d'un autre

[1] *Cf.* liv. IV, chap. IX, p. 498 sq. tom. I.

côté, qu'Osiris, qui avait aussi ses bœufs sacrés, était en opposition avec un frère ennemi, le malfaisant Typhon, nommé encore *Apophis*, en tant qu'il représentait le vent brûlant du désert[1]. *Apophis* ou *Apopis* est donné en même temps comme le frère du soleil, d'une nature ignée et aride, distinct du soleil quoique son frère, et en guerre avec Amoun, le dieu-soleil, assisté d'Osiris[2]. Ces caractères, cette double opposition avec Osiris, mais surtout le frappant rapport du nom d'*Apopis* avec ceux d'*Epaphus* et d'*Apis*, nous persuadent que ce malin génie était figuré, aussi bien qu'Osiris lui-même, sous la forme du taureau, tous deux étant placés sous cette forme aux côtés du dieu-bélier Ammon, l'un pour l'attaquer, l'autre pour le défendre. Ainsi les voyait-on sans doute représentés sur les monuments égyptiens, et avec eux les bœufs ou les vaches consacrés au soleil, à la lune, à Osiris et à Isis. D'Égypte ces symboles durent passer en Grèce et dans l'île de Crète avant tout, à en juger par les légendes crétoises que nous avons parcourues jusqu'ici. De là, selon nous, les nombreuses figures de vaches et de taureaux, dans différentes situations et avec des significations non moins diverses, que l'on rencontre de bonne heure sur les œuvres de l'art grec, sur les médailles d'abord, qui ont conservé avec tant de fidélité les vieux types religieux, puis sur les vases peints et sur les bas-reliefs. Parmi ces représentations se distingue le taureau qualifié

---

[1] Même livre, chap. III, art. I, p. 417 sqq., avec nos notes 4 et 5 dans les Éclaircissem. sur ce livre, p. 806 et 815 sqq., tom. I. (J. D. G.)

[2] Plutarch. de Isid., pag. 497 Wyttenb. — *Cf.* notre note 5, dans les Éclaircissements du tome I, p. 814. (J. D. G.)

indistinctement de *taureau dionysiaque*, mais qui lui-même apparaît sous des aspects très différents, pour ne pas dire opposés, tantôt paré de guirlandes et portant paisiblement sur son dos une initiée, tantôt, au contraire, irrité, menaçant, prêt à frapper de sa corne[1]. Cette image du taureau furieux est appliquée, dans les livres hébreux, à un homme haineux, violent, emporté[2]; et les Grecs, prenant l'inverse, transformèrent le taureau combattu par Thésée, ou même le Minotaure, en un guerrier de Minos d'un caractère dur et sauvage et du nom de *Taurus*[3]. Loin que le Minotaure fût originairement un homme, il est à croire que l'idée comme la figure de ce monstre ont été empruntées au Typhon-Apopis de l'Égypte, à ce frère malfaisant du soleil, dont la dévorante influence consumait la fleur des générations, et que le héros solaire pouvait seul dompter[4].

Le Minotaure est représenté, comme l'on sait, avec le corps d'un homme et la tête d'un bœuf. Ainsi le voit-on sur les médailles de Cnosse en Crète et sur celles d'A-

---

[1] *Bos cornupeta. Voy.* nos pl. CXI et CXII, 466-468, avec l'explication, p. 193. (J. D. G.)

[2] Bochart, Hierozoicon, P. I, lib. II, cap. 41, p. 408, *ibi* citat.

[3] Demon et Philochor. ap. Plutarch. Thes., cap. 19. — On sait, du reste, les idées que les Grecs eux-mêmes rattachèrent en général au taureau, aux expressions qui désignent cet animal, ses attitudes, etc., telles que ταῦρος, ταυριᾶν, λάσταυρος, ταυρηδόν, par exemple ταυρηδὸν βλέπειν, Aristoph. Ran. v. 804. *Cf.* Wyttenb. Epistol. critic., p. 263.

[4] Le Minotaure, envisagé comme un symbole, est, d'ordinaire, rapporté à la Phénicie plutôt qu'à l'Égypte, et à l'importation en Crète du culte de Moloch et de ses affreux sacrifices. *Cf.* tom. II, pag. 546, 547, et les notes 4 sur le livre VI et 6 sur le livre VIII. (J. D. G.)

thènes[1], de même que sur les vases peints de la Grande-Grèce et de la Sicile, par exemple sur celui de Girgenti, aujourd'hui en Angleterre, qui porte le nom de Taléidès et date de plus de six cents années avant J.-C.[2]. On trouve aussi la même figure sur les monnaies des villes siciliennes et de beaucoup d'autres villes qui ne sont point d'origine crétoise et n'ont rien de commun avec l'histoire du Minotaure[3]. Il en résulte évidemment que c'est un symbole d'un ordre général, tel que nous sommes portés à le considérer. C'est ce qu'il faut dire aussi des représentations analogues, quoique inverses, de l'*Achéloüs* et d'*Hébon*, également composées de l'homme et du taureau, mais où le corps appartient à celui-ci et la tête à celui-là. Seulement les idées sont inverses comme les formes, Achéloüs avec sa corne d'abondance, et Bacchus sous la figure d'Hébon, faisant allusion au taureau printanier en rapport avec les Hyades et les Pléiades, qui donnent les pluies vivifiantes et nourricières, ou, si l'on veut, au soleil dans ce signe, fécondant la terre par l'humidité en même temps que par la chaleur. Achéloüs, au reste, suivant Sophocle, pouvait revêtir plusieurs formes différentes, tantôt entièrement taureau, tantôt dragon aux nombreux replis, tantôt enfin homme à la tête de

---

[1] Pellerin, Recueil, t. I, pl. 22, et III, pl. 98, où est aussi figuré le labyrinthe; — et nos pl. CCXII, 704 *a*, 704 *b*, CXCIX *bis*, 704 *c*, avec l'explication. (J. D. G.)

[2] *Cf.* notre pl. CXCIX, 704, avec l'explication. (J. D. G.)

[3] Par exemple sur les médailles de Géla et même de Syracuse. *V.* Dorville, Sicula, II, p. 344, 370, 388 sqq. — *Cf.* pl. CXCIX *bis*, 704 *d*, avec l'explication, qui rectifiera ce point. (J. D. G.)

bœuf, à la barbe touffue et ruisselante, ce qui le rapproche singulièrement du Minotaure[1]. Les médailles de l'Acarnanie nous présentent ce fleuve des fleuves avec une face humaine, barbue ou imberbe, ornée des oreilles et des cornes du taureau, et se terminant par le col de l'animal[2]. Quant à Hébon-Bacchus, il est représenté ou avec le corps entier du taureau, sauf la face, qui est celle d'un homme barbu, ou avec cette même face attachée à la partie antérieure d'un taureau[3]. D'où il suit que, pour la figure, il n'y a réellement pas de différence entre Achéloüs et Hébon qui rentrent également l'un dans l'autre pour l'idée, tous deux se rattachant au bon taureau qui vivifie, à Osiris-Nilus, tandis que le Minotaure tient au méchant Typhon, poussant devant lui ses taureaux à l'haleine enflammée, c'est-à-dire les sables brûlants du désert que le redoutable Samoun amoncelle en monticules mouvants[4].

---

[1] Sophocl. Trachin., v. 9 sqq. *Cf.* Philostrati Icon. pag. 868; — ed. Jacobs, p. 116, *ibi* Welcker, p. 600 sqq.; et notre pl. CXXXV, 526 *a*, avec l'explication des planches, pag. 216 sq. (J. D. G.)

[2] Pl. CXXXV, 526 *b*, et l'explicat., p. 217. (J. D. G.)

[3] Pl. CXXVI, 464, 465, CXXVII, 465 *a*, et l'explication, p. 192 sq.

[4] Sous la forme même de l'homme à la tête de taureau, Bacchus se confondrait avec le Minotaure et se rapprocherait de l'Achéloüs de notre planche CXXXV, 526 *a*, si c'est bien, comme nous le croyons, *Bacchus Tauriforme* et non pas le *Minotaure*, qui se voit sur le fameux vase d'Orsay, planche CXXVII, 463, avec l'explication, p. 192. Quant au taureau à la tête humaine, où il paraît difficile de méconnaître *Bacchus-Hébon*, dans nos planches CXXVI, 464 et 465, CXXVII, 465 *a* (*ci-dessus*, p. 76 et 319), il est incontestable que cette figure fut appliquée aussi, non-seulement à l'Achéloüs, mais encore à d'autres fleuves, le symbole s'étant géné-

VI. Érysichthon maudit par Cérès, et sa fille Mestra, nouveau héros et nouvelle héroïne solaire et lunaire, nouveaux symboles sidériques et agraires tout à la fois, d'origine orientale.

Il est dans les traditions relatives à Cérès un autre homme de feu, un autre symbole du soleil dévorant, que nous ne devons point passer sous silence : c'est *Erysichthon*, à qui Callimaque, dans son hymne en l'honneur de cette déesse, a donné une si grande importance. Érysichthon, fils de Triopas, roi de Thessalie, dit le mythe fort ancien qui le concerne[1], coupa un peuplier dans le bois sacré de Cérès. La déesse, pour le punir, lui envoya une faim dévorante, insatiable, et qui l'exténuait. Il vendit tous ses biens, et même sa fille Mestra, laquelle toutefois, comme amante de Neptune, possédait le don de prendre toutes les formes, et revenait sans cesse vers son père sous une figure nouvelle. Enfin Érysichthon reçut la mort de l'aiguillon d'un serpent, et c'est lui qui brille maintenant au ciel dans la constellation du Serpentaire.

Suivant nous, ce sont là des symboles, c'est une légende de l'antique religion du soleil, originaire de la Haute-Asie. Érysichthon, c'est le soleil dans son ardeur dévorante; son histoire, c'est la puissance destructive de cet astre, qui va diminuant peu à peu dans la nuit et dans les signes de l'automne. Déjà le nom de ce personnage mythique,

---

ralisé ainsi que celui du Minotaure. *Cf.* nos notes 12 sur le livre VI et 6 sur le livre VIII, dans les Éclaircissements des tomes II et III. (J. D. G.)

[1] *V.* Hellanic. ap. Athen. X, p. 416 B, p. 20 Schweigh.; Callim. in Cerer., v. 24; Hygin. Poet. Astron. II, 14, p. 452 Stav.; Ælian. V. H.; I, 27; Palæphat. cap. 24, *ibi* Fischer; Ovid. Metam. VIII, 738 sqq. *Cf.* Sturz ad Hellan. Fragm., p. 70 sq.

de quelque manière qu'on l'écrive[1], implique des relations avec la terre et avec l'agriculture, à ce point que, dans un poëme de Straton[2], le bœuf de labour était qualifié d'*Érysichthon*[3]. Mais un autre nom de l'ennemi de Cérès, qui nous a été conservé par Hellanicus, nous met sur-le-champ au vrai point de vue. « Érysichthon, dit le vieil historien, fut encore appelé *Æthon*, parce qu'il était possédé d'une faim insatiable[4] ». Æthon, en effet, veut dire *le brûlant*, et l'assimilation de la faim avec la flamme qui dévore existe dans presque toutes les langues[5]. Ovide s'est complu à la développer dans le récit de l'infortune d'Érysichthon[6]. D'ailleurs, Cérès avait le remède à la faim ; en Sicile, où existait un temple à la Voracité, existait aussi, et peut-être dans la même enceinte sacrée, la statue de Déméter *Sito* ou *qui donne le blé*[7]. Pour que le blé vienne à bien, il faut que soit vaincu et repoussé par la déesse qui le donne celui dont la faim dévorante consume toutes choses. Aussi, de même qu'au *Robigus* de l'ancienne Italie paraît avoir été opposée une *Robigo*

[1] Ἐρισίχθων, ou, à l'ordinaire, Ἐρυσίχθων.

[2] Ap. Athen. IX, p. 411 Schweigh.

[3] C'est-à-dire « qui trace un sillon sur la terre, » de ἐρύειν et χθών. (J. D. G.)

[4] Hellanic. *ibid.* Suivant Tzetzes (ad Lycophron. 393, p. 1025 Müller), on pourrait croire que déjà Hésiode l'avait nommé ainsi ; mais peut-être y a-t-il erreur de nom.

[5] De là encore le gourmand nommé Κεραυνός ou *la foudre*, dans un comique grec, chez Athen. X, p. 23 Schweigh. *Heisshunger*, en allemand, n'est pas moins expressif que *faim dévorante* en français.

[6] Metam. VIII, 840 sqq. *Cf.* Burmanni Jupiter Fulgurator, p. 269.

[7] Athen. X, p. 20 Schweigh.

qui le combattait[1], de même, chez les Grecs, il est mention d'une Cérès *Erysibié,* que les Gorgonéens de l'Hermus invoquaient contre la nielle. Pareillement les Rhodiens avaient dans leur île un temple d'Apollon *Erythibios,* qualifié ainsi du nom qu'ils donnaient à la *rouille* du blé[2].

Avec *Erysichthon-Æthon,* l'affamé, le dévorant, se trouve donc en lutte Cérès, qui est ici la déesse de la terre, de la superficie terrestre; et cette lutte n'est pas autre chose que la souffrance de cette terre brûlée par le soleil. Vient s'y lier l'idée de la lune, qui, chaque nuit, amortit cette souffrance par la rosée et l'humidité rafraîchissante. Voila pourquoi, en Attique, Érysichthon avait pour sœurs Hersé et Pandrose[3]. Hersé a d'Hermès Tithon, l'époux de l'Aurore, qui fut métamorphosé en la cigale qui vit de rosée, après avoir eu de l'Aurore Phaëthon ou celui qui porte la lumière. Mais Tithon en même temps, avec son Aurore et leur autre fils Memnon, appartient à l'Éthiopie. Là, sur cette terre réellement brûlée par le soleil, existait, à côté du dieu solaire Mithras, un roi *Phlégyas,* c'est-à-dire *le brûlant,* ou plutôt Mithras lui-même y portait ce surnom, tandis qu'en Égypte, spécialement à On, la ville du soleil, il était appelé *Mestres*[4]. Mithras, comme Dschemschid qui le représente parmi les héros ou les rois législateurs de la Perse, et comme les génies solaires en général, était conçu probablement

---

[1] Columell. II, 12 (11); Varro de re rustic. I, 1, 6, de ling. lat. V, 3; Ovid. Fast. IV, 907, *ibi* interpret.

[2] Ἐρυσίβη, Ἐρυσίβιος, de Ἐρυσίβη. Strab. XIII, p. 613 Casaub.

[3] *Cf.* liv. VI, ch. VIII, art. VII, p. 760, 763, tom. II.

[4] Liv. II, ch. V, coll. liv. IV, ch. VIII, p. 367 sq., 482 sqq., tom. I.

sous deux aspects opposés, comme lumineux et ténébreux tour à tour, comme propice et funeste, comme bon et mauvais. C'est le second de ces deux aspects que reproduisit, selon nous, en Thessalie, où se retrouve d'ailleurs un roi du nom de Phlégyas[1], le brûlant Érysichthon, le soleil dévorant, qui dessèche le feuillage des bois, qui ronge et consume les moissons des champs, les couvre de rouille et les exténue, exténué qu'il est lui-même[2]. En effet, il a beau dévorer, engloutir ; rien ne saurait apaiser son insatiable faim, et il finit par dévorer son propre corps, ou bien il périt par le venin du serpent qui l'enlace dans ses replis. Nous voyons là une image de la double décroissance des ardeurs du soleil, d'abord chaque soir, et alors Érysichthon a pour ennemie naturelle Cérès comme divinité lunaire ou comme la terre se couvrant de rosée ; puis dans la succession des jours de

---

[1]. Ce roi, pareil à Érysichthon, est l'ennemi des dieux, aussi bien qu'Ixion, son fils. Quand on voit l'un *brûler* le temple d'Apollon, parce que ce dieu avait eu Esculape de sa fille Coronis, Esculape, l'*air* échauffé par la chaleur salutaire du soleil, l'autre jeter son beau-père dans une fosse remplie de *charbons ardents*, puis embrasser une *nuée* au lieu de Junon, il est impossible de ne pas soupçonner dans ces mythes des faits physiques analogues à ceux que nous signalons dans la fable d'Érysichthon. *Voy.* tom. II, p. 340 coll. 337 et 125 ; Virgil. Æneid. VI, 618, *ibi* interpret.; Hygin. fab. 62 et p. 128 Stav., coll. Pherecyd. fragm. p. 81 sq. et Hesych. I, p. 176 sq. Alb.

[2] Le brûlant Typhon porte, entre autres, le nom de *Smy*, λεπτὸς, *tenuis*, en tant que vent desséchant ou dévorant du désert (tom. I, p. 419 et 806). D'un autre côté, Pluton et Proserpine reçoivent tous deux l'épithète de λέπτυνις, en tant que détruisant les corps et les réduisant en poussière (Lycophron. v. 49, et *ibi* Tzetzes, p. 344 Müller).

l'année et dans le déclin de la carrière solaire. Sur le déclin de la vie d'Érysichthon, dit un mythographe, le serpent vint mettre un terme à sa faim[1]. Ce serpent est le serpent de l'automne, qui, en étreignant *Æthon*, éteint les ardeurs du soleil, parvenu, vers la fin d'octobre, sur la limite de la chaleur et du froid, de la lumière et des ténèbres, où brille, pour l'exemple éternel des impies, *Ophiuchus,* c'est-à-dire Erysichthon tenant le serpent qui l'a tué. Mais ce serpent, signe de mort, devient un signe de salut, en tant qu'Ophiuchus était rapporté à Esculape[2], à Triptolème, ou même à Hercule. Érysichthon, en ce sens, se réconcilierait avec Cérès, et, comme ces héros, lui serait ami, la chaleur du soleil, une fois amortie, devenant favorable à la terre. La mythologie, du reste, n'autorise point formellement cette conjecture, quelque probable qu'elle soit en elle-même, et nous nous hâtons de passer aux autres idées contenues dans la fable d'Érysichthon.

Longtemps Érysichthon échappe à la mort, longtemps il assouvit la faim dévorante, immortelle, qui le presse, grâce au dévouement de cette fille, amante de Neptune, qui sans cesse revient à lui sous une forme nouvelle. Elle est appelée *Mestra* ou *Metra*[3]. Après les rapports que nous avons signalés plus haut entre Æthon, son père, et Phlégyas-Mithras, le brûlant héros du soleil, nous pourrions

---

[1] Hygin. p. 452 : *prope ad terminum vitæ.*

[2] *Cf.* tom. II, p. 344.

[3] Μήστρα, Μήτρα (Schol. ad Lycophron. v. 1393, et Palæphat. *l. c.*, suivant quelques mss.). Antonin. Liberalis (17, p. 118 Verheyk) la nomme Ὑπερμήστρα. Deux mss. du Schol. de Lycophron (p. 1025 et *ibi* Müller) portent Μνήστρα.

être aisément tentés de retrouver dans *Mestra* une fille de *Mestres*, l'une des formes diversement modifiées du nom même de Mithras[1]; nous y verrions, en conséquence, une héroïne lunaire, qui se rapprocherait naturellement de la Cérès-*Mastra* de Carie et peut-être aussi de Bacchus-*Masaris*[2]. Mais, sans chercher dans l'Orient des analogies de noms souvent trompeuses, nous pouvons rester sur le sol de la Grèce, et, par des coïncidences d'idées encore plus que de mots, constater le vrai caractère de la fille d'Érysichthon. Quant aux mots, *Mestra* nous rappelle le fils de Persée, *Mestor*, ce qui veut dire *le conseiller*[3], et si l'on préfère la leçon *Metra*, elle nous donne la notion de *mère* ou *matrice*. Quant aux idées ou aux images, Mestra, avons-nous vu, retourne à son père sous des formes toujours nouvelles, et ces formes sont celles du taureau, du cheval, du chien, des oiseaux[4]. Or, tous ces animaux appartiennent à la fois au dieu-soleil Mithras et à la déesse-lune Cérès-Proserpine; ce que prouvent, pour le premier, les bas-reliefs mithriaques, pour celle-ci les vieilles idoles des temples de l'Arcadie[5]. Ajoutons que, parmi les quatre noms sous lesquels Hécate était invoquée, sont mentionnés expressément ceux du cheval, du taureau et du chien[6].

[1] Tom. I, p. 367 sq.
[2] Chap. II, p. 463 *ci-dessus*.
[3] C'était aussi un surnom de Jupiter (tom. II, p. 584). — *Cf.* la note 5 sur ce livre, fin du volume.
[4] Ovid. et Palæphat. *ll. cc.*
[5] *Cf.* nos planches XXVI, XXVII, XXVII *bis*, 131-134, et le ch. III, art. I, p. 470 sqq. *ci-dessus*. (J. D. G.)
[6] Porphyr. de Abstin. IV, p. 352 Rhoer.

Il résulte de tout ceci que, dans la fable d'Érysichthon, nous avons, comme dans les précédentes, le reflet d'une légende orientale sur l'année luni-solaire, légende où percent des symboles dont le sens nous est déjà connu. Ici ces symboles promettent au héros du soleil une durée sans terme, une vie sans cesse renouvelée. C'est Poseidon, c'est la mer qui fournit les formes diverses sous lesquelles la fille d'Érysichthon reparaît toujours nouvelle pour satisfaire l'insatiable appétit de son père. Tantôt elle sort du sein des flots sous la figure d'un chien aboyant, et elle rappelle Hécate, entourée de ses chiens, quittant sa grotte ténébreuse; tantôt elle s'élance en cheval marin, telle qu'apparait Cérès lorsque Neptune s'unit à cette déesse; ou bien c'est un taureau mugissant qui s'élève au-dessus des vagues, ou bien encore une douce colombe qui les rase de son aile. *Mestra*, quel que soit le sens de son nom, est une héroïne-lunaire, analogue à *Médée*, la conseillère; elle est, comme celle-ci, une magicienne, et même elle en porte le nom[1]. Elle est encore analogue à Hélène, qui sait imiter toutes les voix, et un auteur l'appelle expressément « la prostituée qui prend toutes les formes[2] ». En effet, elle se métamorphose à volonté, si bien qu'elle finit par se présenter à son père sous la figure d'un homme[3]. Ainsi la magicienne, la prostituée lunaire, au terme de ses métamorphoses, devient un Lunus ou un dieu-lune, à côté d'Æthon, le dieu-soleil dévorant. Cette dernière transformation s'opère

---

[1] Φαρμακίς. Tzetzes ad Lycophr. *l. c.*

[2] Παντομόρφου βασσάρας. Lycophron, *ibid.*

[3] Antonin. Liberal. *l. c.*

au printemps, où le dieu-soleil Mithras, identifié avec Lunus frappant le taureau, ouvre la nouvelle année.[1]. Après que la lune, sans cesse renouvelée, est apparue au soleil exténué de l'hiver dans une longue suite de phases, les lunes sont pleines, et la nouvelle année apporte à l'astre du jour une force nouvelle.

Voilà le côté physique de ce mythe remarquable, emprunté, selon toute apparence, aux antiques doctrines de la Perse et de l'Éthiopie, et qui s'appliquait surtout à ces climats brûlants. Maintenant il n'est pas impossible d'y découvrir en même temps un côté historique. Les rois, nous le savons, furent, dans l'ancien monde, généralement considérés comme des fils du soleil. Bons ou mauvais, ils furent assimilés à cet astre bienfaisant et malfaisant tour à tour. Il se peut que, parmi les descendants de Deucalion en Thessalie, ait existé un prince d'un caractère impie et tyrannique, en lutte avec les Cabiréens, prêtres de Cérès, et avec le culte qu'ils desservaient. De là, dans les mystères des Cabires et dans ceux de l'Attique, son histoire présentée comme un épouvantail pour les contempteurs de la divinité, et gravée par Némésis sur ses tables d'airain, selon l'expression de Callimaque qui en a fait le sujet principal de son hymne à Cérès[2]. Le motif de ce choix du poëte fut peut-être que, dans les mystères, le dogme de la destruction des

---

[1] *Cf.* liv. II, ch. IV, p. 364 sqq., et surtout les Éclaircissements, p. 743 sq., tom. I.

[2] V. 57. — Νέμεσις δὲ κακὰν ἐγράψατο φωνάν, est-il dit des paroles impies d'Érysichthon. (J. D. G.)

corps, de Proserpine-*Leptynis* et du royaume des morts, était lié à la fable d'Érysichthon. Ce dogme, au reste, dut être communiqué aux seuls initiés, tandis que le mythe, développé par la poésie, devint une leçon publique et salutaire pour les peuples et pour les rois.

CHAPITRE IV.

PROSERPINE-DIONÉ EN ÉPIRE, ASSOCIÉE A AÏDONEUS OU JUPITER-SILÈNE, ET IDENTIQUE AVEC LA VÉNUS-LIBITINA DE ROME.

I. Les diverses femmes de Thésée en rapport avec la lune; son expédition dans le royaume d'Aïdoneus pour enlever Proserpine; enlèvement analogue d'Hélène, reprise par les Dioscures.

Sur les frontières de la Thessalie nous trouvons encore une Proserpine qui réclame toute notre attention. Elle nous ramène d'ailleurs à Thésée et à l'un de ses derniers exploits, dont elle devint le but. Ce héros, après avoir abandonné Ariadne, ou après sa mort, avait épousé une autre fille de Minos, *Phèdre*, la *claire*, celle qui brille d'un doux éclat. Fils d'*Æthra*, dont le nom implique à peu près la même idée[1], il est entouré de femmes qui toutes, plus ou moins, rappellent la lune. L'amazone *Antiope* elle-même, dont il conquit les faveurs, n'y est point étrangère, comme peut le faire soupçonner ce que nous avons dit ailleurs du mythe des Amazones en général[2].

---

[1] Αἴθρα, ciel serein, clarté pure. — *Cf.* pl. CXCVI, 696.
[2] Liv. IV, chap. III, art. IV, p. 87 sqq.; tom. II. — *Voy.* notre note 9 dans les Éclaircissements sur ce même livre, et pl. CXCVII, 769, avec l'explication, coll. CCIII, 711, CCIV, 712, CCV, 713. (J. D. G.)

Thésée eut d'elle *Hippolyte*, victime du coupable amour de Phèdre, sa belle-mère, et, parmi les diverses légendes de sa mort[1], il en est une qui rentre absolument dans la sphère de symboles que nous venons de parcourir. Le héros athénien trompé demande à Neptune, son père, de faire périr Hippolyte. Alors le dieu envoie du fond de la mer un taureau qui épouvante les coursiers, à ce point que l'infortuné jeune homme est traîné misérablement par eux avec son char renversé. Depuis il fut transporté au ciel dans la constellation du Cocher, ou bien en Italie, après qu'Esculape l'eut ressuscité d'entre les morts. Là il devint l'amant de Diane, et de la prêtresse Aricie il eut *Virbius;* d'autres disent qu'il était Virbius lui-même, symbole d'immortalité et objet d'un culte singulier[2].

Dans ses dernières années Thésée descendit aux enfers, et il eut le bonheur d'en revenir. Il comptait cinquante ans, dit-on[3], lorsque Pirithoüs, son ami, et lui, formèrent le projet d'enlever pour chacun d'eux une fille de Jupiter. *Hélène*, qu'ils avaient aperçue dansant dans le temple de Diane Orthia, à Lacédémone, à peine âgée de sept ans[4], fut d'abord leur proie et le partage de Thésée[5]; puis ils

---

[1] *V.* Meziriac, sur les Héroïdes d'Ovide, IV, p. 381 sqq., et, pour ce qui suit, Hygin. fab. 47, p. 112 Staver.; Eratosth. Cataster., cap. 6.

[2] *Cf.* liv. V, sect. II, ch. V, art. II, p. 506, t. II.

[3] Plutarch. Thes., c. 31, *init.*, coll. Schol. Iliad. III, 144, et Hellanic. Fragm., p. 115 Sturz.

[4] Duris ap. Tzetz. ad Lycophr. v. 143.

[5] Le rapt d'Hélène par Thésée était un mythe célèbre, qui fut chanté et par les cycliques et par les lyriques; il était représenté sur le coffre de

se rendirent dans le pays des Molosses, en Epire, pour s'y approprier *Proserpine*. Là ils furent enfermés dans la prison d'Aïdoneus et y demeurèrent assis pour l'éternité, au moins suivant Homère[1], car la tradition vulgaire faisait, comme nous le verrons, délivrer Thésée par Hercule[2]. Pendant la captivité du premier, les Dioscures firent une incursion dans l'Attique pour reconquérir leur sœur Hélène, eux qui jadis avaient été les ravisseurs des vierges Hilaïra et Phœbé[3]. Outre Hélène, ils emmenèrent encore Æthra, la mère de Thésée. Ainsi, pendant que les héros solaires Thésée et Pirithoüs sont assis dans la sombre demeure de Pluton (car Aïdoneus n'est pas autre chose), Castor et Pollux paraissent et agissent; et tandis que Proserpine reste auprès d'Aïdoneus, son époux, Hélène est recouvrée et emmenée par ses frères. Toujours donc des oppositions, des contrastes, et des êtres solaires et lunaires paraissant et disparaissant tour à tour. Ici, par exemple, quatre personnages habitent les ténèbres, Aïdoneus, Proserpine, Thésée et Pirithoüs; quatre, au contraire, se montrent au-dessus de

Cypsélus. *V.* Pausan. X, 25; Hygin. fab. 79 et *ibi* Muncker; Apollodor. III, 10, 7, *ibi* Heyne; Hellanic. Fragm., *ibid.* et p. 97 sqq.; Herodot. IX, 72, *ibi* interpret.

[1] Odyss. XI, 630, vers suspect d'avoir été interpolé par Pisistrate (Plutarch. Thes., 20).

[2] Les sources de ce mythe sont: Plutarch. Thes., 35; Philochor. Fragm., p. 32; Diodor. IV, 63; Pausan. I, 27; Ælian. V. H. IV, 5; Cyrill. adv. Julian. I, *init.;* Hieronym. Chronic. ad ann. 620; Virgil. Æn. VI, 617 sq., *ibi* Heyne.

[3] *Cf.* tom. II, pag. 309, et planches CLIX, 606, CLXXXVII, 737, avec l'explication. (J. D. G.)

l'horizon, Castor, Pollux, Hélène et Æthra. Nous ne répéterons pas ici ce que nous avons dit ailleurs du caractère sidérique, soit des Dioscures eux-mêmes, soit de leurs épouses Hilaïra et Phœbé, et de leur sœur Hélène[1]; mais nous ne saurions nous empêcher de faire remarquer à l'appui la danse où celle-ci figure dans le temple de Diane-lune. Bientôt après Thésée, qui s'est uni à elle, descend aux enfers, non pas toutefois sans qu'elle lui ait donné une fille, Iphigénie, en relation si étroite avec la Diane de Tauride[2]. Nous pourrions multiplier les traits de ce genre, qui tous appartiennent au même cycle de mythes; mais nous aimons mieux nous borner à une dernière observation, qui nous ramène à notre sujet principal : c'est que les Dioscures vainqueurs n'exigent des Athéniens abattus d'autre réparation, pour le rapt de leur sœur, si ce n'est l'avantage d'être initiés aux mystères d'Éleusis[3]. Cela veut dire que ces fils de Jupiter avec leur bandelette noire et blanche, avec leur étoile qui se lève et qui se couche alternativement, se rattachent à ces mystères aussi bien que Thésée avec sa voile blanche et sa voile noire. Les peintures des vases grecs de l'Italie prouvent, d'ailleurs, que la guerre de Thésée contre les Dioscures et contre Aïdoneus, pour Hélène et pour Proserpine, étaient des sujets mystérieux[4]. Mais, sans reve-

---

[1] Tom. II, *ibid.*

[2] Stesichor. ap. Pausan. II, Corinth., 21.

[3] Plutarch. Thes., cap. 33.

[4] Les vases dont il s'agit représentent souvent une femme voilée, emmenée par deux guerriers, que l'on peut expliquer diversement. Mais sur une amphore tyrrhénienne, ayant appartenu au prince de Canino, c'est

nir sur Hélène, il nous faut voir ici quelle était au juste cette Proserpine que voulait conquérir le héros athénien, et où il était allé la chercher.

C'était, dit la tradition, dans le pays des Molosses et au voisinage de Dodone, dans cette contrée sur laquelle nous nous sommes étendus plus haut[1], et où nous avons montré le berceau tout à la fois des religions et des populations de la Grèce. Nous y avons signalé et le fameux oracle de Jupiter, et son culte intimement uni à celui de l'Achélous, le fleuve des fleuves, et la région des morts rapprochée de celle des eaux comme en Égypte. Nous y avons trouvé l'enfer des Grecs localisé, en quelque sorte, sur la terre, le Cocyte, l'Achéron, le lac Achérusien. Enfin, nous avons par avance émis cette opinion, que le Jupiter de Dodone était identique, soit avec Aïdoneus, le même que le Dis ou le Pluton des Romains, c'est-à-dire le souverain des enfers, soit avec Silène et avec le Dionysus souterrain, rendant des oracles. Ce dernier point a été en partie développé dans notre précédent livre[2]; mais nous devons montrer ici, avec quelque détail, que la Dioné associée en qualité d'épouse au dieu de Dodone, et qui prend place à ses côtés sur les monuments[3], n'é-

bien *Thésée* qui se voit, accompagné de *Pirithoüs*, enlevant *Coroné* en présence d'*Hélène*. Sur un autre vase, de Volci, *Æthra* est ramenée de sa captivité de Troie par ses deux petits-fils *Acamas* et *Démophon*. *Cf.* De Witte, Descript. du cabinet Durand, p. 105 et 152 sq., et Descript. des vases, etc., provenant des fouilles de l'Étrurie, p. 63. (J. D. G.)

[1] Liv. VI, ch. I, art. I, p. 536 sqq., tom. II.
[2] Chap. II, art. VI, p. 140 sqq., et surtout p. 150 sqq., *ci-dessus*.
[3] *V.* Jac. Gronov. ad Stephan. Byz. fragm. de Dodon. in Gronov.

tait pas non plus autre que Proserpine, la reine des morts et la compagne du roi Aïdoneus. Ce sera le sujet de l'article suivant.

II. Différentes généalogies de Dioné; Dioné, mère d'Aphrodite ou Aphrodite elle-même, identique au fond avec Pasiphaé, avec Proserpine ou Libéra, avec Vénus-Libitina, comme le Jupiter de Dodone avec Dionysus-Liber ou Silène, et avec Aïdoneus ou Dis-Pluton.

Hésiode, dans sa Théogonie[1], mentionne une *Dioné*, fille de l'Océan et de Téthys, et par conséquent sœur d'Achéloüs. Une des Néréides porte le même nom[2], ainsi qu'une fille d'Atlas et l'épouse de Tantale[3]. Une Dioné se rencontre également parmi les nymphes de Dodone ou les Hyades[4]. Celle-ci nous conduit naturellement à la Dioné qu'Homère, si familiarisé avec le vieux sanctuaire pélasgique de l'Épire[5], nous donne comme l'épouse de Jupiter, sans nul doute le Jupiter Dodonéen, qui aurait eu d'elle Aphrodite[6]. C'était là un dogme de la religion primitive des Hellènes, alors qu'ils faisaient encore un seul et même peuple avec les Pélasges, dogme que l'on enseignait à Dodone et dans la Thessalie voisine, mais

---

Thes. antiq. Græcar. t. VII, p. 278 sqq. — et notre pl. CXLII, 273 *a*, coll. LXIX, 263, avec l'explicat. p. 130.

[1] V. 353.
[2] Apollodor. I, 2, 7.
[3] Hygin. fab. 9, *ibi* interpret.
[4] Pherecyd. Fragm., p. 109 ed. sec. Sturz.
[5] Iliad. XVI, v. 233 sqq.
[6] Il. V, 370. *Cf.* liv. VI, ch. V, art. II, p. 657, tom. II.

qui fut admis également dans le système religieux de l'île de Crète[1]. A en croire Strabon, Dioné, dans les premiers temps au moins, n'aurait point occupé à Dodone le rang élevé de compagne de Jupiter[2]. Il est certain toutefois qu'à l'époque où florissait la civilisation grecque elle était en possession du titre de son épouse, comme le prouvent les passages des orateurs relatifs aux fréquentes ambassades envoyées pour consulter l'oracle[3]. Strabon nous apprend encore que l'on sacrifiait au Jupiter de Dodone des taureaux de labour, et à Dioné un bœuf ou une vache. Le taureau cornupète que l'on voit sur les médailles de l'Epire peut se rapporter à ces sacrifices, ou bien il a trait aux bêtes à cornes si renommées de ce pays[4], et dont la beauté au reste dut en faire, pour les grands dieux qui y étaient adorés, une offrande de prédilection.

Nous ne connaissons point le système des dieux de Dodone dans tout son enchaînement; mais il semble avoir tenu de fort près aux théogonies de l'Égypte et de l'Asie occidentale, et s'être écarté en plusieurs points de la théogonie vulgaire des Grecs; ainsi, quand Dioné est donnée pour femme à Zeus ou Jupiter, et quand de leur union naît Aphrodite ou Vénus. Nous avons vu que, dans la cosmogonie phénicienne, figurait aussi une

---

[1] Selon Diodore, V, 72.
[2] Strab. VII, p. 329 Casaub.
[3] *Voy.*, par exemple, Demosth. contra Mid., p. 611; Epist. 4 contra Theram., etc.
[4] *Cf.* Gronov., *ibid.*, p. 277 sqq.; Eckhel, D. N. V., p. 161.

Dioné, fille d'Uranus et concubine de Cronos[1], ce que paraît avoir su Phérécyde et d'après lui Apollodore, quand il fait de Dioné une des Titanides et par conséquent une fille d'Uranus[2]. En Égypte, de Cronos et de Rhéa, ou encore de Jupiter et de Junon, c'est-à-dire de Sovk ou d'Amoun et d'une déesse analogue à ces déesses grecques, naissaient les cinq dieux Osiris, Apollon (Horus), Typhon, Isis et Vénus (Nephthys)[3]. Apollon était subordonné à Osiris-Bacchus, né avant lui, et Vénus était leur sœur en qualité de fille de Jupiter ou de Saturne. Il semble que, dans le système de Dodone, il y ait eu quelque chose de tout-à-fait analogue. Dionysus et Aphrodite y découlaient également de Jupiter, conçu comme la source des eaux et en même temps de l'inspiration prophétique, c'est-à-dire de Jupiter-Silène, celui dont le masque décorait la chapelle des Nymphes à Athènes, celui qui passait pour le père d'Apollon aussi bien que de Bacchus[4]. Si, en Égypte, Osiris, antérieur à Horus, était le premier représentant d'Ammon ou de Cnouphis-Nilus, s'il devenait le roi des morts, tout en s'identifiant avec son père, à Dodone, Jupiter lui-même s'identifiait tellement avec son fils Dionysus, qu'il revêtait un caractère infernal et devenait *Zeus catachthonios*, Ju-

---

[1] Liv. IV, ch. II, p. 15, tom. II.

[2] Apollodor. I, 1, 1.

[3] Diodor. I, 13; Plutarch. de Isid. p. 458 sq. Wyttenb., et de def. Oracul., p. 755 Wytt.— *Cf.* liv. III, ch. II, p. 410 sq., et nos Éclairciss. p. 838 sq., tom. I.   (J. D. G.)

[4] *Cf.* liv. VII, p. 143 sq., 149 sqq., *ci-dessus*.

piter souterrain[1]. Pareillement Dioné, épouse de Jupiter Dodonéen, cette Dioné que nous avons montrée ailleurs si rapprochée de Junon[2], s'identifiait avec Vénus, sa fille, et devenait Proserpine, la reine des morts, la femme du prétendu roi Aïdoneus, qui n'est autre qu'Hadès. Voilà pourquoi Servius[3] appelle le couple divin et prophétique de Dodone *Jupiter* et *Vénus;* voilà pourquoi cette Vénus, fille de Dioné et Dioné elle-même (la troisième ou quatrième Vénus, suivant les distinctions des théologiens de l'antiquité), est précisément celle qui, comme invitant au plaisir, se nommait *Pasiphaé*[4]. Or Pasiphaé, nous l'avons reconnu[5], c'est une véritable Proserpine; c'est une Proserpine-Vénus, identique à *Vénus-Libitina,* déesse de la volupté et de la mort, régnant, sous le nom de Dioné, dans la région des morts, sur les bords du fleuve Achéron, au milieu des sombres forêts de Dodone avec leurs chênes funèbres[6]. Nous retrouvons ici ce berceau commun déjà signalé[7], des religions grecque et romaine; nous y retrouvons, avec

---

[1] *Cf.* les Éclaircissements du liv. III, p. 808 sq., 818 sq., 825, tom. I; et tom. II, p. 543, 549, 554.

[2] Liv. VI, ch. II, p. 591, tom. II.

[3] Ad Virgil. Æneid. III, 466.

[4] J. Lyd. de Mens., p. 89 sq. Schow., p. 214 Rœther, coll. Cic. de N. D. III, 23, et *ci-dessus,* p. 483.

[5] Chap. précéd., art. II, p. 481-490 *ci-dessus.*

[6] *V.*, sur *Vénus-Libitina,* Plutarch. Num., cap. 12; et Denys d'Halicarnasse, Antiq. Rom., IV, 15, qui présente son temple, situé dans un bois, comme étant consacré aux morts.

[7] Tom. II, p. 544.

leur caractère primitif, le *Liber Pater* et la *Libera* de l'ancienne Italie, frère et sœur, époux et épouse, comme sont donnés à la fois Aïdoneus et Proserpine dans la légende grecque [1]. Mêmes idées, mêmes conceptions sous des noms divers dans les deux pays. Le Jupiter de Dodone, encore un coup, est le même que Dionysus Chthonius ou Liber, que Bacchus-Silène rendant des oracles, qu'Hadès, Dis ou Pluton; Dioñé, peut-être bien identique à *Thyoné* (nom divin de Sémélé, mère de Bacchus [2]), est certainement la même que Libéra ou Proserpine, que Vénus-Libitina, que cette Aphrodite dont Bacchus, au dire de Praxilla, aurait été le fils [3].

Parmi les attributs des divinités de Dodone, le plus remarquable était la *colombe*. Des colombes, et des *colombes noires*, d'après la tradition populaire, prédisaient l'avenir avec des voix humaines, du haut des chênes consacrés à Jupiter [4]. Hérodote les prenait pour des prêtresses au teint foncé, venues de l'oasis d'Ammon, et s'exprimant dans une langue inconnue des Pélasges, anciens habitants de la Thesprotie. D'autres y ont vu

---

[1] *Cf.* liv. VII, ch. IV, art. IV, p. 258-271 *ci-dessus.*

[2] Pag. 64, 72, 266 *ci-dessus.* Les deux noms Διώνη et Θυώνη sont plus d'une fois confondus dans les mss. (Creuzer. Dionys. p. 241 sq.). Le texte d'Ovide (Fast. VI, 711) et celui d'Hygin (Poet. Astron. p. 409 Stav.) portent *Thyone* pour *Dione. Cf.* Sturz ad Pherecyd. Fragm. p. 109.

[3] Jacob Gronov, dans la dissertation précitée, avait déjà conjecturé l'identité du Jupiter de Dodone avec le Pluton de la Sicile, ravisseur de Proserpine, et de Dioné avec cette dernière; identité que les développements qui précèdent mettent dans tout son jour.

[4] Herodot. II, 55-57, *ibi* interpret., p. 612 sqq. ed. Bæhr et Creuzer.

des *veuves*, c'est-à-dire des femmes qui, selon la discipline sacerdotale de l'Égypte, ne pouvaient contracter un second mariage et se vouaient exclusivement au culte des dieux, femmes dont la colombe noire était le symbole[1]. Quoi qu'il en soit de ces interprétations, la colombe appartenait en propre à la Dioné de Dodone, et dans deux sens différents. Elle l'avait d'abord en qualité de Vénus, et s'assimilait ainsi complétement à la Vénus Érycine[2], cet oiseau étant le symbole de la vie animale et de la génération. Elle l'avait aussi, et ici c'était la colombe noire, en qualité de Proserpine, comme la chaste, la *sainte* déesse[3] qui commandait la continence aux veuves en les consacrant à ses autels. Déjà, dans l'Iliade[4], Homère fait allusion à la règle sévère imposée aux prêtres de Dodone, et l'explication la plus vraisemblable d'un des noms que portaient ces prêtres, semble indiquer qu'ils étaient soumis à la circoncision ou même complétement eunuques[5].

Pour revenir à Thésée, nous savons maintenant ce que signifie son expédition dans le royaume d'Aïdoneus avec Pirithoüs, son ami, pour conquérir Proserpine. C'est, ainsi que nous l'avons déjà fait entendre plus d'une fois, une véritable descente aux enfers, localisés

---

[1] Πελειάς. Horapollo, II, 32. *Cf.* J. Trigland Conj. de Dodone, cap. 4.

[2] *Cf.* liv. VI, ch. V, p. 654 et 663, tom. II, avec la pl. CI, 392.

[3] Elle est appelée *Sancta* dans une inscription chez Gruter, p. 98, n° 5.

[4] XVI, 233 sqq., *ibi* Heyne.

[5] Les Τομοῦροι. *Cf.* tom. II, p. 538.

en Épire comme les divinités qui y présidaient. Les deux héros se virent également menacés d'une captivité éternelle dans ces lieux de ténèbres[1]. Mais la croyance dominante, et peut-être l'orgueil national des Athéniens, voulurent que Thésée trouvât un libérateur. Ce libérateur fut Hercule, le prototype de Thésée, le héros solaire par excellence. Lui aussi il commença par lutter avec un dieu-taureau, avec l'Achéloüs, à qui il arracha l'une de ses cornes, devenue la corne d'abondance. Des inondations d'hiver le soleil du printemps sait faire sortir les bénédictions de l'année. Puis Hercule vint chez Aïdoneus, nom qu'Hésiode et les Homérides donnent positivement à Hadès ou Pluton[2]; il descendit aux sombres demeures, ainsi que tous les dieux ou les héros qui lui ressemblent. Proserpine accueillit comme un frère ce fils de Jupiter, qui sans doute avait sa place dans le système religieux de Dodone, de même que Bacchus et Apollon. Son inflexible époux adoucit pour lui ses rigueurs et lui accorda la grâce de Thésée[3]. Déjà la déesse, sous le nom de Pasiphaé, avait rendu service au héros solaire, dans le pays des Æniânes, en lui ramenant ses bœufs dispersés, les bœufs de Géryon. Déjà il lui avait sacrifié en Sicile, sous

---

[1] Thésée paraît tristement assis dans la prison d'Aïdoneus, sur un monument d'ancien style, pl. CCXV, 708, avec l'explicat. (J. D. G.)

[2] Ἀϊδωνεύς. Hesiod. Theogon., v. 913; Homer. Hymn. in Cerer., v. 2.

[3] Diodor. l. c. — V. planche CXCIII, 681, avec l'explication, coll. CLXXVIII, 657. Le premier de ces monuments montre *Aïdoneus* sous les traits d'un *Jupiter souterrain*, accompagné de *Dioné-Proserpine* comme *Junon infernale*, tels qu'on les voit encore représentés dans le grand tableau des Enfers, pl. CXLIX *bis*, 555. (J. D. G.)

le nom de Cora ou Libéra, le plus beau de ses taureaux, près de la fontaine consacrée à Pluton. Nous avons, dans le précédent chapitre, fait connaissance avec Proserpine-Pasiphaé ; dans le suivant, nous allons jeter un coup d'œil sur la Proserpine-Cora de la Sicile.

CHAPITRE V.

PROSERPINE-DIANE, ET LE CULTE DE CÉRÈS EN SICILE ET A ROME.

1. La Sicile consacrée à Cérès et à Proserpine; principal théâtre de l'enlèvement de cette dernière, et pourquoi; diverses formes et circonstances de ce mythe; fêtes et sacrifices qui s'y rattachaient, soit en Grèce, soit à Rome.

Ce fut Hercule, dit-on, qui, après avoir fait décrire à ses taureaux une course circulaire en Sicile, y institua les honneurs divins de *Cora* ou *Proserpine*[1]. A cet effet, il précipita le plus beau de ces animaux dans la fontaine *Cyané*, qui s'était formée soudainement au lieu même où la jeune déesse avait disparu avec Pluton, son ravisseur, et en qui avait été métamorphosée la Nymphe du même nom, pour avoir voulu lui prêter secours[2]. L'exemple donné par Hercule fut suivi. Tous les ans, les Syracu-

---

[1] Nous avons déjà vu Hercule en rapport avec le culte de Cérès, liv. IV, ch. V, p. 176, t. II, et ch. III, art. II du présent livre, p. 484 sqq., ci-dessus. Sur un bas-relief du musée Capitolin, IV, 55, il paraît en tête de la scène de l'enlèvement de Proserpine. *Cf.* Welcker, *Zeitschrift für alte Kunst*, I, 1, p. 25 sqq., 86 sq.

[2] Diodor. Sic. IV, cap. 23 *fin.*; Ovid. Metam. V, 412. — La Nymphe qui figure avec un vase, au centre de la scène de l'enlèvement, et qui tente vainement d'arrêter Pluton, représente, selon toute apparence, *Cyané*: pl. CXLVI, 550, et l'explicat. p. 223 sq.   (J. D. G.)

sains s'assemblaient autour de la *noire* fontaine[1], et, tandis que les simples particuliers y sacrifiaient des victimes de menu bétail, on précipitait des taureaux dans ses profondeurs, au nom de la cité[2]. Déjà nous avons observé plus d'une fois ces immolations significatives de taureaux en l'honneur des divinités telluriques, et nous aurons occasion d'y revenir au terme de ces recherches. Ce qui nous frappe surtout, quant à présent, c'est de voir à quel point la Sicile était, pour ainsi dire, inféodée à Cérès et à sa fille. Non-seulement l'île entière leur appartenait en commun, mais Jupiter en avait, de plus, donné quelques points choisis à Proserpine, comme présents de noces[3]. C'est là que, suivant la tradition le plus généralement reçue, elle avait été enlevée par Pluton. Cet événement mythique, si fameux dans l'histoire des religions anciennes, aurait eu pour théâtre les champs d'Enna, supposés l'*omphalos* ou le point central de l'île, et décrits comme un lieu de délices, arrosé de nombreux ruisseaux, embaumé des parfums de mille fleurs, et d'une fertilité extraordinaire[4]. Le ravisseur aurait disparu dans l'île

---

[1] C'est là le sens antique de Κυανή, venant de κυάνεος, *cœruleus*, bleu foncé, noirâtre.

[2] Diodor. V, 4. De là le taureau, tantôt debout, tantôt cornupète, sur les médailles de Syracuse, et au revers la tête de Cérès ou celle de Proserpine, couronnée d'épis. *V.* Eckhel, D. N. V., I, p. 244, et Stieglitz, *Archæolog. Unterhalt.* II, p. 188.

[3] Ἀνακαλυπτήρια. Suivant d'autres, il lui aurait donné au même titre ou Thèbes ou Cyzique en Asie-Mineure (Diodor. V, 2, *ibi* Wesseling.).

[4] Diodor. V, 3. *Cf.* Dorville, Sicula, I, p. 143 sqq., II, p. 380 sq.; Münter, *Nachrichten von Neapel und Sicilien*, p. 219 sq., 301. La lo-

d'Ortygie, consacrée à Proserpine aussi bien qu'à Diane, et qui formait, comme l'on sait, le port de Syracuse. Enfin, l'Etna lui-même jouait son rôle dans ce drame religieux; car c'était à son brûlant cratère que Cérès avait allumé ses flambeaux pour chercher sa fille [1].

Nul doute que l'heureuse fertilité du terroir de la Sicile n'y ait ainsi de bonne heure localisé ces légendes et le culte des deux déesses. Ses habitants prétendaient avoir les premiers reçu d'elles le présent du blé, que Cérès aurait ensuite transmis aux Athéniens, en reconnaissance de l'accueil qu'ils lui avaient fait. Diodore de Sicile, qui rapporte cette raison mythique de la chose, en donne aussi bien l'explication naturelle; il remarque, en effet, que, de son temps, l'on trouvait encore dans le territoire de Leontini du blé à l'état sauvage [2]. Beaucoup d'autres pays, à ce compte, en Grèce ou ailleurs, pouvaient revendiquer la priorité dans les faveurs des déesses. Les habitants de l'Attique regardant, ainsi que Pline l'admet, l'orge comme la première cultivée des plantes céréales, et leur orge comme indigène, l'opposaient au blé, supposé également indigène, de l'Argolide, de la Crète et de la Sicile [3]; quoique, d'un

---

calité d'Enna se nomme aujourd'hui *Castro Joanni* ou *Giovanni*; sur la hauteur on voit encore les ruines du temple de Cérès, et dans la plaine qui s'étend vers l'Orient, au-dessous de la ville, laquelle fut le théâtre du rapt de Proserpine par Pluton, est une église singulièrement révérée des habitants actuels.

[1] Diodor. V, 4.
[2] Diodor. V, 2, se référant à l'Odyssée, I, 109.
[3] H. N. XVIII, 7, p. 705 Harduin.

autre côté, ils se vantassent d'avoir eu à l'état sauvage, non-seulement l'orge, mais le blé [1]. Et le blé et l'orge sauvages se rencontraient, selon Bérose [2], dans la Babylonie entre le Tigre et l'Euphrate. On parle aussi d'orge sauvage dans la Bactriane [3]; dans le Balaschian, province du nord de l'Inde [4]; dans la Géorgie. Aussi des voyageurs et des naturalistes modernes tracent-ils à la migration de cette plante une route d'Orient en Occident, semblable à celle que, d'après des données différentes, la religion de Cérès et de Proserpine aurait elle-même suivie. L'une et l'autre seraient venues de l'Inde en Phrygie et de là en Europe, puis en Attique. Sans nous jeter dans les hypothèses, si multipliées de nos jours, sur l'origine de l'agriculture et sur celle de la civilisation en général; sans adopter non plus aucune des prétentions exclusives qu'avaient fait pulluler, chez les anciens, l'orgueil de la cité et le fanatisme des superstitions locales, nous appellerons l'attention sur un point essentiel. Si l'on considère d'une part la haute antiquité des établissements égyptiens en Attique, et d'une autre part la nature du sol de cette contrée, sol maigre et plus propre à la culture de l'orge qu'à celle du blé, on sera porté à penser que l'Attique a dû cultiver l'orge avant aucun autre pays d'Europe, et que, pour y fleurir, l'agriculture a eu besoin d'y être renouvelée plus d'une

[1] Plato Menexen. p. 238 A Steph., p. 384 Bekker.
[2] Ap. Syncell. p. 28; — Fragm. ed. Richter, p. 47.
[3] Theophrast. Hist. plant. IV, 5.
[4] D'après Marc-Pol, tom. I, p. 44 sq. du Recueil de la Société de Géographie de Paris. C'est le Badakschan. (J. D. G.)

fois depuis la colonie de Cécrops. Ainsi les champs de Rharos, où la tradition faisait croître les premiers épis, demeurent pour l'historien d'aujourd'hui, comme pour le croyant d'autrefois, une terre sacrée, une terre singulièrement remarquable dans les annales de la civilisation européenne[1].

Si la culture et la propagation du blé furent intimement liées à la religion de Cérès, les fleurs jouaient un rôle important dans le mythe de l'enlèvement de Proserpine. Un passage de Pausanias fait bien voir de quelle nature était ce rôle, en même temps qu'il prouve la haute antiquité du sens symbolique attaché à certaines fleurs. « Pamphos le Thespien, dit-il, avance que ce n'est point par des violettes, mais par des narcisses que fut trompée Cora, lors de son enlèvement, en cueillant des fleurs[2]. » Nous retrouvons donc ici cette fleur d'imposture que nous connaissons déjà par l'histoire du beau Narcisse[3]; elle ressort également entre toutes les autres dans l'hymne homérique à Cérès, quoiqu'il y soit question aussi de roses, de crocus, de violettes tant célébrées dans la légende de Sicile, enfin de hyacinthes. Nous avons vu plus haut une fleur de cette dernière espèce, appelée *Cosmosandalon* et inscrite des caractères

---

[1] Pausan. I, Attic., 38; Ruhnken. ad Homer. hymn. in Cerer. v. 96, 450, 480. *Cf.*, sur la grande question effleurée ici, Beckmann ad Aristot. Mirab. auscult., cap. 83, p. 169; Heyne, Opuscul. academ. I, p. 330, 355 sqq.; Dureau de la Malle, sur l'origine des plantes céréales, dans Malte-Brun, Annales des Voyages, etc., t. X, p. 324 sqq.

[2] IX, Bœot., 31, *fin*.

[3] *Cf.* liv. précéd., ch. VI, art. II, p. 385 sq. de ce tome.

de la douleur, décorer la fête funèbre de la Cérès infernale d'Hermioné[1]. Voilà la fleur de deuil à côté de la fleur d'imposture. Nul doute que cette dernière n'ait puisé le sens profond qui la distingue, que le mythe de Narcisse transformé en elle n'ait pris son origine dans le même culte de Cérès, dans les mystères de cette déesse en Béotie et en Attique. Le fils du fleuve qui, penché sur la source, se perd dans la contemplation de sa propre image et finit par être entraîné au sein des eaux, d'où s'élève la fleur trompeuse, la fleur assoupissante, c'est le pendant du miroir dionysiaque, qui nous séduit à la vie sensuelle de ce bas monde, ou encore de cette coupe d'ivresse qui mène l'âme à l'oubli d'elle-même et la fait déchoir du céleste séjour[2].

La séduction de Proserpine par les fleurs qu'elle cueille, par le narcisse surtout, et la descente aux enfers qui en fut la suite, rentrent dans un ordre d'idées analogue, quoique différent au premier abord. Écoutons Clément d'Alexandrie[3] nous présenter cette légende célèbre, sous une forme insolite et avec des circonstances évidemment mystérieuses. « Veux-tu, dit-il, que je te raconte Phéréphatta cueillant des fleurs, et la corbeille, et le rapt d'Aïdoneus, et la terre s'entr'ouvrant, et les verrats d'Eubuleus engloutis avec les deux déesses. » Cet *Eubuleus*, frère de Triptolème, ce *bon conseiller* associé au laboureur, est en même temps l'un des Tritopatores ou des trois Pères de l'Attique, dont Dio-

---

[1] Chap. II, art. I, p. 441 *ci-dessus*. Cf. Schneider, *Wœrterbuch, s. v.*
[2] *Cf.* liv. précéd. *ibid.* et p. 280, 302 sqq., *ci-dessus*.
[3] Protrept., p. 14 Potter.

nysus était un autre[1]. Dionysus, qui plus est, portait aussi le nom d'Eubuleus, et on lui sacrifiait des porcs en Attique, d'après le rite égyptien, ainsi qu'à Isis-Cérès, en l'honneur de qui des truies pleines étaient encore immolées en Égypte[2]. En Béotie, à la fête de Cérès et de Proserpine, on lâchait de jeunes pourceaux dans les chapelles souterraines du temple de ces déesses, et le peuple prétendait que ces animaux reparaissaient, l'année suivante, dans les prairies de Dodone[3]. Ainsi, près de l'antique oracle d'origine égyptienne, où, à la suite du grand cataclysme, s'étaient montrés pour la première fois le dieu du bélier et celui du taureau, Jupiter-Ammon et Dionysus, chaque année, après les inondations d'hiver, reparaissent les porcs sacrés. Ajoutons que, sur l'un des zodiaques de Dendéra, entre le signe des Poissons et ceux du Bélier et du Taureau, se voit un homme tenant un jeune pourceau[4], preuve certaine de l'existence, chez les Égyptiens, de sacrifices de ces animaux, à l'époque de transition de l'hiver à l'été.

Pour mieux faire ressortir le caractère tout calendaire et tout agricole de ces cérémonies et le vrai sens des légendes qui s'y rapportaient, qu'il nous soit permis de rapprocher ici, par forme de digression, quelques aperçus sur les fêtes de Cérès à Rome et sur le sacrifice de

---

[1] *Cf.* liv. V, sect. I, ch. II, p. 304 sqq., et liv. VI, ch. I, p. 543, t. II.

[2] Pag. 229 sq., *ci-dessus.* — *V.* la truie consacrée à Déméter et à sa fille, sur les monuments d'Éleusis, pl. CXLIX *ter*, 548 *a*, et CXLV *bis*, 549. (J. D. G.)

[3] Pausan. IX, 8, *init.*, et Clem. Alex. *l. c.*

[4] Dans notre planche XLIX, avec l'explicat. p. 94. (J. D. G.)

la vache qui y avait lieu. Ces fêtes tombaient au mois d'avril, mois qui renfermait un cycle de rites ayant tous également trait aux biens de la terre et de l'année. Il y avait, quant à Cérès, la fête publique et la fête mystérieuse, qu'il faut bien distinguer. La première commençait dans la première moitié du mois, et Ovide, dans ses Fastes[1], parle de jeux de Cérès célébrés le jour avant les ides d'avril, c'est-à-dire le 12, suivant la réduction ordinaire; cette fête durait jusqu'au 13 avant les calendes de mai, ou jusqu'au 19 d'avril. Le 17 avant ces mêmes calendes et le troisième jour après les ides, qui répond au 15 avril, tombait la fête des *Fordicidia*, appelée encore *Fordicalia* ou *Hordicalia* dans l'ancienne langue. Ce nom venait de la vache pleine (*horda, forda*) que les pontifes immolaient en ce jour. Or, cette vache était sacrifiée en l'honneur de la Terre (Tellus) ou de Cérès, manifestement identifiées[2]. La vache pleine, en effet, était un symbole de la terre grosse des fruits de l'année, et le sacrifice de cet animal un gage de ses bénédictions[3]. On regardait encore comme un heureux présage à cet égard l'abondance des fleurs de la saison; c'est pour-

---

[1] IV, 393.

[2] Cela résulte de la comparaison d'Ovide, Fast. IV, 629 sqq., et de Jean-le-Lydien, de Mensib. (April., p. 97 coll. p. 32 Schow., p. 228 et 90 Rœther). Sur le mot qui désignait la vache pleine, il faut voir Varron, de re rust. V, 3, *ibi* Schneider, et Krebs ad Ovid. Fast., *l. c. Cf.* Foggini ad Fastos Prænestinos, tom. IV, p. 346 ed. Suet. Wolf. Sur les jours suivants de la fête de Cérès, on peut consulter Ovid. Fast. IV, 679, 713, 721, et Jean-le-Lydien, p. 98 sq. Schow., p. 230 sqq. Rœther ; sur le jour des Palilies, Foggini, *ibid*.

[3] Ovid., *l. c.*

quoi, dans le même jour, les pontifes se rendaient au théâtre et y semaient des fleurs sur le peuple assemblé. La vache destinée au sacrifice était promenée hors de la ville avec des stations déterminées [1]. Le 19 avril avaient lieu dans le cirque les jeux des chevaliers en l'honneur de Cérès, jeux qui marquaient la fin de la fête. Le 20 avril le soleil faisait son entrée dans le signe du Taureau, et le 21 étaient célébrées les Palilies et le jour anniversaire de la fondation de Rome [2].

On voit combien respire le génie de l'ancien monde dans la détermination comme dans la célébration de cette période de fêtes, et aussi dans le rapport intime où les Romains la concevaient avec les origines de leur ville. Il est inutile de rappeler ici de nouveau les sacrifices de bœufs et de vaches qui avaient lieu aux fêtes d'Isis et de Cérès, en Égypte et en Grèce. Passons aux rites secrets solennisés à Rome en l'honneur de cette déesse, et dont nous parlent fréquemment les écrivains sous le nom de *Sacrum Cereris*.

Nous ne savons positivement ni quand cette fête mystérieuse se célébrait, ni si elle se rattachait à la grande période des fêtes de Cérès, telle que nous venons de la fixer. A défaut de témoignages anciens, des antiquaires modernes, tels que Perottus et Bœttiger, pensent que la fête de la Bonne Déesse, qui tombait le 1er mai, était pour les Romains ce qu'étaient pour les Grecs les Thesmophories, et le dernier même identifie le *Bonus*

---

[1] J. Lyd. *l. c.*
[2] *Cf.* liv. V, sect. II, ch. V, art. IV, p. 515 sqq., tom. II.

Eventus de Rome avec le Triptolème de la Grèce[1]. Il se serait opéré alors un changement essentiel dans l'époque de cette fête; car les Thesmophories, ainsi que nous le verrons dans la section suivante de ce livre, étaient une fête des semailles et tombaient au mois d'octobre. A la vérité de grandes différences existaient, selon les lieux divers, dans la fixation des Thesmophories. Ainsi, en Sicile, on célébrait dans les premiers jours des semailles une fête de Cérès qui a la plus grande ressemblance avec celle de l'Attique, tandis que la fête de Proserpine avait lieu quand le blé était mûr[2]. Quoi qu'il en soit, à Rome, la fête mystérieuse de Cérès était, comme en Grèce, une fête des femmes mariées, et elle se rapprochait beaucoup des Thesmophories sous d'autres rapports. On y pratiquait, par exemple, une sorte d'abstinence dans les sacrifices sans vin[3]. Les anciens, d'ailleurs, remarquent eux-mêmes qu'elle se célébrait à la manière des Grecs, et c'est des Grecs qu'ils la font dériver[4]. Cette fête grecque (*Græca Sacra*), comme ils l'appellent encore[5], semble, en définitive, avoir appar-

---

[1] Bœttiger, *Vasengem.* I, 2, p. 212. — *V. Bonus Eventus*, pl. CV, 570, et *Triptolème*, planches CXLIV, 547, CXLVII, 548, CXLIV *bis*, 551, etc. (J. D. G.)

[2] Diodor. V, 4. Welcker (*Zeitschrift f. a. K.*, I, 1, p. 21, n. 31) conjecture que Diodore, par les jours des semailles, entend le printemps, et qu'il s'agit de Déméter Εὔχλοος ou Χλόη, à qui l'on offrait de la verdure, ou, comme à Athènes, un agneau.

[3] Νηφάλια.

[4] Denys d'Halicarnasse (I, 33, p. 86 Reisk.) en rapporte l'introduction à la colonie arcadienne d'Évandre.

[5] Cic. pro Balbo, cap. 24, de Leg. II. 9, in Verr. II, 5, cap. 72.

tenu aux Céréalies du mois d'avril. Ovide témoigne clairement que les Céréalies, au moins dans leur partie mystérieuse, se rapportaient aux douleurs de Cérès cherchant sa fille Proserpine[1]. A moins donc que les rites de la Bonne Déesse ne se soient rattachés de près à la grande fête de Cérès du mois d'avril, ils n'avaient rien de commun avec les Thesmophories. Toutefois, en nous rappelant la Cérès de Samothrace et l'idée primitive de cette divinité, nous sommes forcés de convenir qu'à la rigueur elle pourrait avoir eu une fête en commun avec la Bonne Déesse[2].

11. Suite du même sujet : déesses associées à Cérès et à Proserpine dans la légende de l'enlèvement ; combien intimement unies Proserpine et Diane ; Cérès cherchant sa fille, ses attributs ; théâtres du rapt autres que la Sicile.

Nous revenons à l'histoire du rapt de Cora, et à la Sicile. Là, comme en Béotie, mais non pas dans le même sens, des pourceaux étaient mis en rapport avec la déesse ; ils avaient, dit-on, foulé les traces de son enlèvement afin que Cérès ne pût les reconnaître[3]. Nous passons sur beaucoup d'autres circonstances du mythe pour faire remarquer le cortége qu'il donne à Proserpine. Ce cor-

---

[1] Ovid. Fast. IV, 393, 466. Cf. F. C. Matthiæ, *über Livius* XXII, cap. 56, p. 21 sq.

[2] Cf. Hullmann, de origine Damii, Bonnæ, 1818, p. 9 sqq.; — et liv. V, sect. II, ch. II et V, p. 426 et 504, tom. II, avec les Éclaircissements de la note 7* sur ce livre, à la fin du même tome.   (J. D. G.)

[3] Ovid. Fast. IV, 466.

tége se compose des principales déesses qui, avec elle et Cérès sa mère, étaient adorées en Sicile, c'est-à-dire de Vénus, de Diane et de Minerve. Minerve et Diane sont associées en qualité de vierges à la vierge Cora. Elles cueillent avec elle des fleurs, et avec elle tissent un péplus pour leur père commun Jupiter[1]; toutes deux elles furent présentes au rapt de leur sœur, d'après l'hymne homérique à Cérès[2]. Claudien y ajoute Vénus, qui, pour mieux tromper Proserpine, aurait appelé à son secours Minerve et Diane[3]. Et les deux et les trois déesses se voient, en effet, sur les monuments de l'art qui représentent la scène de l'enlèvement de Cora, aux côtés de cette fille de Cérès[4]. C'est que, dans la conception primitive, issue de l'Orient, toutes ces divinités n'en faisaient qu'une

---

[1] Diodor. V, 3, *ibi* Wesseling.

[2] V. 424.

[3] De raptu Proserpin. I, 227. L'auteur des Argonautiques attribuées à Orphée, v. 1195 sqq., dit également que Proserpine fut trompée par ses sœurs.

[4] *Cf.* les monuments décrits et commentés dans la savante monographie de M. Welcker, *Raub der Kora*, faisant partie du recueil souvent cité, *Zeitschrift für alte Kunst*, I, 1, p. 25 sqq., 71 sqq., avec le supplément, *Annali del Instituto di correspond. archæol.* V, p. 146. Nous en donnerons une analyse dans la note 9 de nos Éclaircissements sur ce livre, en signalant les divers points sur lesquels les idées de l'auteur se rapprochent ou s'éloignent de celles de M. Creuzer, par exemple ce point particulier de l'intervention de Vénus. Cette déesse, au reste, comme M. Welcker le remarque lui-même, était déjà, sur le fameux trône ou autel d'Amycles, rapprochée de Minerve et Diane, et toutes trois de Cérès, Proserpine et Pluton, dans la scène de l'enlèvement au ciel d'Hyacinthe et de Polybœa (p. 478 *ci-dessus*), véritable pendant de celle qui nous occupe. (J. D. G.)

seule, et qu'elles ne furent divisées que par la poésie populaire, à laquelle la religion publique et l'art se conformèrent à l'envi. Déjà nous avons constaté précédemment l'identité de Vénus avec Proserpine; bientôt éclatera, dans le chapitre suivant, celle de Proserpine et de Minerve; il s'agit maintenant de montrer à quel point se rapprochaient et rentraient l'une dans l'autre cette même Proserpine et Diane. Quant à la tromperie à laquelle coopèrent Vénus, Diane et Minerve, au péplus que les deux dernières forment pour Jupiter avec leur sœur Cora, l'explication de ces symboles cosmiques ou cosmogoniques, également d'origine orientale, a été donnée plus haut [1].

L'identité primitive de Proserpine et de Diane a surtout laissé des traces dans les traditions et sur les monuments de la Sicile. Quand Pindare appelle l'île d'Ortygie *la couche d'Artémis*, les interprètes anciens nous avertissent à ce sujet qu'Artémis et Perséphone étaient une seule et même divinité [2]. Pindare se serait donc fondé sur le vieux dogme originaire d'Égypte, également suivi par Eschyle et par Callimaque, qui faisait d'Artémis-Diane la fille de Cérès [3]. Les représentations figurées semblent, de leur côté, militer en faveur de ce dogme. Fréquemment, sur les médailles de Syracuse, se montre une tête de femme couronnée d'épis, quelquefois aussi

---

[1] *Cf.* liv. VII, ch. V, art. V, *passim*, surtout p. 366 sqq., coll. ch. III, p. 205, n. 3, *ci-dessus*.

[2] Schol. Pindar. Nem. I, 3, p. 664 Heyn. (δέμνιον Ἀρτέμιδος).

[3] *V.* ch. I, p. 417 *ci-dessus*, coll. liv. IV, ch. IV, p. 133, tom. II.

ceinte d'un diadème, entre quatre poissons[1]. On regarde d'ordinaire cette tête comme celle de Cérès[2]; mais il n'y a pas de doute qu'elle appartient à Proserpine, quand elle se présente avec les traits de la jeunesse, quand surtout l'inscription ΚΟΡΑΣ l'accompagne[3]. Parmi les médailles de ce genre, il en est une qui mérite une attention particulière et qui a été le sujet d'une dissertation peu connue. Elle est en grand bronze, et elle porte à la face une belle tête de Proserpine, couronnée d'épis ou d'une branche de roseau avec ses feuilles, et ornée de pendants d'oreille. Quatre poissons l'environnent, et derrière la nuque on voit un petit coquillage, autour l'inscription ΣΥΑΚΟΣΙΩΝ par omission du P. Le revers montre une figure de femme assise sur des dépouilles, tenant dans la main droite une corne d'abondance et une branche chargée de fruits, dans la gauche une patère dont elle fait une libation sur un autel décoré d'une guirlande et où brûle le feu[4]. Or, ces attributs marins, le coquillage,

---

[1] *Cf.* nos pl. XC et CXXVIII, 320 *f*, 320 *g*, coll. 320 *h*. (J. D. G.)

[2] Eckhel, Sylloge, I, tab. 2 et p. 10 sq., à propos des médailles de Panormus portant la même tête avec des caractères puniques. — Dans aucune de ces figures il n'y a trace d'épis, à la différence de celles de notre planche LV, 212, 212 *a*, 212 *b*. (J. D. G.)

[3] Par exemple sur les médailles d'Agathocles, dans Beger Thesaur. Brandenb. I, p. 296 (les épis y sont et les poissons manquent), qui portent aussi fréquemment la tête d'Artémis *Soteira*, épithète que cette déesse avait en commun avec Proserpine, dans la Sicile et ailleurs.— *Cf.* p. 467 *ci-dessus* et notre pl. LXXXIX, 321 *b*. (J. D. G.)

[4] Veesenmeyer, Commentatio numismatica de antiquo numo Syracusano, Ulmæ, 1803, in-4°. — La tête de la face de ce médaillon, dont on connaît aujourd'hui beaucoup d'analogues, est encore la même que celle de nos

les poissons, le roseau, donnés à Proserpine sur les monuments, aussi bien qu'à Diane le serpent d'eau et l'écrevisse de mer[1], rapprochent déjà singulièrement ces deux déesses, adorées l'une et l'autre, comme nous l'avons dit, à Ortygie et dans le reste de la Sicile, de cette île qui tirait de la mer une partie de sa richesse, et dont les villes principales, Syracuse à leur tête, la couvraient de leurs vaisseaux. Cette circonstance, au reste, n'a fait que concourir avec la cause intime qui, en identifiant Diane et Proserpine, leur assigna des symboles communs. Toutes deux elles appartiennent à l'humide élément, à la sphère humide de la lune, à cet astre envisagé sous ses divers points de vue, surtout comme auteur de la vie physique, et comme amenant le terme de cette vie. « La terre, dit Plutarque[2], ne donne rien au soleil et à la lune, mais elle rend, après la mort des créatures, ce qu'elle a reçu pour la génération. Le soleil ne reçoit rien, mais il reprend l'esprit qu'il a donné. La lune reçoit et donne à la fois; elle réunit et elle sépare, selon ses divers pouvoirs, dont l'un, celui qui réunit, s'appelle Ilithyia, l'autre, celui qui sépare, se nomme Artémis. » Ainsi Diane-Lune forme la vie des corps, et en même temps

---

pl. XC et CXXVIII, 320 *f*, 320 *g*, sur laquelle il faut voir l'explication des planches, p. 145. (J. D. G.)

[1] *Cf.* pl. LXVIII, 320 *c*, avec l'explicat. — Les premiers de ces attributs semblent appartenir originairement à Artémis *Potamia*, *Alpheioa*, *Arethusa*, telle que nous la trouvons sur les médailles de Syracuse, bien qu'ils paraissent avoir été transportés, sur ces mêmes médailles, et à Proserpine et à Minerve, toutes deux également adorées dans cette ville. (J.D.G.)

[2] De facie in orbe lunae, p. 827 Wyttenb.

elle les dissout. Proserpine aussi a cette double mission. Comme Vénus ou comme Parque, elle file le fil de cette vie; comme Libéra, elle tisse le vêtement de ce corps[1]; mais comme Libitina elle recueille aussi les corps inanimés, et comme Proserpine elle règne sur les âmes séparées des corps. Cérès elle-même participe à ces attributions en qualité de déesse de la terre. D'une part, elle est la nourrice par excellence[2], elle nourrit le corps et elle le soutient; d'autre part, c'est elle qui opère la séparation du corps et de l'âme. Écoutons encore Plutarque[3] nous exposant à sa manière ces conceptions fondamentales des religions anciennes. « La terre, dit-il, donne le corps, la lune donne l'âme (ou la vie); quant à l'esprit, c'est le soleil qui le donne au moment de la génération. Nous avons à subir une double mort. La première mort que l'homme meurt réduit à deux les trois parties intégrantes dont il se compose; la seconde réduit ces deux à une seule. L'une de ces morts a lieu dans le domaine de Cérès (sur la terre); d'où vient que cette mort, la mort proprement dite, et ses mystères s'appellent d'un même mot[4]; d'où vient encore que les Athéniens nommaient les morts *Demetrii*, du nom de *Demeter*. L'autre mort, qui s'opère dans la lune, dépend de Proserpine. Tandis que Déméter a pour compagnon l'Hermès terrestre (ou souterrain), celui de Perséphone est l'Hermès céleste. L'une sépare l'âme du corps soudaine-

---

[1] *Cf.* tom. II, p. 97 sq., 654 sq., et surtout tom. III, p. 306 sqq.
[2] Κουροτρόφος.
[3] *Ibid.*, p. 817 sqq. Wyttenb.
[4] Τελευτᾶν, τελεῖν.

ment et avec violence, l'autre détache l'esprit de l'âme doucement et dans une longue succession d'années. » Laissant là pour ce qu'elle valent les étymologies de Plutarque, nous ne pouvons que tenir grand compte des faits qu'il cite, des idées évidemment antiques qui en découlent, notamment de cette appellation qui consacrait les morts à Cérès, et de ces deux Hermès associés à la déesse et à sa fille, où nous reconnaissons Anubis et Thoth, tels que les Pélasges les reçurent d'Égypte sous un même nom[1]. Quant à cette soudaine violence avec laquelle Cérès est dite séparer l'âme du corps, elle rappelle les épithètes d'*impétueuse* et de *porte-glaive* qui lui sont données par Lycophron[2], et que les interprètes grecs de cet auteur expliquent dans le même sens ; c'est pourquoi, ajoutent-ils, la déesse était représentée portant une épée, chez les Béotiens. L'on a rapproché avec raison la Cérès porte-glaive de la Cérès au glaive d'or, dont nous avons parlé plus haut[3], et l'une et l'autre de cette figure de la même divinité qui se voit, une épée à la main, sur les anciennes médailles siciliennes d'Agrigente et de Léontini[4]. Mais quand même cette épée ne serait qu'une faucille, il n'en reste pas moins certain que les Grecs connaissaient une Cérès armée, une Cérès meurtrière, dans un double rapport avec la terre dont elle ouvre le sein pour la féconder, avec la vache, sym-

---

[1] *Cf.* liv. III, ch. IV, p. 435 sqq., avec les rectifications de la note 10, p. 851 sqq., dans les Éclaircissem., tom. I. (J. D. G.)

[2] Θουρία, ξιφηφόρος, v. 153, *ibi* Schol., p. 414 Müller.

[3] Ch. II, art. III, p. 466.

[4] *Cf.* Mitscherlich ad Homer. hymn. in Cerer. v. 4, p. 103-107.

bole de la terre, qu'on lui immolait, et avec la mort dont ce sacrifice était une image. La faucille avec laquelle est moissonné le blé, la faucille dont se servaient les femmes d'Hermioné pour sacrifier les vaches en l'honneur de Cérès et de Proserpine [1], se lie aux ciseaux de la Parque, tranchant le fil de la vie, par une de ces intimes alliances qui sont au-dessus de tous les doutes de la critique [2].

Ainsi, même comme souveraine de la mort, Cérès est la mère de Proserpine, et la terre et la lune l'opèrent, chacune à leur manière. On sait que, dans un point de vue, Cérès cherchant sa fille était expliquée comme la terre soupirant après la lumière de la lune. Parmi les villes de la Sicile, théâtre des recherches de Cérès, se trouve *Camarine*, dont le nom paraît dérivé de celui de cet astre en phénicien [3]. Il s'y trouvait aussi *Géla*, la cité resplendissante [4], et *Gélon*, qui emporte la même idée, est un des noms les plus illustres du pays. Là donc nous rencontrons, comme dans tout l'ancien monde, des villes et des rois consacrés à la lune et au soleil, et placés sous leur invocation.

Encore quelques remarques sur les attributs de Cérès à la recherche de sa fille. Celui qui nous frappe le plus, c'est le serpent, que nous avons déjà vu en rapport avec

---

[1] Ch. II, art. I, p. 441 *ci-dessus*.

[2] *V.* Welcker, ouvrage cité, p. 64, not. 79, et à l'appui de nos idées Sickler, *Hymnus an Demeter*, p. 73 sqq. — *Cf.* la note 9 dans les Éclaircissements sur ce livre. (J. D. G.)

[3] *Kamar. V.* Eckhel D. N. V. I, p. 202, coll. Num. vet. anecd. p. 14.

[4] Γέλα ou Γέλας et σέλας sont un seul et même mot. *Cf.* l'explication des planches, p. 193. (J. D. G.)

elle dans les temples du Péloponnèse[1]. A Éleusis aussi, le grand sanctuaire de son culte, l'on nourrissait un serpent, ministre de la déesse, et qui figure tantôt comme un bon, tantôt comme un mauvais génie[2]. C'est sur un char traîné par des serpents que d'ordinaire Cérès est représentée cherchant sa fille, quoiqu'il y ait, à cet égard, de nombreuses variantes, tant dans les tableaux des poëtes, depuis l'hymne homérique, que sur les monuments de divers genres[3]. L'hymne à Cérès se borne à la dépeindre « s'élançant, pareille à un oiseau de proie, sur la terre et sur l'onde à la recherche de Proserpine[4]. » Sur les monuments, selon les époques, le char et les serpents se voient d'abord sans ailes; puis, et c'est la manière de la plupart des vases, le char seul est ailé; enfin les serpents eux-mêmes portent des ailes, comme il arrive fréquemment sur les bas-reliefs et sur les médailles[5]. Triptolème, le favori de Cérès, paraît, comme

---

[1] *Cf.* ch. III, art. I, p. 471 sq. *ci-dessus*, et notre pl. CXLIV, 548 *b*. Il est également rapproché de Cérès, comme symbole de l'agriculture, planche LXXXIV, 551 *b*, avec l'explication, p. 226 sq. (CR. et J. D. G.)

[2] *V.* Strab. IX, p. 393 Casaub.; Schol. ad Lycophron. v. 110, 451, *ibi* Müller.

[3] *Cf.* Voss, *Mythol. Briefe*, II, p. 58 sqq.; Bœttiger, *Vasengem.* I, 2, p. 195 sqq.; Welcker, *Zeitschrift*, I, 1, p. 82 sq.

[4] V. 43, *ibi* Voss, pag. 21, tant de sa traduction que de son commentaire. (J. D. G.)

[5] *V.*, pour la troisième manière, notre pl. CXLVI, 550, coll. CXLIX ter, 548 *a*, avec l'explication, et, pour la seconde, la note suivante. La plus ancienne manière, celle qu'on trouve, par exemple, sur les médailles d'Enna, montre Cérès allumant son flambeau au cratère de l'Etna, puis, sur un char attelé de deux chevaux, poursuivant le ravisseur de sa fille (*Cf.* O. Mül-

elle, sur un char soutenu par des ailes et que traînent des serpents[1], ce reptile, qui se glisse dans la terre et qui change de peau, ainsi que la semence, étant un symbole de l'agriculture également assorti à la déesse qui y préside et au héros dispensateur de ses bienfaits.

Jusqu'ici, en parlant du rapt de Proserpine, nous avons, suivant la tradition la plus générale, considéré la Sicile comme le principal théâtre de ce grand fait mythique. Mais, d'après nos remarques sur les nombreux pays qui se disputaient l'honneur d'avoir reçu avant tous les autres les dons de Cérès, on serait étonné qu'ils n'eussent pas aussi revendiqué chacun pour soi la scène de l'enlèvement de sa fille. Diverses contrées de la Grèce, en effet, et à leur tête l'Attique, l'Argolide, l'Arcadie, siéges primitifs du culte de Déméter, montraient dans l'enceinte de leur territoire le gouffre par lequel avait disparu Proserpine. Quant au rapt proprement

---

ler, *Handbuch der Archæol.*, § 358, 1, et ses Monum. de l'art antique, II, 1, pl. IX, 104). On la voit aussi traînée par deux taureaux, ou montée sur un seul (p. 468 *ci-dessus*). (J. D. G.)

[1] *V.* pl. CXLIV, 547, où les ailes sont encore données aux serpents; CXLVII, 548, où le char est ailé sans serpents; CXLIV *bis*, 551, où les serpents accompagnent ce char ailé, caractérisé par les épithètes ὑπόπτερος, πτερωτός. Dans la scène mutilée de la planche LXXXIV, 551 *b*, Triptolème lui-même, selon toute apparence, a les ailes aux pieds comme Hermès, ce qui fut peut-être la manière primitive de le représenter, d'après la conjecture de M. Welcker, ouvr. cité, p. 98 sq. Du reste, pas plus que ce savant, nous ne sommes portés à admettre avec M. Creuzer l'interprétation forcée de Philochore (ap. Schol. Aristid. Panathen., t. III, p. 54 Dindorf) qui, dans le char ailé de Triptolème, voit un navire muni de ses agrès, et une allusion à l'importation par mer de l'agriculture. (J. D. G.)

dit, une annotation du scholiaste grec de la Théogonie d'Hésiode[1] rassemble des données précieuses. « Quelques-uns, dit-il, citent la Sicile comme le lieu de la scène; Bacchylide nomme la Crète; Orphée, les bords de l'Océan[2]; Phanodème, l'Attique; Démade dit que Proserpine fut enlevée dans les Bocages. » Nul doute que c'est ici un nom propre de lieu et qu'il faut chercher ces Bocages, soit sur le territoire de Méthymne dans l'île de Lesbos, soit en Épire[3]. Les probabilités sont en faveur de Lesbos, où la religion de Cérès et de Proserpine avait poussé de profondes racines. Différentes localités de la côte voisine d'Asie-Mineure élevaient, du reste, la même prétention, telles que Cyzique en Mysie, non moins fameuse par le culte des déesses[4]. Mais, de toutes les provinces asiatiques, la plus fréquemment citée sous ce rapport, c'est certainement la Carie.

Ici nous avons à résoudre une dernière question : celle de savoir où précisément le chantre le plus illustre de ce mythe, l'Homéride auteur de l'hymne à Cérès, place la scène de l'enlèvement de Proserpine. C'est à Nysa qu'il la met, à Nysa, nom déjà si célèbre par l'éducation

---

[1] Sur le vers 914, p. 537 Gaisford, coll. Tzetz. ad Op. et D., v. 32.

[2] *Cf.* Orph. Argon. v. 1201, et l'hymne orphique xviie.

[3] *V.* Steph. Byz. *v.* Νάπη, où nous adoptons, d'après le passage du schol. d'Hésiode, la conjecture de Berkel, Νάπαι, quoique le singulier ne soit pas sans exemple. Ce passage vient encore à l'appui des idées de Pellerin, combattues par Eckhel (D. N. V. II, p. 501 sq.), relativement aux attributs de Proserpine et de Cérès sur quelques médailles des villes de Lesbos.

[4] Propert. III, 21, 4. *Cf.* chap. II, art. III, p. 466 sqq. *ci-dessus*.

de Bacchus, mais qui s'applique à tant de lieux divers[1]. Ruhnkenius se fondant sur la tradition rapportée dans Strabon, et sur un grand nombre de médailles[2], se prononce pour la Nysa de Carie. Récemment Voss a proposé une autre opinion[3]; suivant lui, l'Homéride aurait fait sortir Pluton de terre non loin d'Éleusis, près de la Nysa de l'Hélicon en Béotie, déjà citée par Homère lui-même, au dire de quelques interprètes[4]. C'est dans la même contrée que la fable des temps postérieurs plaçait la métamorphose de Narcisse en la fleur de même nom, fleur née, selon l'hymne à Cérès, pour tromper Proserpine[5]. Les monuments manquent malheureusement à l'appui de cette opinion, tandis qu'ils abondent en faveur de celle de Ruhnkenius; d'ailleurs la Nysa de Carie était fameuse par ses religions plutoniennes et à portée du chantre probablement asiatique de l'hymne. Quant au narcisse, quoique localisé de très bonne heure en Béotie avec son histoire mythique, il put tout aussi bien appartenir dans l'origine à l'Asie-Mineure, où les métamorphoses de ce genre n'étaient pas rares, à en juger par les fables d'Attis, d'Adonis et de bien d'autres. La mention de Paros[6] indiquerait peut-être la route

---

[1] V. 17. *Cf.* liv. VII, ch. II, p. 67.

[2] *Cf.* p. 466 sq. *ci-dessus*, et Rasche Lexic. rei num. III, 1, p. 1635; Eckhel D. N. V. II, 586.

[3] *V.* Acta Societ. latin. Jenensis, p. 370. — *Cf. Hymne an Demeter*, p. 12 sq. du commentaire. (J. D. G.)

[4] Il. II, 508, coll. Strab. IX, p. 405 Casaub.

[5] V. 8 sqq. *Cf.* liv. VII, ch. VI, art. II, p. 384 sqq., *ci-dessus*.

[6] V. 496.

suivie par le mythe de Cérès et de Proserpine, dans son passage en Europe. Néanmoins, l'on ne saurait disconvenir que le culte de ces déesses était fort ancien en Béotie, et qu'à ce titre l'auteur de l'hymne peut avoir choisi cette contrée comme le théâtre naturel de leurs aventures mythiques[1].

[1] *Cf.* liv. V, sect. I, ch. II, p. 315 sq., tom. II, et les notes 3 et 9 dans les Éclaircissements du livre actuel, fin de ce tome. (J. D. G.)

CHAPITRE VI.

PROSERPINE - MINERVE, PROSERPINE - FORTUNE,
ET CÉRÈS - PROSERPINE,
EN ELLES-MÊMES ET DANS LEURS RAPPORTS
AVEC LES DOGMES DE L'ÉGYPTE ET DE LA HAUTE-ASIE.

I. Divinités orientales comparées à Minerve en même temps qu'à Diane et à Vénus; idée fondamentale, commune à toutes ces déesses, et qui se retrouve dans Proserpine-Lune; Minerve surtout rapprochée de Proserpine en qualité de Victoire; toutes deux identifiées sous le nom de Praxidicé, comme principe et fin de toutes choses.

Nous avons prouvé l'identité de Proserpine avec Vénus et Diane, non pas seulement comme une hypothèse des théoriciens, mais comme un fait de l'histoire des religions antiques. Il s'agit maintenant d'étendre cette démonstration à Minerve, ce qui nous conduira au dernier point de doctrine que nous nous proposons d'établir; à savoir que Cérès et Proserpine, dans les mystères de l'Attique, jouaient le rôle de premier principe ou de divinité suprême. Pour cela il nous faut renouer quelques-uns des fils interrompus dans nos précédents livres.

La Diane-Proserpine de la Sicile, en rapport avec les taureaux d'Hercule, nous rappelle d'abord l'Artémis *Tauropolos* ou *Taurobolos*, c'est-à-dire *traînée par des tau-*

reaux, ou bien *frappant le taureau*, comme l'écrivent et l'expliquent diversement les grammairiens grecs[1]. La Diane Tauropole qu'un monument célèbre nous représente avec les attributs de la lune, portée au-dessus des eaux de la mer sur un char auquel sont attelés deux forts taureaux[2], était adorée dans la Tauride de Scythie, à Athènes, dans l'île d'Icare et dans le golfe Persique[3]. Remarquons, d'une part, que Minerve, suivant un ancien[4], prenait aussi les épithètes de *Tauropolos* ou *Taurobolos*; d'autre part, que des vaches étaient consacrées à la Diane Persique, probablement identique avec cette déesse de Comana que les Grecs trouvaient si semblable à l'Artémis de Tauride, et qu'ils comparaient en même

---

[1] Artémis est nommée Ταυροπόλος, soit à cause de la Tauride de Scythie, soit parce qu'elle est la lune et que des taureaux traînent son char; comme déesse de la lune elle est même quelquefois représentée avec une face de taureau (Schol. Sophocl. Ajac. v. 172). Ce surnom lui vient encore de sa course vagabonde, pareille à celle d'un taureau (Phavorin. *s. v.*); ou bien de ce qu'elle mit à mort le taureau, ce qui fait qu'on l'appelle aussi Ταυροβόλος; ou enfin du taureau qu'elle rendit furieux, après qu'il eut été suscité de la mer par Neptune pour faire périr Hippolyte (Ister ap. Phot. Lex. gr. p. 402 Hermann., coll. Istri Fragm. ed. Siebelis, p. 62). Ce sont toujours les mêmes idées fondamentales, le taureau lunaire, le taureau lumineux, le taureau sortant de la mer, le lever et le coucher, la mort et la résurrection, dont Hippolyte lui-même était un symbole. *Cf.* p. 528 *ci-dessus*, et liv. IV, ch. IV, p. 103 sqq., tom. II.

[2] *V.* le diptyque de Sens reproduit pl. LXXXIX, 323, avec l'explicat. p. 146 sq. (J. D. G.)

[3] Spanheim ad Callimach. hymn. in Dian., v. 174, 187. — *Cf.* Bœttiger, *Kunstmythol.*, I, p. 330 et tab. 4. (J. D. G.)

[4] Xenomedes ap. Schol. Aristoph. Lysistr. 448, coll. Hesych. II, p. 1353 Alb.; Suidas *v.* Ταυρoβ., et Photii Lex., *ubi supra*.

temps à la lune, à Minerve, et même à Enyo ou Bellone[1]. Ajoutons que l'Anaïtis d'Arménie, dont le roi Artaxerxès Mnémon protégea le culte avec tant de ferveur, était assimilée à Vénus par le prêtre chaldéen Bérose, tandis que, selon Plutarque, le même monarque, à son avénement au trône de Perse, fut sacré à Pasargades dans le temple d'une déesse qualifiée de Minerve[2]. Souvenons-nous enfin de la déesse de Syrie, donnée pour une Junon ou une reine des cieux, mais que ses attributs rapprochaient à la fois de Minerve, de Vénus, de Rhéa, de Sélène, de Diane, de Némésis et des Parques[3]. Cette divinité était sans aucun doute originaire de la Haute-Asie, et les anciens éprouvaient à la qualifier le même embarras que pour les précédentes, à raison des aspects divers sous lesquels elle se présentait, et qui la faisaient correspondre tour à tour à toutes les déesses principales du Panthéon grec et romain. Quelques-uns cependant avaient tranché la difficulté en s'élevant au vrai point de vue. « Il reçut, dit Plutarque dans la Vie de Crassus[4], le premier présage de la part de cette déesse (la déesse d'Hiérapolis), que les uns appellent Vénus, les autres Junon, mais d'autres aussi la Cause qui engendre de l'humide les éléments et les principes de l'univers, la Nature qui donne aux hommes l'impulsion vers tout ce qui est bien. » C'est-à-dire que, dans ces religions asiatiques,

---

[1] *Cf.* liv. IV, ch. III, art. IV, p. 80 sq., tom. II.

[2] *Cf.* liv. IV, *ibid.*, p. 79, coll. liv. II, ch. IV, p. 346 sq., tom. I, et la note 7 dans les Éclaircissements du liv. IV, tom. II.

[3] Même livre, ch. III, p. 29, tom. II.

[4] Cap. 17.

s'était conservée, sous l'enveloppe des symboles et des figures, la connaissance d'un être primitif, fondement de tous les autres êtres ; d'une grande et unique, mais complexe, divinité de la nature, que le polythéisme eut peine à concevoir dans la suite, quoiqu'elle en fût la source, parce que dès longtemps il l'avait décomposée en une multitude de personnes. Et pourtant les plus anciens des cultes locaux de la Grèce se rapprochaient singulièrement de ce caractère compréhensif des cultes barbares, comme les Grecs les nommaient. Nous l'avons vu dans les dévotions locales d'Argos, de la Laconie, de Dodone, de la Sicile, où Proserpine se confondait tantôt avec Vénus, tantôt avec Diane, ou même avec toutes les deux à la fois. Pour montrer qu'elle se confondait également avec Minerve, comme Minerve avec les autres, il suffirait peut-être de faire remarquer, ainsi que nous l'avons fait, ces déesses de la Cappadoce, de l'Arménie, de la Perse, de la Syrie, qualifiées indifféremment de Lune, Diane ou Vénus, et de Minerve, assimilées en même temps aux Parques et à Némésis, et, d'un autre côté, Minerve appelée par les Grecs eux-mêmes *Tauropolos* et *Taurobolos*, ainsi que Diane-Lune. Mais nous pouvons donner des preuves plus positives encore et plus certaines de l'identité originelle de Minerve et de Proserpine, en pénétrant dans l'idée fondamentale commune à ces deux déesses et à toutes celles que nous venons de rappeler.

Cette idée fondamentale, c'est, selon nous, celle de la *Lune*. On sait quel rôle cet astre, dont les phases furent la première mesure du temps, joua dans toutes les grandes transactions des peuples du monde ancien. On sait que ces peuples, les Lacédémoniens, les Romains, par exemple, s'assemblaient, délibéraient, allaient à la guerre, aux jours marqués par la lune, et par conséquent sous son invocation. La lune était leur conseillère naturelle; elle présidait à leurs entreprises guerrières, elle les menait au combat. Dans le combat même, c'était la lune en courroux, menaçante, terrible, destructrice, une Enyo, une Bellone, comme Strabon nommait la déesse de Comana, que d'autres appelaient ou Minerve, ou Cybèle, ou simplement Lune. Souvent la guerre avait lieu pour la possession du sol, des troupeaux qui en paissaient l'herbe, des bœufs qui le fécondaient. Ajoutez que, dès longtemps, le bœuf ou le taureau employé à l'agriculture était devenu le symbole du soleil et de la lune, qui en dirigeaient de concert les opérations, et qui favorisaient la fertilité de la terre, le développement de la végétation, l'accroissement des troupeaux. Il en résulta que le taureau, l'orgueil du troupeau, l'animal consacré au soleil et à la lune, fut choisi entre tous comme l'offrande qui devait leur être la plus agréable, comme la victime opime dont le sang devait ruisseler sur leurs autels dans toutes les grandes circonstances de la vie publique, notamment avant et après la guerre.

Par là s'explique la lune considérée comme *victorieuse*, ou, ce qui est la même chose, la *Victoire* personnifiée, présentée originairement avec les mêmes attributs que la lune. Elle aussi elle dompte le taureau et l'abat; elle fait plus, elle se l'immole à elle-même en victime, et on la voit sur les monuments, ailée, parée du diadème, accomplissant le même sacrifice que Mithras[1]. Comme égorgeant le taureau, comme Victoire, la lune devient, sous un autre aspect, meurtrière et nuisible; elle s'assimile à la déesse égyptienne Nephthys, sœur et compagne d'Isis, mais aussi sœur de Typhon et son épouse, et qualifiée expressément de *fin des choses*, de *Vénus* et de *Victoire*[2]. C'est la Vénus armée, la Vénus Victorieuse[3], et en même temps la Vénus-Libitina, déesse à la fois du plaisir et de la mort. Quelles sont ici les idées dominantes? Ce sont celles des ténèbres, de la nuit, de la mort et de la victoire. Or, ces mêmes idées se trouvent réunies de très bonne heure dans la Minerve d'Athènes, dans *Athéna-Nicé* ou Minerve-Victoire, qui y avait, nous le savons, son idole et son temple dès la plus haute antiquité, et que les poëtes athéniens célébraient encore sur le théâtre[4]. Ses attributs étaient le croissant de la lune et la chouette nocturne, dont le vol passait pour un présage de victoire[5]. Comme Victoire donc, cette Minerve, par

---

[1] Zoëga, *Bassirilievi, tav.* LX, et notre planche XXVII, 134, avec l'explication, pag. 32, où elle est qualifiée de *Mitra* et de *Vénus victrix*, relativement à son origine. *Cf.* les représentations ordinaires de *Nicé* ou la *Victoire*, XCVI, 371, 372, 373, surtout 378, XCVIII, 374-377, etc.
(C-R et J. D. G.)

[2] Plutarch. de Isid. p. 459 Wyttenb. — *Cf.* liv. III, ch. II, p. 390, et surtout les Éclaircissements, p. 806 sq., tome I. (J. D. G.)

[3] Pl. C, 390, XCI, 391, avec l'explicat., p. 164. (J. D. G.)

[4] Euripid. Ion., v. 457, 1529, *ibi* interpret., et Eustath. ad Iliad. XI, p. 879 Bas.

[5] Schol. Aristoph. Equit., v. 1091. — *Voy.* planches XCIV, 341 *b*, coll. LXXXVII, 341 *a*, XCVI, 362, et Minerve *Victrix* ou *Nicéphore*, portant la Victoire sur sa main, pl. XCII, 348. (J. D. G.)

cela même qu'elle se confondait avec la Lune et avec la Nuit, se rapprochait déjà singulièrement de Proserpine. Nous allons la voir s'identifier complétement avec cette reine de la vie et de la mort sous un autre nom également significatif.

Ce nom, c'est celui de *Praxidicé*, c'est-à-dire de la déesse qui accomplit la justice, qui consomme la vengeance, ou, comme l'explique Hésychius[1], qui mène à fin tout ce qui se dit et se fait. Praxidicé, c'est donc la fin, la consommation des choses, comme il est dit de Nephthys. Elle donne force au droit, elle tire de toutes choses les dernières conséquences, même, quand il le faut, par les armes, par le combat et par la mort. C'est pourquoi Ménélas, après la ruine de Troie et la fin de la guerre qui avait vengé son injure, lui éleva une statue[2]. C'est pourquoi aussi la sœur du *Sauveur*, du libérateur, est appelée Praxidicé. S'unissant tous deux, ils mettent au jour un fils, *Ctesios* ou celui qui acquiert, qui possède, le *propriétaire*, et deux filles, la *Concorde*, et la *Vertu* ou la *Valeur*[3]. Cette famille allégorique nous ramène aux Pénates de Rome, surnommés également *Ctesioi*, ou qui donnent la possession, la richesse, et au Jupiter qualifié de même, dont nous avons parlé ailleurs[4]. Pour revenir à Praxidicé, il nous est dit encore que la nourrice de la déesse à la fois sage et guerrière, de Minerve Alalcoménienne, portait spécialement ce nom, selon toute appa-

[1] Tom. II, p. 1015 Alb.
[2] Pausan. III, Laconic., 22.
[3] Mnaseas ap. Suid. et Phot., *v.* Πραξιδίκη.
[4] Liv. V, sect. II, ch. II, et liv. VI, ch. I, p. 413 et 570 sq., tom. II.

rence; que les filles d'Ogygès, le fondateur d'Éleusis, s'appelaient au pluriel les *Praxidices,* et que les Béotiens, à Haliartus, juraient par elles un serment inviolable[1]. Enfin des Orgies ou des cérémonies mystérieuses étaient célébrées en l'honneur de Praxidicé[2], ce qui nous rappelle la déesse désignée sous le nom de Minerve, et ayant aussi ses mystères, dans le temple de laquelle, à Pasargades, fut sacré Artaxerxès-Mnémon, lors de son avénement au trône[3]. Il est question de figues employées dans les cérémonies de Pasargades, comme à Athènes dans celles du culte de Iacchus et de Proserpine. Et pourtant la déesse adorée par Artaxerxès est dite une Minerve. Le grand roi se consacre à elle en montant sur le trône, pour qu'elle l'aide à mener à bonne fin toutes ses entreprises. Minerve, en effet, nous venons de le voir, est le nourrisson de Praxidicé, qui consomme toutes choses; elle est, à n'en pas douter, Praxidicé elle-même. Mais Proserpine l'est aussi. Parmi les noms remarquables que lui défère l'hymne orphique[4], se trouve celui de Praxidicé, qui accomplit le droit. Ainsi donc Minerve et Proserpine se confondent absolument l'une avec l'autre dans cette haute idée morale; elles se confondent également comme principes physiques, ou, pour parler le langage de la mythologie, comme sortant des eaux du déluge et s'avançant sur le taureau. Les filles de l'homme du déluge, Ogygès, ne se nomment-elles pas des Praxidices?

[1] Suid. *ibid.*, et Pausan. IX, Bœot., 33.
[2] Orph. Argon., v. 31.
[3] Liv. II, ch. IV, p. 346 sq., *ibi* Plutarch.
[4] XXIX (28), v. 5.

N'appartiennent-elles pas à la région des eaux, aux rives du lac Copaïs, sur lesquelles fut située Alalcoménium, dont les premiers habitants furent les Hyantes ou les hommes des pluies, appelés ainsi de Hyas, le frère des Hyades, qui donnent les pluies[1]? Enfin Thémis, la loi, le droit personnifié et divinisé, n'aborde-t-elle pas en Épire, montée sur le taureau, après le déluge de Deucalion, suivant les vieilles traditions de Dodone, berceau de toutes ces idées et de tous ces symboles identiques[2]?

Qu'on n'aille pas, au reste, se méprendre sur le sens de ces rapprochements, ni s'imaginer que, selon nous, les Perses révéraient une déesse du nom de Praxidice, ou que les Grecs de la haute antiquité aient jamais connu Minerve sous ce nom. Nous laisserons même indécise la question de savoir s'ils le donnèrent jamais réellement et positivement à Proserpine. Quant aux filles d'Ogygès, l'auteur que nous avons cité plus haut dit qu'elles le reçurent à une époque tardive[3]. Tout ce que nous prétendons établir, le voici : c'est que, dans la déesse de Pasargades comme dans celle d'Hiérapolis et d'autres analogues, les idées d'heureuse initiation et d'accomplissement fortuné, en ce qui concerne l'ordre social et politique, la défense de la patrie, la jouissance des biens promis à ses enfants, s'alliaient avec la conception physique d'une mère primitive des choses, d'où procède le

---

[1] Steph. Byz., v. Ὕαντες; Hygin. fab. 192, ibi interpret.
[2] Philochor. ou Philostephan. ap. Etymol. M., Harpocrat., Suid., v. Βούγετα. Cf. Philochor. Fragm., p. 96, et liv. IV, p. 104 et n. 3, t. II.
[3] Denys de Chalcis, antérieur à Denys d'Halicarnasse, dans Suidas, ubi supra.

temps et sa marche régulière, conséquemment avec la notion de la lune telle que nous l'avons plus d'une fois développée. Il s'agit d'une divinité femelle et suprême, apparaissant à la suite du déluge, c'est-à-dire à l'origine des choses de ce monde, s'élevant du ténébreux abîme des eaux, au premier printemps, sur le taureau solaire, divinité invoquée par les rois et les héros, au commencement et à la fin de leur carrière terrestre, elle-même principe et terme de toutes choses, tant morales que physiques. Voilà la notion éminemment complexe au sein de laquelle, pour ainsi parler, se donnent rendez-vous Proserpine et Minerve ; voilà pourquoi la nourrice de Minerve est appelée Praxidicé (le nourrisson, comme toujours, s'identifiant avec la nourrice), et pourquoi Proserpine est désignée expressément par ce même nom.

De même que ces déesses grecques et athéniennes étaient les personnifications des mêmes idées que représentaient les déesses asiatiques dont nous avons parlé en commençant, de même les mystères, peu connus d'ailleurs, de Pasargades, devaient être au fond des espèces de Thesmophories orientales, c'est-à-dire des fêtes d'initiation dans l'ordre naturel et dans l'ordre civil, des fêtes d'inauguration et de consommation tout ensemble du but commun de la nature et de la société. La déesse en l'honneur de qui elles se célébraient était considérée comme la source de tous les biens dans l'une et l'autre sphère d'action ; d'elle procédaient à la fois la lumière et l'ordre. Avec la semence du blé, déposée dans le sein de la terre, sont jetés, en quelque sorte, les fondements des tables de la loi. Aussi le roi juste des Iraniens, des purs, des croyants, se fait initier aux devoirs du trône dans les cérémonies de ce culte doublement saint. S'il fallait admettre les étymologies qui semblent donner aux noms divers de *Zaretis*, l'Artémis persique, suivant Hésychius[1], et d'*Anaïtis*, la divinité probable de Pasargades, le sens identique de *gémissement* ou *lamentation*[2], ce serait un motif de plus pour rapprocher de leurs fêtes les Thesmophories de la Grèce, lesquelles, comme nous en aurons bientôt la preuve, étaient des fêtes de douleur et de deuil.

Une circonstance singulière, et non sans importance, est encore à observer relativement à Praxidicé. Son idole offrait aux regards une simple tête, à laquelle on sacrifiait seulement les têtes des victimes[3]. Comment était figurée cette tête, image de Praxidicé, c'est ce que nous ignorons; mais il est évident de soi qu'une telle représentation n'avait rien de grec originairement. Elle se rapproche assez naturellement de ces masques de Silène ou de Jupiter-Silène, à Athènes, aussi bien que de cette face de Bacchus chez les Méthymnéens de Lesbos, dont il a été question ailleurs[4]. Des figures de ce genre se rencontrent çà et là sur les monuments égyptiens[5], sans parler des fameux Canopes qui ne s'en écartent pas

---

[1] *Cf.* liv. II, *ibid.*, tom. 1.

[2] *Zareh, Aïni*, gemitus, planctus, selon Gœrres, d'après une communication faite à l'auteur.

[3] Hesych. II, p. 1015 Alb.

[4] Liv. VII, ch. II, p. 149 *ci-dessus*.

[5] Par exemple la tête qui se voit sur l'un des zodiaques de Dendéra. — Cf. pl. XLIX, bande inférieure, et p. 92 de l'explicat. (J. D. G.)

beaucoup ni pour l'idée ni pour la forme[1]. On peut encore songer aux Férouers de la Perse, prototypes ou génies tutélaires de tout ce qui existe, planant sous l'apparence de bustes ailés au-dessus des êtres qu'ils protégent, spécialement au-dessus des images des rois[2]. Quoique l'explication suivante puisse paraître trop simple pour nous, cependant nous inclinons à la regarder comme la plus vraisemblable : à savoir, que Praxidicé était figurée, ainsi qu'il est dit, par une tête, et que des offrandes de têtes lui étaient faites, à titre de fin ou de commencement, de premier principe des choses, ce qui est tout un. Proserpine, sur les vases bachiques, se voit, en tant que Libéra, représentée en pied avec divers attributs et accessoires mythiques. Quelquefois, au-dessus de semblables peintures, et comme au-dessus du monde des figures et des symboles, plane en quelque sorte une tête de femme ailée[3]. Ne serait-ce point la même Proserpine élevée à sa plus haute puissance, en tant que Praxidicé, principe et fin des êtres? Plus loin, nous entendrons parler d'une image de Proserpine portée sur les eaux. Qu'il nous suffise, quant à présent, de remarquer qu'Ogygès avec sa fille Praxidicé, aussi bien que Proserpine, appartiennent à Athènes, à cette même ville où nous avons rencontré des masques divins décorant les temples et les chapelles des Nymphes.

[1] *Cf.* liv. III, ch. II, p. 415, tom. I, et liv. V, ch. II, p. 310, tom. II, avec les pl. LI, 174 *a*, LII, 174 *b*, et l'explicat. p. 55 sq.

[2] Liv. II, p. 326, 342, tom. I, et pl. XXII, 117, avec l'explicat., p. 26.

[3] *Cf.* Ed. Gerhard, *Antike Bildwerke*, atlas, tab. III, IV, et surtout VIII, avec son *Prodromus*, p. 64 et 107.   (J. D. G.)

II. Proserpine-Minerve ou Praxidicé identique à la Fortune Primigénie ou première-née, en rapport avec la lune et avec le soleil, et présidant à la marche de la nature et à ses vicissitudes, dès l'origine des choses.

Les idées que nous avons présentées jusqu'ici vont recevoir un nouveau degré de lumière par suite d'une coïncidence nouvelle, non moins frappante que les précédentes, celle de la *Fortune* avec Proserpine telle que nous venons de l'envisager, c'est-à-dire comme Proserpine-Minerve, comme Praxidicé, principe des choses, les menant à bonne et heureuse fin. Observons d'abord qu'à Athènes Proserpine, entre autres surnoms, portait celui de *Protogoné* ou *première-née*. C'est Pausanias qui nous l'apprend dans un passage remarquable de son premier livre[1], où il parle d'un temple d'Athènes réunissant les autels de Cérès Anésidora, de Jupiter Ctésius, de Minerve Tithroné, et de Proserpine Protogoné. Ces divinités ainsi rapprochées nous rappellent ce que nous avons dit plus haut, d'après un autre ancien[2], de Praxidicé mettant au jour, avec son frère Soter ou le Sauveur, Ctésius, ou celui qui acquiert. Il en résulte, au moins comme probabilité, que Proserpine, dans cette association, pourrait bien avoir joué le rôle de mère de Jupiter, et que son titre de première-née doit se prendre au sens des cosmogonies orientales, au sens du *Protogonos* de Phénicie, le fils du premier Souffle et de la Nuit ou du

---

[1] Chap. 31.
[2] Art. précéd., p. 569 et n. 3.

Chaos, ou bien encore du *Protogonos* des Orphiques[1]. Remarquons ensuite que *Tyché* ou la Fortune est appelée une des Parques, et la plus puissante. Pindare lui avait donné ce nom, et elle nous remet en mémoire Vénus donnée aussi comme la plus ancienne des Parques[2]. Une statue de la Fortune à Ægire la représentait avec la corne d'Amalthée et l'Amour ailé, ce que Pausanias explique par le bonheur dans l'amour[3]. Quelle que soit la valeur de cette interprétation, le même auteur nous met sur la voie de conceptions d'un tout autre ordre, quand il nous parle du merveilleux Démon ou Génie *Sosipolis*, enfant métamorphosé en serpent, et qui avait sauvé le pays; qui, pour cette raison, était l'objet d'un culte mystérieux dans le temple d'Ilithyie chez les Éléens; qui, de plus, chez ce peuple, avait son sanctuaire rapproché de celui de la Fortune, et, comme elle, portait la corne d'Amalthée[4]. Voilà donc un nouveau Sauveur, en rapport avec la Fortune, comme nous venons d'en trouver un uni à Praxidicé. Sur une médaille fort ancienne de Géla se lit le nom de *Sosipolis*, au-dessus d'un groupe figurant une femme qui impose une couronne au taureau à la face humaine désigné, d'ordinaire, sous le nom de Hébon[5]. Eckhel avec juste raison rappelle ici le Génie des

---

[1] *Cf.* liv. IV, ch. II, p. 13, tom. II, et liv. VII, ch. III, p. 203 sq. du présent tome.

[2] Pind. fragm. 31 Heyn., p. 565 Bœckh. *Cf.* liv. VI, ch. V, p. 654 sq., tom. II.

[3] VII, Achaïc., 26.

[4] VI, Éliac. (II), 20.

[5] *V.* notre pl. CXXVII 465 a, et l'explicat. p. 192 sq. (J, D, G.)

Éléens *Sauveur de la ville*. A nos yeux, ce Sauveur, tour à tour serpent et taureau, n'était pas autre que Bacchus, tel que nous l'avons vu, dans le livre précédent, avec Jupiter son père, intimement uni à Proserpine sous ce double aspect, tel surtout que l'invoquaient les femmes d'Élis à titre de taureau solaire[1]. Mais ce qui achèvera de montrer à quel point s'identifiaient, dans cette sphère d'idées et de symboles, Proserpine et la Fortune, c'est ce que nous apprend un auteur qui, bien que récent, contient une foule de documents précieux, Jean-le-Lydien[2]. Suivant lui, les Grecs, entre autres formes, avaient représenté la Fortune avec une face de taureau. Nous jugerons plus loin toute la portée de ce fait dans sa liaison avec ceux qui précèdent.

Voyons auparavant ce que les Romains rapportaient de leur *Fortune Primogénie* ou *Primigénie*. Elle était adorée sous ce nom principalement à Préneste, et l'objet d'un culte des plus saints que lui rendaient les femmes; son oracle était encore en grande considération au temps de Cicéron. La statue de cette Fortune portait sur son sein Jupiter et Junon enfants, et allaitait le premier[3]. Dans les fragments des Fastes, sa fête est mentionnée au mois d'avril, et en même temps le sacrifice d'un veau offert à Jupiter enfant par les décemvirs de Préneste[4].

---

[1] Pag. 57 sq. 210, 237, 265, 319, et pl. CXXVI, 464. (J. D. G.)

[2] De Mensib. p. 78 *fin.* Schow., p. 192 Rœther.

[3] *V.* Cic. de Divinat. II, 41, coll. de N. D. I, 15, *ibi* Creuzer, et Marini gli *Atti dei fratelli Arvali*, I, p. 19. — *Cf.* notre planche CLII, 565, et l'explicat. p. 234. (J. D. G.)

[4] *V.* Fasti Praenestini, et *ibi* Foggini, p. 345, coll. Livius, XXIX, 36,

Plutarque, dans les Questions Romaines [1], se demande la raison du surnom de *première-née* donné à la Fortune de Préneste. Après avoir cité à ce sujet deux opinions populaires différentes l'une de l'autre, il entre dans la véritable voie d'interprétation en remarquant que ce surnom doit avoir une cause naturelle, facile à découvrir pour le philosophe. La Fortune, suivant lui, domine sur tous les événements qui se passent dans l'ordre de la nature, du moment que cet ordre a commencé, du moment que la nature a pris son cours; elle assiste donc à l'origine des choses, et elle les précède, elle naît la première. Voilà pourquoi, ajouterons-nous, les Grecs, dans leurs temples, tantôt rapprochaient Ilithyie de Tyché, tantôt associaient l'Amour à cette dernière. C'est par ce point de vue cosmologique que s'expliquent encore les autres attributs de la Fortune, tels que la corne d'Amalthée, le globe et la tête de taureau [2]. Cette dernière faisait allusion d'une part au taureau solaire en conjonction avec la lune [3]; d'autre part au taureau qui ouvre le printemps

XXXIV, 53, XLIII, 13, et Cic. de Leg. II, 11, *fin*. — La 22ᵉ légion tenait son nom de la *Fortune Primigénie* (Tacit. Histor. II, 100; Ælius Spartianus, dans la vie de Didius Julianus, chap. 1); et les mots *Primigenius, Primigenia*, sont fréquemment employés comme noms propres sur les monuments romains (Joseph. Scaliger. Indices ad Gruter. Thesaur. Inscript., p. 273).

[1] Quæst. Rom. 106, p. 182 Wyttenb.

[2] *V.* les premiers, ainsi que la rame ou le gouvernail, dans notre planche CL *bis*, 563, 564, 564 *a*, avec l'explicat. p. 233 sq. (J. D. G.)

[3] L'idée de la lune, en tant qu'idée fondamentale de la Fortune, paraît se retrouver dans le *Bel-Gad* des Syriens, et son image est à la droite de la déesse, telle qu'on la voit, fig. 564. Dans la fig. 564 *a*, la Fortune s'identifie

et commence l'année, image de la révolution totale du monde, ou, ce qui est la même chose, au taureau sortant des flots du déluge primordial. Il faut rapporter au même ordre d'idées ce que nous apprend le scholiaste de la Théogonie d'Hésiode[1], savoir que les anciens avaient coutume d'invoquer Tyché ou la Fortune dans les sacrifices qu'ils faisaient en l'honneur de Poseidon ou bien des autres dieux[2].

Il se pourrait qu'Hésiode et les Homérides, au moins quant au fond des traditions qu'ils suivent, n'eussent pas été complétement étrangers à ces conceptions cosmologiques. Homère, lui, ainsi que les anciens en ont déjà fait la remarque[3], n'a pas même une seule fois cité le nom de Tyché, soit dans l'Iliade, soit dans l'Odyssée. Hésiode, au contraire, beaucoup plus familier avec les doctrines sacerdotales, nomme Tyché dans la Théogonie[4], et la nomme, d'une manière tout-à-fait significative, parmi les filles de l'Océan et de Téthys. Pareillement, le chantre de l'hymne homérique à Cérès, énumérant les nymphes

évidemment avec Cérès, et les *Fortunes armées* de la pl. CLII, 567, près d'une desquelles vole un Amour, rappellent et Minerve et Vénus armée. *Cf.* tom. II, p. 20, 315, 506 sqq., et *ci-dessus*, p. 576.   (J. D. G.)

[1] Pag. 270 ed. Plantin.

[2] Les *Fortunes d'Antium*, qu'on vient de voir armées, et la *Fortune des dieux*, environnée de quatre autres Fortunes, avec un enfant à ses pieds (pl. CXLIX, 566, 568), terminent notre série des représentations les plus importantes de la déesse, sur laquelle on peut consulter encore la note 7* dans les Éclaircissements du liv. V, sect. II, tom. II.   (J. D. G.)

[3] Macrob. Saturn. V, 16, coll. Joh. Lyd. de Mens., p. 44 Schow., p. 116 Rœther.

[4] V. 360.

Océanides du cortége de Proserpine, y comprend Tyché[1]. Si l'on fait attention aux noms de ces compagnes de la jeune déesse, on en remarquera plusieurs qui ne sont que des épithètes mythiques de la lumière, tels que Leucippé, Phæno, Électra, épithètes données en partie à Proserpine elle-même. On y trouve aussi une Styx, et à côté une Uranie ; qui plus est, une Pluto et une Mélobosis, noms qui rappellent Cérès comme dispensatrice de la richesse et gardienne des troupeaux. En un mot, pour le lecteur attentif et intelligent, il ne saurait être un instant douteux que, dans cet hymne homérique, dont l'auteur sait avec tant d'art tenir le milieu entre la croyance populaire et les dogmes de la religion secrète, les diverses attributions des grandes divinités des mystères, Cérès et Proserpine, et, pour ainsi dire, les rayons de leur couronne de lumière, sont dispersés sur les différents personnages qui forment leur cortége. Pallas aussi et Artémis en font partie, et quand même le vers où elles sont mentionnées dans l'hymne serait d'une main étrangère, il n'en faudrait pas moins admettre que ces déesses auraient pu y trouver place, comme associées intimement à Proserpine et à Cérès[2]. Nous les avons vues, dans les articles précédents, se confondre avec Proserpine, et nous croyons avoir suffisamment prouvé dans celui-ci que Tyché-Fortune s'identifiait elle-même, soit avec cette déesse, soit avec Cérès, sa mère, surtout en qualité de *première-née*.

[1] V. 420, ce qui a donné le change à Pausanias, IV, 30.
[2] V. 424, *ibi* Matthiæ, et Hermann, Epist. ad Ilgen. p. cx. *Cf.* Welcker, *Zeitschrift*, I, 2, p. 79 ; — et la note 9 dans les Éclaircissements sur ce livre, fin du volume. (J. D. G.)

Elles n'étaient réellement distinctes que dans la mythologie populaire.

III. Cérès et Proserpine exaltées jusqu'au rang de l'être primordial, principe et fin de tous les autres êtres, par leurs rapports avec Isis-Neith et avec Isis-Athor, la Minerve et la Vénus de l'Égypte, avec la Sémiramis et la Dercéto de l'Assyrie, avec la Mitra de la Perse et la Maïa de l'Inde. Explication des légendes égyptiennes des rois Mycérinus et Rhampsinit. Essai de restitution, principalement sous le point de vue égyptien, du système théologique d'où dérivent les dogmes transcendants de la religion de Cérès et de Proserpine.

L'identité de Minerve avec Cérès et Proserpine sera bien plus frappante si nous remontons à la source égyptienne et orientale des religions grecques. Quant à l'Égypte, dans un passage important de Plutarque[1], il est dit que *Neith*, la Minerve de Saïs, s'appelait encore *Isis*. Isis, en effet, autant qu'il est possible de pénétrer aujourd'hui les vrais rapports des divinités égyptiennes, paraît avoir, sous un point de vue élevé, concentré en soi les attributions de toutes les autres déesses, et c'est pour cela, sans doute, qu'elle était adorée également par tous les Égyptiens. C'est aussi, selon nous, son alliance intime avec la Minerve saïtique qui contribua surtout à ce rang élevé que Cérès et Proserpine occupaient dans les mystères de l'Attique. Isis était à la fois pour les Égyptiens la puissance de la terre céleste, c'est-à-dire de la lune, et celle de la terre inférieure que nous habitons[2].

---

[1] De Isid., p. 354, p. 453 Wyttenb.
[2] V. Euseb. Præp. Ev. III, p. 115 D Colon.

Elle correspondait tout ensemble à la **Cérès** et à la **Proserpine** des Grecs et des Romains; car Cérès était considérée comme la déesse de la terre et de tout ce qui en dépend; Proserpine comme la déesse de la lune et de ce qui appartient à la lune[1]. Proserpine était la lune même, ainsi que nous nous en sommes convaincus plus haut[2], la lune que les anciens avaient reconnue encore dans Athéné ou Minerve aussi bien que dans Artémis-Diane[3]. Mais si Minerve, de même que Proserpine, était la lune, elle l'était en un sens supérieur, transcendant, en tant que type de la clarté, de la vertu, de l'unité suprêmes. Elle était la lune céleste, la lumière céleste ou l'éther, comme Proserpine la terre céleste, comme Cérès la terre proprement dite, toutes trois communiquant entre elles et se correspondant à différents degrés. Sans l'éther ou la lumière céleste, la lune ne luirait point; sans la lune, la terre ne serait point fécondée et ne recevrait point dans son sein les germes créateurs. Voilà pour le physique. Pour le métaphysique, Minerve était l'esprit créateur, la vertu du démiurge, le principe de sagesse et de force qui retient sous la loi de l'unité tous les êtres qu'il a produits au jour. Sans elle, au-dessus et au-dessous de la sphère de la lune tout se dissiperait dans l'abîme des individualités. C'est donc elle, c'est sa pure lumière qui se réfléchit dans la lune, qui brille dans Cora, la vierge

---

[1] Plutarch. de facie in orbe lunæ, p. 942 D, p. 815 Wyttenb.

[2] Chap. V, art. II, p. 554 sqq.

[3] Plutarch. *ibid.*, p. 938 B et 922 A, p. 797 et 731 Wyttenb. *Cf.*, sur les rapports de Minerve et de Proserpine, les idées, vraisemblablement égyptiennes, développées par Proclus, ad Platon. Tim. p. 51 sq.

par excellence ; c'est elle aussi qui, se révélant aux êtres sublunaires, les préserve en les rappelant à leur céleste origine, en les purifiant du contact grossier de la matière ; c'est elle qui maintient l'unité dans ce monde sensible aux formes infiniment variées, qui, de sphère en sphère, rallie toutes les créatures à leur créateur[1].

Les mêmes philosophes qui expliquaient ainsi les rapports de Minerve avec Proserpine et Cérès interprétaient dans un sens analogue les hymens multipliés de Jupiter et des autres grands dieux avec leurs filles[2]. Ils y voyaient l'action des puissances supérieures sur celles des sphères moyenne et inférieure. La doctrine des Héros tient en grande partie à ce même principe d'une influence céleste agissant sur les habitants de ce bas monde ; seulement il ne faut pas perdre de vue le caractère général des religions anciennes, où domine l'élément physique et matériel. C'est Minerve, on le sait, c'est encore Minerve qui dirige et protége les Héros depuis Persée et Hercule jusqu'à Télémaque. Elle les accompagne à titre de déesse de la sagesse, elle les inspire et leur prodigue ses précieux conseils. Mais, avant tout, elle est le feu céleste, le feu éthéré qui brûle en eux, qui les illumine et les anime. Elle n'est pas leur mère, car elle ne saurait l'être, au moins selon la croyance vulgaire ; mais c'est sous son égide, en quelque sorte, qu'ils naissent et qu'ils

---

[1] *Cf.* les développements du liv. VI, ch. VIII, art. X et XI, sur Athéné-Cora et Aléa, surtout p. 785 sqq., 789-800, tom. II.

[2] *Cf.* Procl. Commentar. in Platon. Alcibiad. I, cap. 17, p. 55 ed. Creuzer (tom. II, p. 150 Procl. Oper. ed. Cousin) ; et in Cratyl. § 172 sqq., p. 101 sqq. ed. Boissonade.

sont élevés. Ainsi nous avons vu Persée élevé dans le temple de Minerve, et sortant de ce temple pour commencer sa carrière plus divine qu'humaine, plus céleste que terrestre[1]. C'est aussi dans le temple de Minerve que Thésée vient au jour et qu'il a son berceau[2]. Quant à Dionysus, plus grand que l'un et l'autre, il a son tombeau dans l'enceinte du temple de Neith-Athéné à Saïs, ainsi que le roi égyptien Psammétichus[3]. Là, nous l'avons dit plus d'une fois, étaient représentés les mystères de sa vie et de sa mort; et le père de l'histoire, qui nous en parle avec une discrétion toute religieuse, mentionne à cette occasion les Thesmophories ou les initiations de Cérès, dont les fondatrices auraient érigé à Lindus, dans l'île de Rhodes, la statue de Minerve[4]. C'est la Minerve de Saïs, celle même qui passait en Égypte pour avoir enfanté le Soleil; celle de qui dérivait l'étincelle divine dont et Dionysus et les autres fils des dieux furent animés; celle enfin qui résidait dans le sein de Jupiter, son père, comme principe de ce feu créateur, de cette lumière féconde. Ce que Proserpine en reçut dans les embrassements de Jupiter, ce qu'elle en communiqua à Dionysus-Zagreus, le fruit de leurs amours, elle le devait donc à Minerve. Qui plus est, c'est encore Minerve qui, dans ce système gréco-égyptien, dote Héphæstus ou Vul-

---

[1] Chap. II, art. II, p. 448 *ci-dessus.*

[2] Hygin. fab. 37, p. 98.

[3] Strab. XVII, p. 802 Casaub. — C'est d'Osiris, assimilé à Dionysus par les Grecs, qu'il s'agit ici. (J. D. G.)

[4] Herodot. II, 170 sq., coll. Athenagor. Legat. pro Christian. § 25 ; et liv. VII, ch. II, p. 89 sq. *ci-dessus,* liv. VI, ch. VIII, p. 732, tom. II.

cain de son pouvoir igné. Mais ce feu terrestre, émanation grossière du feu céleste, s'élève contre celui-ci. Vulcain, le boiteux Vulcain, veut faire violence à la vierge altière, qui le repousse avec indignation. De cette rencontre naît toutefois Érichthonius aux pieds de serpent, le favori de Minerve, qui nous ramène et à Cérès et à Triptolème, également le favori de cette dernière, et, comme elle, porté sur un char traîné par des serpents[1].

Ces rapprochements des religions égyptienne et grecque, s'interprétant l'une par l'autre, nous portent à penser qu'une des branches principales des cultes de Cérès, de Proserpine et de Bacchus, était originaire de Saïs et en liaison intime avec les mystères du temple de Neith ou de la grande Minerve de cette ville. Le rôle que joue Minerve dans la légende crétoise de la mort de Bacchus[2], et les indices nombreux d'une connexité entre les Panathénées de l'Attique et le culte de Cérès, semblent venir à l'appui de cette idée. Plus loin nous prouverons qu'une antique fête de Minerve à Athènes appartenait en même temps à Cérès.

Les résultats de l'analyse de deux célèbres légendes égyptiennes vont, si nous ne nous trompons, confirmer les rapports d'origine que nous sommes portés à admettre entre le culte mystérieux de Saïs et les religions grecques dont il s'agit ici.

La ville sacrée de la Minerve égyptienne, Saïs, portait

---

[1] *V.* liv. VI, ch. VIII, p. 758 coll. p. 713 et 773, tom. II, *ibi* citat.
[2] *V.* liv. VII, ch. IV, p. 238 *ci-dessus*, coll. liv. VI, ch. VIII, p. 787, tom. II.

encore le nom de *Mycérina*[1]. A ce nom se rattache celui d'un Pharaon dont Hérodote, d'après la tradition populaire, nous raconte la merveilleuse histoire[2]. *Mycérinus* fut un des rois les plus pieux et les meilleurs de l'Égypte. Et pourtant il lui arriva de faire violence à sa propre fille, qui en mourut de douleur, et qui, d'après ses ordres, fut ensevelie dans une vache de bois doré, devant laquelle brûlaient des parfums tous les jours et toutes les nuits des flambeaux. On la voyait encore, au temps de l'historien grec, dans un des appartements du palais des Pharaons à Saïs. Chaque année on l'en retirait au jour des lamentations solennelles sur la mort d'Osiris[3], parce que, dit la légende, la fille avait supplié son père en mourant de lui faire voir, une fois l'an, la lumière du soleil. L'image en or du disque solaire était posée entre les cornes de la vache, voilée presque entièrement du reste par une draperie de pourpre et les genoux ployés. Dans le voisinage se dressaient vingt colosses, représentant les concubines du roi ou les femmes de la reine, accusées de s'être prêtées à la passion qui causa la mort de leur fille. Bientôt vint un oracle annonçant à Mycérinus qu'il n'avait plus que six années à vivre et qu'il mourrait la septième. Alors, pour doubler le temps qui lui était ainsi mesuré, il prit le parti de changer les nuits en jours par le moyen d'innombrables flambeaux dont il les éclairait.

Un bas-relief trouvé dans les tombeaux des rois à

[1] Hésychius, tom. II, p. 629 Alb., d'après Didyme. D'autres le disaient de Memphis.

[2] II, 129 sqq., *ibi* Bæhr et Creuzer, tom. I, p. 787 sqq.

[3] Plutarch. de Isid., p. 462 Wyttenb., coll. interpret. ad Herodot. *l. l.*

Thèbes est venu, comme nous l'avons dit ailleurs[1], donner à cette tradition, beaucoup plus symbolique qu'historique, un point de comparaison qui peut servir à en pénétrer le vrai sens. Nul doute qu'Hérodote n'ait déjà entrevu ce sens; mais sa réserve habituelle pour tout ce qui tient aux mystères de la religion ne lui permettait pas de s'en expliquer. Pour nous, nous n'hésitons point à reconnaître dans Mycérinus une sorte de prototype du roi de Crète Minos. Lui aussi, Minos, est un monarque grand et juste. Lui aussi, néanmoins, il se livre à de coupables écarts, à des amours sans nombre, tandis qu'il a pour femme Pasiphaé, dont le vœu le plus cher est de reposer dans la vache de bois et de séduire le taureau solaire. Comme cette légende crétoise, l'histoire apparente de la fille de Mycérinus a pour fond réel un fait physique, relatif au cours du soleil et de la lune, fait que le génie sacerdotal de l'Égypte voulut rendre sensible par des images et des cérémonies emblématiques, dans ces fêtes de Saïs où se célébraient aux flambeaux, pendant la nuit, les rites sacrés d'Osiris et d'Isis[2]. Nous y reviendrons dans l'instant. Rapprochons d'abord la seconde des deux légendes égyptiennes que nous avons annoncées.

Le fond symbolique et l'analogie avec les fables et les rites des cultes mystérieux de la Grèce n'y éclatent pas moins. Un autre Pharaon, *Rhampsinit*, d'après le récit fait par les prêtres à Hérodote[3], descendit vivant aux en-

---

[1] Liv. III, ch. VI *fin.*, p. 468, tom. I, et pl. LI, 182 *b*, avec l'explication, p. 77.
[2] Herodot. II, 62.
[3] II, 122.

fers, y joua aux dés avec Cérès (Isis), tantôt gagnant, tantôt perdant, et, sur le point de revenir au séjour de la lumière, reçut en présent de la déesse une serviette d'or. Une fête fut établie en mémoire de cet événement, fête qui durait aussi longtemps qu'avait duré le voyage prétendu de Rhampsinit. Les prêtres tissaient dans l'espace d'un jour une espèce de voile, bandaient avec les yeux de l'un des leurs, et le mettaient sur le chemin du temple de Cérès. Là ils le quittaient, et ils ajoutaient que deux loups se chargeaient de le conduire au temple, l'espace de vingt stades, et qu'ils le ramenaient ensuite à cette même place.

Ici se représentent d'eux-mêmes des faits mythiques qui nous sont déjà bien connus. D'abord Horus et Bubastis, c'est-à-dire Apollon et Diane, enfants de Cérès-Isis, selon la généalogie égyptienne; ensuite le loup, symbole de la lumière, consacré à Apollon, ce dont il faut rapprocher le surnom de *louve* donné à Artémis dans la langue des mystères[1]. La serviette d'or, présent de Cérès, nous rappelle la grande déesse qui forme dans les profondeurs infernales un tissu mystérieux. Les prêtres aussi forment un tissu, et qui doit être achevé dans un jour, comme celui que faisaient les femmes de l'Inde à Darsania, selon les antiques Dionysiades[2]. Tous ces tissus sont également symboliques, et, dans l'Inde peut-

---

[1] Porphyr. de Abstin. IV, p. 352 ed. Rhoer. *Cf.* liv. IV, ch. IV, p. 108 sq., 121 sq., tom. II.

[2] Dionysius ap. Steph. Byz. *v.* Δαρσανία, et d'après lui Nonnus, Dionysiac. XXVI, 170 sqq., où se lit Ἀρσανίη et non Δαρσ. Le tissu de Pénélope lui-même, surtout si l'on se rappelle la Pénélope mère de Pan et si

être, aussi bien qu'en Égypte, ils avaient trait à la destinée des mortels, à la descente et au retour, à la mort et à la renaissance. De même, dans le mythe précédent, la vache est l'image de la terre, dans le sein de laquelle sont déposés les cadavres des morts, les momies qui remplissent les hypogées. Le disque solaire qui surmonte sa tête fait allusion au retour à la lumière, à la vie nouvelle. Les deux loups qui conduisent et le roi et le prêtre dans la demeure infernale de Cérès sont ceux que nous voyons encore peints sur les cercueils égyptiens [1]. Le cadavre une fois embaumé va rejoindre les autres dans les cryptes souterraines, comme le blé mûr, coupé sur la terre, va s'entasser en gerbes successives dans les profondeurs des greniers. Mais l'une et l'autre moisson reparaît à la lumière en des temps déterminés. La nature éternellement créatrice forme de loin en loin des générations nouvelles qui couvrent la terre, aussi bien que les épis nouveaux, au retour du soleil d'été. Voilà le double sens de la serviette d'or, présent de Cérès; c'est là moisson dorée qui reparaît au jour; et le tissu que forment les prêtres, ce sont les temps nouveaux et les nouvelles générations qui s'ourdissent. Le bandeau qui couvre les yeux du prêtre, comme le drap noir dont le veau d'or était voilé, à la fête funèbre d'Osiris [2], figurent les grands contrastes de la nature, la perte de la lumière, la disparition de la vie,

semblable à Proserpine (liv. VI, ch. VI, p. 675 sq., tom. II), doit trouver place ici.

[1] *Cf.* pl. XLV, 182, et notre explication, p. 65, avec la note 10 dans les Éclaircissements du livre III, p. 865 sq., tom. I. (J. D. G.)

[2] *Cf.* liv. III, ch. X, p. 513, n. 2, tom. I.

la terre et l'homme tout ensemble dans les liens de la mort [1].

Dans ces récits égyptiens, Isis-Cérès figure comme reine des enfers. Nous allons voir maintenant cette même Isis, sous le nom d'*Athor*, se révéler comme fin dernière de toutes choses, et s'identifier avec Proserpine-Vénus, ainsi que, plus haut, nous l'avons vue, sous le nom de *Neith*, se confondre avec Proserpine-Minerve, premier principe de l'univers. Ici encore Hérodote sera notre guide fidèle. Il nous raconte, dans son second livre [2], que les Égyptiens sacrifiaient des bœufs en holocauste à Isis, leur plus grande déesse, mais qu'ils respectaient, au contraire, les vaches, qui lui étaient spécialement consacrées ; que, lorsqu'elles venaient à périr, ils les jetaient dans les eaux saintes du Nil; tandis que, les bœufs, ils les enterraient, jusqu'au jour où de la ville sacrée de Vénus, Atarbéchis dans le Delta, venaient des hommes chargés de recueillir partout les ossements de ces animaux, et de les transporter sur des barques dans cette ville, pour les y ensevelir en un seul et même lieu. Ils ensevelissaient de même, ajoute l'historien, les autres animaux après leur mort ; car ils ne les tuaient pas non plus. La Vénus dont il s'agit dans ce passage, et qui rassemble ainsi autour de son temple la dépouille de tous les bœufs, est évidemment *Athor*, dont les villes d'*Atarbéchis* et d'*Athribis* portaient le nom, et que nous avons déjà rappro-

---

[1] *V.*, sur les légendes de Mycérinus et de Rhampsinit, sur leur vrai caractère, et sur leurs rapports, réels ou non, avec la religion de Cérès et de Proserpine, la note 10 sur ce livre, fin du volume. (J. D. G.)

[2] II, 40 sq.

chée de la déesse syrienne *Atargatis*, appelée encore *Athara*[1]. Nous y avons découvert la Nuit, mère de toutes choses, la Nuit que les Égyptiens supposaient antérieure à l'organisation du monde, ce qui fait qu'ils comptaient les jours d'un soir à l'autre[2]. Ils en avaient exalté la notion jusqu'à y voir le principe des principes, la divinité antérieure à toutes les autres, du moins si nous en croyons Iamblique[3]. Ce qui est sûr, c'est que les Orphiques la concevaient de même, et que pour eux le dieu suprême habitait au sein des ténèbres[4]. On comprend, d'ailleurs, que, chez les Égyptiens comme chez les Grecs, une telle divinité, pour devenir populaire, pour être saisissable, devait se transformer, et, en quelque sorte, revêtir un corps. Aussi les uns en firent Athor, selon toute apparence; les autres, comme nous allons essayer de le prouver, rattachèrent à Cérès-Proserpine toutes les hautes idées que renfermait en soi la déesse égyptienne.

Pour établir l'identité de Cérès-Proserpine et d'Athor, nous pourrions nous borner au raisonnement suivant. Isis, selon Hérodote, était la plus grande divinité de l'Égypte, et comme Athor l'était également, il faut, de toute nécessité, qu'Athor et Isis aient été une seule et

---

[1] Liv. III, ch. X, p. 512 sqq., tom. I, et liv. IV, ch. III, p. 27, t. II.
[2] J. Lyd. de Mensib. p. 13 Schow, p. 36 Rœther.
[3] De Myst. Ægypt. VIII, 2. — *Cf.* les distinctions et les déterminations plus précises de notre note 6 dans les Éclaircissements du livre III, p. 826 sq., tom. I. (J. D. G.)
[4] *V.* la quatrième des Cosmogonies orphiques, exposées dans le ch. III du liv. VII, p. 208 sq. *ci-dessus*, et *cf.* les Fragm. orphiques, p. 447-449 ed. Hermann.

même déesse. Or, Isis était identique avec Cérès-Proserpine; donc Proserpine s'élevait jusqu'au rôle d'Athor, elle était aussi la divinité suprême. Quelque fondée que pût sembler cette conclusion, elle ne nous dispense pas néanmoins de produire les preuves de fait qui mettent hors de contestation l'identité des deux déesses. En premier lieu, Porphyre [1] nous apprend que le nom de *Pherephatta* ou *Persephatta* signifiait, dans l'opinion de plusieurs théologiens, *celle qui nourrit la colombe* [2]; qu'en effet les prêtresses consacraient à Maïa la colombe, et que Maïa et Perséphone étaient la même divinité, cette dernière étant comme l'autre une déesse nourrice, en tant que déesse de la terre et identique à Cérès. Remarquons avant tout l'identité clairement énoncée de Cérès et de Proserpine, telles, bien entendu, qu'elles se présentaient dans les mystères. Quant à l'identité de Cérès-Proserpine et d'Athor, on pourrait déjà l'induire de cette circonstance que les médailles d'Athribis offrent la déesse patronne de cette ville accompagnée de la colombe, en qualité de Maïa ou de nourrice [3]. Mais Athor et Proserpine à la fois semblent se donner rendez-vous dans Sémiramis ou Sémirama, la femme-colombe, portée sur Dercéto ou Atargatis, la femme-poisson, sa mère [4].

---

[1] De Abstin. IV, p. 352 Rhoer.

[2] Ou bien *celle qui porte la colombe*, si on lit, avec Vossius, φέρειν pour φέρβειν. *Cf.* ch. IV, p. 537 *ci-dessus*, et surtout le chapitre complémentaire de cette section, art. II, ci-après.

[3] *V.* pl. LII, 154 *b*, et l'explicat. p. 45. (J. D. G.)

[4] *Cf.* liv. IV, ch. III, p. 33 sqq., p. 41, et pl. LIV, 203, avec l'explic. p. 104.

ORIGINES DU CULTE DE CÉRÈS. CH. VI.

Pour Athor, elle correspond à l'une et à l'autre, par le nom comme par l'idée ; elle a trait aux eaux aussi bien qu'aux ténèbres, étant assimilée à Vénus. Quant à Proserpine, c'est ici le lieu de citer un témoignage mémorable, qui montrera à quelle hauteur avait été exaltée la notion mystérieuse de cette déesse. Nous le devons à Justin Martyr, qui, dans son Apologie[1], parle d'une idole de la fille de Jupiter, Cora, que l'on représentait s'élevant des eaux, pour figurer, dit-il, et rendre sensible aux yeux, par un emprunt sacrilége, la parole de Moïse : « Et l'esprit de Dieu planait au-dessus des eaux[2] : »

Voilà donc Proserpine devenue, d'après les dogmes mystiques, une *Maïa*, non-seulement comme la déesse qui nourrit du sein de la terre, mais comme la mère du monde, habitant les ténébreuses profondeurs de l'humide abîme. La voilà devenue cette Nuit primitive, appelée encore Maïa, avec qui délibère le démiurge dans une des Genèses orphiques[3]. Elle nous transporte sur le sol de l'Inde, où, selon le système des Védas, Maïa est le principe de toute existence réelle, la mère du monde, la mère de tous les êtres créés[4]. Là nous a déjà conduits Dionysus, le créateur et le souverain du monde sensible[5].

---

[1] Page 96 E sq., ed. Colon.

[2] Une représentation analogue se trouve sur une pierre gravée, dans Ficoroni, Gemmæ antiq. rar., tab. 9, n° 4. *Cf.* Van Goens ad Porphyr. de antro Nymphar. p. 117. — Galeotti y voit, avec plus de vraisemblance, une évocation. (J. D. G.)

[3] *Cf.* liv. VII, chap. III, p. 209 *ci-dessus*.

[4] *Cf.* liv. I, chap. V, p. 268 sq., et la note 13 dans les Éclaircissements du même livre, p. 643 sq., tom. I.

[5] Liv. VII, ch. II, art. II, p. 79-88 *ci-dessus*.

594   LIVRE HUITIÈME. SECT. I.

Il a son berceau à Nysa, la ville de la nuit, à Nysa où se trouve également Proserpine, cette mère bien connue du Dionysus mystique[1]. Proserpine est aussi la mère de la première Diane, et par elle l'aïeule d'Éros ou de l'Amour[2]. Ainsi l'Amour, ce lien puissant des éléments de la création, est de sa famille, et c'est d'elle, la ténébreuse déesse, que procède Artémis-Lune. Elle est la première-née, et, quoique nuit et issue de la nuit, elle est en même temps lumière, et c'est elle qui dirige les flambeaux des cieux, c'est d'elle que les planètes sont dites *les chiens*, c'est-à-dire les ministres, suivant le sens probable de cette expression pythagorique[3]. Elle est la compagne des Heures, et les Parques lui sont associées aussi bien que les Grâces, quand elles la ramènent au séjour de la lumière ou dans l'Olympe, auprès de Cérès, sa mère, et de son père Jupiter[4]. Qu'elle soit ici la semence du blé, tour à tour ensevelie sous la terre et refleurissant à sa surface, ou bien la force végétante de la nature, en général[5], il est certain qu'elle était également la lune, et la lune sous

---

[1] Même livre, chap. IV, art. II, p. 234 sqq., et ch. V du livre actuel, p. 560 sq., *ci-dessus*.

[2] *Cf.* ch. I, art. I, p. 417 *ci-dessus*.

[3] Porphyr. Vit. Pythag. p. 42; Clem. Alex. Strom. V, 676. *Cf.* Ruhnken. Epist. crit. p. 9.

[4] Orph. hymn. XXIX (28), v. 9, et XLIII (42), v. 7 sq. — *Cf.*, pour les Heures, pl. CXLIV *bis*, 551, CXLVII, 553, et l'explication pag. 224, 227.   (J. D. G.)

[5] *Cf.* liv. VII, ch. IV, p. 262, n. 1, p. 268, n. 3, et la note 10 dans les Éclaircissements du présent livre, où sont exposées et discutées les différentes opinions, soit des anciens, soit des modernes, sur le sens du mythe de Proserpine et sur son origine égyptienne ou autre.   (J. D. G.)

tous les aspects, même le plus élevé, ainsi que nous l'avons vu de Minerve, la lune comme premier principe de la lumière : autrement aurait-on pu dire d'elle à Thalames en Laconie, où elle avait un oracle, sous le nom de Pasiphaé, qu'elle était une des Atlantides, et qu'elle avait mis au jour Ammon [1]? Cette Atlantide, c'est encore Maïa, sans aucun doute, Maïa devenue mère du soleil, absolument comme l'Isis-Neith de Saïs; c'est Neith-Isis elle-même, mais c'est en même temps Pasiphaé, celle qui luit pour tous, qui se donne à tous ; la voluptueuse déesse qui a commerce avec tous les taureaux, c'est-à-dire avec toutes les lunes et tous les temps. Nous comprenons à présent comment Minerve, la vierge sans tache, la pure lumière, peut elle-même se trouver en rapport avec les taureaux et s'appeler *Tauropolos*. C'est qu'il s'agit ici d'un commerce tout céleste, et qui n'a rien de commun avec les grossiers plaisirs de la terre. De la lumière primitive dérivent toutes les autres lumières, tous les astres, toutes les planètes, la lune aussi bien, et les mois, et toutes les périodes qui mesurent le temps, tour à tour s'élevant du sein de la nuit éternelle et se replongeant dans ses profondeurs. Voilà pourquoi les vaches et les bœufs, qui figurent ces astres et ces périodes, sont précipités dans le fleuve d'Isis, comme en Égypte, ou dans la source noire de Proserpine, comme en Sicile [2]; pourquoi le taureau, symbole du soleil, brûle en holocauste à la grande fête d'Isis; pourquoi enfin tous les bœufs, c'est-à-dire tous les temps et tous les êtres qui ont vécu dans

---

[1] Plutarch. Agis et Cleomen., cap. 9. *Cf.* p. 484 *ci-dessus.*
[2] Ch. V, art. I, p. 540 sq. *ci-dessus.*

le temps, se donnent rendez-vous dans les hypogées d'Isis-Athor, à Atarbéchis[1]. Et cependant, au sein de l'abîme des ténèbres, Maïa-Perséphatta, la même qu'Isis-Athor, travaille incessamment à réparer l'œuvre de la destruction par celle de la création; incessamment elle forme des tissus nouveaux, c'est-à-dire de nouveaux corps et des générations nouvelles. Du cadavre décomposé du taureau s'échappe l'insecte miraculeux, l'abeille, signe consolant de la permanence du principe de vie, l'abeille, qui fait allusion au retour de l'âme dans sa céleste patrie, à travers la carrière du soleil et par-delà la sphère de la lune. C'est pourquoi Proserpine n'est pas seulement Pasiphaé, la déesse qui dompte les taureaux ; elle est encore la reine des abeilles, elle s'appelle *Melitodes*,

---

[1] Liv. III, ch. X, p. 513, n. 2, tom. I. — S'il était nécessaire, après tout ce que nous avons dit, de justifier l'emploi que nous faisons du bœuf et de la vache comme symboles de la matière et de la génération, nous renverrions au témoignage formel d'Hermias, sur le Phèdre de Platon, γενέσεως γὰρ σύμβολον ὁ ταῦρος, et à Porphyre (de antro Nymphar. c. 17, p. 108 ed. Van Goens), qui attribue les taureaux à la lune en tant qu'elle préside à la génération. Mais le bœuf était en même temps, chez les Égyptiens, comme nous l'apprend Clément d'Alexandrie (Strom. V, p. 671, coll. Macrob. Saturnal. I, 19), un symbole de la terre, de l'agriculture et des aliments qu'elle donne, et la déesse qui y préside, Isis ou Athor, était représentée sous la figure d'une vache; le nom même d'*Athor* ou *Athyr* exprimait à la fois cette déesse, le mois qui lui était consacré et qui était celui des Thesmophories ou de la fête des semailles en Grèce, et la vache (Plutarch. de Isid. p. 502 et 549 Wyttenb.; Hesych. I, p. 132 Alb.). *Thor*, qui est le même mot, sans la syllabe préfixe, signifiait également la vache, chez les Phéniciens (Plutarch. Sylla, cap. 17). — *Cf*. nos pl. XXXIV, 145, 146, XXXV, 154, avec l'explication, surtout p. 41, où l'on trouvera une autre étymologie du nom d'*Athor*. (J. D. G.)

et les femmes initiées portent elles-mêmes le nom de *Mélisses* ou d'abeilles[1].

Le lecteur qui nous aura suivis avec attention n'a pu échapper à une remarque : c'est que tous ces dogmes sont comme les fragments divers d'un seul grand système religieux, qui, si nous en cherchons l'origine en Égypte, semble appartenir à la Thébaïde et à la cité d'Ammon, sa capitale. C'est de là, suivant la tradition, que les colombes noires, c'est-à-dire les nymphes pures ou les chastes prêtresses sous cette figure, s'étaient abattues à la fois et sur Ammonium en Libye et sur Dodone en Grèce. C'est de là que proviennent les différents couples de grandes divinités, identiques entre elles, que nous avons rencontrés en différents lieux, Zeus et Dioné chez les Dodonéens ; Zeus et Héra en Crète, à Samos, à Argos, et dans la Grèce en général ; d'autres combinaisons encore, telles que celles de Pasiphaé, mère d'Ammon, et de Primigénie, portant sur son sein maternel Jupiter et Junon ; et, chez les peuples de l'Occident, Cronos et Aphrodite, premiers auteurs de l'univers, conçus comme l'hiver et l'été, puis, à côté d'eux, Proserpine comme le printemps[2]. Dans le système de Thèbes ou Diospolis la grande, d'un être primordial, supposé femelle, procédait une série de dieux successifs. Le premier être s'y nommait probablement Isis, à Saïs Neith,

[1] *V.* Valckenaer ad Theocrit. Adoniaz. v. 94 ; Schol. Pindar. Pyth. IV, 106 ; Porphyr. lib. cit., cap. 18. *Cf.* sect. II de ce livre, ch. I, art. IV, *ci-après.*

[2] Theopomp. ap. Plutarch. de Isid. p. 549 Wyttenb. *Cf.* p. 268 sq. *ci-dessus.*

ailleurs Athor. De lui naissait d'abord Jupiter-Ammon, ainsi que l'appellent les Grecs et les Romains, ensuite Osiris, plus tard Horus; en d'autres termes, cet être primordial se révélait successivement comme Ammon ou Jupiter, comme Osiris-Dionysus, comme Horus-Apollon[1]. Cela nous explique qu'Isis-Perséphone soit à la fois la mère de Jupiter, sa fille et son épouse; que Dionysus, au lieu de Jupiter, se trouve avec elle dans ces trois différents rapports, et qu'à Dodone, par exemple, il s'unisse à Dioné en qualité de Jupiter-Pluton ou de Jupiter-Silène; par où s'éclaire toute la théorie de *Liber* et de *Libéra*, noms sous lesquels le couple divin, unique et divers, était connu dans les mystères de Bacchus[2].

Par là encore nous pouvons comprendre le vrai sens des Cosmogonies Orphiques que nous avons exposées dans le livre précédent, de celle entre autres qui se distingue par le nom de l'auteur qui nous l'a transmise, le vieil Hellanicus[3]. Le premier dieu qui se révèle, Hercule-Chronos ou le Temps, sort de ses ténébreuses profondeurs sous la figure d'un grand dragon avec une face divine. Il a des têtes de bélier, de taureau, de lion et de serpent, correspondant, comme on le voit, aux signes

---

[1] *Cf.* liv. VII, chap. II, p. 96 *ci-dessus*. — Cette exposition, un peu arbitraire, n'est pleinement d'accord, ni avec celle du chap. II, ni avec celle du chap. X, du livre III, p. 407 et 512 sqq., tom. I. Elle ne l'est pas plus avec les passages correspondants des livres IV et VI, p. 123 et 718, t. II. Ici encore nous sommes obligés, pour la rigueur historique, de renvoyer à la note 6 dans les Éclairciss. du livre III, p. 821 sqq., t. I. (J. D. G.)

[2] Liv. VII, ch. IV, art. IV, p. 258 sqq. de ce tome.

[3] Même livre, chap. III, p. 210 sqq.

que parcourt le soleil dans la carrière du zodiaque, et où se révèle successivement la divinité dans le cours des temps. Elle apparaît d'abord dans le signe du bélier : voilà pourquoi le premier dieu est Ammon ou Jupiter comme père ; puis dans le signe du taureau, et c'est le second dieu, Osiris ou Jupiter comme fils. Tous les deux, le père et le fils, se révèlent ensuite dans les autres signes ou dans les constellations voisines les plus importantes. De là Jupiter et Bacchus avec l'attribut du lion ; de là le dieu du temps et de l'année se métamorphosant en une multitude de figures sidériques, comme nous l'apprend l'histoire de la naissance et de la mort de Zagreus[1].

Le système égypto-orphique dont il s'agit fit donc du soleil la révélation la plus magnifique de la divinité s'incarnant dans le monde. Aussi ne faut-il pas s'étonner si, dans le cours de nos recherches, nous avons été sans cesse ramenés à cette grande figure et à celles qui lui servent d'escorte. C'est dans cette même théorie que l'Héroogonie, la légende héroïque tout entière puisa ses couleurs, en Égypte comme en Grèce. Jupiter-Ammon, le père de tous les dieux, ayant sa demeure à l'Orient et dans le signe du bélier, envoie l'un après l'autre ses fils, les héros solaires, Osiris, Horus, Hercule, et ainsi de suite, courir, à travers tous les signes, une carrière de combats et de gloire ; parvenus au terme, il les transfigure et les absorbe tous de nouveau dans son immortelle essence. C'est ce qui fait que Sem-Hercule, revenu à son père, apparaît, lui aussi, comme dieu du temps en géné-

---

[1] Même livre, ch. IV, art. II, p. 237 sqq.

ral; témoin le grand serpent des Orphiques se déroulant dans le cours des temps et qualifié d'Héraklès. Maintenant les fils célestes du soleil ont leurs représentants dans les races royales de la terre. De là, à Thèbes, à This, à Memphis, Sésostris révélant dans sa vie et dans ses actes un second Osiris ; de là Horus, Semphucrates (Hercule-Harpocrate) et d'autres noms, d'autres caractères significatifs dans les dynasties égyptiennes. De là enfin ce dogme historique, que les dieux avaient les premiers régné sur l'Égypte. Ce dogme fut importé en Grèce avec l'ensemble du système auquel il se rattachait, et quelquefois même les noms égyptiens furent maintenus; ainsi à Trézène dans l'Argolide, ville dont le premier roi est positivement appelé *Horus*[1]. Mais c'est surtout dans les antiques poëmes sur Hercule et sur Thésée, et sur les autres fondateurs héroïques des familles royales de la Grèce, qu'en éclate la preuve. Tous on les voit, comme entourés d'une auréole divine, s'assimiler plus ou moins aux dieux qu'ils représentent, dont ils sont les fils, les imitateurs et, pour ainsi dire, les personnifications terrestres. Quant au soleil, leur prototype et leur père commun, les Égyptiens le faisaient naître du feu éthéré du ciel, c'est-à-dire de Mendès-Pan. Auprès de Neith-Isis, la primitive lumière, sa compagne, se tenait, comme nous l'avons dit ailleurs[2], Anubis, le génie de Sirius, l'étoile du Chien, qui, sous le nom de Thoth ou d'Hermès, était le premier

---

[1] Pausan, II, Corinth., 30.
[2] Liv. III, chap. IV, pag. 435-446, tom. I, avec les observations nécessaires de la note 10 dans les Éclaircissements, p. 851 sqq., même tome.

(J. D. G.)

serviteur des grandes divinités. Il les accompagne dans toute la série de leurs révélations successives et jusque dans leurs incarnations sur la terre; il est leur fidèle conseiller, l'instituteur de leur culte, le docteur de leur loi. Il habite en même temps toutes les sphères, qu'il parcourt sans cesse, et à travers lesquelles il guide les âmes, tour à tour descendant et montant avec elles, comme Hermès infernal ou comme Hermès céleste. C'est à ce héraut divin, modèle du prêtre et ministre des dieux, eux-mêmes types des rois, que faisait remonter son origine la famille sacerdotale des *Céryces* ou Hérauts, à Athènes, famille dont les mystères de Cérès Éleusine nous offriront bientôt l'occasion de parler avec quelque détail.

Du reste, on peut demander si c'est bien là la source unique, la source primitive, d'où sont découlés les dogmes supérieurs de la religion de Cérès et de Proserpine; si Proserpine elle-même, ou, suivant la forme grecque, *Perséphone*, tant exaltée par ces dogmes, vient originairement de l'Égypte. Son nom seul est une grave objection; car, pas plus que celui de *Persée* qui s'y rattache, il ne paraît égyptien, et le nom ici implique l'idée dont il contient le germe. A la vérité les traditions grecques établissent entre l'Égypte et la Haute-Asie diverses relations ou connexités mythiques, où celle-ci semble subordonnée à l'autre. Par exemple, Céphée, en qui se personnifie l'Orient primitif, est donné comme fils de Bélus, supposé roi d'Égypte[1]; Bélus même est dit avoir trans-

[1] Apollodor. II, 1, 4; Hygin. fab. 64, et Poet. Astron. II, 9, p. 442, *ibi* interpret.

planté les Chaldéens d'Égypte à Babylone, et y avoir naturalisé les institutions égyptiennes[1]. Mais le moyen de fonder un jugement solide sur les frêles bases de fables si équivoques et si obscures? Il vaut mieux s'en rapporter, ici encore, au père de l'histoire, dont les récits sont confirmés d'un autre côté par les généalogies mythiques elle-mêmes. En effet, nous avons vu un *Persès* et des *Persides* passer des bords du Pont, et nommément de la Colchide, dans la Grèce; ce qui fait que nous avons cru devoir placer en tête de ces recherches sur Cérès et Proserpine un tableau des ramifications de cette race asiatique[2]. Maintenant Hérodote nous apprend que les Perses déclaraient Persée Assyrien d'origine[3], Persée qui, indépendamment de son nom, tient de si près par sa légende aux puissances infernales, par conséquent à Perséphone, épouse de Polydectès, le roi des morts[4]. Ce qui est plus décisif, c'est que, partant d'un autre passage du même historien, nous avons établi ailleurs l'identité de la Vénus assyrienne, Mylitta, Alitta ou Mitra, avec Perséphone[5]. Quant à Persée, nous l'avons lui-même retrouvé dans le Mithras de la Perse, à des caractères certains[6]. Tout nous autorise donc à penser que,

---

[1] Diodor. I, 28.
[2] Chap. I, art. II et III, *passim*.
[3] IV, 54.
[4] Chap. II, art. II, p. 448 sq. *ci-dessus*.
[5] Liv. II, ch. IV, art. I, p. 346 sqq., tom. I.
[6] Même livre, ch. V, art. I, p. 367 sqq., même tome, et surtout liv. IV, ch. V, art. I, p. 157 sqq., tom. II. — *Cf.* la note 11, § 1, dans les Éclaircissements de ce dernier tome. (J. D. G.)

si l'Égypte eut sa large part dans les développements de la religion de Cérès et de Proserpine, ses premiers éléments, peut-être même ses conceptions les plus hautes, les plus spontanées, les plus idéales, doivent être cherchées dans l'Asie-Supérieure, dans l'Assyrie, dans la Perse, et jusque dans l'Inde, du moins si le rapprochement que nous avons fait plus haut de Maïa et de Cora, comme mères du monde, est suffisamment fondé en raison.

CHAPITRE VII.

CÉRÈS EN ATTIQUE ; SON ÉPIPHANIE A ÉLEUSIS.

I. Retour à la Grèce ; analyse rapide de l'hymne homérique à Cérès ; monuments figurés qui s'y rattachent.

Il est temps de revenir à la Grèce, et à l'Attique en particulier, comme au centre de ces recherches poussées si loin sur le sol natal de la religion de Cérès. La déesse vint, dit-on, à Athènes, avec la semence du blé, sous le règne de Pandion, fils d'Érichthonius[1]. On cite aussi Érechthée comme le roi qui vivait à cette époque[2]. Sans nous arrêter à bien d'autres variantes sur les circonstances dans lesquelles l'Attique reçut les bienfaits de Cérès, nous nous bornerons au témoignage du plus ancien des monuments écrits qui nous soient parvenus à cet égard[3] ; nous donnerons une rapide analyse de l'hymne homérique à Cérès, nous proposant d'en faire ressortir ensuite les points les plus essentiels à notre but.

Aïdoneus, nous l'avons déjà dit, enlève Proserpine tandis qu'elle cueillait des fleurs dans une prairie auprès

---

[1] Apollodor. III, 14, 7.
[2] Marm. Par., epoch. XII.
[3] Les autres sources sont Apollodor. I, 5 ; Pausan. 1, Attic, 14 sqq. ; Ovid. Metam. V, 438 sqq., Fast. IV, 401 ; Hygin. fab. 147, *ibi* interpret.

de Nysa. Cérès cherche sa fille neuf jours durant, et à la fin elle rencontre Hécate, qui lui fait pressentir la triste nouvelle. Toutes deux se rendent vers Hélius pour avoir des informations plus précises. Celui-ci leur apprend le nom du ravisseur, et l'assentiment que Jupiter a donné à son union avec Prosérpine. Cérès indignée fuit l'assemblée des dieux, et s'en va, déguisée sous la figure d'une vieille femme, visiter la demeure des hommes. C'est ainsi qu'elle arrive à Éleusis, où les filles d'un des rois du pays, Céléus, la trouvent assise au bord d'une fontaine. Elle est accueillie dans le palais de ce roi, et elle se charge d'élever le jeune Démophon, que lui a donné récemment Métanire, son épouse. L'enfant grandit entre ses mains d'une façon merveilleuse. Merveilleuse aussi était la manière dont elle le soignait : le jour, elle le parfumait d'ambroisie ; la nuit, elle le faisait passer dans les flammes. Ne goûtant aucune nourriture terrestre, il serait devenu immortel, grâce aux soins que lui prodiguait secrètement la déesse. Mais la curiosité de Métanire, sa mère, le frustra de ce bonheur. Apercevant son fils au milieu des flammes, elle jeta un grand cri. Alors Cérès irritée retira l'enfant du feu et le mit par terre ; puis elle adressa d'amers reproches à la mère imprévoyante, dépouilla son déguisement, et parut aux yeux de Métanire dans tout l'éclat de sa divinité. Suit l'annonce prophétique de la destinée du jeune Démophon, réduit à la condition d'un Héros, et l'ordre d'élever à la déesse un temple et un autel à Éleusis. Elle se chargera d'enseigner elle-même le culte et les honneurs qui lui sont dus. Céléus se met à l'œuvre avec les habitants d'Éleusis, et le temple est achevé. Cérès y fixe sa demeure ; mais elle frappe en même temps les hommes d'une année de disette. Ce fléau détermine Jupiter à lui dépêcher Iris pour tâcher de la fléchir et de la ramener à l'assemblée des dieux. Mais cette première démarche reste sans succès, et Jupiter est obligé de lui envoyer en ambassade tous les autres dieux. Cérès leur déclare qu'elle ne retournera point dans l'Olympe avant d'avoir vu sa fille. Nouvelle ambassade de Mercure à Pluton, pour tâcher de ravoir Proserpine. Pluton consent à la rendre, mais auparavant il lui donne à manger le fruit d'une pomme de grenade. Proserpine revoit donc sa mère, qui lui demande avant tout si elle a pris quelque nourriture aux enfers ; s'il en est ainsi, elle doit nécessairement passer près de Pluton un tiers de chaque année. La jeune déesse raconte à sa mère toute son histoire, comment elle a été enlevée, et comment elle a goûté du fruit de la grenade. Alors reparaît Hécate, qui vient saluer Proserpine et s'attache à elle en qualité de suivante. Enfin Jupiter envoie Rhéa pour décider Cérès à revenir parmi les dieux, en lui promettant des présents, et lui notifiant l'arrêt selon lequel Proserpine restera auprès de Pluton un tiers de l'année, et passera les deux autres tiers dans l'Olympe. Ainsi apaisée, Cérès recommence à combler les hommes de ses bienfaits ; mais c'est aux rois d'Éleusis qu'elle confie le dépôt sacré de son culte.

Nous devons supposer chez la plupart de nos lecteurs une connaissance immédiate et complète de l'hymne dont nous venons d'esquisser le contenu. Il est donc inutile d'en parler plus au long, d'en faire saillir tous les traits remarquables, de nous étendre sur le ton et l'esprit qui y règnent[1]. Tout ce que nous voulons, quant à présent, c'est de donner à la fois un cadre et une base aux développements qui suivent; c'est aussi de montrer le lien qui rattache les unes aux autres, dans la légende d'Éleusis si habilement traitée par le poëte, les principales scènes de ce grand drame théologique représentées tant de fois sur les monuments de l'art.

La première de ces scènes est celle qui offre à nos yeux l'enlèvement de Proserpine. Elle se trouve traitée sur de nombreux bas-reliefs, qui ne diffèrent guère entre eux que par des accessoires[2]. Trois groupes la composent d'ordinaire, figurant successivement la jeune déesse occupée à cueillir des fleurs, Pluton qui l'enlève sur son char, et Cérès poursuivant le ravisseur. Pallas, comme nous l'avons dit plus haut[3], y joue un rôle aussi bien qu'Artémis, quelquefois même Vénus.

La seconde scène nous fait voir le retour de Cora dans l'Olympe, sous la conduite d'Hermès, et en compagnie de l'Heure du printemps. Cette scène se trouve tantôt rapprochée de la précédente[4], tantôt complétée par celle qui en est la suite naturelle et qui représente Cérès apaisée remettant à Triptolème la semence du blé qu'il

---

[1] *Cf.* la note 11 dans les Éclaircissements sur ce livre, à la fin du volume. (J. D. G.)

[2] *V.* pl. CXLV, 550, avec l'explicat. p. 223 sq. *Cf.* la dissertation de M. Welcker citée pag. 551, et les extraits que nous en donnons dans la note 9 de nos Éclaircissements sur ce livre. (J. D. G.)

[3] *Ibid.*

[4] *V.* pl. CXLVII, 553, et l'explicat. p. 227. (J. D. G.)

doit propager dans les diverses contrées de la terre. C'est avec ce complément qu'elle est peinte sur la face antérieure du vase Poniatowski, dont nous avons déjà parlé dans le livre précédent[1]. Visconti a dit avec raison que l'hymne à Cérès est un véritable commentaire sur cette peinture, qui nous occupera plus d'une fois encore.

Enfin, au lieu de la scène du rapt, ou même en pendant à cette scène et à celle du retour dans l'Olympe, d'autres tableaux nous montrent Proserpine prenant congé de sa mère, qui la reconduit, et retournant librement aux enfers, à l'époque fixée par le destin[2]. Ainsi se trouve achevé le cycle de ces représentations significatives, dont la vie et la mort de la nature se succédant, par une perpétuelle alternative, dans le cours des saisons et des années, sont le texte le plus général.

II. Développement des points fondamentaux de l'hymne homérique à Cérès ; la guerre éternelle d'Éleusis ; dogme de la lutte entre l'esprit et la matière, et rites qui s'y rattachaient.

Notre but étant de mettre en lumière les dogmes fondamentaux de la religion de Cérès, nous devons une attention toute spéciale à cette partie de l'hymne homérique qu'on peut en nommer le point central. C'est l'*épiphanie de Déméter*, c'est-à-dire le moment où la déesse

---

[1] Chap. V, p. 369 sqq., et surtout pl. CXLIV *bis*, 551, avec l'explic. pag. 224 sq., où sont indiqués divers monuments et sujets analogues, que nous donnons également dans nos planches. (J. D. G.)

[2] Planche CXLV *bis*, 556, et l'explication, p. 231 coll. p. 227, sur le n° 553. (J. D. G.)

se révèle à l'épouse de Céléus. On se rappelle que cette situation est amenée par les soins merveilleux que Cérès prodigue au jeune Démophon qu'elle veut rendre immortel. Nous y retrouvons la purification par le feu que nous avons déjà rencontrée chez Hercule, chez Sémélé, et en général dans les initiations bachiques. Non-seulement le surnom de *Leptynis* donné, soit à Proserpine, soit à l'âme, à cause de sa nature subtile[1], mais l'usage de brûler les corps, mais les âmes ainsi dégagées et assimilées au feu[2], mais surtout le nourrisson de Cérès épuré, fortifié par les flammes, témoignent d'une conception tout-à-fait analogue dans les mystères de nos déesses. Cette conception, d'ailleurs, cette idée de l'épuration par le feu paraît avoir été conforme à la croyance de beaucoup de peuples anciens, entre autres des Hébreux. Épiphane nous a conservé un trait de l'histoire des jeunes années du prophète Élie qui s'y rapporte manifestement. Quand sa mère l'eut mis au jour, son père Sobak eut une vision. Il vit des hommes d'une blancheur éblouissante s'approcher de l'enfant, lui adresser la parole, et l'envelopper dans du feu en guise de langes[3].

La curiosité, la pusillanimité de Métanire privèrent le jeune Démophon de l'immortalité dont voulait le doter Cérès. La déesse le retira du feu qui le purifiait pour le ciel, et le rendit à la terre en l'y déposant. En même temps elle dépouille les traits et le costume qui la dégui-

---

[1] Etymol. M. *s. v.* p. 560, l. 52. *Cf.* p. 521, n. 2, *ci-dessus*.

[2] Eustath. ad Iliad. I, p. 32 Bas.; Plutarch. de facie in orbe lun. p. 943 D, p. 819 Wyttenb.

[3] Epiphan. in vit. Eliæ ap. Muncker ad Hygin. p. 358 Staver.

saient, et elle apparaît dans sa divine majesté aux yeux de la mère imprudente, non sans lui adresser de vifs reproches mêlés de plaintes amères. Son fils fût devenu immortel, elle en jure par le Styx ; et maintenant rien ne saurait le dérober au trépas. Toutefois un honneur éternel s'attachera à lui ; car il a reposé sur les genoux de la déesse, il a dormi dans ses bras. « C'est pourquoi, dans la suite des saisons, dans le cours des années, les enfants d'Éleusis livreront à jamais entre eux un combat, une bataille terrible en sa mémoire[1]. »

Ces dernières paroles ont été pour les éditeurs une véritable pierre d'achoppement. Aussi quelques-uns n'ont-ils pas balancé à regarder les trois vers qui les renferment comme une interpolation. D'autres y soupçonnent simplement un texte altéré ou bien une lacune. La plupart sont d'avis qu'il s'agit dans ce passage d'une guerre réelle, historique, d'une guerre civile entre les Éleusiniens, dont, au reste, il n'est question nulle part[2]. Si l'on garde le texte tel qu'il est, et si on le traduit, comme nous l'avons fait, dans le sens le plus naturel, l'on sera porté à voir avec nous, dans cette guerre à jamais renouvelée selon le cours des saisons et des ans, l'honneur éternel prédit par la déesse à Démophon, et une guerre allégorique, tout-à-fait dans le ton d'une prophétie. Et encore cette allégorie n'est-elle pas bien audacieuse ; elle demeure fidèle à cette ligne délicate où se tient si habilement, sur les limites du symbole, l'auteur épique de cet

---

[1] Hymn. in Cerer. v. 242-264, 265-267.
[2] *V.*, dans les Éclaircissements sur ce livre, note 11, à la fin du volume, les auteurs et les motifs de ces diverses opinions.   (J. D. G.)

hymne ; car ce qu'il appelle guerre et bataille, ce sont évidemment les jeux et les combats solennels célébrés périodiquement en mémoire du jeune héros d'Eleusis[1].

Ces jeux, il est vrai, étaient d'un caractère fort sérieux, si sérieux même que ce qu'on appelle guerre pourrait, à son tour, être considéré comme un jeu en comparaison. Les enfants d'Éleusis devaient en être les acteurs, et nous trouvons les prêtres d'Éleusis qualifiés au même sens d'amis de la guerre aussi bien que d'amis de la sagesse, précisément comme Minerve chez Platon[2]. Porphyre en les nommant ainsi paraît avoir voulu faire allusion au passage cité de l'hymne homérique, ou bien il aura suivi la même tradition qui y est exprimée. Proclus, qui nous a conservé son témoignage, disserte longuement sur cet amour de la guerre et de la sagesse commun à Minerve et à ceux qui se laissent diriger par elle. Il nous a transmis également le sentiment de Iamblique qui, plus que tout autre, pénètre dans le fond de l'idée. La guerre, pour lui, est la faculté, la force de déraciner en nous la nature déréglée, vicieuse et matérielle. La sagesse, au contraire, est la pensée immatérielle et dégagée des sens[3].

---

[1] A l'appui de notre interprétation vient un passage, trop peu remarqué jusqu'ici, d'un ancien poëte copié par Artémidore, I, 8, p. 20 Reiff., et où il est question, selon toute apparence, de jeux périodiques solennisés en l'honneur *des déesses* à Éleusis. *Cf.* l'article suivant, p. 628, n. 2.

[2] Porphyr. apud Procl. ad Platon. Tim. p. 51. *Cf.* le ch. de Minerve, liv. VI, p. 807, tom. II.

[3] Cette interprétation néo-platonicienne est, à ce titre même, et à cause de sa portée supérieure, fortement contestée par le savant éditeur des Recher-

La guerre dont il s'agit, s'il faut suivre les indications de ces philosophes néo-platoniciens, si Porphyre, comme nous le croyons, a eu réellement en vue le passage de l'hymne homérique, serait donc une guerre symbolique, figurant le combat de l'esprit et de la chair, de la raison et des sens. En effet, n'avons-nous pas vu Cérès retirer à son nourrisson tout aliment matériel, le purifier par le feu, l'oindre d'un parfum divin, lui inspirer son souffle de déesse, pour l'élever jusqu'au rang des dieux? Ne fût-il pas devenu immortel sans les lâches craintes et la vue bornée de sa mère? C'est là aussi un combat de l'esprit et de la matière, et cette fois au grand dommage de l'esprit. D'ailleurs, les développements qui précèdent ont suffisamment établi le caractère de la religion de Cérès, religion, s'il en fut, de lutte et de combat, qui, dans une suite de généalogies et de mythes, nous présente partout en opposition les enfants du soleil et les enfants de la terre.

Nous pouvons, au surplus, alléguer quelques preuves positives à l'appui de l'idée que nous adoptons. Chez les Phénéates de l'Arcadie, pays où se maintinrent dans toute leur pureté les rites antiques de la religion dont il s'agit, un prêtre, à la grande fête annuelle de Cérès Éleusine, revêtait le masque de la déesse, conservé dans

---

ches sur les mystères du paganisme de Sainte-Croix, M. Silvestre de Sacy, tom. I, pag. 427 sq. et p. 470 sq. Mais nous croyons avoir suffisamment montré et dans le chap. de Minerve et dans maint autre passage de ce livre, que les anciens cultes de la Grèce, pas plus que ceux de l'Orient, ne furent étrangers à de telles idées. — *Cf.* à la fin du volume, la note déjà citée.

(J. D. G.)

ORIGINES DU CULTE DE CÉRÈS. CH. VII. 613

un réceptacle de pierre, et il frappait de verges, d'après une certaine formule, « ceux qui vivent sur la terre, » comme porte invariablement le texte de Pausanias, corrigé mal à propos[1]. Ce prêtre avec le masque de Cérès représente Cérès elle-même frappant les habitants de la terre, c'est-à-dire les hommes, tels qu'ils étaient désignés dans l'ancienne langue, tels qu'ils le sont dans celle d'Homère et des Homérides[2]; et c'est ici un exemple remarquable des scènes symboliques qui avaient lieu dans les fêtes de notre déesse. Celle-ci était destinée, sans nul doute, à figurer sa querelle avec les enfants de la terre. Que devait-ce donc être à Éleusis même, le foyer principal de son culte? Cérès, au reste, passait pour avoir apporté aux Phénéates toute espèce de légumes, hormis les fèves, défendues comme impures dans ses mystères en Grèce, ainsi qu'ils l'étaient à tous les Égyptiens par leur religion[3].

En Égypte précisément, à Paprémis, nous trouvons un autre exemple d'une guerre symbolique livrée auprès d'un temple. A la fête où l'image du Mars égyptien était apportée au temple de sa mère, les prêtres de celle-ci, armés de bâtons, lui en défendaient l'entrée. Un violent combat s'élevait entre eux et ceux qui portaient la sta-

---

[1] VIII, Arcadic., 15 *init.* Τοὺς ἐπιχθονίους παίει, et non pas avec Kuhn, suivi par Clavier, ὑποχθονίους, entendu des dieux infernaux. Gedoyn traduit les habitants du pays; mais il faudrait, comme l'observe très bien Goldhagen, le traducteur allemand, ἐπιχωρίους.

[2] Ἐπιχθόνιοι, soit avec, soit sans le substantif ἄνθρωποι. *V.* Iliad. XXIV, 220; Odyss. XVII, 115, XXIV, 196; et l'hymne à Cérès, v. 480, 487.

[3] Pausan. *ibid.*, coll. Herodot. II, 37.

tue, soutenus par la foule des dévots; et pourtant, selon l'affirmation des Égyptiens, personne n'y périssait. Une tradition sacrée, motivant cet usage singulier, racontait qu'un jour Mars avait voulu visiter sa mère, et qu'il avait maltraité à cette occasion les serviteurs de son temple[1]. Voilà encore un dieu qui bat, qui châtie les hommes; voilà des combats solennels institués en commémoration de ce premier combat.

Valckenaer a fait remarquer avec raison, dans la tradition de Paprémis, chez Hérodote, l'emploi de certains mots à double sens, de certaines expressions significatives, qui en disent plus qu'elles ne paraissent en dire. Dans le passage de l'hymne homérique qui nous occupe, nous sommes frappés également de la concision pleine de sens des paroles du poëte, fidèle à ce caractère du langage antique, constamment observé dans les sujets religieux, mystérieux surtout, tels que la prophétie mise dans la bouche de Cérès. C'est ce qui fait que là, où quelques éditeurs signalent une interpolation, nous reconnaissons, au contraire, le ton et la couleur de la vieille langue sacerdotale. A peine si l'allégorie, si le double sens y perce, à travers la simplicité des expressions; si, dans cette guerre, dans cette bataille terrible dont il est question, l'on est fondé à soupçonner la grande lutte entre l'esprit et la matière, l'opposition des deux principes, mortel et immortel, figurée par les jeux, par les combats solennels qui doivent être célébrés en l'honneur de ce jeune héros, convié à l'immortalité par la

---

[1] Herodot. II, 63 sq., *ibi* Bæhr, p. 626 sq., tom. I de son édition.

déesse sa nourrice, mais que la faiblesse de sa mère condamne à mourir.

Il y aurait beaucoup à dire sur le caractère de la langue religieuse des Grecs, souvent beaucoup plus éloignée qu'elle n'est ici de l'usage vulgaire [1]. Les noms propres, semés dans les antiques généalogies des prêtres ou des rois, mériteraient aussi d'être examinés avec attention. Beaucoup sont symboliques, surtout les doubles noms donnés à un seul et même personnage, par exemple ceux de Persée-Eurymédon, d'Androgée-Eurygyes, et bien d'autres. Le nom du prétendu roi Polydectès, appliqué à Hadès dans notre hymne même, appartient à cette catégorie [2]. Nul doute qu'il n'y faille rapporter également certains noms susceptibles d'étymologies diverses, mais toutes significatives. Le nom de Triptolème est de ce nombre. On l'explique d'ordinaire, nous l'avons vu [3], par les trois façons données à la terre, et que ce héros laboureur aurait inventées, ou bien par l'autre invention qui lui était attribuée, de préparer et de broyer l'orge pour la nourriture des hommes [4]. Mais si l'on observe que ce qui est dit de l'éducation de Démophon par Cérès, dans l'hymne homérique et chez Apollodore, se trouve rapporté chez d'autres à Triptolème, ainsi que la prophétie du combat [5], on sera tenté de penser que ce

---

[1] Nous en avons donné des exemples liv. VII, ch. V, art. IV, p. 318 ci-dessus; — avec le passage indiqué de l'*Aglaoph.* de Lobeck. (J. D. G.)

[2] *Cf.* ch. II, art. II, p. 448 ci-dessus.

[3] Liv. VI, ch. VIII, p. 764, tom. II.

[4] Ὁ τρίψας τὰς οὐλάς. Cornut. de N. D., c. 28, p. 209 Gal.

[5] *V.* Ruhnken. ad Homer. Hymn. in Cerer., v. 234.

nom, si voisin de celui de la guerre, a trait à ce même ordre d'idées, et que *Triptolème* aussi, signifiant *celui qui est exercé* ou *éprouvé dans les combats*[1], était considéré comme le héros de la guerre éternelle d'Éleusis. Quant à *Démophon,* son nom ne peut manquer d'être pareillement significatif; il se rapproche de plusieurs autres qui rentrent dans ce cycle mythique[2]; et rien n'empêche d'y reconnaître *le meurtrier du peuple*[3], conformément à la prophétie qui rattachait à sa mémoire des combats terribles et sans fin. Si l'on objecte que le fils de Céléus portait déjà ce nom avant que Cérès eût prédit ces combats, nous répondrons que ces sortes d'anticipations de noms se rencontrent à chaque pas dans la haute antiquité. Ce sont des noms typiques, des noms prédestinés, en quelque sorte, comme ceux de l'Ancien-Testament, et Démophon lui-même peut être appelé un héros typique.

---

[1] Τριπτόλεμος — ὁ τετριμμένος ἐν πολέμοις — πτολέμοις.

[2] Parmi les fils de Thésée, il en est un qui porte le même nom (Pausan. X, 25). L'artiste messénien qui, à Mégalopolis, avait représenté ses deux filles cueillant des fleurs, à côté de Cérès et de Proserpine, s'appelait *Damophon* (Pausan. VIII, 31). Le fondateur prétendu du temple de Cérès, chez les Phénéates de l'Arcadie, était un certain *Damithalès* (Pausan. VIII, 15). Enfin, l'une des filles de Céléus est nommée *Démo*, dans l'hymne homérique, et nous avons déjà trouvé, à Épidaure et à Égine, une *Damia*, laquelle n'est autre que Cérès, déesse du peuple (p. 444 sqq. *ci-dessus*).

[3] Δημοφῶν, Δημοφόων, comme Βελλεροφῶν, Βελλεροφόων, le *meurtrier de Belléros*. — D'après une conjecture de M. Welcker (*Zeitschrift*, I, 1, p. 132), on pourrait voir un sens analogue dans le nom de *Déiopé* (Δηϊόπη), *celle qui frappe les ennemis*, laquelle est donnée tantôt comme mère, tantôt comme fille de Triptolème, ou même comme mère d'Eumolpe.

En lui se révèle l'antagonisme du ciel et de la terre, et il en est pour jamais le symbole; pour jamais la lutte et la guerre sont attachées à son nom. Il est tombé des mains de la déesse qui voulait le ravir à la terre, et la flamme céleste n'a pu le purifier entièrement; mais il n'en est pas moins le nourrisson de Cérès, il n'en a pas moins reçu d'elle la nourriture divine et le souffle divin; ne pouvant être un dieu, il est devenu un héros, il a lutté pour obtenir le ciel dont il était déchu. Ainsi les Éleusiniens, tout en payant à la terre le tribut qu'ils lui doivent, quant à leur corps, doivent, quant à leur esprit, qui participe de la divinité, s'élever jusqu'au séjour céleste, par une lutte énergique et par de salutaires purifications. Castor, Pollux, et ce divin Hercule, qui se purifia des souillures terrestres dans les flammes du bûcher de l'OEta, ne firent pas autrement; et c'est dans le même sens, c'est pour le même but, qu'on les voit, aussi bien qu'Esculape, rendu immortel par un coup de foudre, recevoir des mains de Triptolème, à l'entrée de leur carrière héroïque, l'initiation aux mystères d'Éleusis.

Puisque nous en sommes sur les noms symboliques, il en est deux, appliqués à Cérès et à Proserpine, et qui se rapportent au même ordre d'idées, selon toute apparence, spécialement à l'idée de la purification par le feu. Le premier est le nom de *Déô*, donné à Déméter ou Cérès, et qui se rencontre dans l'hymne homérique. Ici encore on a soulevé la question d'interpolation, parce que ce nom ne se trouve point dans Homère. Mais il en est d'autres dans le même cas, par exemple celui de *Polydectes* ou *Polydegmon*, désignant Pluton, et non moins significatif que le précédent[1]. Ce n'est point d'après les idées purement homériques que doit être jugé un monument qui, dans les passages même reconnus les plus authentiques, s'écarte si fréquemment d'Homère. Au reste, il n'est pas sûr que la notion du feu plutôt que celle d'une recherche (la recherche de Proserpine), ou quelque autre, soit renfermée dans le nom de *Déô*[2]. Dans tous les cas, c'est un nom mystérieux et riche de sens comme tous ceux de ce genre, comme celui de *Déôïné*, qui en dérive et qui est donné à Proserpine[3].

L'autre nom que nous avons en vue est celui de *Daeira*[4], tiré du feu ou des flambeaux, et, selon l'opinion commune, désignant Proserpine, mais sur le sens et l'application duquel les anciens étaient loin d'être d'accord. Quelques-uns, en effet, l'appliquaient à Vénus, d'autres à Junon, d'autres enfin à Cérès elle-même. Phérécyde faisait de Daïra une sœur de Styx, et y voyait la nature humide, par conséquent une puissance ennemie de Cérès. Aussi la prêtresse de cette dernière divinité n'était-elle point présente aux sacrifices en l'honneur de Daïra, et ne touchait-on point à la chair des victimes qui lui

---

[1] Hymn. in Cerer. v. 47, v. 9, 17 et 31; *ibi* Hermann. et in Epist. ad Ilgen. p. 101. — *Cf.* la note 11 dans les Éclaircissements sur ce livre, fin du volume. (J. D. G.)

[2] Δηώ, de δαίειν, brûler, ou δήειν, chercher (Odyss. XI, 115, *ibi* Eustath.), etc. *V.* Villoison, Éclaircissem. sur Sainte-Croix, t. II, p. 204 sq., sec. édit.; Payne Knight, *Symbolic. Lang.*, § 36, p. 26; Welcker, *Zeitschrift*, I, 1, p. 122 sq., n. 39.

[3] Δηωίνη. — *Cf.* le chap. complém., à la fin de cette section. (J. D. G.)

[4] Δάειρα, Δαῖρα.

étaient immolées[1]. Avec la notion de la nature humide concourt cette généalogie d'une fille de l'Océan, appelée Daïra, et de qui Hermès aurait eu le héros Éleusis[2]. Nous sommes ainsi ramenés aux mystères de l'Attique et à Proserpine, qui y portait réellement ce nom, d'où vient qu'un initié à ses mystères était qualifié de *Daïritès*[3]. Apollonius de Rhodes donne encore à Proserpine-Daïra une épithète remarquable, celle de *seule-engendrée* ou d'*unique*[4]. Elle s'appelle ainsi, dit Plutarque[5], parce qu'elle sépare la meilleure partie de l'homme d'avec la moins bonne, et le ramène à l'unité. C'est le but que, suivant l'hymne, Cérès voulut atteindre par la purification du feu; elle voulut fondre ensemble l'esprit et le corps; puis, déçue dans son espoir, elle donna en échange aux hommes le dogme du combat, de la lutte, de la séparation de l'âme d'avec le corps. Elle devient donc à son tour Daïra, la déesse au flambeau qui éclaire et qui brûle[6], et c'est elle qui ramène à l'unité; voilà pourquoi elle se trouve, aussi bien que Proserpine, nommée à la fois *Daïra* et l'*unique*[7]. Quant à l'inimitié dont il a été question plus haut entre Cérès et Daïra, donnée encore comme la gardienne chargée par Pluton de veiller aux

---

[1] Pherecyd. Fragm., p. 201 ed. sec. Sturz.
[2] Pausan. I, Attic., 38.
[3] Δαειρίτης. Pollux, I, 35, coll. Hesych. *v.* Δάειρα, *ibi* interpret.
[4] Μουνογένεια. Apollon. Argon. III, 847, *ibi* Schol.
[5] De fac. in orb. lun. p. 943 C, p. 818 Wytteub. *Cf.* p. 555 *ci-dessus*.
[6] Schol. Lycophron. v. 710.
[7] Phanodem. ap. Eustath. ad Iliad. VI, p. 648, l. 36; Orph. Hymn. XL (39), 16.

enfers sur Proserpine, elle a son explication dans un autre ordre d'idées. Cérès, comme déesse de l'agriculture et protectrice des moissons, doit avoir en aversion les eaux infernales qui les corrompent; comme nourrice des corps et dispensatrice des biens de la terre qui les fortifient, elle combat toute influence qui tend à les détruire. Voilà pourquoi sa prêtresse s'éloigne de la redoutable sœur de Styx. Cette conception paraît être demeurée étrangère à l'hymne homérique, mais non pas celle qui se représente le fils de la terre, l'homme, en opposition par son être terrestre, par sa nature physique, avec le principe céleste qui pourtant réside en lui; faisant de vains efforts pour s'affranchir des liens corporels, ou bien même aimant sa servitude et restant par faiblesse attaché à la terre.

C'est cette faiblesse, nous l'avons vu, qui perdit Métanire et priva son fils de l'immortalité, en interrompant la purification qui devait l'y conduire. Dans les mystères aussi, les épreuves, les souffrances, les expiations des âmes étaient offertes en spectacle aux initiés, de même que les souffrances des démons et la passion de ces divinités qui avaient voulu partager le sort des mortels, par exemple Dionysus et Cérès. Là se trouve, suivant nous, la vraie clef de ces vers de l'hymne relatifs à l'établissement des mystères d'Éleusis, où il est dit qu'il ne faut ni les négliger ni les scruter avec curiosité, ces rites augustes, « ni s'abandonner à la douleur, car les grandes douleurs des dieux ferment la bouche[1]. » Quand les ini-

---

[1] Hom. Hymn. in Cerer. v. 480 sqq., en maintenant les leçons ἀχέειν et ἄχος, mots qui rappellent la Cérès Ἀχαιά ou Ἀχαία, l'*affligée* plutôt que

tiés ont sous les yeux les purifications, les souffrances nécessaires des âmes, ils ne doivent point faire comme Métanire et se récrier; ils doivent, au contraire, songer aux souffrances bien plus grandes des dieux et garder le silence. Cette explication est tout-à-fait d'accord avec la leçon de résignation donnée dans un autre passage[1] : « Il faut, quoi qu'il nous en coûte, subir le sort qu'il plaît aux dieux de nous envoyer, car ils sont bien plus puissants que nous. » Mais les mystères ne se bornent pas à enseigner la résignation ; ils ont leurs consolations et leurs promesses d'un meilleur avenir, renfermées dans ces vers qui nous paraissent tout aussi authentiques que les précédents : « Heureux le mortel qui a pu contempler ces grandes scènes! Mais celui qui n'est point initié, qui n'a point pris part à ces saintes cérémonies, est à jamais privé d'un sort pareil, même quand la mort l'a entraîné dans les sombres demeures[2]. » On a conjecturé, et avec raison, selon nous, que Sophocle avait présents à l'esprit ces vers du chantre homérique lorsqu'il s'écriait : « O trois fois heureux ceux des mortels qui descendent aux enfers après avoir vu ces sacrés mystères! Pour eux seuls ce séjour est une vie; pour les autres tout y est malheur[3].»

l'*Achéenne*, dont il a été question pag. 480 *ci-dessus*, et sur laquelle on peut voir encore Herodot. V, 6, *ibi* Wesseling.; Bekker. Anecdot. græc. p. 473; Lexic. Gudian. p. 98, 50 Sturz.

[1] V. 147 sq.

[2] V. 485 sqq.

[3] Ap. Plutarch. de audiend. poet. p. 21 F, p. 81 Wyttenb., avec ses Remarques, tom. VI, 1, p. 220 sq. — *Cf.* la note 11 dans les Éclaircissements sur ce livre, fin du volume. (J. D. G.)

Hécate avait une grande influence sur la destinée des âmes séparées des corps. Suivant la doctrine des mystères, les mauvaises âmes subissent leur premier châtiment dans la région de l'air qui est entre la terre et la lune; les âmes pieuses demeurent dans la partie la plus pure de l'air, appelée « les prairies d'Hadès », tant qu'elles ne sont pas entièrement purifiées des souillures terrestres. Mais la lune aussi est un lieu de peines et de récompenses. Elle a, comme la terre, ses cavernes, dont la plus grande se nomme l'antre d'Hécate, et où les âmes, devenues des Démons ou Génies, sont châtiées pour le mal qu'elles ont fait et dédommagées de ce qu'elles ont souffert[1]. L'auteur de l'hymne à Cérès, lorsque par deux fois il introduisait Hécate dans son poëme, rattachait-il à cette déesse de semblables idées : c'est ce que nous ne voudrions certes pas affirmer. Il n'en est pas moins vrai qu'une première fois elle sort de sa grotte à Zérynthe dans l'île de Samothrace, d'où elle avait entendu les cris de Proserpine enlevée par Pluton, et se joint à Cérès cherchant sa fille pour aller avec elle prendre des informations auprès du dieu du soleil. La seconde fois, elle vient saluer Proserpine enfin rendue à sa mère et s'attache à elle désormais comme sa suivante[2]. Cette seconde visite a paru suspecte à quelques critiques; mais il est dans l'harmonie intime d'une composition comme celle de notre hymne qu'Hécate, après avoir assisté Cérès dans sa peine, vienne la féliciter dans sa joie. Et d'ailleurs, la fille de Persès, compagne si naturelle de Proserpine à ce titre même et par

[1] Plutarch. de fac. in orb. lun. p. 943 sq., p. 819 sq. Wyttenb.
[2] V. 25, 51 sqq., et v. 438 sqq. — *Cf.* les Éclaircissem., *ibid.*

son côté sidérique, ne saurait manquer au triomphe de la justice, elle que son côté moral rapproche singulièrement de Némésis.

Mais, pour revenir à notre point de départ, le dogme de la double destinée des âmes se trouve clairement énoncé dans l'hymne homérique à Cérès, aussi bien que celui de leurs épreuves et de leurs purifications, notamment de l'épuration par le feu des souillures de la matière. Quand donc nous retrouvons ces deux idées dans les écrits des philosophes, ce n'en sont pas moins des articles de foi de l'antique doctrine sacerdotale, antérieurs à l'introduction de la philosophie systématique chez les Grecs[1]. Selon cette doctrine, fondement des mystères de l'Attique, les âmes purifiées et parvenues au céleste séjour devenaient des Héros; et c'est sous cet aspect, c'est comme types d'une lutte héroïque, dignement couronnée, que se présentaient à la pensée des Athéniens et Jasion, le bien-aimé de leur grande déesse, et Triptolème, son autre favori, et Démophon, son élève, sans parler d'Échétlus, de Bouzygès, et des autres fondateurs, non moins révérés, de la culture civile et religieuse du pays. Ils avaient enseigné l'agriculture, la propriété du sol, l'amour de la patrie qui en dérive, et les moyens de la défendre contre ses ennemis. La propriété commande la défense, et l'agriculture en donne les moyens, comme elle en fait naître le besoin. La charrue traîne après elle le char de guerre; le soc, la faucille se transforment en armes de combat. Aussi le laboureur Échétlus devient-il

---

[1] Plutarch. *ibid.*

un guerrier, et il a pour arme le manche de la charrue [1]. C'est encore pour cela, c'est par suite de l'étroite connexité de l'agriculture avec le dogme d'une autre vie, avec les épreuves qui la préparent ou l'accompagnent, que Cérès est représentée frappant les habitants de la terre; que les morts lui sont consacrés et sont placés sous son invocation [2]; qu'elle a pour fille la redoutable Proserpine. Celui qui travaille la terre doit retourner à la terre; la mort et la destruction, voilà son lot; voilà la loi proclamée du fond de l'infernal abîme, loi immuable comme l'eau même du Styx par laquelle jure Cérès lorsqu'elle prononce l'arrêt de la nature sur le jeune Démophon. Mais, si son corps doit périr, il n'en jouira pas moins d'un éternel honneur, le nourrisson de la déesse. Des jeux, des combats sont célébrés en son nom, comme au nom d'Androgée, cet autre fils de la terre [3], avec le retour de chaque année. C'est une guerre éternelle, une guerre livrée sous les auspices des héros de la patrie, dont les luttes et les hauts faits sont proposés en exemple à leurs descendants. S'ils suivent cet exemple, s'ils savent comprendre le sens des rites salutaires institués par les déesses elles-mêmes, ils ne périront point tout entiers, ils ne resteront point à jamais ensevelis sous terre; mais, comme les héros, ils mériteront par leurs actions de monter au céleste séjour. Ainsi, le combat périodique des initiés, à Éleusis, était l'image de cette lutte constante qui devait leur assurer la possession de la cité divine;

[1] *Cf.* liv. VI, ch. VIII, p. 765 et n. 1, tom. II.
[2] Pag. 612 sq. et 555 sq. *ci-dessus*.
[3] Chap. III, art. III, p. 495 sq. *ci-dessus*.

et les héros de la patrie, les morts illustres des temps anciens, étaient les prototypes de ce grand combat renouvelé chaque année en leur honneur.

Déjà nous avons fait remarquer, dans notre précédent livre[1], combien les représentations mystérieuses, figurées sur les vases anciens, viennent à l'appui de ces idées. Cette religion de l'héroïsme y a laissé partout empreints ses types caractéristiques. On y voit paraître fréquemment les héros de l'Attique, favoris de Cérès, Jasion, Triptolème et les autres[2]. Les combats de Thésée y sont également dépeints, et avec le même sens général[3]. Il en faut dire autant des héros appartenant à d'autres pays de la Grèce, par exemple de Persée[4]. Toutes les idées qui se rattachent, comme on vient de le voir, à la charrue du héros athénien Échétlus, transformée en arme de guerre, s'appliquent à la harpé ou à la faucille de l'argien Persée. C'est, nous le savons, un fils des dieux, placé sur la limite de la lumière et des ténèbres. Avec sa harpé il égorge les monstres des ténèbres et des déserts, les enfants de l'hiver et de la nuit. Cette harpé est identique au glaive dont, suivant le Zendavesta, le premier laboureur de la Perse fendit le sein de la terre, et dont, en Perse et ailleurs, était immolé le taureau, son

---

[1] Chap. V, art. V, p. 350-374.

[2] Pl. CXLVII, 548, CXLIV bis, CXLIV ter, 551, 551 a, avec l'explication, p. 222 et 224 sqq.   (J. D. G.)

[3] Pl. CXCVI, CXCVII, CXCIX, CXCIX bis, 696-699, 704-706, 709, et l'explication.   (J. D. G.)

[4] Pl. CLX, CLXI, CLXX, CLXXIV, 608-613, avec l'explication.   (J. D. G.)

emblème. C'est encore la faucille sous le tranchant de laquelle tombent les épis parvenus à leur maturité, et avec laquelle, dans la patrie même de Persée, à Hermioné, les vieilles prêtresses égorgeaient le taureau de l'année, succombant de fatigue, dans le temple de Cérès et de Proserpine [1]. Harpé, faucille ou glaive sont un seul et même symbole, un symbole de mort et de bénédiction à la fois, une arme qui tranche et qui sépare, l'épi de la terre, le corps de l'âme. Comme glaive d'or, cette arme symbolique luit dans les ténèbres et divise la matière d'avec l'esprit. Voilà pourquoi, dans l'hymne en l'honneur de Cérès, hymne dont le thème, dont la pensée fondamentale, est le dogme des semailles et de la moisson, de la guerre et de la mort, la déesse se présente, dès le début, avec l'attribut du glaive d'or, ou, si l'on veut, de la faucille d'or, en qualité de *Chrysaoros* [2].

Ce symbole nous ramène aux rites si pleins de sens, et qui se retrouvent dans toutes les religions, du combat du taureau et du sacrifice du taureau. Déjà nous nous en sommes longuement expliqués [3]. Si nous y revenons ici, c'est seulement pour établir que des rites semblables existaient aussi à Éleusis. Un coup d'œil rapide sur les jeux qui s'y célébraient va nous en convaincre.

---

[1] *Cf.* ch. II, p. 441, 448 sqq. *ci-dessus.*
[2] *Cf.* même ch., p. 466, coll. ch. V, p. 556.
[3] Chap. II et III, p. 440 sqq., 464 sqq., 506 sqq. *ci-dessus.*

III. Combats du taureau à Éleusis et dans d'autres contrées, soit de l'Occident, soit de l'Orient ; sens symbolique et religieux de ces combats.

Les jeux célébrés à Éleusis étaient de diverses espèces et doivent être distingués des Éleusinies proprement dites. Ils tombaient à la fin de ces fêtes, et c'étaient, comme l'a fait voir Sainte-Croix[1], des jeux funèbres, en ce sens que les jeux funèbres des temps héroïques se terminaient par des exercices gymniques, ainsi que les Éleusinies. Leur établissement eut lieu, suivant la Chronique de Paros[2], sous le règne de Pandion II. Ce furent les premiers jeux introduits en Attique, si bien que ceux des Panathénées furent institués postérieurement[3]. Des enfants ou plutôt des éphèbes en étaient les acteurs[4]. Le prix consistait en fruits, en productions de la terre, conformément à l'idée de la déesse qui était censée y présider. « Les hommes, dit Aristide[5], en instituant ce prix, voulurent éprouver ce qu'une nourriture plus douce et plus succulente leur avait fait gagner en force. » Nul doute que ce n'est point là une simple figure de rhéteur,

---

[1] Rech. sur les myst. du Pagan. I, p. 337, sec. édit., contre Meursius, Eleusin., c. 28.

[2] Ep. XVII, p. 7 ed. Wagner.

[3] Helladius, p. 18 ed. Meurs., confirmé par Aristote cité chez le Schol. d'Aristide sur le Panathén., tom. III, p. 323 Dindorf., et par Aristide lui-même, *ibid.*, et dans l'Éleusin. t. I, p. 308 et 417.

[4] Inscript. in Marmor. Oxon. p. 83 ; Gell. N. A. XV, 20.

[5] Eleusin. p. 257 Jebb., p. 417 Dindorf.

mais qu'il faut y voir une allusion aux combats du taureau existant réellement dans les jeux d'Éleusis. La preuve s'en trouve dans un passage d'Artémidore, qui a échappé à nos prédécesseurs[1], et où il est question des combats de taureaux soutenus en Ionie par les jeunes gens d'Éphèse, en Attique par les enfants d'Athènes, dans les spectacles d'Éleusis[2], au renouvellement de l'année, et à Larisse en Thessalie par les nobles du pays[3].

La mention de combats de taureaux à Éphèse nous remet en mémoire l'Artémis ou la Diane de cette ville, parmi les attributs de laquelle les taureaux tiennent une si grande place, et qu'ils caractérisent comme *Tauropole* ou *Taurobole*, avec toutes les idées accessoires que nous avons développées plus haut[4]. Souvenons-nous aussi de ce taureau que, dans le voisinage d'Éphèse, à Nysa en Carie, des éphèbes entraînaient dans la grotte de Charon, pour le consacrer à Proserpine et à Pluton, son

---

[1] Oneirocrit. I, 8. *Cf.* p. 611, n. 1, *ci-dessus*.

[2] Si on lit, avec Gronov., qui avait trouvé ce passage extrait dans les papiers de Meursius (Præfat. ad Thes. antiq. græc., t. VII, p. 14), παρὰ ταῖς θέαις, sinon, « auprès des déesses d'Éleusis, » παρὰ ταῖς θεαῖς, avec Reiff, et mieux παρὰ ταῖν θεαῖν ou θεοῖν.

[3] Ce passage est des plus curieux et des plus importants pour notre sujet. Il pourrait donner lieu à une foule de parallèles, dont quelques-uns ont été anticipés par Selden, Muratori, Chishull, d'autres encore (Gronov. *ibid.* p. 869, et Reiff ad Artemidor. p. 230), plus récemment par Bœttiger (*Gothaisch. Hofcalender*, 1804, p. 40) et Millin (Magas. encyclop. 1808, IV, p. 316 sqq.), qui a rapproché des combats de taureaux dans l'antiquité les *ferrades* de la Camargue aux Bouches-du-Rhône.

[4] Chap. précéd. p. 563 sq., et le renvoi au liv. IV, ch. IV, t. II.

époux[1]. Il résulte de ces rapprochements que les deux déesses dont il s'agit avaient entre elles des rapports intimes, et que le taureau de Nysa, le taureau dionysiaque, appartenait à Diane, spécialement à la Diane d'Éphèse, aussi bien qu'à Bacchus-Pluton et à Proserpine-Pasiphaé[2]. Toutefois, nous ne voudrions pas soutenir que les combats de taureaux d'Éphèse, dont parle Artémidore, aient été célébrés en l'honneur de la Diane de cette ville. Il est plus vraisemblable que, comme en Attique, ils étaient consacrés à Cérès et à Proserpine, les rites de ces déesses, et notamment les Thesmophories, ayant été transplantés d'Athènes à Éphèse et dans plusieurs autres colonies asiatiques, par les Ioniens qui vinrent s'y établir[3]. Nous ne savons pas non plus précisément à quelle époque de l'année ces combats de taureaux avaient lieu, soit en Attique, soit à Éphèse, et, pour nous en tenir à l'Attique, si c'était dans les Thesmophories ou les Éleusinies, dans les grandes ou dans les petites fêtes de ce dernier nom. Mais, ce dont nous sommes sûrs, c'est qu'ils avaient lieu à Éleusis; et, à en juger par les coutumes analogues que nous avons signalées ailleurs[4], il paraît

---

[1] Chap. II, art. III, p. 467 *ci-dessus*.

[2] Est-ce seulement à cause de l'alliance des villes d'Éphèse et de Sardes que les deux déesses se voient associées sur une médaille destinée à en perpétuer le souvenir? *V.* Rasche Lex. rei num. IV, 1, p. 221, et compar. les monuments analogues dans nos pl. LXXXVI-LXXXVIII, 314-316, avec l'explicat. p. 142 sq.   (C-r et J. D. G.)

[3] *V.* Strab. XIV, p. 633, coll. Herodot. VI, 16; Diogen. Laert. XI, 43 coll. 34; et Corsini Fasti Attici, dissert. XIII, p. 341.

[4] Chap. II, p. 440 sq. et p. 467, *ci-dessus*.

hors de doute que c'était en l'honneur des divinités telluriques, de Cérès, de Pluton et de Proserpine.

Dans le passage d'Artémidore, il est question de combats de taureaux livrés à Larisse en Thessalie. Ces combats, où figuraient les nobles du pays, étaient volontaires, et notre auteur les distingue positivement des combats du Cirque, auxquels les Romains prenaient un plaisir si cruel. Cependant il ne faudrait pas croire que les premiers fussent étrangers aux Romains. Leurs écrivains font plus d'une fois mention des *Taurilia*, qui ne sont pas autre chose, et dont ils remarquent le caractère religieux[1]. Ces combats de taureaux, qui paraissent avoir été importés de la Thessalie à Rome, dans lesquels les cavaliers thessaliens jouaient un grand rôle, et dont les inscriptions constatent l'existence, de même que les médailles et d'autres monuments en offrent l'image[2], étaient de différentes espèces. Le combattant était tantôt à cheval et tantôt à pied, vêtu ou non vêtu; il lui fallait tantôt terrasser le taureau en le saisissant par les cornes, tantôt le porter sur ses épaules. Mais quelque variées que

---

[1] Par exemple Tite-Live, XXXIX, 22 : *ludi Taurilia... religionis causa*. Le fait date de cent cinquante ans avant César, et sert à rectifier Pline H. N. VIII, 45, p. 472 Hard. Les médailles viennent à l'appui. *Cf.* Spanheim de usu et præst. num. II, p. 137. — Les *ludi Taurii*, comme portent les éditions récentes de Tite-Live, sont-ils la même chose que les *Taurilia*, c'est un point à examiner dans la note 12 sur ce livre, fin du volume, ainsi que la question générale des combats de taureaux, de leur origine, de leur but et de leur sens. (J. D. G.)

[2] *V.* Sueton. Claud. c. 21; Schneider *v.* ταυρελάτης et κεραελκής; Marmor. Oxon. 130, τὰ ταυροκαθάψια. *Cf.* Gronov. Thes. antiq. gr. VII, p. 869, et Millin, *ubi supra*, p. 324 et 328, avec la planche.

fussent les formes de ces jeux, selon les pays et les circonstances, ils avaient en commun leur haute antiquité d'abord, et puis leur signification généralement symbolique, et leur connexion directe ou indirecte avec la religion de Cérès. Il est naturel de penser que l'idée et la fable des *Centaures* ou *Hippocentaures*, également originaires de Thessalie, sortirent de rites semblables[1]; et peut-être même les Amazones d'Éphèse, ces femmes belliqueuses des temps anciens[2], n'y sont-elles pas étrangères, à en juger par les rapports divers qu'elles soutiennent, aussi bien que les Centaures, avec les héros de la Grèce, avec Hercule, avec Thésée, grands domp-

---

[1] Κενταῦροι, de κεντέω et ταῦρος, les chasseurs de taureaux sauvages des temps pélasgiques, en liaison avec les ταυροκαθάψια, comme le pense O. Müller (*Archæol.* § 389, 1), et qui y trouvèrent peut-être la transformation mythique qui en fit des hommes-chevaux. Du reste, il n'est pas exact de dire que sur les bas-reliefs d'Assos, dont vient de s'enrichir notre Musée royal, ils soient représentés chassant des taureaux. On peut voir liv. IV, chap. V, pag. 200 sq., tom. II, une autre explication, purement symbolique, de la fable des Centaures, et l'indication de plusieurs monuments, reproduits dans nos planches, où ils figurent en lutte avec Hercule. Ailleurs on les rencontre combattant avec Thésée ou avec les Lapithes, pl. CCIX, 715 *b*, 715 *c*, ou bien enlevant des femmes, même planche, 715, 715 *a*, ou encore poursuivis comme des monstres sauvages, 715 *d*, et cela sous leurs formes les plus anciennes. Ils font partie du cortége de Bacchus, ainsi que les Centaurides ou Centauresses, leurs femmes, et traînent le char de ce dieu, soit seul, soit uni à Ariadne, son amante, ou à Cora-Libéra, sa sœur (planch. CX, 445, CXIX, 448, CIX, 451 *a*, CXXVI, 456, CXXIV, 474, CXXV, 475, CXXII, 478, CXLIV, 489). Entre tous se distingue *Chiron*, le précepteur d'Achille, celui d'Esculape et de bien d'autres (pl. CCXVIII, 765, CCXXV, 766, avec l'explication). *Cf.* la même note dans les Éclaircissements sur ce livre. (J. D. G.)

[2] *Cf.* liv. IV, ch. III, p. 88 sqq., tom. II.

teurs de taureaux [1]. Quoi qu'il en soit de cette conjecture, les fils de Jupiter, Hercule, Thésée, apparaissent, dans le cours de leur carrière solaire, en relation avec les bœufs ou les taureaux, les terrassant, comme firent dans la suite les cavaliers thessaliens, les immolant à Cérès-Chthonia, ou à sa fille, la séduisante Proserpine-Vénus (Pasiphaé), ou encore à Hécate, qualifiée, ainsi que Diane, de *Tauropolos* [2]. Persée lui-même, quoiqu'il n'ait d'ordinaire à combattre que les monstres des déserts, ne doit point être exclus de ce cycle mythique des combats de taureaux, ne fût-ce que pour avoir coupé la tête à Méduse, du sang de qui Chrysaor prit naissance, Chrysaor, l'homme au glaive d'or, qui à son tour eut de Callirrhoé, fille de l'Océan, Géryon, le possesseur des taureaux du soleil [3]. Ce Géryon, que la mythologie vulgaire place aux extrémités de l'Occident, à l'Orient les Lydiens le réclamaient. Un grand squelette, qu'un torrent des montagnes avait déterré après de fortes pluies, était, suivant eux, le corps de Géryon. En Lydie, près des Portes de Téménus, on montrait aux étrangers le siége gigantesque sur lequel il s'était assis jadis, dans l'angle d'un rocher, et un laboureur, disait-on, avait rencontré sous le soc de sa charrue les cornes de ses bœufs [4]. Ainsi toujours les mêmes images et les mêmes conceptions se reproduisant dans des lieux divers, légèrement modifiées : car, non

---

[1] *V.* pl. CXC, 662, CXCVII, 709, etc.

[2] Orph. Hymn. I, 6.

[3] Hygin. fab. 151, *ibi* interpret., coll. Schol. Hesiod. Theogon. p. 126 et *ibi* Stesichor. — *Add.* liv. IV, ch. V, p. 199 sq., tom. II.

[4] Pausan. I, Attic., 35.

loin de la Lydie, nous avons trouvé, chez les Cariens, un Jupiter *Chrysaoreus* ou au glaive d'or, envoyant du ciel les pluies fécondantes, une Rhéa à qui sont immolés des taureaux près du fleuve *Chrysaoras*[1]; tout comme nous retrouvons, en Lydie même, un homme aux taureaux, Géryon, fils de *Chrysaor* et d'une nymphe de l'Océan, et dans l'hymne à Cérès une Déméter *Chrysaoros*[2], c'est-à-dire la déesse à qui ou à la fille de qui sont sacrifiés des taureaux en Carie, en Sicile et ailleurs[3]. Les premiers sacrificateurs de ces taureaux, ce sont les héros qui les combattent et les domptent, et à leur tête Persée ou Persès, la copie de Mithras, du dieu-soleil immolant le taureau de l'année pour en assurer les bienfaits, pour assurer le triomphe de la lumière sur les ténèbres, du bien sur le mal[4].

Tous ces héros sont en quelque sorte au service de Cérès, tous ils sont, comme nous l'avons dit, en rapport avec son culte, avec les idées et les institutions qui en dérivent. Des jeux solennels, établis en leur honneur à Chemmis, à Éphèse, à Larisse, à Éleusis, conservèrent d'âge en âge dans la mémoire des peuples le souvenir de leur gloire avec celui de la fondation de l'agriculture qu'on leur attribuait. Les circonstances de ces jeux et des fêtes auxquelles ils se rattachaient, l'esprit tout héroïque de ces fêtes où la jeunesse se formait, par les exercices

[1] Chap. II, art. III, p. 462 sqq. *ci-dessus*.
[2] *Ibid.* p. 466.
[3] *Cf.* p. 441 sq., 467 sqq., 540 sq. *ci-dessus*.
[4] *Cf.* liv. II, chap. IV et V, *passim*, tom. I, et pl. XXVI, XXVII, XXVII *bis*, 131-133, avec l'explication. (J. D. G.)

du corps et par des luttes périlleuses, au travail, au combat, à la défense du pays comme à la culture du sol, nous reportent en définitive à l'Orient. Sur les monuments de la Perse ancienne, nous observons, aujourd'hui encore, les types de ces luttes symboliques[1], et les combats de taureaux s'y retrouvent aussi bien que chez les tribus guerrières du nord de l'Inde[2]. Les castes militaires de l'Égypte avaient des institutions analogues, et, tant que subsista l'antique constitution dont les prêtres et les guerriers étaient le double pivot, l'agriculture, la religion, les exercices gymnastiques y formèrent une étroite alliance[3]. Bien plus, dans la Grèce primitive et chez les vieux Pélasges de Dodone, il semble que les Selles, dont Homère nous trace la peinture, aient été à la fois guerriers et prêtres[4]. C'est au prix de la guerre et des combats que les dieux eux-mêmes apportèrent aux hommes la semence du blé et celle de la foi. C'est pourquoi la vigueur et le courage sont les premiers devoirs des chefs

[1] Pl. XXVII bis, 122 a, 122 b, et l'explicat. p. 28 sq. (J. D. G.)

[2] Chap. III, art. V, p. 507 et n. 2 ci-dessus.

[3] V. ce que dit Hérodote II, 164 sq., 166 sq., des Hermotybiens et des Calasiriens, dont les premiers avaient leurs quartiers, entre autres villes, à Chemmis et à Papremis, renommées pour leurs jeux guerriers, Chemmis surtout. Cf. les Éclaircissements du livre III, pag. 772 sqq., tom. I; et liv. IV, ch. V, p. 164 sq., tom. II; liv. VIII, ch. II et VII, p. 436 sq., 613 sq., ci-dessus.

[4] Du moins l'historien Andron (ap. Schol. Venet. Iliad. XVI, 233, p. 383 Villois.) expliquait-il au sens d'habitudes belliqueuses (φιλοπτόλεμοι) les épithètes que leur donne le poète, et où d'autres voient un caractère sacerdotal. Cf. ch. IV, p. 537 ci-dessus, coll. liv. VI, ch. I, p. 538, tom. II.

du peuple. Ils doivent affronter les plus grands périls, les plus rudes labeurs, pour le service des dieux et du pays; ils doivent courber sous le joug l'utile et fort animal qui partage les travaux de l'agriculture; ils doivent même de temps en temps l'entraîner à l'autel et l'y sacrifier, pour montrer que tout ce qui est mortel, en dépit de sa force, tombe sous la force supérieure des dieux.

Il en était ainsi à Éleusis, et voilà pourquoi les mystagogues de ce lieu saint étaient dits amis de la guerre. Les grandes déesses y étaient honorées par des combats, et des jeux solennels y perpétuaient la mémoire des héros fondateurs de l'agriculture et de la société, leurs favoris. Le sanctuaire d'Éleusis était comme une école de guerre; Cérès elle-même portait le glaive aussi bien que la faucille, ou plutôt la faucille et le glaive c'est tout un dans ses mains. Les jeux, les combats gymniques, consacrés à cette déesse et à sa fille, passaient en Attique pour les premiers de ce genre. Rattachés à Démophon ou à Triptolème, bienfaiteurs du pays, modèles de ses enfants, ils faisaient allusion tout ensemble aux travaux physiques qui fécondent le sol de la patrie, qui la défendent, et à la lutte morale qui purifie et retrempe l'âme. Ils étaient donc dans tous les sens une école de vertu, et c'est à juste titre que les initiés d'Éleusis sont appelés amis de la sagesse en même temps qu'amis de la guerre.

CHAPITRE COMPLÉMENTAIRE.

NOMS ET SURNOMS DE CÉRÈS ET DE PROSERPINE.

I. Noms et surnoms de Cérès.

C'est ici le lieu peut-être de donner les éclaircissements les plus nécessaires sur les noms de nos deux déesses, en nous attachant de préférence, parmi le grand nombre de ces noms et des étymologies qui en ont été proposées, à ceux qui peuvent surtout contribuer à mettre en lumière l'idée fondamentale de Cérès et de Proserpine. Deux remarques dominent tout ce sujet. La première, c'est que Cérès et Proserpine ont en quelque sorte un domaine commun, si bien que ce qui se dit de l'une se dit aussi de l'autre, comme, par exemple, quand elles sont l'une et l'autre prises tour à tour pour la terre [1]. La seconde remarque a plus d'importance encore. Il est évident que les anciens, c'est-à-dire les Grecs et les Romains, avaient perdu de vue l'origine et la signification première de plusieurs des noms de ces divinités, notamment des principaux; et cela parce qu'ils dérivaient en partie des lan-

---

[1] De Cérès ou Déméter la chose est bien connue; quant à Proserpine, son nom est positivement donné à la terre ou *tellus*, par Varron, ap. Augustin. de Civ. D. VII, 24. *Cf.* Muncker ad Hygin. p. 635, et Spanheim ad Callim. Hymn. in Cerer., v. 133.

gues de l'Orient et qu'ils remontaient aux temps primitifs. De là le vaste champ ouvert aux conjectures étymologiques. Bien que la plupart de ces conjectures soient erronées, elles n'en ont pas moins leur prix, au moins celles qui viennent de l'antiquité ; car presque toujours elles nous révèlent quelque côté essentiel des êtres mythiques dont elles prétendent expliquer les dénominations.

Le nom de *Déméter* signifie *terre-mère,* comme nous l'apprend le Stoïcien de Cicéron dans le traité de la Nature des Dieux[1]. Diodore reproduit cette étymologie en l'appuyant d'un vers orphique[2]. Faut-il rapporter également à la forme archaïque du nom grec de la terre cet autre nom de *Déô*, dont nous avons déjà parlé ci-dessus[3], c'est ce que nous ne saurions affirmer. Cérès, dans l'hymne homérique qui lui est adressé, se nomme encore elle-même d'un nom tout voisin, *Dôs,* si c'est ainsi qu'on doit lire dans le texte, et non pas, comme ailleurs, *Déô,* ou bien encore *Dôris,* celle qui donne, nom qui a

---

[1] II, 26 *fin.*, p. 372 et *ibi* Creuzer. Δημήτηρ, pour γῆ μήτηρ, ou encore Δήμητρα, forme également antique et usitée en poésie comme en prose.— *Cf.* L. Dindorf. ad H. Steph. Thesaur. l. gr. ed. Ambr. Firm. Didot, volum. II, col. 1070.   (J. D. G.)

[2] I, 12, p. 16 Wesseling. L'étymologie immédiate est la forme archaïque, conservée dans le dialecte dorien, δᾶ ou δῆ, pour γᾶ ou γῆ. — *Cf.* G. et L. Dindorf, *ibid.*, col. 488 et 1050.   (J. D. G.)

[3] Δηώ. *Cf.* ch. VII, art. II, p. 617 *ci-dessus*. — L'étymologie qui le fait venir de δαίω, *brûler*, a pour elle Δηοῖ au datif, dans une inscription chez Bœckh, Corpus inscript. gr. I, p. 458, 3. *Cf.* L. Dindorf, *ibid.*, col. 1098 sq.   (J. D. G.)

aussi son autorité [1]. L'idée de dons ou de présents reparaît, du reste, plus d'une fois dans les épithètes de Cérès, associée à celle de généralité, de communauté, de peuple, s'il est vrai surtout que *Damia* veuille dire la déesse du peuple, celle qui nourrit le peuple, qui comble les hommes de ses bienfaits [2]. A ce titre Cérès portait encore les deux noms remarquables de *Courotrophos* ou celle qui nourrit les jeunes gens, et d'*Anésidora* ou celle qui prodigue ses dons [3]. Le premier, commun d'ailleurs à plusieurs divinités, à Apollon, à Latone, aux Nymphes [4], lui était spécialement appliqué dans les reli-

---

[1] Le ms., v. 122, porte Δὼς, maintenu par la plupart des éditeurs, et qui se retrouve, comme nom commun, avec le sens de *don, donation*, dans Hésiode, Op. et D. v. 354. Schæfer, d'après Fontein, a substitué Δηὼ, d'après le v. 47. Ruhnken lit Δωρίς, d'après le Grand Étymol. p. 293. Hermann, tout en gardant Δὼς, conjecture Δωΐς, que Voss a reçu dans son texte, au même sens que Δωρίς, et pour faire le vers. (C-R. et J. D. G.)

[2] *Cf.* p. 444 sqq. et p. 616, n. 2, *ci-dessus*. Δαμία, forme dorique de Δημία, venant, comme Δημώ, de δῆμος. Les Athéniens, dans les invocations solennelles, disaient de même ὦ Δάματερ pour ὦ Δήμητερ (Eustath. ad Il. I, p. 9, l. 49 Bas., coll. ad Odyss. XX, p. 735, l. 18 sq.). — L'objection la plus forte contre cette étymologie, c'est qu'Hérodote appelle la déesse dont il s'agit Δαμίη et non pas Δημίη, d'où vient que M. Welcker (*Zeitschrift*, I, 1, p. 130) tire son nom de δαμάω et la rapproche de Poseidon Δαμαῖος (t. II, p. 629, n. 3). D'un autre côté, nous trouvons ce nom même de *Damia*, chez les Romains, donné à la Bonne Déesse, avec un sacrifice appelé *Damium* et une prêtresse *Damiatrix* (Festus, *v. Damium*, coll. Macrob. Saturn. I, 12). *V.* Hülmann, de Orig. Damii; O. Müller, Æginet. p. 170 sqq., et Bæhr ad Herodot. t. III, p. 149 sq. (J. D. G.)

[3] Κουροτρόφος, ἀνησιδώρα.

[4] *Cf.* liv. IV, ch. IV, p. 127, n. 1, tom. II; Theocrit. Idyll. XVIII, 50; Serv. ad Virgil. Ecl. X, 62.

gions de l'Attique; et le second s'y joignait dans les hymnes de cette contrée[1]. Comme *Courotrophos*, Cérès était évidemment une déesse-nourrice, sous les traits de laquelle les impératrices romaines aimèrent quelquefois à se faire représenter[2]. Ce même nom appartenait aussi à la terre, la nourrice commune des hommes et de tous les êtres qui couvrent son sein[3].

Ici s'élève de soi-même la question de savoir si Cérès était ou non distincte de la terre. Cette question se résout dans l'un et l'autre sens, selon le point de vue sous lequel on envisage la déesse. Il est incontestable que, dans la pensée comme dans les rites du sacerdoce antique, Cérès et la terre étaient fréquemment identifiées. Mais souvent aussi la croyance populaire divisa ce qui était uni dans l'origine. C'est ainsi que l'on en vint à distinguer deux mères des moissons, Tellus et Cérès, dont l'une leur donne la naissance, l'autre leur fournit la place[4]. Et pourtant

[1] Pseudo-Hérodot. Vit. Homer., cap. 30; Proclus in Plat. Tim. p. 238 sqq.; Plutarch. Sympos. Quæst. IX, 14, 4, p. 1078 Wyttenb.; Pausan. I, 31. Il est aussi mention, dans le personnel des mystères attiques, d'un prêtre appelé κουροτρόφος, espèce de pédagogue sacré, qui instruisait les jeunes gen dans les rites sacrés de Cérès, si toutefois ce n'est pas d'une prêtresse qu'il s'agit chez Pollux, I, 1, sect. 35, *ibi* Hemsterh., comme le pense M. Welcker, *ibid.*, p. 125.

[2] *V.* la médaille de Claude, dans Beger, Thesaur. Brandenb. I, p. 619, et Mitscherlich ad Hom. hymn. in Cerer. v. 227.

[3] Pausan. I, 22; Aristoph. Thesm. v. 307. — Eustathe (ad Odyss. IX, 107) rapproche d'une façon remarquable les divinités principales auxquelles les premiers hommes rapportaient leur nourriture: Διὶ ἀέρι, Δήμητρι γῇ, Νύμφαις καρποτρόφοις, Ἀπόλλωνι ἡλίῳ καὶ τοῖς τοιούτοις.

[4] Ovid. Fast. I, 674: *Hæc præbet causam frugibus, illa locum. Cf.* p. 547 *ci-dessus.*

le même auteur qui fait cette distinction nous apprend que les Romains, lorsqu'ils sacrifiaient à Cérès une vache pleine, songeaient à la terre qui porte les semences. D'autres déesses se confondaient avec la terre, d'abord Proserpine, appelée la terre en tant que les fruits germent de son sein [1]; puis Vesta, ainsi que nous l'avons vu ailleurs [2]. Ces diverses personnifications d'une même puissance physique échangeaient quelquefois leurs rôles, sans perdre pour cela leur caractère propre, caractère exprimé d'une manière tantôt plus subtile, tantôt plus grossière. Ainsi les Stoïciens voyaient dans Cérès le souffle de la terre, dans Proserpine le souffle des fruits [3]. Plotin détermine avec autant de netteté que de profondeur le rapport et tout à la fois la distinction de Vesta et de Cérès, lorsqu'il appelle l'une l'esprit, l'autre l'âme de la terre [4]. En effet, si l'on cherche à résumer tout ce que la mythologie et le culte nous apprennent de Cérès, si l'on considère surtout cette fable caractéristique de la déesse qui pleure et qui cherche sa fille, l'on sera porté à regarder la notion de la terre-mère et de l'âme de la terre comme celle qui représente le mieux l'essence de cette déesse.

Les idées de nourrice, de mère, d'humidité nourricière, de terre enfin, semblent se donner rendez-vous dans une nouvelle épithète, celle d'*Ompnia*, donnée en grec à Cérès au même sens que l'épithète *Alma* en la-

---

[1] Varro ap. Augustin., *ubi supra.*
[2] Liv. VI, ch. VII, *passim*, tom. II.
[3] Plutarch. de Isid., p. 505 Wyttenb.
[4] *Cf.* tom. II, p. 704.

tin[1]. C'est sans aucun doute de la même racine que dérive le nom de *Ops*, cette grande déesse des religions italiques, dont la notion se confond absolument avec celle de Cérès, terre, mère et nourrice[2]. Cérès se nomme encore *Oulo* et *Ioulo*, ce qui veut dire la déesse des gerbes[3]; *Aloas*, de l'aire à battre le grain, d'où les *Aloa*, une de ses fêtes[4]; *Aletria*, la meunière[5], toutes épithètes, on le voit, relatives à l'agriculture et aux biens de la terre. Il en faut dire à peu près autant de celles de *Hélégérys* et de *Chlóé*, quoiqu'elles impliquent l'une et l'autre, selon toute apparence, les idées accessoires de la lumière et de la chaleur du soleil, dont l'action concourt avec celle de Cérès à faire mûrir les épis en les vieillissant ou les jaunissant[6].

---

[1] Ὀμπνία, *opima, opulenta*, de ὄμπη, ὄμπνη, nourriture, principalement celle des fruits de la terre, se rapportant, ainsi que *ops, opis* et ses dérivés, au primitif ὄπω, de sens si divers. Les Nymphes sont appelées à la fois Ὄμπνιαι et *nutrices*, comme aussi κουροτρόφοι et καρποτρόφοι. *Cf.* Schneider, *Woerterb*. II, p. 180 sq., et Villoison, Mém. de l'Acad. des Inscript. t. XLVII, p. 343 sq. (C-R. et J. D. G.)

[2] *Cf.* liv. V, sect. II, ch. V, p. 499, tom. II.

[3] Οὐλώ et Ἰουλώ, de οὖλος et ἴουλος. *Cf.* p. 411, n. 1, *ci-dessus*.

[4] Ἀλωάς, Ἀλῶα, fête donnée aussi comme étant commune à Bacchus, à Cérès et à Proserpine. *V.* Philochor. Fragm., p. 86, et Reitz ad Lucian. t. III. p. 280 sq. Hermsterh., t. VIII, p. 199, 516 Bip.

[5] Ἀλήτρια, de ἀλέω.

[6] Ἐλήγηρυς (Hesych. I, p. 658, *ibi* Alb.) ou Ἐλήγηρις, comme dit Eustathe (ad Iliad., p. 1197 Rom.), διὰ τὸ ὑπὸ τοῦ ἡλίου ἕλης γηρᾶν. Ce qui précède, διὰ τὸ φύσει ἐγγινόμενον ὑπόλευκον ξάνθισμα τοῖς ληΐοις, donne en quelque sorte la définition de Χλόη, entendu dans l'un des deux sens que distingue le même Eustathe, p. 772, celui de *jaunissante*, ξανθὴ Δημήτηρ ou *flava Ceres*, et qui sont propres à cette famille de mots. L'autre sens, qui s'applique

Sous le nom, du reste équivoque, de *Chloé*, Déméter avait un temple à Athènes vers la citadelle[1]. A en juger par d'autres surnoms, l'éducation des troupeaux se trouvait également sous la protection de Cérès. Ainsi, elle était appelée *Pampano*, celle qui donne à tous les animaux leur pâture[2]; et les Mégariens, renommés pour le soin des moutons[3], lui avaient consacré un temple sous le nom de *Malophoros*, la déesse qui apporte les brebis[4]. Par là s'explique naturellement le bélier qui se voit, sur les médailles de la Mégaride, à côté de l'image de Cérès tenant des flambeaux[5]. Il se pourrait toutefois que cette représentation, aussi bien que l'épithète dont on la rapproche, eût un sens plus élevé, et qu'elle fît allusion, par exemple, à la tradition sacrée de Pan s'unissant à Cérès, comme lune, sous la forme d'un bélier[6], le bélier du printemps, le bélier solaire, qui donne la lumière et féconde les troupeaux de concert avec la déesse. Quoi qu'il

à la moisson en herbe, et signifie *verte, verdoyante*, est celui sous lequel on offrait à Déméter Χλόη ou encore Εὔχλοος (Sophocl. OEdip. Colon. v. 1600, *ibi* Schol.) un agneau et les premières pousses des plantes (pag. 549 ci-dessus).

[1] Pausan. I, Attic., 22; Schol. Sophocl. *ibid.* Ce temple était rapproché de celui de *Gé*, ou la Terre, *Courotrophos.*

[2] Παμπανώ, Hesych. II, p. 848 Alb.—Le texte porte Πάμπανον. Ruhnkenius (ad Tim. Lex. p. 209) lit Παμπάμων, à peu près dans le sens de Πολύβοια, qu'on verra plus loin; d'autres, avec moins de vraisemblance encore, Παμβότανος. (J. D. G.)

[3] *V.*, à ce sujet, le mot connu de Diogène, ap. Ælian. V. H. XII, 56.

[4] Μαλοφόρος. Pausan. I, Attic., 44.

[5] Pellerin, Rec., III, p. 253; Frœlich, Tentam. IV, p. 243.

[6] *Cf.* ch. III, art. I, p. 476 *ci-dessus.*

ORIGINES DU CULTE DE CÉRÈS. CH. COMPL. 643

en soit, celle-ci avait en commun avec Proserpine, sa fille, un autre surnom, celui de *Soteira* ou Salutaire. La première en est décorée sur une médaille d'Apamée, où elle tient aussi des flambeaux dans ses mains; la seconde le porte fréquemment, sur les monnaies de Cyzique en particulier[1], et elle l'avait encore à Sparte[2]. Elle s'y nommait également *Phlœa*, celle qui déborde, celle qui arrose et fertilise, notamment les plantes, de même que Bacchus, en un sens identique, était appelé *Phlœos* ou *Phléon*[3]. Proserpine-Phlœa désignait la déesse qui, du sein humide de la terre, fait croître les fruits. Une autre épithète de Proserpine, que donne Hésychius sans l'expliquer, est celle de *Chirogonia*. Selon nous, le savant Gerhard Vossius[4] en a découvert le véritable sens, lorsqu'il pense à la déesse qui favorise la naissance et entre les mains de laquelle les femmes en travail mettent au jour leur fruit. Nous retrouvons donc ici la Lilith ou l'Ilithyia de la Haute-Asie, cause de la lumière et de la vie

[1] *V.* Spanheim et Beck ad Aristoph. Ran., v. 380. *Cf.* p. 467, ci-dessus; et Liebe, Gotha numaria, p. 179 sq.; Sestini, Descriz. degli Stateri antichi, p. 47 et tab. III.

[2] Et ailleurs. *V.* Pausan. III, Laconic., 13; VIII, Arcadic., 31. Ce même surnom était aussi donné à Artémis. *Cf.* p. 477 et 553, n. 3, ci-dessus.

[3] Hesych. II, p. 1513 Alb.; Ælian. V. H. III, 41. Φλοιά, φλοιός, φλεών, de φλόω, φλέω, et autres formes voisines, qui se retrouvent dans le latin, *fleo, fluo*. De là peut-être encore Déméter ποτηριοφόρος, adorée en Achaïe (Athen. XI, p. 188 Schweigh.), quoique l'attribut de la coupe soit bien plus rare chez cette déesse que chez Dionysus. *Cf.* Winckelm. *Monum. ined.*, n° 16.

[4] De Idolol. II, 28, p. 443, t. I, p. 224 ed. Amstel. 1668.

tout ensemble. Remarquons aussi que, dans cette épithète, les idées de Proserpine et d'Artémis ou Diane se rencontrent; de même que dans le surnom de *Polybœa*, celle qui nourrit beaucoup, commun à ces deux déesses [1]. Polybœa passait encore pour la sœur de Hyacinthe, et leurs images se voyaient sculptées sur l'autel d'Amycles, parmi d'autres images, entre lesquelles celles de Proserpine et de Diane [2].

Mais avant de passer aux surnoms de Proserpine, nous avons quelques mots à dire du nom romain de *Cérès*. Déjà ce nom, difficile à interpréter, avait été pour les anciens l'objet d'une foule de conjectures plus ou moins heureuses. Il nous suffira de citer celle du Stoïcien de Cicéron, qui dérive *Ceres*, pour *Geres*, *a gerendis frugibus*, de ce qu'elle porte les moissons [3]. L'on a droit de s'étonner que les modernes, parmi toutes les tentatives qu'ils ont hasardées, n'aient pas songé à demander à la langue étrusque l'origine du nom de Cérès. Cette langue leur en fournissait une étymologie naturelle dans le mot *Cerus*, qui signifie à la lettre *créateur*, le vieil idiome latin ayant dit, selon toute vraisemblance, *cereare* pour *creare*, créer, opérer, d'où vient que, dans les chants des prêtres Saliens, l'on trouve encore *Ceruses*, au même sens de *créateur* [4]. Ainsi Cérès, d'après cette étymologie, serait la

---

[1] Hesych. *s. v.*, II, 996 Alb.

[2] *Cf.* p. 478 et 551, n. 4, *ci-dessus*.

[3] De N. D. II, 26. — *Cf.* Gerh. Vossii Etymol., *s. v.*; Sainte-Croix, Rech. tom. II, pag. 204 sqq., sec. édit.; Ignarra ad Hom. hymn. in Cerer. v. 122.

[4] *V.* Festus XI, p. 237; Scaliger ad Fest. *s. v. Cærimoniarum*,

ORIGINES DU CULTE DE CÉRÈS. CH. COMPL. 645

créatrice et celle qui opère par excellence. Faut-il remonter plus haut, et chercher jusque dans l'Orient la racine première du nom étrusco-latin de la déesse, c'est un soin que, dans tous les cas, nous devons laisser à d'autres [1].

II. Noms et surnoms de Proserpine.

Quant à Proserpine, nous savons déjà qu'en qualité de fille de Jupiter elle était appelée *Koré*, et, comme fille de Poseidon ou Neptune, *Despœna* [2]. Son nom grec de *Perséphoné* appartient, suivant nous, au sabéisme de la Haute-Asie, et se rattache étroitement aux idées du soleil et de la lune dans cet ordre de religions. Nous tenons pour probable que *Persé*, la première moitié de ce nom, signifie la *Perse* ou la *Persique*, c'est-à-dire la *lumineuse*, la *pure*, et en même temps la *meurtrière*, celle qui égorge et ouvre à la fois, tout comme *Persès* ou *Perseus*, deux for-

---

p. XXXVI, 15 ed. Scal.; Isidor. Orig. VIII, 10; Scaliger ad Varron. p. 30 sq. et p. 91 sq. *Cf.* Sainte-Croix et Ignarra, *ibid.*, et Lanzi *Saggio di ling. Etrusc.* p. 514, 518.

[1] Schelling (*Samothr. Gottheit.* p. 17 et p. 63 sq., not. 48 sq.) s'en est chargé, entre autres, et, le rapprochant de la *Kersa* cabirique (*Axio-Kersa*, p. 293 sqq., tom. II), l'a demandé à l'hébreu חרש *Charasch* ou *Cheres*, traduit par le latin *aravit*, mais avec l'idée accessoire de magie. *Cf.* la note 2, § 1, dans les Éclaircissem. du livre V, sect. I, tom. II. — Kanne, Schwenck, etc., faisant ou non le même rapprochement, mais sans chercher l'étymologie orientale du nom de *Cérès*, l'expliquent par le mot ἔρα, terre, avec l'aspiration gutturale, χέρα, κέρα, Κέρης, et y retrouvent ainsi la même notion fondamentale que dans le nom grec Δη-μήτηρ. (J. D. G.)

[2] Κόρη ou Κόρα, la Vierge; Δέσποινα, la Maîtresse ou la Dame. *Cf.* p. 260 et 471 *ci-dessus*.

mes différentes du même mot, signifie le *Perse*, ou *celui qui produit la lumière*, et aussi le meurtrier, l'égorgeur[1]. Nous pourrions aller plus loin, et, en rapportant ainsi cette première partie du nom de *Perséphoné* à la Perse et à ses dogmes, renvoyer la seconde à l'Égypte, en l'expliquant par le mot *Pheneh*, type du grec *Phanès*, où nous avons trouvé le sens d'*éternel*, d'*impérissable*[2]. Nous aurions par conséquent, dans les mots comme dans les choses, une *éternelle*, *impérissable* ou *immuable Persé*, dérivée à la fois de l'Égypte et de la Haute-Asie[3].

Les Grecs, au reste, cherchant dans leur propre langue les éléments du nom qu'ils donnaient traditionnellement à Proserpine, en avaient imaginé des étymologies différentes, mais d'accord pour la plupart avec tel ou tel des points de vue divers sous lesquels se présente cette déesse. Ce nom avait lui-même les formes variées de *Perséphoné*, *Phersephoné* ou *Phersephoneia*[4]. D'après les deux dernières, on le tirait du verbe grec qui veut dire *porter*, et du substantif qui signifie *meurtre, mort violente*[5]; et cette

---

[1] Pag. 423, 426, 458, 601 sq. *ci-dessus*, avec les renvois indiqués au tome I.

[2] Pag. 203 sq. du présent tome.

[3] Comme *Mithras-Persès* lui-même, dont *Mitra-Persé* ou *Perséphoné* (on peut voir aussi dans le dernier de ces noms un simple allongement de l'autre) est la sœur légitime, suivant nous. *Cf.* liv. II, ch. IV et V, *passim*, et surtout p. 368, n. 1, tom. I.

[4] Περσεφόνη, Φερσεφόνη, Φερσεφόνεια. *Cf.* Verheyk ad Antonin. Liberal. p. 293; Porson ad Homer. Odyss. p. 65, 72 ed. Schæfer.— Pareillement, sur les monuments étrusques, Φερσε pour Πέρσης ou Περσεύς, en vieux caractères grecs, pl. CLX, CLXI, 608, 610, 611. (J. D. G.)

[5] Φέρω et φόνος. Etymol. M. *s. v.*

étymologie à son tour était diversement interprétée. Ainsi le Stoïcien Cléanthe l'expliquait par le souffle, l'esprit, qui est porté, qui circule dans les fruits de la terre, et qui s'y éteint, qui y périt[1]. L'auteur d'un des hymnes orphiques[2] a développé la même idée, mais en la généralisant et en l'exaltant : « Toi seule, dit-il en s'adressant à Proserpine, es pour les infortunés mortels la vie et la mort ; car c'est toi qui produis et qui détruis toutes choses. » C'est aussi une remarque fondée d'un moderne, que, dans le nom de *Perséphoné*, réside la double notion de la mort naturelle et de la mort violente[3] ; que, de plus, la déesse de ce nom emporte l'idée de la destruction, de la corruption physique, à titre d'épouse du dieu des enfers.

D'autres modernes ont mis le nom grec de *Perséphoné*, expliqué par l'hébreu ou par le chaldéen, en rapport avec les productions de la terre, avec le blé, avec l'agriculture, ou bien encore avec le ciel et certaines de ses constellations. Gerhard Vossius, par exemple, y voit, d'après l'hébreu, la terre qui recèle dans son sein la semence du blé, idée juste, quoique partielle et déduite d'une fausse étymologie[4]. Bien plus partielle encore et plus étroite est l'idée de Dupuis, fondée sur son système exclusivement astronomique[5]. Pour lui, Cérès est la

---

[1] Plutarch. de Isid. p. 545 Wyttenb.

[2] XXIX (28), v. 15 sq.

[3] Φθείρεσθαι et φόνος. Damm Lex. Homer. p. 2989.

[4] *Peri* (fructus) et *saphan* (tegere). De Idolol. II, c. 60, t. I, p. 318 Amstel.

[5] *V*. Orig. des Cult., t. III, 2, p. 114 sqq. ed. in-4°, coll. t. II, p. 223 sqq.

Vierge ou la moissonneuse du ciel, portant des épis ; la Couronne boréale, qui vient immédiatement après, est Proserpine. Partant de là, au moyen des relations de ces astérismes, soit entre eux, soit avec plusieurs autres, il croit pouvoir rendre compte des rapports des deux déesses avec Jupiter, avec Bacchus, Triptolème, Jasion, de la fable du rapt, de la récolte des fleurs, des fêtes des semailles et des moissons, etc. Conformément à ces vues, le nom de *Perséphoné* serait chaldaïque, étant composé de *Pher,* la Couronne, et de *Tsephon,* le Nord. Une autre forme de ce nom, *Phersephatta,* trouverait son explication dans le même mot *Pher,* joint à l'arabe *Phetta,* et signifierait la Couronne déliée. Enfin, Dupuis ramène dans le même cercle d'idées la dénomination latine de *Proserpina,* s'appuyant ici, il est vrai, de l'autorité d'un ancien interprété selon son système. D'après Varron[1], Proserpine était ainsi nommée parce que, comme le serpent (*ut serpens*), elle se dirige dans un vaste espace, tantôt vers la droite, tantôt vers la gauche; ce que Dupuis entend de la corrélation de la Couronne boréale avec Ophiuchus ou le porte-serpent, au-devant de qui elle se trouve[2]. Assurément ces étymologies sont ingénieuses, quoique nous ne puissions les admettre non plus que les bases sur lesquelles elles reposent. Les anciens, on le sait, expliquaient *Proserpina* d'une manière beaucoup plus naturelle, le faisant venir de *proserpere,* parce que la se-

---

[1] De ling. lat. IV, 10, p. 19 ed. Scalig.

[2] *Proserpina,* de *pro* et *serpens,* d'après l'analogie de *Procyon,* étoile de la première grandeur, appelée encore *Ante-Canis.* Cic. de N. D. II, 44, p. 395 sqq. ed. Creuzer.

mence du blé pousse en herbe du sein de la terre et paraît au jour[1]. Bien qu'ici encore l'idée fondamentale soit vraie, nous inclinons pourtant à rejeter cette dérivation aussi bien que les précédentes, le mot latin *Proserpina* n'étant, selon toute apparence, qu'une modification du mot grec *Perséphoné*[2].

Nous passons sur beaucoup d'autres étymologies des noms, soit grec, soit latin, de notre déesse, lesquelles ne sont pas plus fondées grammaticalement, mais font ressortir quelqu'une de ses attributions essentielles[3], et nous revenons à cette forme singulière que déjà nous avons rapportée, celle de *Perséphassa*, *Perséphatta*, ou bien encore *Phersephassa*, *Phersephatta*, ou même *Pherréphassa*, *Pherréphatta*[4]. Cette forme est donnée comme attique, par opposition avec la forme vulgaire *Perséphoné*[5]. C'est

---

[1] *Quod sata in lucem proserpant.* Arnob. adv. gent. III, 33, p. 150 Herald., coll. Cic. de N. D. II, 26 *fin.*, *ibi* Creuzer.

[2] *Feronia*, nom sous lequel les Frères Arvales adoraient Proserpine (Marini *gli Atti*, etc., p. 395), et qui était, du reste, assimilée à Héra ou Junon, se rapproche, autant peut-être par ce nom même que par la notion d'une déesse de l'agriculture, de la végétation, des fleurs, et par son caractère tellurique ou infernal, de *Perséphoné*, *Phersephoné*, *Phersephatta*, *Phéréphatta*, et autres variantes que l'on va voir. *Cf.* liv. V, sect. II, ch. V, p. 494 sq., et liv. VI, ch. II, p. 611, tom. II. (J. D. G.)

[3] Par exemple Schol. Hesiod. Theogon. v. 911 sq.; Hesych. II, p. 1501 Alb., l'une ayant trait à la reine des morts, l'autre à la dispensatrice des biens de la terre.

[4] Περσέφασσα-Περσέφαττα, Φερσέφασσα-Φερσέφαττα, Φερρεφάσσα-Φερρεφάττα. — On trouve, sur un vase de Volci reproduit planche CXLVII, 548, Περοφατα. (J. D. G.)

[5] Mœris Attic. p. 396 Pierson. Le ms. de Leyde, au lieu de Φερεφάττα du texte vulgaire, porte Φεροεφάττα.

pourquoi le temple de Proserpine sur la place publique d'Athènes se nommait *Phéréphattion*, si ce n'est *Pherréphattion* ou *Pherséphattion*[1]. Quoique *Perséphassa*, avec ses différentes modifications, ne paraisse au fond qu'une variante de *Perséphoné*, cependant il est remarquable de voir l'un et l'autre de ces noms appliqués à la divinité qui les porte, par distinction avec celui de *Koré*[2]. Sans parler de l'étymologie que Platon donne du premier dans le Cratyle[3], nous avons eu occasion plus haut de citer celle que Porphyre en avait empruntée à d'anciens théologiens, et qui l'expliquait, sous la forme *Phéréphatta*, par la déesse *qui nourrit* ou *porte la colombe*[4]. Mais cette explication se concilie difficilement avec les autres formes, en apparence primitives, de *Perséphatta* et *Pherséphatta, Perséphaassa* et *Pherséphaessa*[5]. Aussi Spanheim croit-il reconnaître dans *Pherséphaessa* la déesse *qui porte des flambeaux*[6], idée que d'autres ont trouvée dans *Daeira*[7]. Cette idée, en effet, est d'accord avec la notion générale

---

[1] Φερεφάττιον est aussi le texte d'Hésychius, II, 1501 Alb., corrigé par Saumaise et Is. Vossius en Φερσεφάττιον, d'après les anciennes éditions de Démosthène adv. Conon. pag. 1259, tom. II ed. de Reiske, qui écrit, lui, Φερρεφάττιον.

[2] *V.* le fragment du poète comique Épicratès, chez Élien H. A. XII, 10, et Artémidore Oneirocrit. II, 34, t. I, p. 201 Reiff.

[3] P. 404 C. D., p. 47 Bekker.

[4] De φέρβειν ou φέρειν et φάττα, pigeon ramier, colombe. *Cf.* ch. VI, art. III, p. 592.

[5] *Cf.* ch. III, art. II, p. 486 sq.

[6] Ad Aristoph. Ran. v. 683, p. 169 sq. ed. Beck. — Évidemment de φέρειν et φάος, quoiqu'il ne s'en explique point.   (J. D. G.)

[7] *Cf.* chap. précéd., p. 618.

de Proserpine, en rapport constant avec la lumière et représentée, sur les monuments, des flambeaux dans les mains[1]. Une autre idée toutefois, qui n'est pas moins profondément enracinée dans la conception mythique de cette déesse, est celle de la mort ; d'où vient que des grammairiens et des mythologues l'ont de concert signalée dans la seconde partie du nom de *Perséphassa* ou *Perséphatta*[2]. Ce qu'il y a de sûr, c'est que, d'une part, les Grecs aimaient l'équivoque dans les noms symboliques de leurs divinités ; d'autre part, que le double sens de *lumière* et de *meurtre* ou de *mort* réside dans le mot primitif d'où sont formés les deux verbes qui expriment distinctement ces deux idées, verbes qui eux-mêmes ont pu concourir à la formation du nom dont il s'agit[3]. Dans tous les cas, les deux idées sont également essentielles à Proserpine ; elles se retrouvent, selon nous, l'une et l'autre dans la première comme dans la seconde moitié du nom grec de cette déesse, que ce nom soit *Perséphoné* ou *Perséphatta*, qu'il dérive ou non d'une source orientale[4].

---

[1] *V.* le bas-relief d'Éleusis, du cabinet Pourtalès, reproduit dans notre planche CXLV *bis*, 549, avec l'explication, p. 223. (J. D. G.)

[2] De σφάζω, σφάττω, dont les formes primitives sont φάω, φάζω. *V.* Damm, Lex. Hom., p. 2988 sq., et Kanne (*Mythol. der Griechen*, p. 128), coll. Lennep. Etymol. p. 703.

[3] Φάω-φαίω, φάω-φάζω.

[4] Pour que la chose semble probable de περσε aussi bien que de φονη ou φαττα, du moins en grec, il faut se rappeler que Πέρση, Πέρσης, Περσεύς sont généralement donnés comme des êtres de lumière, ayant trait à la lune et au soleil, et que leurs noms, paraissant dériver de πέρω, πέρθω, futur πέρσω, le même au fond que πρέω, πρήθω, impliquent à la fois l'idée du

Sous les deux formes de son nom grec, notre déesse figure comme reine des morts dans Homère et dans les autres plus anciens poëtes de la Grèce, ordinairement avec des épithètes caractéristiques, telles que celles de *pure*, de *redoutable*[1]. Elle était encore appelée la vierge *ineffable*, surnom que recevait également Hécate, si rapprochée de Proserpine, chez les Tarentins[2]. C'est en ce sens d'une puissance terrible autant que sainte, dominant aux enfers, qu'elle est représentée par les Tragiques[3], qu'elle était adorée même dans les mystères, quoiqu'elle s'y révélât sous d'autres aspects. Avec cette notion de la redoutable déesse se lia, dans les mystères aussi, mais appliquée à la fois à Proserpine et à Cérès, la grande idée de l'infini, qui ne fit pas sur l'imagination vive et mobile des Grecs une moindre impression que celle de la mort et des enfers. De là leur dénomination commune, à Éleusis et dans l'Attique en général, des *grandes déesses*[4], ou

---

rayon lumineux qui pénètre et du feu dévorant qui détruit. *Cf.* Lennep. Etymol. gr. p. 570 coll. 567, et Buttmann, *Lexilog.* I, p. 107 sq. D'autres ne veulent voir dans le nom de *Perséphoné* ou *Perséphatta* que l'une des deux notions de lumière ou de meurtre, en quelque sorte redoublée, la déesse de la lune ou celle des morts exclusivement (Schwenck, *Andeutungen*, p. 247; Kanne, *ubi supra*). D'autres font ressortir de préférence, dans l'une ou l'autre forme, les idées de nourriture et de fécondité, avec ou sans rapport à la lumière (Welcker sur Schwenck, p. 298 sq.; Vœlcker, *Japet. Geschl.*, p. 201 sq.). (J. D. G.)

[1] Ἁγνή, Odyss. XI, 385; ἐπαινή, Iliad. IX, 457. *Cf.* Hemsterhuis ad Lucian. Necyom. 9, t. I, p. 409, t. III, p. 348 Bip.

[2] Ἄῤῥητος κόρη — ἄφραττος pour ἄφραστος, Hesych. I, 551 et 649.

[3] Par exemple Euripid. Helen. v. 169 sq.; Sophocl. Antigon. v. 892.

[4] Αἱ μεγάλαι θεαί, comme elles s'appelaient encore et en Arcadie et en

simplement des *déesses*, des *deux déesses* par excellence[1], ou enfin des *augustes déesses*, titre qu'elles partagent avec les *Érinnyes* ou Furies.

Ici s'élève une question, celle de savoir si cette dernière dénomination fut réellement donnée à Cérès et à Proserpine. L'on a prétendu qu'à Athènes elle n'appartint jamais qu'aux *Euménides,* appelées, par un autre euphémisme, les *augustes déesses*[2]. Il est certain qu'à Athènes les Érinnyes furent désignées par ce nom[3]; mais il n'est pas douteux non plus qu'elles l'avaient en commun avec les deux déesses. D'abord il existait entre les unes et les autres un rapport constant d'idées, de caractères : nous avons rencontré en Arcadie une *Cérès-Erinnys*[4]*,* et tout à l'heure encore nous rappelions combien Proserpine et Hécate se ressemblent. Cette épithète d'*augustes*, appliquée aux Furies comme un titre d'honneur, exprime à

Messénie (ch. III, art. I, p. 477 *ci-dessus*). On a voulu que ce même titre désignât les Érinnyes dans Sophocle (*Cf.* liv. VII, ch. VI, p. 385 *ci-dessus*); mais l'emploi du duel μεγάλαιν θεαῖν suffit pour repousser cette idée, selon l'observation de Spanheim ad Callim. in Cerer. v. 122. — *Add.* Bothe ad Sophocl. OEdip. Col. v. 637, suivant son édit.   (J. D. G.)

[1] Αἱ θεαί, τὼ θεώ, surtout dans la formule de serment νὴ τὼ θεώ. On trouve encore θεαί sans l'article, ou même θεοί, et μυούμενος ταῖν θεοῖν, d'un initié aux mystères d'Éleusis, le nom θεός étant masculin et féminin à la fois, et l'emploi même du masculin pour le féminin plus choisi. *Cf.* Fischer ad Æschin. Dial. p. 165; Schneider ad Ælian. H. A. IX, 65, et Bast Epist. crit. p. 104.

[2] Σεμναὶ θεαί. *V*. Bast, *ibid.* p. 104 not., où il se borne à citer le schol. Paris. d'Apollon. de Rhodes, I, 1019.

[3] *V*. Pausan. I, Attic., 28 et 31.

[4] Chap. III, art. I, p. 470 sqq. *ci-dessus*.

merveille ce qu'il y avait de majestueux et de sévère tout ensemble dans les divinités des mystères. Ensuite, l'on trouve souvent l'une ou l'autre déesse qualifiée individuellement d'*auguste*[1], et les mystères d'Éleusis eux-mêmes sont ainsi qualifiés[2]. Il y a plus, le temple de Cérès Éleusine était positivement appelé l'*auguste* sanctuaire des deux déesses[3], ce qui semble prouver que c'était là une sorte de formule sacerdotale étendue à tout ce qui les concernait. Ce titre d'honneur si caractéristique pour leur temple, pour leurs cérémonies, et qui leur était déféré à chacune en particulier, ne pouvait donc manquer de réunir celles qui présidaient conjointement aux mystères; et en effet nous lisons dans le scholiaste d'Aristophane[4] que le poëte comique Philémon avait nommé par excellence Cérès et Proserpine les *augustes déesses*.

[1] Dès le début de l'hymne homérique à Cérès, elle est appelée σεμνή, v. 1 coll. v. 491, etc. De même dans l'hymne orphique XL (39), v. 2; dans l'hymne XXIX, 28, v. 10, c'est Proserpine.

[2] Σεμνά, encore dans l'hymne homérique, v. 483, et dans le passage remarquable de Sophocle, OEdip. Col. v. 1049, 989 Bothe, si on lit, avec Valckenaer, σεμνὰ pour σεμναὶ que maintient Dœderlein (Act. Philol. Monac. I, p. 55, et l'index s. v. Πότνιαι) et qui s'appliquerait aux déesses elles-mêmes.

[3] Τὸ σεμνὸν ἀνάκτορον ταῖν θεοῖν. V. Hemsterh. ad Lucian. Timon. 23, t. I, p. 136 de son édit., t. 1, p. 387 Bip., coll. Valcken. ad Herodot. IX, 65.

[4] Ad Thesmophor. v. 231. Cf. Mitscherlich ad Homer. Hymn. in Cerer. v. 8.

SECTION DEUXIÈME.

ÉLEUSIS ET LE CULTE DE CÉRÈS ET DE PROSERPINE
EN ATTIQUE.

CHAPITRE PREMIER.

ÉLEUSIS AVEC SES TEMPLES, SES PRÊTRES ET SES TRADITIONS.

Après avoir remonté jusqu'aux sources du culte de Cérès et de Proserpine, après en avoir parcouru les ramifications diverses, soit en Orient, soit en Occident, nous sommes revenus à l'Attique, notre point de départ, comme à son vrai centre dans le monde religieux des Grecs et des Romains, à Éleusis comme à son foyer le plus saint dans l'Attique même. C'est d'Éleusis que nous allons maintenant nous occuper d'une manière toute spéciale, des temples qu'y possédaient les deux déesses, des prêtres qui y desservaient leurs autels, des traditions, des symboles et des rites qui se rattachent à l'établissement de leur culte dans ce pays et dans le reste de l'Attique [1].

---

[1] *Voy.*, indépendamment des indications données dans la section première de ce livre, VIII, introduction, Meursii Lect. Attic. VI, 21, de Regno Athen. II, 3, 7, 8, 10; Marsham Canon Chron. p. 261 ; Harpocration,

I. Topographie et antiquités d'Éleusis; ses héros, Triptolème, Eumolpe.

En se dirigeant, sur les pas de Scylax et de Strabon [1], de la Mégaride vers Athènes, on rencontre d'abord, le long des côtes, la ville et le canton d'*Eleusis*. Cette ville, appelée encore *Eleusin,* était à deux cents stades au nord-ouest d'Athènes, et à égale distance de Mégare au nord-est. Jadis deux ruisseaux formaient la limite entre le territoire des Éleusiniens et celui des Athéniens[2]. Sur la route même s'étendait au-delà la plaine Thriasienne, nommée ainsi du bourg de Thria[3]. Entre l'Attique et la Mégaride on mentionne encore le champ consacré aux deux déesses[4]. Éleusis appartenait à la phyle ou tribu

---

ibi Valesius, p. 261, et Gronov. not. p. 44 sqq.; Apollodor. III, 15, 4; Photii Lex. p. 32; Philochor. el Androtiou. Fragm. p. 27, 116, etc. *Cf.* Sainte-Croix, Recherch. sur les mystères du Pagan. t. I, p. 122 sqq., sec. édit., avec les deux plans du temple d'Éleusis, de la ville et de ses environs; — et maintenant, Kruse, *Hellas*, II, 1, pag. 184-211, avec les cartes et plans qui s'y rapportent dans l'Atlas.   (J. D. G.)

[1] Le premier, p. 21 Hudson, p. 195 Klausen; le second, liv. IX, p. 343 Casaub.

[2] Pausan. I, Attic., 38 *init.* — Οἱ Ῥειτοί, ou plutôt Ῥεῖτοι, suivi par Siebelis.   (J. D. G.)

[3] Thucydid. II, 19, *ibi* interpret.; et Galen. de dignot. atque med. affect., t. I, p. 354, cité par Larcher (Table géogr. d'Hérodote, pag. 569) contre d'Anville, qui met Thria et la plaine de ce nom à l'ouest de la route d'Éleusis à Athènes. La porte de cette dernière ville où elle aboutissait fut d'abord elle-même appelée *Thriasienne*, plus tard la *double porte* (δίπυ-λος), et ce quartier d'Athènes, δίπυλον.

[4] Ὀργάς. *V.* Hellad. Chrestom. p. 19 ed. Meurs., et Ruhnken. ad Tim. p. 195 coll. 180.

CH. I. ÉLEUSIS ET SES TRADITIONS.

Hippothoontide; aussi le monument du héros Hippothoon se voyait-il sur son territoire, riche en souvenirs du passé, ainsi que le tombeau d'Eumolpe. Sur les bords du Céphisse, dont le cours commençait à y grossir, était Érinéus, où Pluton avait disparu avec Proserpine. Non loin de là Thésée avait vaincu Procruste. On y trouvait un temple dédié à Triptolème, à Diane-Propylée, à Poseidon-Père[1]; la fontaine Callichoros ou aux beaux chœurs, à cause des danses qu'y formaient les femmes; le champ de Rharos, qui reçut les premières semences; l'aire et l'autel de Triptolème; enfin et pardessus tout le temple des grandes déesses[2].

Ce temple de Cérès et de Proserpine était de beaucoup ce qu'Éleusis offrait de plus remarquable. Il faut le distinguer avant tout de l'*Eleusinium* d'Athènes[3]. Indépendamment de plusieurs autres noms qui lui sont donnés[4], il s'appelait spécialement, d'un nom solennel, l'*auguste palais des deux déesses*[5]. Il avait son histoire propre, qui remontait jusqu'aux temps mythiques. On racontait que, bâti sous Pandion II, il aurait été respecté par les

---

[1] Il s'agit, selon toute apparence, de temples distincts, dans le texte de Pausanias. *Cf.* la note 13 dans les Éclaircissem. sur ce livre. (J.D.G.)

[2] Pausan. I, 38, *ibi* Siebelis, p. 137 sqq.

[3] Τὸ Ἐλευσίνιον. Thucyd. II, 17.

[4] Τὸ ἐν Ἐλευσῖνι ἱερόν, τελεστήριον, Ἐλευσίς.

[5] Τὸ σεμνὸν ἀνάκτορον ταῖν θεοῖν, ou le *palais*, le *temple* par excellence, ἀνάκτορον, nom qui, suivant Harpocration, était aussi donné à celui des Dioscures, appelé d'ordinaire τὸ ἀνάκειον. On trouve de plus la forme ἀνακτόριον (Hesych. et Suid.), et même ἀνακτόρειον (Schol. Lucian. t. IX, p. 66 Bip.), que ne donnent point nos lexiques.

Doriens, lorsqu'ils marchèrent contre Athènes, après le retour des Héraclides[1]. Ce que nous savons mieux, c'est que les Perses brûlèrent à Éleusis un ancien temple, celui sans doute que l'hymne homérique à Cérès place auprès de la ville, sur une colline, au-dessus de la source Callichoros[2]. Le nouveau temple fut bâti par Ictinus, au temps de Périclès, sur le flanc oriental de la colline qui dominait le bourg d'Éleusis. Pausanias, qui l'avait vu, retenu par un scrupule religieux, ne nous en a malheureusement point laissé la description[3]. Ce temple avait des appartements ou des chapelles, en un mot, un sanctuaire souterrain, qui servait aux cérémonies du culte secret de Cérès[4]. Il faut que

[1] Aristid. Orat. tom. I, p. 257 Jebb., p. 418 Dindorf., coll. Euseb. Chronic. II, p. 66. (J. D. G.)

[2] Herodot. IX, 65, coll. Hymn. in Cerer. v. 270, *ibi* Ruhnken. — Ce temple doit être celui qu'avait vu le chantre de l'hymne, et qu'il présente comme la fondation même de Céléus. *Cf.* Voss, *Hymn. an Dem.*, p. 82; et ch. VII, *ci-dessus*, p. 605 sq. (J. D. G.)

[3] I, Attic., *ibid*. Les autres données sont insuffisantes à résoudre toutes les questions, quoique nous possédions sur ce temple un mémoire spécial auquel Schneider sur Vitruve, t. III, p. 15, donne son approbation (ce n'est autre chose que l'article de Sainte-Croix, cité plus bas, et publié d'abord dans le Magasin encycl. de Millin). *V.* Strabon, IX, p. 395 Casaub.; Plutarch. Pericl. cap. 13. *Cf.* Sainte-Croix, I, pag. 122, 129 sqq., avec les observations de Silvestre de Sacy et de Larcher, *ibid.* et pag. 457.

[4] C'était proprement le μέγαρον. *Cf.* ch. III, art. I, p. 480 sq. *ci-dessus*. — Malgré ce rapprochement et l'opinion de Larcher, il n'est pas parfaitement sûr que le mot μέγαρον soit applicable d'une manière spéciale à la *crypte* qui se trouvait sous la *cella* du temple, et qu'il désigne autre chose que le sanctuaire même de ce temple, fréquemment désigné sous ce nom comme sous ceux d'ἀνάκτορον et τελεστήριον. *Cf.* Valcken. ad Herodot. VI,

CH. I. ÉLEUSIS ET SES TRADITIONS.

l'enceinte sacrée[1], où était érigée l'idole, ait été très considérable, à en juger par ce que dit Strabon de la foule de peuple qu'elle pouvait contenir[2]. L'édifice reçut des agrandissements et des embellissements successifs, particulièrement à l'époque de Démétrius de Phalère[3]. Il était en marbre pentélique, et avait sa façade tournée à l'orient. Il n'en reste plus rien aujourd'hui qu'un amas de colonnes, de frises et d'autres débris, témoins muets de sa magnificence passée[4]. Quant à Éleusis, l'antique demeure de Cérès, le berceau de la civilisation européenne, ce n'est plus qu'un pauvre village, gisant sur une colline au milieu des ruines, mais dont le nom actuel de *Lefsina* ou *Lepsina*, légèrement altéré du nom ancien, ne permet pas de méconnaître l'illustre origine[5].

Ce nom d'*Eleusis*, commun jusqu'à un certain point à la ville et au temple qui en faisait l'importance, dérivait

---

134, ad Ammon. I, 11, p. 49; et notre not. 13 dans les Éclaircissements sur ce livre, fin du volume. (J. D. G.)

[1] Σηκός, *cella*. *Cf.* Pollux, Onomast. I, 6, p. 5 Hemsterh.

[2] Strab. IX, p. 395, coll. Vitruv. præfat. lib. VII, 16 : *cellam immani magnitudine*. Sainte-Croix, p. 132, *ibi* Silv. de Sacy.

[3] Philon le décora d'un *prostyle* ou vestibule avec une colonnade. Vitruv. *l. l., ibi* Schneider.

[4] *V.* Spon et Wheler, Wood, et surtout Chandler, avec Foucherot et Barthélemy, cités dans Sainte-Croix, p. 133 sqq. — *Cf.* maintenant *Unedited Antiquit. of Attica*, publiées par la société des Dilettanti de Londres, et traduites en français avec des corrections et additions par M. Hittorff, in-fol., Paris, 1832, ch. I-V. Notre note 13 en donnera des extraits propres à rectifier le texte en le complétant. (J. D. G.)

[5] *V.* Pouqueville, Voyage de la Grèce, liv. XIII, ch. VIII, t. V, p. 149 sqq. 2ᵉ édit.

ou de la venue, de l'arrivée de la déesse[1], ou d'un héros éponyme qui avait à son tour différentes généalogies[2]. Bien plus diverses encore étaient les traditions sur la naissance de *Triptolème*. Dans l'hymne homérique à Cérès, il n'est point fils de Céléus, selon la légende vulgaire; il est donné comme un des rois du pays, collatéraux de Céléus. D'autres le font fils ou petit-fils de Rhar ou Rharos, et ce ne sont pas les seules variantes de ce genre[3]. Une tradition remarquable est celle qu'avait rapportée Phérécyde, et que suivaient également les vers mis sur le compte de Musée. D'après cette tradition, Triptolème aurait été fils de l'Océan et de la Terre, de l'Océan de qui descendait également le héros Éleusis[4]. Triptolème, qui le premier reçut de Cérès la semence du blé et cultiva cette plante précieuse, fut élevé par la reconnaissance des Grecs jusqu'aux honneurs divins[5]. Partout où il avait porté ses pas, avec le blé il avait déposé les germes plus précieux encore de mœurs et de lois meilleures[6]. Les Pères de l'Église vont

---

[1] Ἔλευσις, de ἐλεύθω.

[2] Pausan. I, Attic., 38.

[3] Pausan. I, 14, coll. Photii Lexic. p. 357 Hermann.; Heyne ad Apollodor. p. 27, et Ruhnken. ad Hom. Hymn. in Cerer. v. 96, 153, 450.

[4] Pherecyd. Fragm., p. 153 ed. sec. Sturz., coll. Pausan. *ll. ll.*

[5] *V*. Mitscherlich ad Hom. Hymn. in Cer. v. 264. On vient de voir qu'il avait son temple et son autel à Éleusis, aussi bien que son aire. Quant à son nom et aux représentations figurées qui le concernent, *cf.* p. 615 sq., p. 558 sq. *ci-dessus*, avec les pierres gravées de la collection de Stosch, n°s 240-243, dans le Choix de Schlichtegroll, I, pag. 154 sqq., et ses remarques.

[6] *Cf.* ch. III, art. V, p. 508 *ci-dessus*.

jusqu'à lui comparer les apôtres[1]. Quant à la mythologie grecque, elle le représente à peu près sous les mêmes traits que Bacchus, et, tandis qu'elle envoyait ce dernier porter le cep de la vigne et le bienfait des institutions sociales jusque dans l'Inde et aux extrémités de l'Orient, Triptolème, lui, dut faire jouir l'Occident des dons qu'il tenait de Cérès et des dogmes salutaires rattachés à leur propagation. Sophocle, dans la tragédie perdue qu'il avait intitulée du nom de ce héros, introduisait la déesse ordonnant à son disciple de visiter successivement les diverses contrées de l'Italie, depuis la Sicile et le promontoire d'Iapygie jusqu'à la Ligurie[2]. Lui aussi, dans le cours de cette mission civilisatrice, il avait trouvé plus d'un péril sur sa route; il avait eu à combattre, chez les Scythes et les Gètes barbares, des ennemis non moins redoutables que le roi thrace Lycurgue, persécuteur de Bacchus[3].

De Triptolème descendait, suivant une tradition, *Eumolpe*, le premier instituteur des mystères d'Éleusis. Cet Eumolpe n'aurait point été le Thrace de ce nom[4]. Mais il

---

[1] Isidore de Péluse (III, Ép. 176), cité par Hemsterhuis (ad Lucian. Somn., t. I, p. 20, p. 198 Bip.), lui compare saint Paul : « Pareil au laboureur sur le char ailé, il parcourut, dit-il, la terre entière, répandant parmi les ignorants le divin message. »

[2] Ap. Dionys. Halic. I, p. 33 Reiske, qui le cite à l'appui de ses recherches ethnographiques. — *Cf.* p. 412, n. 2, *ci-dessus*.

[3] *V.* Ovid. Metam. V, 650 sqq.; Hygin. fab. 259, et Poet. Astron. II, 14, p. 450 Staver. — *Cf.* liv. VII, ch. II, p. 71 sq., 79 sqq. 109 et 123 *ci-dessus*.

[4] Ister ap. Schol. Sophocl. OEdip. Col. v. 1046 (1108). *Cf.* Istri Fragm. p. 53 Siebelis.

est aisé de reconnaître ici un détour de la vanité athénienne, qui ne voulait point devoir à une contrée retombée dans la barbarie les germes des institutions dont elle était si fière. Tout annonce qu'en effet ces germes se propagèrent du Nord, et passèrent de Thrace en Grèce, comme de la Béotie en Attique, puis dans le Péloponnèse[1]. En ce sens, le fondateur des mystères éleusiniens peut avoir été réellement un Thrace, quelque distinction que l'on fasse d'un premier et d'un second Eumolpe, quelque peu d'accord qu'il y ait entre les traditions sur l'origine de la famille sacerdotale des Eumolpides et sur l'établissement même des mystères[2].

II. Guerre des Athéniens avec les Éleusiniens, de Minerve avec Neptune, et leur réconciliation, gage de la prospérité de l'Attique; double sens, physique et historique, de ces traditions.

Un essai fut tenté pour concilier les différentes versions sur le fondateur des Éleusinies, par suite duquel Eumolpe, tout en demeurant Thrace d'origine, dut se rattacher, du côté de sa mère, à l'antique souche des Cécropides d'Athènes[3]. Cela n'empêchait pas que, dans les

---

[1] *Cf.* liv. V, sect. I, ch. I et II, p. 260 sq., 313-316, tom. II, avec les renvois aux Éclaircissements.

[2] *V.*, à ce sujet, les sources indiquées au début de ce chapitre et de cette seconde section, p. 655, n. 1, *ci-dessus*. — *Cf.* la note 14 dans les Éclaircissements sur ce livre, où sont discutées les opinions sceptiques de Lobeck (*Aglaophamus*, lib. I, epimetr. I) quant à la valeur de ces traditions et de celles sur lesquelles se fonde l'article suivant. (J. D. G.)

[3] Érechthée, roi d'Athènes, de qui Orithyie, enlevée par Borée en Thrace (pl. CXXXVIII, 529); — de qui Chioné unie à Poseidon ou Neptune;

annales de l'Attique, la guerre des Éleusiniens sous Eumolpe et des Athéniens sous Érechthée ne fût un des événements les plus célèbres et les mieux constatés[1]. Mais, tout historique qu'était cet événement, il ne fit en quelque sorte que reproduire et continuer la vieille et mystérieuse querelle de Minerve et de Neptune pour la possession du sol de l'Attique[2]. Eumolpe, en effet, est donné comme fils de Neptune; appelé par les Éleusiniens, il eut, en outre, à revendiquer les droits de son père sur le pays qui avait été sa propriété[3]. Après une longue et sanglante lutte où Érechthée se vit obligé de sacrifier sa fille, où il périt lui-même, où tomba également Immaradus, fils d'Eumolpe, les deux partis finirent par faire la paix aux conditions suivantes. Il fut convenu qu'Eumolpe et sa race auraient en partage les hautes fonctions du sacerdoce et la juridiction des délits religieux, tandis que les descendants d'Érechthée resteraient rois. A côté des Eumolpides, et sous leur autorité, les filles de Céléus demeurèrent, en outre, prêtresses de Cérès et de Proserpine[4].

Cette guerre était le sujet de la pièce d'Euripide intitulée *Érechthée;* et certes elle fournissait à la poésie un sujet éminemment tragique. Le roi d'Athènes y délibérait

---

— de qui Eumolpe le Thrace, lequel eut deux fils, Immaradus et Céryx.

[1] C'est à ce titre qu'il est mentionné par Thucydide, II, 15, et par bien d'autres, entre lesquels Platon, Menexen. p. 244 A, cap. 9, *ibi* laudat.

[2] *Cf.* liv. VI, ch. VIII, p. 707, 716 sq., tom. II.

[3] Isocrat. Panathen. cap. 78, p. 273 Coray.

[4] *V.* le Scholiaste d'Aristide ad Panathen., t. III, p. 109 sq. Dindorf, qui sert à éclaircir Isocrate déjà cité, Pausanias, I, 38, et Suidas *v.* Εὔμολπος.

avec son épouse Praxithée sur la réponse de l'oracle de Delphes, qui, dans la commune détresse, lui avait ordonné d'immoler l'une de ses filles en l'honneur de Proserpine, pour sauver son peuple[1]. Il prit cette héroïque et terrible résolution, qui lui valut les éloges de la postérité la plus reculée[2]. Sa fille aînée tomba sous le couteau sacré, et ses sœurs, ne voulant pas lui survivre, se sacrifièrent elles-mêmes, d'où vient qu'elles eurent leur part dans les hommages héréditaires rendus à la victime[3].

Ce qui nous frappe surtout ici, c'est de voir Proserpine réclamer des sacrifices humains, et cela dans la famille d'Érechthée, dès longtemps adonnée à un culte plus doux. Il est vrai que, même encore dans les mythes relatifs à Thésée, semble se révéler le fait analogue d'enfants immolés par les Athéniens devant des idoles à tête de taureau, immolations que le héros, fidèle en tout aux exemples d'Hercule, aurait supprimées[4]. La Proserpine

---

[1] Demarat. in Tragodum. ap. Stob. Serm. 157, p. 552 ed. Wechel, où Περσεφόνη est la vraie leçon, confirmée par Clem. Alex. Protrept. p. 37 Potter. — V. le grand et beau fragment de l'*Érechthée* même, cité par l'orateur Lycurgue, contre Léocrate, 24, p. 98 (Eurip. Fragm. p. 300 sqq. ed. Boissonade).

[2] Aristid. Panathen. p. 118 Jebb, p. 191 Dindorf.

[3] On leur faisait des libations sans vin. V. Apollodor. III, 15, 4, coll. Philochor. Fragm. p. 26 sq. Le récit sommaire du premier de ces auteurs offre plusieurs variantes de la tradition commune, dont la plus remarquable c'est que, d'après lui, Érechthée est vainqueur et Eumolpe reste sur le champ de bataille.

[4] *Cf.* liv. IV, ch. V, p. 203, tom. II. — Notre auteur, si nous ne nous trompons sur sa pensée, semble donner ici à la fable du Minotaure une interprétation quelque peu insolite. (J. D. G.)

CH. I. ÉLEUSIS ET SES TRADITIONS.

dont il s'agit, venue probablement des sanctuaires cabiriques de la Thrace et de la Samothrace, est une Cérès-Proserpine, pareille à Tithrambo ou Isis en colère des Égyptiens, à la redoutable Cali de l'Inde [1]; elle rappelle encore cette Artémis ou Diane Taurique qui avait soif de sang, et dont le culte affreux fournit également à la tragédie une ample matière. Si nos conjectures précédentes sur le taureau, attribut commun de Diane et de Proserpine, sont fondées, et si l'on se souvient du sens que nous avons attaché au sacrifice du taureau, comme emblème de la génération et de la vie matérielle [2], on pourra penser avec nous que ce sacrifice fut un adoucissement et une substitution d'un sacrifice plus ancien dont l'homme était la victime, et auquel, dans les derniers temps du paganisme, faisaient encore allusion les Taurobolies et les Criobolies d'origine phrygienne [3]. Quoi qu'il en soit, l'on ne saurait méconnaître, dans le sacrifice de la fille d'Érechthée, le caractère d'une offrande expiatoire. Une grande calamité fit naître la pensée d'un grand crime à laver; et ce crime on ne crut pouvoir le laver mieux que dans le sang d'une vierge royale. A ce prix furent achetés la paix et le repos. Dès lors aussi furent fixés les droits respectifs des rois de l'Attique et des prêtres des grandes déesses, dont les mystères reçurent leur organisation définitive. Cette guerre des Eumolpides vérifie donc une assertion générale du savant Clément d'Alexandrie, suivant laquelle tous les mystères, tant des Grecs que des

---

[1] *Cf.* même livre, ch. IV, p. 103-105, tom. II.
[2] Pag. 511 sq., 596, 563 sq., 628 sq. *ci-dessus.*
[3] *Cf.* liv. IV, ch. III, p. 74 sq., tom. II.

Barbares, auraient pris leur source dans des expiations[1]. Diverses circonstances viennent à l'appui, en ce qui concerne les mystères de l'Attique. Ainsi Eumolpe et ses descendants nous sont donnés comme des hommes profondément versés dans la science secrète des expiations et des purifications. Des poëmes leur sont attribués sous ces titres mêmes, particulièrement à Musée, fils d'Eumolpe et de Sélène, selon la tradition[2]. Qui plus est, les idées de mystères et d'initiations se confondaient en un même mot avec celles d'épreuves et de sacrifices expiatoires[3]. Longtemps après l'époque de Musée et d'Eumolpe, Épiménide de Crète vient encore jouer dans l'histoire d'Athènes le double rôle de purificateur et de réformateur du culte secret, ou du moins des maximes antiques de Triptolème et de Bouzygès, étroitement liées à la religion de Cérès[4].

Mais la guerre des Eumolpides n'a pas seulement un sens historique; elle a encore un sens physique, et c'est par là qu'elle se rattache, ainsi que nous l'avons dit plus haut, à la dispute de Minerve et de Neptune au sujet de l'Attique. Pourtant la Cérès-Proserpine si redoutable, qui y porte le glaive et le glaive du sacrifice, n'est point la Cérès-Érinnys de l'Arcadie, irritée contre Poseidon;

---

[1] Stromat. V, p. 689 Potter.

[2] Καθαρμοί, etc. *V*. Aristophan. Ran. v. 1060 (1034), *ibi* Schol. et interpret. pag. 259 ed. Beck. — *Cf.* Passow, *Musæos*, p. 5 sqq., 21 sq., 41 sq. (J. D. G.)

[3] Τελεταί. *Cf.* Ruhnken. ad Tim. p. 251; et Passow, *ibid.* pag. 39 sq. (J. D. G.)

[4] *Cf.* p. 502 *ci-dessus*, et liv. VI, ch. VIII, p. 764, tom. II.

elle est, au contraire, alliée de ce dieu, dont Eumolpe passait pour le fils, en même temps qu'il avait pour mère Chioné, petite-fille d'Érechthée, enfant de la terre. Chez les Éleusiniens la terre et l'eau étaient amies. De là le temple commun de Poseidon-Père et de Triptolème, dont nous avons parlé dans l'article précédent; de là la généalogie de ce dernier, qui le faisait fils de l'Océan et de la Terre; de là le héros Éleusis, petit-fils de ce même Océan et fils d'Ogygès, l'homme des eaux. Les petits cours d'eau salée, qui coulaient entre les deux territoires d'Éleusis et d'Athènes, étaient, en conséquence, consacrés à Cérès et à Proserpine[1]. Qui plus est, à Athènes même, la source d'eau marine qui jaillit d'un coup du trident de Neptune se voyait sur la citadelle dans le temple d'Érechthée, où le dieu de la mer était adoré sous le nom de Poseidon-Érechthée[2]. Quand donc un prêtre de Cérès, un fils de Neptune, s'en vint renouveler l'antique querelle du dieu avec Minerve pour la possession de l'Acropolis, une victime humaine fut sacrifiée à Proserpine en qualité de puissance infernale; et ce qu'il y a de remarquable, c'est que cette victime, la fille d'Érechthée, se nommait elle-même *Chthonia* ou l'Infernale, épithète bien connue de Cérès[3]. Ainsi ce fut au prix de la vie d'une vierge de même nom qu'elle, que Despœna, la souveraine du sombre empire, la fille de Poseidon aussi

---

[1] Pausan. I, 38. Les *Rhiti*, p. 656, n. 2, *ci-dessus*.

[2] Apollodor. III, 14, 1, 15, 1, *ibi* Heyne, p. 322 et 332, coll. Cic. de N. D. III, 19, *ibi* Davis. et Creuzer, p. 576. — *Cf.* liv. VI, chap. VIII, p. 777 et 758 sq., tom. II.

[3] Apollodor. III, 15, 1 coll. 4, *ibi* Heyne. *Cf.* ch. II, p. 440 *ci-dessus*.

bien que de Déméter[1], consentit à écarter le fléau dont son père menaçait une seconde fois l'Attique. Et à l'instant cesse la détresse du peuple, à l'instant sont conciliées les prétentions rivales des rois ; elles le sont par le bienfait de la religion de Cérès, où les Érechthides et les Eumolpides, où les fils de la terre et les fils des eaux se donnent la main. Merveilleux amalgame de l'histoire politique et de l'histoire naturelle de l'Attique ! La royauté demeure dans la famille d'Érechthée, tandis que le roi thrace Eumolpe, venu probablement par mer, est institué grand-prêtre d'Éleusis. En même temps Poseidon et Athéné sont de rechef réconciliés. Une première fois, après le déluge d'Ogygès, l'empire de l'Attique avait été dénié par l'assemblée des dieux à celui qui ébranle la terre, et qui, rongeant peu à peu la côte, menaçait d'engloutir le pays tout entier sous les flots. Mais Neptune-Érechthée n'en continua pas moins de recevoir les hommages du peuple athénien, aussi bien que Minerve, et sur l'Acropolis, à côté du temple d'Athéné-Polias, s'éleva l'Érechthéum, où Neptune et Vulcain avaient leurs autels près de ceux d'Érechthée et de Boutès[2]. Ainsi le feu d'en haut et le feu d'en bas, Minerve et Vulcain, se trouvèrent réunis dans une même enceinte sacrée avec le dieu qui fait sentir son pouvoir des profondeurs de l'humide abîme. Le sol de l'Attique fut désormais en paix

---

[1] *Cf.* ch. III, art. I, p. 470 sqq.

[2] Pausan. 1, 26. Le temple de Minerve-Poliade et l'Érechthéum (τὸ Ἐρέχθειον, de Ἐρεχθεύς, celui qui ébranle la terre) formaient un temple double. *Cf.* liv. VI, ch. VIII, ll. ll., et la note 16 sur ce même livre dans les Éclaircissements du tom. II. (J. D. G.)

CH. I. ÉLEUSIS ET SES TRADITIONS. 669

avec la mer qui en baigne les rivages, et les puissances créatrices par le feu commencèrent à l'enrichir de leurs dons. Telle fut la fin de la première lutte. La seconde, nous venons de le voir, fut terminée par l'intervention de Proserpine. Mais et la guerre et la paix se renouvelèrent plus d'une fois dans la suite. Thésée lui-même, le héros législateur qui concentra en une seule cité les nombreuses bourgades de l'Attique, passait pour fils de Neptune; c'est à ce titre qu'il lui fut donné d'extirper le fléau envoyé par son père. Le taureau de Marathon tomba sous ses coups, et, suivant une tradition, il fut immolé par lui en l'honneur d'Athéné sur la Citadelle[1]. Thésée, auparavant, avait purgé l'isthme du brigand Cercyon, et garanti son héritage à son petit-fils Hippothoon, né comme lui de Neptune, comme lui fils bienfaisant de ce dieu, et qui donna son nom à celle des tribus de l'Attique à laquelle appartenaient les Éleusiniens[2]. De la sorte, les deux fils de Poseidon, le nourrisson du cheval et le dompteur du taureau, sont unis. Quand Thésée, par le secours de Neptune, fut revenu vainqueur du combat contre le Minotaure, il renouvela ou même institua les

---

[1] Pausan. I, 27. — *Cf.* ch. III, art. IV, p. 499 *ci-dessus*, et la figure indiquée. (J. D. G.)

[2] *Cf.* l'art. I de ce chapitre, pag. 657, et la légende d'Hippothoon dans Pausan. I, 39, et Hygin. fab. 187, p. 310, *ibi* interpret. Celle de sa mère Alopé, tuée par Cercyon, lui aussi fils de Neptune, mais fils malfaisant, était devenue un sujet de tragédie : Valckenaer Diatrib. Euripid. pag. 12. Quant à la tribu Hippothoontide, on trouve et on doit maintenir, comme également usitées, les deux formes Ἱπποθοοντίς et Ἱπποθοωντίς, avec leurs abréviations et d'autres variantes encore dans les inscriptions. *V.* Bœckh, Corpus inscript. I, p. 347 sq., etc.

jeux isthmiques en l'honneur de ce dieu protecteur des chevaux[1]. En lui s'allient les deux symboles du bœuf de labourage et du coursier de guerre. Il est tout à la fois le favori de Minerve, de Cérès et de Neptune.

Et désormais Athènes ne peut plus devenir la proie des eaux furieuses de la mer. Thésée, le pacificateur définitif de la longue et double lutte des éléments et des hommes, Thésée qui fit de l'Attique un seul et même état, reçut de la bouche d'Apollon qu'il consultait sur son avenir, cette réponse solennelle, gage de la durable prospérité d'Athènes : « Bien des villes ont péri jusqu'à présent; mais la ville de Thésée, pareille à une outre, surnagera toujours, même parmi les flots en courroux. » Ce symbole de l'outre sur les eaux se retrouve appliqué jusqu'au temps des Romains à la destinée d'Athènes. Quand l'implacable Sylla la mettait à feu et à sang, quand il faisait décimer le peuple athénien dans le Céramique, une poignée de fugitifs reçut encore de la Pythie ou de la Sibylle cette consolante parole : « L'outre peut bien être un instant submergée, mais elle ne saurait s'abîmer à jamais[2]. »

---

[1] Plutarch. Thes., cap. 25; Hygin. fab. 273, *ibi* interpret. p. 380 Staver. — *Cf.* liv. VI, ch. III, p. 629 sq., tom. II, et notre planche CXXIX, 510 *a*, avec l'explication, p. 211. (J. D. G.)

[2] Plutarch. Thes., cap. 23, *ibi* Leopold, pag. 59 sq. L'oracle rendu à Thésée semble avoir été parodié par le comique Aristophane; Pollux, X, 187, p. 1379 Hemsterh.

III. Anciennes familles sacerdotales de l'Attique : les Eumolpides, les Céryces, les Étéoboutades.

C'est ainsi que les annales primitives de l'Attique et ses races royales nous transportent sur le sol mythique des vieilles intuitions de la nature, empruntées à des localités particulières. Ce phénomène se reproduit dans les généalogies sacerdotales de la même contrée, où il prend quelquefois un sens plus élevé et plus général. Nous en donnerons ici des exemples. On se rappelle ce Musée, dont il a déjà été question plus haut, ce fils prétendu d'Eumolpe et de la Lune[1]. C'est de lui, c'est de ce personnage lunaire, comme il est positivement nommé, que les *Eumolpides* tiraient leur origine[2]. Un autre Eumolpe, son fils, aurait enseigné les mystères, et aurait été le premier hiérophante. Des Eumolpides descendaient à leur tour les *Céryces*[3]; et ceux-ci nous font ressouvenir du *Hiérocéryx* ou héraut sacré, qui, à Éleusis, représentait Hermès, et prenait place immédiatement après l'*Epibomius*, représentant de la Lune[4]. En effet, si la généalogie vulgaire faisait de *Céryx*, le premier père des Céryces, un fils d'Eumolpe, les Céryces eux-mêmes donnaient leur aïeul pour un fils d'Hermès et d'Aglaure, la fille de

---

[1] *V.* Philochor. et Androtion. Fragm., p. 102, 116, coll. Plat. de Republ. II, p. 364 D, E, p. 71 Bekker.

[2] Porphyr., ap. Procl. ad Plat. Tim., p. 51 (σεληνιακός); Androtion, *ibid.*

[3] Κήρυκες, c'est-à-dire les *Hérauts*, Porphyr. *ibid.*

[4] *Cf.* liv. VII, ch. V, art. IV, p. 313 *ci-dessus*.

Cécrops [1]. Ainsi, nous sommes conduits de la Thrace à l'Égypte, dont Cécrops était originaire. De l'Égypte aussi provenait ce système généalogique, entièrement fondé sur la religion de ce pays et sur le culte de la nature qui en faisait le fond. Nous avons ici des prêtres de la Lune, issus de la sphère où se trouve le pont jeté entre la terre et le ciel, d'où descendent les âmes et par où elles remontent. C'est là qu'elles sont unies par les Démons aux corps matériels; mais c'est de là également qu'elles prennent leur essor vers les sphères supérieures. Les Eumolpides, par leur naissance, sont placés en quelque sorte sur cette limite du ciel et de la terre; fils de la Lune, ils sont des médiateurs naturels, des initiateurs, des mystagogues enfin. Ils sont en même temps, comme le dit leur nom, des chantres habiles, qui, de cet abîme de misères, chantent les délices du céleste séjour et les moyens d'en retrouver la route [2]. Quant aux Céryces, ce sont les descendants d'Hermès-Anubis qui accompagne la Lune, de Thoth-Hermès qui se tient aux côtés d'Isis; du dieu précurseur de l'inondation salutaire, héraut des bénédictions de l'année, fécondateur au physique et au moral, et dont le Verbe vivant est annoncé par ceux qui viennent de lui [3].

---

[1] Pausan. I, 38, coll. Aristid. Eleusin. p. 257 Jebb, p. 417 Dindorf.

[2] Εὐμολπίδαι, Εὔμολποι. Musée lui-même, leur aïeul, se rattache aux Muses par son nom (Μουσαῖος) comme par la généalogie mythique qui en fait le petit-fils de Calliope et le fils d'Orphée. — *Cf.* Passow, *Musæos*, p. 6 et 22. (J. D. G.)

[3] *Cf.* liv. III, ch. IV, *passim*, tom. I; liv. VI, ch. VI, art. I, p. 671 sq., tom. II.

CH. I. ÉLEUSIS ET SES TRADITIONS. 673

Peut-être trouvera-t-on cette manière de concevoir les Céryces incompatible avec ce qui résulte de certains témoignages de l'antiquité[1]. Selon Diodore, qui tire de l'Égypte l'institution tout entière des Éleusinies, les Eumolpides remplacèrent à Éleusis les prêtres proprement dits d'un ordre supérieur, tels qu'ils existaient en Égypte, c'est-à-dire le chantre, le scribe sacré, le stoliste et le prophète[2]; tandis que les Céryces se bornèrent à prendre la place des Pastophores. Il semble, en effet, d'après Athénée, que les Céryces d'Athènes n'aient eu d'autres fonctions que celles de sacrificateurs, chargés de tout ce qui concernait les victimes. On conclut de là que les prêtres de la famille athénienne dont il s'agit, en dépit de leur nom de *Céryces*, ne durent point faire l'office de *Hérauts* dans les fêtes et les sacrifices éleusiniaques[3]. Nous pourrions admettre la parfaite exactitude de ces divers points, sans modifier pour cela l'opinion développée plus haut : seulement il ne faut pas s'imaginer que les Céryces n'aient formé qu'une classe subalterne de prêtres. C'était une grande race, composée de plusieurs familles de rangs divers, suivant la diversité même de leurs fonctions. Nous n'en voulons d'autre preuve que l'existence si bien attestée du *Héraut sacré*, comme l'appelle Démosthène[4], lequel était un des quatre assesseurs de l'ar-

---

[1] Diodor. I, 29, coll. Athen. VI, pag. 401, et surtout XIV, pag. 403 Schweigh.

[2] *Cf.* la note 2, § 4, dans les Éclaircissements du livre III, p. 792 sqq., tom. I.

[3] *V.* Wesseling ad Diodor., Casaub. et Schweigh. ad Athen. *ll. ll.*

[4] Contra Neær. p. 591, p. 1371 Reisk. : ἱεροκήρυξ. Xénophon, Helle-

chonte-roi dans la surveillance des mystères de Cérès-Éleusine, et assistait également son épouse dans la purification des prêtresses chargées de la célébration des Dionysies[1]. Ce qu'il faut remarquer encore, c'est que, dans plusieurs passages des anciens, le Céryx est nommé à côté du Hiérophante et du Dadouque[2]. Mais rien de plus clair et de plus démonstratif que l'endroit déjà cité d'Eusèbe, où il est dit que, dans les Éleusinies, le Hiérocéryx représentait Hermès, de même que le Hiérophante y figurait le Démiurge[3]. Hermès, c'est ici le dieu qui met en communication le ciel, la terre et les enfers; c'est l'intelligence divine assistant le Démiurge dans l'œuvre de la création; c'est le maître et le dépositaire de la science sacrée, et aussi bien des prescriptions qui se rapportent aux sacrifices. C'est par conséquent le premier sacrificateur, et à ce titre les Céryces d'Athènes ne pouvaient manquer de descendre de lui[4].

Nous avons déjà parlé de *Boutès*, frère d'Érechthée, et qui fut prêtre de Neptune et de Minerve[5]. D'après un

nic. II, 4, 20, le nommé ὁ τῶν μυστῶν κῆρυξ, et Pollux VIII, 193, κῆρυξ τῶν μυστικῶν, *le héraut des initiés*. C'était une des nombreuses espèces de *Céryces* sur lesquelles Théodore avait composé un ouvrage spécial (Etymol. M. p. 429, l. 46).

[1] Demosth., *ubi supra. Cf.* liv. VII, ch. IV, p. 224 *ci-dessus.*

[2] *V.*, par exemple, Arrian. Epictet. Dissert. IV, 21, p. 440, et Plutarch. Alcibiad. cap. 22 coll. cap. 19, dans la formule de la plainte portée contre Alcibiade pour cause de profanation des mystères d'Éleusis.

[3] Præpar. Evang. III, p. 117 A. *Cf.* Porphyr. ap. Procl. *ubi supra.*

[4] *Cf.* les livres III, chap. IV, et VI, chap. VI, *passim*, surtout p. 686, tom. II.

[5] Apollodor. III, 15, 1.

usage assez général dans l'antiquité, tous ses successeurs sans exception prirent le nom de *Boutades*, qu'ils tinssent ou non de lui leur origine. Mais pour distinguer ceux qui réellement descendaient de Boutès, on les appelait *Étéoboutades*, c'est-à-dire *vrais Boutades*[1]. Il est question aussi de prêtresses de cette famille, choisies spécialement pour le culte de Minerve-Polias. De même les Étéoboutades jouissaient à la fête des Scirophories d'une sorte de privilége sur lequel nous reviendrons plus loin. Des priviléges analogues et héréditaires existaient dans d'autres familles sacerdotales d'Athènes, par exemple celle des *Thaulonides*, qui fournissait les sacrificateurs à la fête des Diipolies, et celle des *Pœmenides* parmi lesquels le prêtre de Cérès était choisi[2]. La famille des *Érechthides* est mentionnée dans les Éleusinies, où elle était l'objet d'honneurs tout divins. Ainsi Xénophon[3] cite un certain Callias, « prêtre des dieux qui descendent d'Érechthée, » par où il faut entendre, sans aucun doute, les filles de ce héros, déifiées pour avoir fait à la patrie le sacrifice de leurs vies[4]. Voilà comment se confondaient, dans ces vieilles races sacerdotales de la Grèce et dans leurs mythiques généalogies, la sphère des dieux et celle des hommes[5].

[1] Harpocration, *v.* Βουτάδαι et Ἐτεοβουτάδαι, *ibi* Gronov. p. 45. Il ne connaît les Étéoboutades que comme prêtres d'Athéné-Polias.

[2] *V.* Hesych. *v.* Θαυλωνίδαι et Ποιμενίδαι. *Cf.* ch. III, art. V, p. 508 sqq. *ci-dessus.*

[3] Sympos. VIII, 40.

[4] Heyne ad Apollodor. p. 332, coll. Cic. de N. D. III, 19.

[5] Les familles sacerdotales de l'Attique, leur origine, leur caractère, ont été envisagés par O. Müller et par d'autres sous un point de vue fort dif-

IV. Noms, symboles et mythes qui, dans les traditions d'Éleusis et dans d'autres traditions anciennes, impliquent les faits dogmatiques ou historiques d'un âge patriarcal; d'un culte primitif, pur et saint; du sacerdoce et de la royauté intimement unis; d'une discipline religieuse en rapport avec la doctrine des mystères. Symbole de l'abeille et ses sens divers, plus ou moins élevés; Jupiter-Aristée, ou le Jupiter aux abeilles, dieu-homme et prêtre-roi; Anius, autre prêtre-roi, d'un caractère analogue. L'airain et le son de l'airain, symbole connexe à celui de l'abeille, et se rattachant également aux dogmes supérieurs de la religion de Cérès.

Pour apprécier complétement la nature et la grandeur des corporations sacerdotales de l'Attique, leur origine, et le caractère des dogmes ou des rites dont elles conservaient le dépôt, il nous faut rapprocher des traditions d'Éleusis d'autres traditions empruntées à la haute antiquité en Orient et en Occident. Si nous reportons d'abord nos yeux vers l'Asie, nous trouvons, auprès du temple de Diane à Éphèse, des prêtres assujettis aux plus strictes observances, que rappelle à Pausanias la discipline rigoureuse prescrite au prêtre et à la prêtresse d'Artémis-Hymnia en Arcadie [1]. Ces prêtres, nous pouvons les nommer des *rois-sacrificateurs*. Dans le dialecte du pays, ils s'appelaient *Essènes*, et Callimaque, poëte si instruit des antiquités de la Grèce, qualifie Jupiter d'*Essen*, c'est-à-dire de *roi* des dieux [2]. Les scholiastes nous

férent de celui de notre auteur. *Voy.*, à ce sujet, la note 15 dans les Éclaircissements sur ce livre. (J. D. G.)

[1] Pausan. VIII, Arcad., 13 *init.* — Les premiers étaient simplement annuels, et Pausanias les désigne par le titre grec de ἱστιάτορες (*Epulones*) de l'Artémis d'Éphèse, tout en ajoutant leur nom local Ἐσσῆνες. (J. D. G.)

[2] Hymn. in Jov. v. 66 : θεῶν ἐσσῆνα.

disent que ce mot de la vieille langue religieuse signifiait positivement le *roi des abeilles*, puis, par extension, un *roi* en général [1]. Mais ce qu'il faut surtout remarquer, c'est son rapport avec l'abeille, insecte pur, insecte sacré, dont le miel était aux dieux l'offrande la plus agréable, aux hommes l'aliment le plus salutaire. Ce rapport nous indique dans les Essènes, des prêtres-rois, des rois des sacrifices, présidant aux banquets sacrés, et tels que nous les retrouvons, même après l'établissement de la république, à Athènes dans l'archonte-roi, à Rome dans le *rex sacrificulus*[2]. Cette alliance de la dignité royale avec le sacerdoce a de profondes racines dans les religions de l'antiquité; le symbole de l'abeille, qui la représente, n'en a pas de moins anciennes; et comme il se rattache par plusieurs points au culte de Cérès-Éleusine, aussi bien qu'à celui de la Diane d'Éphèse, nous allons en poursuivre les principales ramifications, en noter successivement les divers aspects et les sens divers.

Les anciens avaient une foule de récits et de traditions sur l'*abeille* et ses propriétés. Déjà nous avons dû parler ailleurs des Mélisses, nourrices du Jupiter de Crète, et du Jupiter-Aristæus de Céos, le *Jupiter aux abeilles*[3]. Le

---

[1] Schol. Callim. *l. l.*, coll. Hesych. I, p. 1466 Alb., Zonaras, p. 877, Etymol. Gudian. p. 213, Orion. Etymol. p. 61, 12, Etymol. M. p. 383 Sylb. Ce dernier nous apprend qu'il était propre aux Éphésiens, tout comme les Phrygiens employaient, dans le même sens de *roi*, βαλήν ou βαλλήν, venant de *Baal, Bel.* — *Cf.* liv. IV, ch. III, art. I, p. 20, n. 2, t. II. *Add.* Æschyl. Pers. v. 620, *ibi* interpret. (J. D. G.)

[2] Sans parler des *triumviri* et *septemviri epulones*.

[3] *V.* liv. VII, ch. IV, art. III, p. 248 *ci-dessus. Cf.* liv. IV, ch. IV,

miel, en effet, passait pour avoir été le premier des aliments. Le lait et le miel, ou, selon d'autres, l'extrait de leurs parties les plus subtiles, la quintessence du lait et du miel, étaient la nourriture des dieux, le nectar et l'ambroisie, qu'Ibycus dit neuf fois plus suaves que le miel[1]. Jupiter, le nourrisson de *Mélissa*, la *Nymphe du miel*, est en même temps le préparateur du breuvage fait avec le miel. Par ce breuvage enchanteur il endormit Cronos, son père, pour le vaincre plus sûrement[2]. Celui que le miel avait endormi ne se réveillait qu'avec effort, selon la croyance des anciens[3]. Mais le miel à cette vertu soporifique joignait des vertus curatives[4]. On lui reconnaissait entre autres celle de rendre la vue aux yeux qui l'avaient perdue, en dissipant le nuage qui les couvrait[5]. Nous avons signalé plus haut[6] la puissance conservatrice attribuée au miel, et cité à ce sujet l'opinion du philosophe Démocrite. Lui-même, dit-on, en fit l'épreuve, ses

---

art. IV, p. 140 sqq., tom. II. — L'abeille se voit à la fois sur les médailles d'Éphèse (pl. LXXXVI, 320 *b*) et sur celles d'Athènes (pl. XCIV, 341 *cc*), et nous allons la retrouver sur celles de Céos. (J. D. G.)

[1] Porphyr. de antro Nymphar. cap. 16, coll. Ibyc. ap. Athen. II, p. 248 Schweigh. (Fragm. XII, p. 127 Schneidewin). Réciproquement le Scholiaste de Pindare, Pyth. IX, 113, appelle le miel « la dixième partie de l'immortalité. »

[2] Porphyr. *ibid.*

[3] Iambl. ap. Phot. Cod. XCIV. *Cf.* Cœl. Rhodigin. Lect., XII, 65, XV, 27, ed. Paris. 1517.

[4] *V.* Bochart, Hierozoicon, IV, 4, p. 230, coll. p. 507 sqq., *ibi* citat.

[5] Dioscorid. 2 ; Serenus Samonic. cap. 13, p. 43 ed. Ackerm.; Plin. H. N. XXIX, cap. 5, 31, p. 509 Harduin.

[6] Sect. I, ch. III, art. III, p. 494 sq.

jours ayant été miraculeusement prolongés par la simple odeur du miel, par les émanations bienfaisantes de cette substance[1]. Pythagore, lui aussi, se contentait souvent de miel pour toute nourriture, et ses disciples, imitateurs de la frugalité du maître, y joignaient seulement un peu de pain. C'est à cette coutume qu'Aristoxène rapportait leur inaltérable santé, celui qui, chaque jour, mange du miel, ne pouvant, selon lui, tomber malade[2]. Le miel, dans l'antiquité, se nommait encore par excellence la nourriture des rois, et il l'était en réalité, ainsi qu'en témoignent de nombreux exemples[3]. Quant aux abeilles, Jupiter reconnaissant leur avait accordé, avec la couleur de l'or, le pouvoir de braver la tempête. Elles la pressentaient, dit-on encore, par une sorte d'instinct, et savaient s'en garantir[4]. Elles avaient aussi le sentiment du rhythme et de l'harmonie, qui servait à rallier leurs essaims dispersés[5]. On vante leur courage et leur ardeur belliqueuse; les plus puissants animaux ne les effraient pas, elles savent s'en défendre, et jadis les habitants d'une ville de Crète se virent forcés par elles d'abandonner leurs demeures[6]. Une particularité remarquable, c'est qu'elles avaient, selon les anciens, horreur des cadavres[7];

---

[1] Athén. II, p. 177 Schweigh.
[2] Ap. Athen. II, p. 178. *Cf.* Mahne de Aristoxeno, p. 40.
[3] *V.* la Bible, *passim*, et Homer. Iliad. XI, 630, *ibi* interpret.
[4] Ælian. H. A. XVII, 35; V, 13, *ibi* Schneider.
[5] Ælian. V, 13, coll. Plin. H. N. XI, 20, et Ovid. Fast. III, 739.
[6] Aristotel. Hist. Anim. IX, 40; Ælian. H. A. XVII, 35; Plin. H. N. XI, 18.
[7] *V.* cit. ap. Bochart, *ibid.*, p. 503 sq.

ce qui n'empêche pas que, sous un autre point de vue, le miel ne fût un symbole de la mort, comme le fiel un emblème de la vie[1]. Il n'y a qu'une voix, chez les poëtes et chez les philosophes, pour vanter l'amour de l'ordre inné aux abeilles et l'espèce de police qui règne parmi elles; c'est pourquoi l'abeille était l'image de la société civile aussi bien que de l'union conjugale [2].

Il ne faut donc pas s'étonner de voir que les anciens, frappés du merveilleux instinct de cet insecte, en aient fait l'un de leurs principaux symboles, aient rattaché à sa figure les idées les plus élevées et les plus importantes. Au lieu de l'envisager, comme nous, d'un œil purement observateur, ils en avaient fait l'objet d'une contemplation toute religieuse. C'était pour eux l'animal royal et sacré, et en même temps l'emblème de l'activité calme, de la règle et des nobles efforts. Aussi tirèrent-ils de ses diverses propriétés des présages divers [3]. Ils allèrent jusqu'à penser que l'abeille participait, comme le dit Virgile [4], de l'intelligence divine. Elle fut, à leurs yeux, la *pure*, la *sage*, la *sainte* par excellence [5]. C'est ce que prouvent les my-

---

[1] Porphyr. de antro Nymphar. cap. 18.

[2] On veut retrouver ces idées mêmes d'ordre, de conduite, d'union, soit dans le nom hébreu (*Debora*, et en chaldéen *Dabbara, a ducendo*, Bochart, p. 502; il est remarquable que ce nom est encore celui d'une prophétesse), soit dans le nom latin de l'abeille (*Apis*, de ἄπω, ἀπίω, Lennep. Etymol. gr. p. 879). Quant à son nom grec, Μέλισσα, on peut voir l'Étymol. M. p. 577, Eustath. p. 773, et Zonaras p. 1344 Tittmann.

[3] *V.* Artemidor. Oneirocrit. II, 22, p. 175 Reiff.

[4] Georgic. IV, 219 sqq. *Cf.* Bochart, p. 515 sq.

[5] *V.* Manuel Phile, de animal. propr. cap. 28.

CH. I. ÉLEUSIS ET SES TRADITIONS. 681

thes qui font allusion à son nom grec. Il y est question, non-seulement d'une *Mélissa*, nourrice de Jupiter, mais encore d'un roi de Crète, *Mélisseus* ou *Mélissæus*, ordonnateur de son culte[1]. Il est mention aussi d'un fils de Jupiter, du nom de *Méliteus,* nourri, comme son père, par l'abeille[2]. Des abeilles sacrées gardent, dans l'île de Crète, la grotte où naquit Jupiter[3]. Enfin, Jupiter, devenu *Aristée* à Céos, était lui-même à la fois le dieu des abeilles et leur gardien, le prophète et l'arbitre du vent et de la tempête[4]. Il est l'*excellent*, le *meilleur*, d'après le sens de son nom, de même que l'abeille est la meilleure, la plus noble entre les créatures. Elle fuit tout ce qui est bas. Pourtant elle est née du taureau, et son nom est celui de l'âme qui s'abaisse jusqu'à la matière en prenant un corps. Mais elle songe au retour, elle n'oublie pas le lieu de sa naissance, et elle y revient[5]. Est-ce, du reste, un pur hasard que le dieu, le prophète des abeilles s'appelant *Aristée,* le nom d'*Aristomachus* ait appartenu à ce personnage singulier qui passa cinquante-huit années de sa vie à observer les abeilles, et qui, comme Démocrite, avait écrit sur leur nature[6]? A force de les admirer,

---

[1] Hygin. Poet. Astron. II, 13, *ibi* interpret. p. 448 Staver. *Cf.* Bœttiger, *Amalthea*, I, p. 22.

[2] Antonin. Liberal. cap. 13.

[3] *Id.*, cap. 18.

[4] Ἀρισταῖος, de ἄριστος, surnom également donné à Jupiter, comme il a été dit, p. 587, n. 1, tom. II. *Cf.*, du reste, les auteurs cités p. 248, n. 3 et 4 du présent tome.

[5] Porphyr. de antro Nymphar. p. 19.

[6] *V*. Plin. H. N. XI, 9, et XIII, 24, pag. 594 et 699 Harduin.; Ovid. Fast. III, 739 sqq. — *Cf.* Visconti, Iconograph. gr. I, p. 97 sq. (J. D. G.)

Aristomachus de Soles paraît être devenu lui-même un sujet d'admiration, et jusqu'à un certain point, un être mythique. Du moins on croit le retrouver sur les monuments, par exemple sur une pierre gravée que nous reproduisons dans nos planches[1]. Ce qu'il y a de sûr, c'est que son nom signifie l'*excellent guerrier* et rappelle une des qualités de l'abeille, tout comme ce Philiscus de Thasos qui élevait des abeilles dans les forêts, fut, pour cette raison, surnommé *Agrius*, le *sauvage* ou l'*homme des champs*[2].

L'idée d'un noble combat, d'une lutte généreuse, est l'une des plus remarquables de celles qui se rattachent au symbole de l'abeille : aussi l'abeille est-elle un présage de bonheur pour le guerrier qui, comme elle, veille à la défense de la patrie. Un trait non moins remarquable, c'est l'aversion attribuée à cet animal pour tout ce qui est bas, grossier, corrompu. Ces deux notions réunies élevèrent l'abeille jusqu'à la notion plus haute et toute religieuse du renoncement à la matière, de l'esprit engagé dans les liens de ce corps mortel et luttant pour s'en affranchir. En effet, toutes les âmes descendues sur la terre ne sont point assimilées aux abeilles; celles-là seules portent le beau nom de *Mélisses* qui n'ont point perdu de vue leur céleste patrie, mais qui, au contraire, de même que l'abeille, aspirent au retour, et cherchent,

---

[1] Pl. CXCI, 907, avec l'explication.

[2] Plin. H. N. XI, 9.—Il est mention, dans l'histoire mythique, de plusieurs *Agrius*, dont le plus remarquable et le plus significatif était frère d'*Œnée*, l'homme du vin en Étolie. *V.* Homer. Iliad. XIV, 115, Apollodor. I, 8, 6, etc. *Cf.* p. 173 sq. et 333 *ci-dessus*.

par des œuvres de pureté et de justice, à le mériter. Ajoutez à cela que le miel, soit à cause de sa vertu soporifique, soit à raison du dogme antique de la douceur de la mort, en était l'emblème, si bien qu'on le présentait en offrande aux divinités souterraines[1]. Sous tous ces points de vue, comme sous ceux que nous avons touchés plus haut, l'abeille appartenait à Cérès et à Proserpine ; à Cérès, en qualité de mère et de nourrice des êtres, de déesse belliqueuse, présidant à la terre et à la mort ; à Proserpine, parce qu'elle est la pure, la sainte par excellence, qu'elle dirige les âmes dans leur route sublunaire, et qu'elle les délivre de ce corps matériel après les y avoir enfermées pour un temps. Quant à *Aristée*, le père aux abeilles, le ministre de Jupiter ou le fils d'Apollon, c'est au fond Jupiter-*Aristæus* lui-même, Jupiter-*Icmæus*, dieu de l'humidité nourricière ; c'est encore Apollon *Nomios* ou *Agreus*, Pasteur ou Chasseur, l'un et l'autre descendus sur la terre pour apporter aux hommes, avec leur culte, les premiers biens de la vie, les premiers éléments de la société. Voilà pourquoi Aristée se retrouve à l'origine des plus anciens états de la Grèce, en Thessalie, en Arcadie, et jusque dans les colonies helléniques, à Cyrène, par exemple, qui portait le nom de sa mère. Pasteur, laboureur, instituteur de la civilisation et des arts, en rapport avec Hermès, avec Chiron, analogue à Bacchus, à Silène même, il est tout ensemble premier colon, premier roi, premier prêtre, génie tutélaire et nourricier comme génie in-

[1] Porphyr. *ibid.* et p. 18. *Cf.* p. 495 *ci-dessus*, et les citations des n. 4 et 5.

venteur et prophétique. Il est immortel, il est dieu et homme à la fois, et les médailles provenant des contrées où il répandit ses bienfaits le représentent avec les attributs de la divinité [1].

C'étaient là des souvenirs, conservés chez les Grecs, de ces vieux temps du sacerdoce pélasgique, auxquels ap-

[1] *V.* sur Aristée, indépendamment du renvoi ci-dessus, Pindar. Pyth. IX, 113, *ibi* Schol. et Bœckh ; Diod. Sic. IV, 81 sq.; Schol. Apollon. Rhod. II, 500 sqq.; et les médailles de Céa ou Céos dans Eckhel D. N. V. II, p. 326 sq. coll. p. 180, et Num. vet. anecd. p. 108. — *Cf.* les intéressantes recherches du savant archéologue Brœndsted (Voyages dans la Grèce, I, p. 41-50), à qui nous avons emprunté plusieurs de ces médailles, gravées dans notre pl. CLXXI *bis*, 628-628 *a* et *b*. Elles montrent *Aristée*, selon lui exclusivement associé avec Apollon à Céos, quoiqu'il le fût ailleurs avec Jupiter, par exemple à Corcyre, barbu d'ordinaire, quoique jeune, portant le diadème radié, et ayant pour attributs, au revers, soit l'*abeille* qu'il éleva, soit l'étoile ou le chien entouré de rayons, symbole de *Sirius*, dont il conjura les funestes ardeurs en sacrifiant à Jupiter-Icmæus. Cette légende se liait évidemment à d'antiques observations du lever de cet astre coïncidant plus ou moins avec l'apparition des vents étésiens, et d'après lequel on pronostiquait la température de l'année (Heraclid. Pont. complété par Theophrast. de Ventis, t. I, p. 763 Schneider, Diod. IV, 82, et Cic. de Divinat. I, 53, ap. Brœndsted, p. 78 sq.). Quant à l'association, disons mieux, à l'identification d'Aristée avec Jupiter aussi bien qu'avec Apollon, même à Céos, l'assertion d'Athénagore (pro Christian., p. 290 ed. Paris. Benedict.) nous paraît subsister dans toute sa force : Κεῖοι Ἀρισταῖον τὸν αὐτὸν καὶ Δία καὶ Ἀπόλλω νομίζοντες. Ajoutons que le héros, sans doute à cause de ses rapports avec Bacchus (sa statue se voyait dans le temple de ce dieu à Syracuse : Cic. in Verr. IV, 57, coll. de N. D. III, 19), fut impliqué de bonne heure dans la famille de Cadmus et donné pour époux à *Autonoé*, sa fille, de qui il eut *Actéon* (Hesiod. Theogon. v. 977, coll. Apollodor. III, 4, 3, 4, et nos pl. CX, 445, CLXV-CLXVI, 629, 629 *a* et *b*, avec l'explication). Bacchus, au reste, paraît sur les médailles de Céos, de même qu'Apollon, planche CLXXI *bis*, 628 *d* et *e*. (J. D. G.)

CH. I. ÉLEUSIS ET SES TRADITIONS. 685

partenaient aussi et Poseidon-Érechthée, et le prêtre-roi Eumolpe, et Céryx, fils d'Hermès. Suivant le tour donné par eux à la tradition, ils auraient, dès ces temps reculés, envoyé aux peuples étrangers des missionnaires divins de ce genre, par exemple Aristée chez les Libyens [1]. Mais, dans la vérité des choses, c'était l'Orient, au contraire, qui avait chargé ces fils de lumière de s'en aller bien loin vers le Couchant éclairer les ténèbres de l'Europe. L'antiquité est pleine de semblables figures, qui déposent de la réalité d'un âge patriarcal, où des rois exerçant les fonctions du sacerdoce, des prêtres revêtus de la puissance des rois, jetèrent les fondements de la société et firent l'éducation des peuples. Tel fut, entre mille, cet *Anius*, autre fils d'Apollon, autre copie de Bacchus, qui tenait à Délos le même rang qu'Aristée à Céos, qui fut, comme lui, le père-nourricier, le bienfaiteur et l'instituteur de son île [2]. Ils nous font compren-

---

[1] Et de Libye jusqu'en Sardaigne, où il aurait eu deux fils, *Charmos* et *Callicarpos*, noms fort significatifs (Diodor. IV, *ibid.*), et où Dédale l'aurait accompagné, suivant quelques-uns, ce que Pausanias (X, 17) conteste par des raisons chronologiques. Faut-il admettre la réalité de la colonie d'Aristée dans cette île, et voir, dans la tradition dont il s'agit, la légende mythique d'un établissement passager des Grecs de Cyrène, adorateurs du héros, fils de la nymphe éponyme de leur ville? C'est une question que nous nous contenterons de poser ici, en renvoyant le lecteur à notre livre IV, pag. 248, n. 5, tom. II, et à l'exposé fait plus récemment des récits et des opinions sur les colonisations successives de la Sardaigne dans les temps fabuleux, par M. le général de la Marmora, Voyage en Sardaigne, 2ᵉ édit., tom. I, p. 1-10.   (J. D. G.)

[2] Il fut à la fois roi de Délos et prêtre d'Apollon, qui l'avait eu de Créuse ou de *Rhœo*, fille de *Staphylus* (ῥοιά veut dire *grenade* et fait songer à

dre, et particulièrement les derniers, ces prêtres de l'Artémis d'Éphèse, dont le nom *Essènes* signifiait rois des abeilles, puis rois en général, et qui, parmi leurs fonctions, avaient celle de présider aux banquets[1]. Soumis à une règle sévère, et se reportant par leur origine à ces temps primitifs de l'établissement de l'ordre social, où le sacerdoce et la royauté ne faisaient qu'un, ils s'appelaient rois des abeilles, parce que l'abeille est un animal nourricier, pur, plein de sens, appliqué au travail, ami de l'ordre, et en même temps belliqueux.

Proserpine; σταφυλή signifie *grappe de raisin*). Il reçut de sa mère le nom d'*Anius* (Ἄνιος, le fils de la douleur) à cause des maux qu'elle endura pour lui (ἀνιασθῆναι), ayant été exposée par son père dans une ciste, et portée par les flots jusqu'à l'île où elle lui donna le jour (comme Danaé avec Persée, et Sémélé elle-même avec Bacchus, p. 447 *ci-dessus*). Anius à son tour eut de Dorippé trois filles, *OEno*, *Spermo* et *Elaïs*, qui reçurent de Dionysus le privilége de convertir en vin, en blé, en huile, tout ce qu'elles voudraient, et furent surnommées *OEnotropes*, parce qu'elles changeaient l'eau en vin, ou *OEnotrophes*, parce qu'elles ravitaillèrent les Grecs pendant la guerre de Troie. Anius, en outre, donna aux Atrides, leurs chefs, un taureau qui devint pour eux le gage d'une heureuse navigation, et pour Minerve, qui la leur accorda, la raison du surnom de *Taurobolos*, qu'elle porta dès lors à Andros où ils lui sacrifièrent (c'est sans aucun doute une Minerve-Praxidicé, une Minerve-Victoire, immolant le taureau et assurant le droit : ch. VI, art. I, p. 563 sqq. *ci-dessus*). Enfin le prêtre-roi de Délos, avec un fils de ce même nom d'*Andros*, eut une quatrième fille, *Lavinie*, mariée à Énée en Italie et mère d'un second Anius. *V.* Diodor. Sic. V, 62, *ibi* Wesseling; Virgil. Æneid. III, 80 sqq., *ibi* Excurs. Heyn. p. 470; Pherecyd. ap. Schol. Lycophron. 570; p. 681 sq. ed. Müller, coll. Pherecyd. Fragm. p. 209 ed. sec. Sturz.; Conon. Narrat. 41; Suid. *v.* Ταυροπόλ.; Dionys. Halic. Archæol. I, 50, pag. 125 Reisk.; Ovid. Metam. XIII, 632 sqq. (C-R et J. D. G.)

[1] *Cf.* p. 676 sq. *ci-dessus.*

CH. I. ÉLEUSIS ET SES TRADITIONS.

C'est, à n'en pas douter, dans un sens analogue, et non point seulement parce que le miel, comme symbole de la mort, se rapprochait naturellement de Cérès Chthonia ou infernale; que les prêtresses de cette divinité, et aussi bien, à ce qu'il paraît, les femmes initiées à ses mystères, se nommaient *Mélisses*, qui veut dire *abeilles*[1]. Les prêtresses de Déméter ou de Cérès *Mère* prirent, dans la suite, le nom de *Métropoles*, en rapport avec cette idée[2]; mais l'épithète plus ancienne et toute sacrée de *Mélisses* rappelait celle du culte pur des temps primitifs et les traditions qui s'y liaient. Qu'elle vienne ou non en principe de la nymphe *Mélissa*, cette nourrice de Jupiter, cette première bienfaitrice des hommes, que nous connaissons[3], elle était et elle demeura un nom d'heureux augure, étendu aux prêtresses d'autres divinités[4]; et fréquemment donné aux femmes, chez les Grecs,

---

[1] *V.* Callim. in Apollin. v. 110; *ibi* Anna Fabri (Mad. Dacier) et Spanheim; Porphyr. de antro Nymph. c. 18; Schol. Theocrit. XV, 94, où peut-être ne faut-il pas, avec Tanneguy Lefèvre, changer ἑταίρας en ἱερείας; Hesych. I, p. 566, qui explique aussi Μέλισσαι par αἱ τῆς Δήμητρος μυστίδες. — Lobeck (*Aglaoph.*, pag. 817 sq.) conteste ici toute idée de *miel* et d'*abeilles*, tirant directement, avec Ménage, le substantif Μέλισσα du verbe μελίσσω, μειλίσσω; *propitio*. (J. D. G.)

[2] Hesych. I, p. 598 Alb., mal compris de Sainte-Croix, I, p. 242.

[3] Pag. 678 *ci-dessus*, coll. Antonin. Liberal. p. 122, *ibi* Verheyk, et le Schol. de Pindare allégué *ci-dessous*.

[4] Non-seulement à celles de Proserpine, mais aux Pythies de Delphes (Pindar. Pyth. IV, 106, *ibi* Schol.; Schol. Euripid. Hippolyt. 72, et Schol. Theocrit. *ubi supra*). Les Nymphes aussi sont fréquemment appelées *Mélisses*, et elles ont l'abeille pour symbole aussi bien que les Muses. *Cf.* liv. IV, ch. IV, p. 140 sq., tom. II, et Lobeck, *ibid*. (J. D. G.)

à toutes les époques[1]. Ce nom exprimait la plénitude de la prospérité, de la sagesse, de l'innocence et de la justice. La route des abeilles comme la route du taureau, deux symboles, on le sait, étroitement unis l'un à l'autre (l'abeille, type de l'âme, s'échappant du corps décomposé du taureau, type de la matière[2]), furent les sentiers suivis par la civilisation dans sa marche antique d'Orient en Occident. Par ce double sentier vinrent les patriarches, missionnaires de cette civilisation agricole et religieuse; Jupiter, le père des abeilles et le dieu du taureau, avec ses fils et ses prêtres, Osiris-Dionysus et Aristée ; Cérès aussi, la mère et l'âme de la terre, et à sa suite, à la suite de Proserpine-*Melitodes*, sa douce fille[3], les nymphes des abeilles, les Mélisses; les uns et les autres apportant leurs suaves présents. De la douceur du miel semblent encore tirer leurs noms, comme nous l'avons vu ailleurs[4], Artémis-Brito ou la nymphe qui la représente, et l'efféminé, le voluptueux Bacchus-Briseus, entouré des nymphes Briséides.

Avec le miel, avec le vin, son frappant contraste, avec

---

[1] Par exemple à la fille d'Épidamnus (Steph. Byz. *v.* Δυῤῥάχιον); à celle du roi d'Épidaure, devenue la femme de Périandre, tyran de Corinthe (Athen. XIII, p. 132 Schweigh.); à la Pythagoricienne de Samos dont nous avons encore la lettre à Cléaréta (Wolf. Mul. græcar. fragm. p. 133), et qui nous rappelle le philosophe et général samien Mélissus, etc., etc.

[2] *Cf.* Stieglitz, *Archæol. Unterhalt.* II, p. 195, et surtout 196.

[3] Μελιτώδης, douce comme le miel, surnom qui rappelle celui de Μέλισσα donné encore à Sélène ou la Lune, comme favorisant la naissance. Porphyr. de antro Nymphar., coll. Schol. Theocrit. et Pindar., *ubi supra*, et notre chap. VI, p. 596 sq. de ce tome. (C-R et J. D. G.)

[4] Pag. 248 *ci-dessus*.

tous les autres biens de la nature, les dieux ou les prêtres des temps primitifs apportèrent aux peuples l'antique et mystérieuse doctrine du Jupiter de Crète, appelé le *doux* et le *piquant* ou l'*amer*[1]. Douce et amère, en effet, est la destinée de l'homme, et cette opposition ou des oppositions analogues se reproduisent dans une série de symboles et de mythes expressifs, dérivés de la même source. Brito, la douce vierge, a dans sa main droite la flèche qui blesse. Cérès, la bonne mère, met au jour, dans sa fille Proserpine, une déesse meurtrière. La faucille à moissonner le blé se transforme, pour Cérès-Proserpine, en un glaive funeste. L'homme de la grappe, Staphylus, a pour petit-fils l'homme de la douleur, Anius. La vie est amère et elle a son symbole dans le fiel employé, aussi bien que le miel, aux sacrifices, le miel, symbole contraire de la mort, le sommeil éternel, et de sa douceur. C'est pourquoi Cérès qui, en qualité de déesse de la terre, reçoit dans son sein tous les êtres vivants, et règne sur les morts, a pour ses prêtresses les nymphes des abeilles. C'est pourquoi encore les abeilles elles-mêmes affectionnent le pavot, l'une des plantes consacrées à Cérès et l'un de ses attributs[2].

D'antiques vérités, et nous pourrions dire des commandements de la religion de la nature, furent aussi renfermés dans ces symboles et dans ces mythes, par

---

[1] Ἤπιος πίκος. Nous y reviendrons dans l'article suivant.

[2] *Cereale papaver.* *V.* Virgil. Georg. IV, 131, *ibi* interpret. *Cf.* Spanheim ad Callim. hymn. in Apoll. v. 110, in Cerer. v. 44; — et nos planches LXXXIV, 551 *b*, coll. CXLIV, 489, avec l'explication, p. 203, 226.

(J. D. G.)

exemple dans celui d'Anius, que nous avons déjà touché. Le miel et le vin en contraste y désignent la sobriété et l'ivresse, la mesure et l'excès. Le porc et la chair de porc y sont l'emblème des grossiers penchants, de l'impureté, de la corruption. L'amour de la chair est une sorte d'ivresse, et l'ivresse conduit à la brutalité, dont les filles de Staphylus, ces filles de Lot de la tradition grecque, furent les victimes[1]. Épurées au service d'Apollon qui les sauve, elles y deviennent des Mélisses.

Ces *mélisses*, ces abeilles, si chastes, si actives, si laborieuses, dont le paisible travail produit une nourriture si suave, si salutaire, si semblable à celle des dieux, forment un contraste non moins frappant avec les bruyants et paresseux frelons, type d'impureté, de gourmandise et d'indolence[2]. Aussi ont-elles une origine différente, étant nées du taureau, tandis que les frelons naissent du cadavre du cheval[3]. Cette nouvelle opposition du taureau et du cheval nous rappelle la Cérès-Érinnys d'Arcadie luttant contre le coursier divin sorti du sein des flots[4]. Ainsi les abeilles, filles du taureau, luttent et combattent incessamment contre les frelons, fils du cheval, pour les écarter de leurs ruches[5]. De même, au reste, que, dans la physique ancienne, les productives abeilles étaient op-

---

[1] *V.* dans Diodore de Sic. V, 62, l'aventure de *Molpadia* et *Parthenos*, sœurs de *Rhœo*, la mère d'Anius. Socrate, dans Xénophon (Memorab. I, 3, 7) explique en un sens analogue la fable de Circé chez Homère.

[2] Dejà dans Hésiode, Op. et D. 303 sqq., *al.* 279.

[3] Servius ad Virgil. Æneid. I, 435.

[4] Pag. 470 *ci-dessus*.

[5] Virgil. Georgic. IV, 168, *ibi* interpret.

CH. I. ÉLEUSIS ET SES TRADITIONS. 691

posées aux inutiles frelons, de même, dans la doctrine symbolique des mystères, les *Mélisses* avec leurs dons précieux étaient en contraste avec les *Danaïdes* aux seaux percés, au travail impuissant[1]. Mais abeilles et Mélisses, prêtresses et prêtres dont elles sont les symboles, et tous les initiés en général, à l'activité pacifique savent, quand il le faut, faire succéder l'activité guerrière[2]. C'est en ce sens, nous l'avons vu[3], que les Éleusiniens sont qualifiés à la fois d'amis de la sagesse et d'amis de la guerre. Telle est la loi, telle est la règle de l'antique religion de Cérès; quiconque la suit doit unir la fermeté à la douceur, l'esprit des combats à l'esprit de paix. Il doit s'habituer aux privations, s'endurcir par les plus rudes exercices, afin de trouver, le jour venu, la force nécessaire pour repousser les attaques contre l'ordre, pour défendre les institutions consacrées par la foi de ses pères.

Cette discipline religieuse, dont l'abeille nous semble avoir été une sorte de prototype, se retrouvait dans la plupart des temples de la haute antiquité; en Crète, parmi les belliqueux Curètes, avec Mélissa, la nourrice de leur dieu Jupiter; à Dodone, chez les Selles et les Tomoures, si durs à eux-mêmes[4]; enfin, jusque dans l'Inde et dans l'Éthiopie, où les sages et les prêtres furent de tout temps assujettis à une règle non moins sévère, qui

---

[1] *Cf.* liv. VII, ch. V, art. IV, p. 337 sqq. *ci-dessus.*

[2] *V.* la description si animée de l'ardeur belliqueuse des abeilles dans Virgile, Georgic. IV, 67 sqq., et *cf.* p. 679 *ci-dessus.*

[3] Pag. 611 et 635 *ci-dessus.*

[4] Pag. 634 coll. p. 537 de ce tome, et p. 538, tom. II.

leur a valu le nom de gymnosophistes[1]. Là aussi reparaît le symbole de l'abeille, comme attribut des grandes divinités, et avec les sens les plus divers, dans les plus merveilleuses combinaisons. Il s'agit surtout de la grande abeille de l'Inde, de couleur bleu foncé, comme le dieu Crichna à qui elle est dédiée, et souvent représentée voltigeant autour de ce dieu, ou bien posée sur sa tête et l'ombrageant de ses ailes[2].

Si les dieux de l'Inde avaient donné à l'abeille sacrée de ce pays leur couleur favorite, le Jupiter de Crète, en prodiguant tous les biens aux abeilles qui l'avaient nourri de leur miel, les avait teintes en couleur d'airain tirant sur l'or[3]. N'y aurait-il pas là une double allusion à l'âge d'or et à l'âge d'airain, si célèbres dans les traditions de la Grèce[4]? Du moins était-ce l'opinion des anciens que la rosée éthérée qui, dans l'âge d'or, avait découlé des feuilles des arbres pure et abondante, les abeilles depuis étaient chargées de la recueillir, mêlée à des sucs étrangers, et de la déposer soigneusement dans les rayons qu'elles forment de la substance des fleurs[5]. Cet insecte à la fois juste et laborieux aurait été ainsi placé entre les deux âges dont il porte les deux couleurs, pour transmettre à l'un l'hé-

---

[1] Philostrat. Vit. Apollon. III, 15, VI, 10. — *Cf.* liv. I, ch. V, p. 303, tom. I. (J. D. G.)

[2] W. Jones, dans les Rech. asiat., tom. I, pag. 200 de la trad. franç. — *Cf.* liv. I, ch. III, p. 195, tom. I, et nos pl. II, 12, IV, 23 *a*, XIX, 107, avec l'explication. (J. D. G.)

[3] Ælian. H. A. XVII, 35 ; Diodor. V, 70.

[4] Hesiod. Op. et D., v. 108 sqq.

[5] Virgil. Georg. I, 131, IV, 1, *ibi* Voss.

ritage de l'autre, les dons célestes des bons dieux. C'est au même sens que les rois des abeilles à Éphèse étaient donnés comme des *Hestiatores* ou maîtres des banquets, tandis que leur nom local d'*Essènes* rappelait Jupiter, le nourrisson et le premier roi des abeilles, également qualifié d'*Essen*[1]. Lui aussi il est placé sur la limite des temps, dont il est le grand médiateur. L'âge d'or est terminé, cet âge heureux où tous les biens étaient en commun, où l'homme en jouissait sans travail. Le temps du travail est venu ainsi que du partage qui fait la propriété ; mais la justice et l'équité dans la répartition, la modération dans l'usage de ses fruits, les sentiments doux et pieux sont les trésors héréditaires que l'âge d'or lègue aux âges suivants. Les prêtres et les rois ont la mission de présider à cette juste distribution qui du bien de chacun compose le bien de tous ; ils sont les successeurs de ces pieux *Démons*, dont le nom s'explique par cette idée même d'un partage équitable[2], qui protègent le droit, qui versent toutes les prospérités, que la tradition présente comme décorés d'un royal honneur, en qui elle montre les hommes déifiés de l'âge d'or. Nous retrouvons ici la notion primitive du sacerdoce et de la royauté intimement unis, et avec elle cette autre notion suivant laquelle les Démons étaient encore chargés de distribuer dans les corps les âmes descendues du séjour des dieux. Ils les conduisent sur la terre, mais ils ne les y abandonnent pas, et ces génies tutélaires errent sans cesse autour des demeures humaines et prennent place au foyer dont la

[1] *Cf.* p. 676 sq.
[2] *Cf.* liv. VII, ch. I, art. I, p. 2 sqq. de ce tome.

flamme doit rester pure¹. Aussi Platon, qui fait si volontiers allusion aux croyances antiques, désigne-t-il les Démons par un nom véritablement emprunté à l'âge patriarcal du monde, les appelant *gardiens* et *pasteurs divins* ². Une doctrine *héroïque* fut, comme nous l'avons déjà fait entendre bien des fois, donnée jadis aux peuples, qui leur enseignait les grands exemples des temps primitifs, les exemples de ceux qui, eux aussi, avaient vécu de notre vie périssable, dans ce misérable corps, mais sans s'y oublier, sans perdre de vue la patrie céleste, tout en défendant leur patrie de la terre et le culte de ses dieux ; c'est pourquoi ils furent élevés au rang de demi-dieux, de dieux même quelques-uns. Les rites salutaires des expiations, des purifications et des initiations furent institués dans le même esprit et dans le même but. Ceux qui les premiers avaient appris aux hommes à dompter le taureau pour la culture de la terre, à l'immoler aux divinités qui la fécondent ; les pasteurs qui, d'un autre côté, tels qu'Aristée, avaient fait goûter la douce saveur du miel ; les *Dætri* et les *Essènes,* distributeurs de la chair et éducateurs des abeilles, en prenant soin du corps, ne négligèrent point l'âme et montrèrent les moyens de la réconcilier avec le ciel. De là le miel comme offrande expiatoire ; de là le nom de la pure abeille employé pour désigner les prêtres aussi bien que les prêtresses des mystères.

Le symbole de l'abeille, médiatrice des temps, nous conduit par l'âge d'airain, émule de l'âge d'or, au sym-

Ibid., p. 5, et art. II, p. 15, art. V, *passim.*

² *Ibid.*, art. V, p. 43 et 47.

bole de l'airain même et du son de l'airain, autre signe de vie et de salut dans les religions anciennes. Déjà la légende du Jupiter de Crète nous fait voir les Curètes, armés d'airain, menant leurs danses rapides autour du dieu enfant et de sa nourrice Mélissa, et frappant en cadence leurs boucliers de leurs épées, pour empêcher Cronos d'entendre ses vagissements[1]. Ce sont là des danses planétaires, telles qu'on en voyait encore à Samothrace, telles qu'elles demeurèrent longtemps en usage à Sparte; danses où étaient imitées les révolutions du soleil, de la lune et des étoiles. Mais c'étaient en même temps des danses guerrières, qui rappelaient les temps nouveaux d'épreuve et de combat, annoncés par les nouveaux dieux, et qui devaient y préparer les hommes. Les dieux des planètes avaient fait sortir du sein de la terre l'airain qui leur était consacré, et les Curètes, leurs prêtres et leurs ministres dans l'île de Crète, en avaient été les premiers ouvriers. Aux chœurs harmonieux de ces Curètes, ennemis des Titans, devait prendre plaisir la nymphe Mélissa; car le bruit cadencé de leurs pas et de leurs armes sauvait son divin nourrisson. L'abeille aussi, cet insecte non moins divin, qu'un instinct supérieur portait vers toutes les belles choses, se plaisait à la mesure et à l'harmonie, et les sons de l'airain avaient

---

[1] Lucret. II, 633. — *Voy.* liv. V, sect. I, ch. IV, p. 368, tom. II, et pl. LXIII, 248, avec l'explication, p. 122, coll. liv. VII, ch. IV, p. 237 sq. du présent tome, et pl. CXLVIII, 554 *b* et *c*, avec l'explication, p. 228 sq.; et sur les Curètes en général, aussi bien que sur leurs rapports avec les Titans, liv. V et VI, p. 278 et 787 sq., tom. II.   (J. D. G.)

par-dessus tout le pouvoir de ramener à la ruche les essaims dispersés[1].

De tout temps l'airain ou le cuivre fut consacré au culte des dieux, et les anciens trouvaient dans ce métal quelque chose de particulièrement saint[2]. Toutefois il fut chez eux un instrument de superstition autant qu'un instrument de salut. On se servait, dans les rites de la religion de Cybèle, de cornets d'airain, dont la forme recourbée avait trait au croissant de la lune[3]. Le son même de l'airain était censé agréable à la lune aussi bien qu'à l'abeille dont elle portait le nom[4]. En qualité d'Hécate, la lune passait pour la redoutable déesse qui ourdissait tous les charmes ; mais ces charmes pouvaient être tournés contre elle ; par des formules et des artifices magiques on pouvait, suivant une croyance populaire, l'éclipser, la contraindre, et même la faire descendre sur la terre[5]. Or, le son de l'airain, le bruit retentissant des cornets, les cris poussés sur la terre, avaient, d'un autre côté, la vertu de délivrer la lune dans le ciel, de mettre un terme à la violence exercée sur cet astre. Cette croyance, qui eut peut-être, comme toute magie, sa racine dans le sabéisme primitif de la Colchide et de la Haute-Asie, à en juger par le mythe de Médée ; qui, du moins, fut dominante dans la Thessalie, patrie commune des sorcières de la Grèce, paraît s'être propagée sous diverses formes, à

---

[1] Virgil. Georg. IV, 64, 210, *ibi* interpret.
[2] Servius ad Virgil. Æneid. I, 448.
[3] *Cf.* liv. IV, ch. III, art. III, p. 59, tom. II.
[4] *Cf.* p. 688, n. 3, *ci-dessus*.
[5] *V.* Aristophan. Nub., v. 749, *ibi* interpret.

CH. I. ÉLEUSIS ET SES TRADITIONS.

travers l'antiquité tout entière[1]. Il semble même que la religion chrétienne n'ait pas réussi à l'extirper, comme le prouvent le son des cloches employé jusqu'à nos jours pour conjurer l'orage, et d'autres coutumes de ce genre. Un usage analogue se retrouvait dans le culte antique de Cérès, et avec une signification si remarquable que nous ne saurions nous dispenser d'insister encore quelques moments sur ce point.

Apollodore, dans son livre sur les dieux, dont le Scholiaste de Théocrite[2] nous a conservé un curieux fragment, rapporte que les anciens frappaient sur un instrument d'airain, d'abord à l'occasion des éclipses de lune, puis en l'honneur des morts, si leur vie avait été exempte de souillure ; d'où vient que ce son était employé pour toute espèce d'expiation et de purification. A Athènes, poursuit-il, le Hiérophante frappe l'instrument retentissant quand on invoque Coré (Proserpine[3]) ; et lorsqu'à Lacédémone un roi vient à mourir, l'usage est également de frapper sur des bassins. Or l'airain sacré dans la main

---

[1] On la rencontre encore chez les Romains et dans les provinces de l'empire, au siècle d'Auguste et plus tard (Virgil. Eclog. VIII, 69, *ibi* interpret.; Tacit. Annal. I, 28, *ibi* Lips.; Ovid. Metam. VII, 207, *ibi* interpret.; Juvenal. Sat. VI, 442, *ibi* Ruperti). La même superstition existe chez les peuples sauvages, en Amérique et ailleurs, relativement aux éclipses. Est-ce dans une conception pareille que la mythologie grecque puisa l'idée du combat de Diane et d'Hécate contre les Géants, tel que le représentent des monuments célèbres (planch. LXXX et XC, 328, 329, et l'explication, p. 148)? (C-n et J. D. G.)

[2] Ad Idyll. II, 36. *Cf.* Apollodor. Fragm. p. 401 sq. ed. Heyn.

[3] Τῆς Κόρης ἐπικαλουμένης, mots qui peuvent se traduire encore par le moyen « quand Coré appelle au secours, » sans que le sens soit changé au

du Hiérophante avait retenti déjà plus de mille ans avant la naissance du Christ. C'est lui dont les sons nocturnes, ou bien le vol précurseur de la colombe, avaient guidé la colonie des Chalcidiens qui s'en alla, vers cette époque, fonder Cumes sur les côtes de l'Italie[1]. La colombe et le son de l'airain, l'une et l'autre consacrés à Cérès et à Proserpine, étaient deux signes des plus saints pour les chefs attiques de cette colonie. Les Tanagréens de la Béotie, cette terre non moins aimée de Cérès, obéirent à un signe semblable, lorsque, cherchant des demeures nouvelles, Cérès leur commanda de marcher aussi longtemps qu'ils entendraient le bruit de l'airain, et de se fixer là où il cesserait[2]. Quand, à Éleusis, on appelle Proserpine et que les peuples émigrent, alors commence la saison nouvelle, le printemps, qui revient chaque année avec la jeune déesse, son emblème. Le son magique de l'airain se fait entendre, également prophétique, également puissant, soit que, comme à Dodone, il annonce les oracles de Jupiter[3], soit que, comme à Athènes, il évoque Proserpine des enfers, soit qu'il montre aux jeunes colonies la route inconnue vers les lointains parages. Les Phrygiens aussi, au printemps, appelaient leur Attis, au bruit des cornets et des bassins, et à la même époque l'airain retentissait en l'honneur de la mère des

fond. L'instrument dont il s'agit est appelé τὸ ἠχεῖον, ailleurs χαλκεῖον, nom donné également à la corne ou au cornet recourbé, désigné encore dans les bas-temps par la dénomination latine, d'origine grecque, βούκινον.

[1] Vell. Patercul. I, 4, 1, coll. Philostrat. cité p. 110, tom. II.
[2] Ruhnken. ad Vell., l. l., ibi Etymol. mscr.
[3] Cf. liv. VI, ch. 1, p. 540 sq., tom. II.

dieux[1]. Les Romains avaient une coutume qui rentre dans le même ordre d'idées et de symboles, celle du *Tubilustrium* ou de la consécration des trompettes, célébrée le 23 mars[2]. Partout donc, au retour de l'année nouvelle, l'airain résonne comme un heureux présage pour le laboureur, pour le colon, pour l'homme de guerre. Mais il résonne aussi, nous l'avons vu, pour les morts qui ont bien vécu, et cela peut-être à une autre époque de l'année, en automne, quand les jours décroissent, quand le soleil se plonge peu à peu dans les ténèbres de l'hiver. C'est le glas de la mort pour la nature comme pour l'homme, et c'est en même temps le lointain signal, le gage certain de la renaissance pour tous les deux. Le son de l'airain, en effet, paraît avoir été un symbole général de purification; il s'appliquait aux morts dans ce sens, et par cela même à la migration des âmes. Comme il rappelait Proserpine au séjour de la lumière, comme il aidait à délivrer la lune des puissances de ténèbres qui voulaient en souiller la clarté, il délivrait également l'âme de ses souillures, et l'affranchissait du pouvoir des mauvais et ténébreux démons. Mais l'âme a bien des degrés à parcourir dans la carrière de ses purifications; elle est longue la route qui doit la ramener dans sa première patrie. De là les sons prolongés de l'airain de Dodone, qui retentit incessamment durant le cours de ses épreuves[3], comme l'airain consacré à Cérès se fit entendre

---

[1] Liv. IV, ch. III, p. 58 sq., t. II, coll. interpret. ad Ovid. Fast. II, 740.
[2] *Cf.* tom. II, p. 496, 791, 817 sq.
[3] Tom. II, p. 541, et le passage cité n. 3, où les bassins de Dodone sont mis en rapport avec la métempsychose.

aux colons de Tanagre jusqu'à ce qu'ils fussent parvenus au terme de leur voyage. Ainsi le son de l'airain dirige à la fois les migrations des peuples et celles des âmes ; il dirige en même temps la course des abeilles, et les ramène à la ruche, qui est aussi leur patrie. Souvenons-nous que l'abeille fut, dans l'antiquité, le symbole et le prototype des colonies, de même que son nom était donné aux âmes qui menaient une vie pure et songeaient au retour [1]. Toutes ces idées, toutes ces images appartiennent également à la religion de Cérès, et quand on voit l'abeille à côté de l'épi, sur les monnaies des villes ou des colonies grecques [2], on ne peut s'empêcher de reconnaître tout ce qu'avait de saint cette religion qui fut pour elles la double source des biens physiques et des biens moraux [3].

---

[1] *Cf.* liv. IV, ch. IV, p, 141, tom. II, *ibi* citat.

[2] Par exemple sur celles d'Athènes (pl. XCIV, 341 *c c*), de Métaponte (c'est le grillon plutôt que l'abeille, pl. LIX, 277 *a*), etc. Les médailles d'une foule d'autres villes (Éphèse, pl. LXXXVI, 320 *b*, Carthæa et autres dans l'île de Céos, pl. CLXXI, *bis*, 628 *b* et *d*) offrent le type de l'abeille. *Cf.* Stieglitz, *Archæol. Unterhalt.* II, p. 194 sqq.   (C-R et J. D. G.)

[3] Cet article est plein de rapprochements curieux, de vues ingénieuses, quelquefois profondes ; mais nous ne saurions dissimuler que ces vues et ces rapprochements peuvent quelquefois aussi paraître un peu hasardés et prêtent à des difficultés plus ou moins graves. Nous nous en expliquerons plus au long dans la note 16 sur ce livre, à la fin du volume, où nous joindrons quelques aperçus des idées fort différentes de M. Bœttiger sur le symbole de l'abeille, les Curètes, etc., dans leurs rapports avec le Jupiter de Crète. Nous avons cru devoir renvoyer à notre livre IX et dernier d'autres rapprochements institués ici par M. Creuzer entre les *Esséniens* d'Éphèse et les *Esséniens* ou *Esséens* des Juifs, ainsi qu'un appendice sur le

CH. I. ÉLEUSIS ET SES TRADITIONS.   701

V. Suite du même sujet. Jupiter-Picus, patriarche et prophète, premier prêtre et premier roi; sa mort et son tombeau; symboles de la chèvre et du pic ou pivert en rapport avec lui. Cérès prophétesse et son hôte Céléus, rentrant dans le même ordre d'idées. Liaison qu'indiquent ces noms et ces symboles entre les religions primitives de la Crète, de l'Attique et de l'Italie.

Nous avons déjà plus d'une fois rencontré sur notre route un surnom de Jupiter qui implique à la fois les idées de bonté et de sévérité, celui de *doux* et *piquant* ou *amer*[1], et qui rappelle en même temps le *Jupiter-Picus*, espèce de dieu-homme, commun, selon toute apparence, à l'île de Crète, à l'Italie, et peut-être aussi à l'Attique[2]. C'est ici le lieu de nous expliquer sur ce surnom, où éclate de nouveau le contraste qui nous a tant frappés dans la religion de Cérès et de Proserpine; sur les rapprochements auxquels il conduit; sur les symboles et sur les dogmes qui s'y rattachent. Et d'abord l'épithète dont il s'agit se trouve, chez celui des anciens qui la rapporte, à la suite de celles de *Foudroyant* et de *Porte-Égide*[3]. Selon les poëtes, en effet, c'est à titre de dieu qui lance la

---

symbole chrétien du *Bon Pasteur*, qui nous ont paru mieux placés dans une vue générale des principaux rapports du paganisme ancien avec le judaïsme et le christianisme. (J. D. G.)

[1] Ἤπιος πίκος (Nicetas Epithet. Deor. in Creuzer. Meletem. I, p. 18), ce dernier mot ne différant pas essentiellement de πικός, comme disaient les Chalcidiens pour πικρός (Hesych. II, p. 960 sq. Alberti), *aigu* ou *piquant*, *dur, amer, sévère*, etc.

[2] *Cf.* liv. VI, ch. I, p. 544, 589, tom. II; et l'art. précéd., p. 689.

[3] Κεραύνιος, Αἰγιοῦχος (Αἰγίοχος) καὶ ἤπιος πίκος. Nicetas, *ibid.*

foudre, de dieu tonnant et terrible, que Jupiter porte l'égide[1]. On sait que cette égide, commune à Jupiter et à Minerve, sa fille, leur sert à la fois de cuirasse et de bouclier ; que son nom, comme celui de la chèvre de la peau de laquelle elle fut faite, suivant la tradition, exprimait l'idée de l'ouragan, de la tempête, dont elle était le symbole[2]. Ce symbole mérite d'autant plus d'être examiné ici que, se rattachant à la constellation céleste de la Chèvre, présage du temps orageux, il paraît avoir reçu dans les mystères des développements remarquables. Un passage d'Ératosthène[3], emprunté d'une théogonie mystique attribuée à Musée, suffirait à le prouver, surtout si on le rapproche d'un passage analogue d'Hygin[4]. La chèvre nourricière qui allaita Jupiter enfant, y est-il dit, était blanche et belle, mais d'un aspect si terrible que les Titans ne pouvant le supporter prièrent la Terre de la cacher dans un antre de la Crète. C'est là un mythe astronomique, fondé sur l'apparition de la Chèvre qui, se levant dans le Cocher avec ses deux Chevreaux, c'est-à-dire avec les deux étoiles moins brillantes placées à sa

---

[1] Eustath. ad Iliad. IV, 167; Heyne ad Virgil. Æneid. VIII, 354.

[2] *V.* liv. VI, ch. I, p. 583, tom. II, et pl. LXXI, 261, 264, XCIII, 347, XCIV, 343, etc., avec l'explication (la Junon de Lanuvium porte aussi la peau de chèvre ou l'égide primitive en cuirasse, pl. LXXII, 275 *b*). *Cf.* Spanheim ad Callim. in Jov. 49 ; Winckelm. *Monum. ined.* I, 9 ; Schlichtegroll, *Auswahl*, I, 94 ; Facius, *über die Ægis*, Erlang. 1774 ; Bœttiger, *Kunstmythol.* II, p. 88 sq. et 225 sq.; le même, *Amalthea*, I, p. 18 sqq.; Hock, *Kreta*, I, p. 177 sqq.   (C-n et J. D. G.)

[3] Catasterism. 13, p. 10 sq. Schaubach.

[4] Poet. Astron. II, 13, p. 449 Staver.

suite, était censée annoncer la pluie et l'orage, de même que ceux-ci passaient chez les anciens pour des astres malfaisants, redoutables aux navigateurs[1]. La blanche Chèvre qui brille aux cieux, et les nuages noirs, gros de la tempête, les pâles Chevreaux qui la suivent et les ouragans furieux, c'étaient là des contrastes naturels que l'imagination des peuples anciens ne pouvait manquer de saisir et de développer. Elle le fit dans le culte secret de Jupiter et de Minerve, et dans les mystères de l'Attique, si nous comprenons bien ce que rapporte Hérodote, à propos de l'origine libyque de l'égide, des cris perçants que poussaient les femmes grecques dans les temples d'Athéné[2]. La face terrible de la Gorgone de Libye, attachée à l'égide ou à la peau de la chèvre, rentre, selon nous, dans la même sphère d'idées et d'images[3]. Mais c'est dans la légende de Bacchus que l'élément mystérieux se fait déjà mieux jour. Lorsqu'Athamas eut été transporté de fureur et qu'Ino, son épouse, se fut précipitée dans les flots de la mer, Jupiter métamorphosa son fils Dionysus en un chevreau, et il chargea Hermès de le porter dans Nysa aux Nymphes qui devaient le nourrir[4]. C'est-à-dire qu'au moment où Ino, sauvée de la tempête qui voilait son éclat, va resplendir de nouveau dans le ciel comme la blanche déesse de la lune et

---

[1] *V.* Arat. Phænom. v. 156 sqq., *ibi* Schol. p. 46 ed. Buhle. *Cf.* Voss. ad Virgil. Georg. I, 205, et Paff, de ort. et occas. sid. p. 85 sq.

[2] Herodot. IV, 189. *Cf.* liv. VI, ch. VIII, art. I, p. 708, tom. II.

[3] *Cf.* même livre et même chapitre, art. VI, p. 752 sq., même tome.

[4] *Cf.* liv. VII, ch. II, art. I, p. 66 sqq. *ci-dessus*.

du matin[1], Bacchus à son tour se lève sous la figure du Chevreau, remis aux soins des Hyades pluvieuses, qui habitent également au ciel dans le signe du Taureau. Le salut et la ruine reparaissent ici en opposition. Il faut que Sémélé périsse au milieu des tonnerres et des éclairs, pour que l'enfant du dieu qui y préside et qui s'y manifeste sous son aspect redoutable, sorte vivant de son sein et accomplisse sa carrière de gloire et de bienfaits.

Telle était la légende de Thèbes, l'une des villes natales de Dionysus. Dans l'île de Crète, autre berceau de ce dieu, où Jupiter lui-même avait pris naissance, et le fils et le père passaient pour avoir trouvé la mort. Les Crétois, la chose est bien connue[2], se vantaient de posséder le tombeau de Jupiter, et déjà, dit-on, longtemps avant Callimaque, longtemps avant l'apôtre saint Paul, Épiménide protestait contre cette prétention de ses compatriotes et les accusait d'imposture[3]. Pythagore, ajoute-t-on, avait lui-même composé l'épitaphe du dieu aussi bien que celle d'Apollon, son autre fils[4], épitaphe, du reste, fort diversement rapportée. En Crète, raconte Lucien par la bouche de son Damis[5], l'on fait voir un

---

[1] *Cf.* ch. I, art. III, p. 431-434 *ci-dessus*.

[2] *V.* les passages recueillis dans Meursius, Creta, II, cap. 4. *Cf.* liv. VI, ch. I, p. 586, tom. II.

[3] *V.* Ruhnken. ad Callim. in Jov., v. 8, p. 6 Ernesti, *ibi* lex. mscr. et Spanheim; Paul. Epist. ad Tit. I, 12; Nonnus VIII, 117, *ibi* Moser; Cic. de N. D. III, 21, *ibi* Creuzer, p. 584 sq.

[4] Porphyr. Vit. Pythag. p. 18 sqq. Kuster, et *inde* Cyrill. adv. Julian. p. 312 Spanh.

[5] Jup. Tragœd., 45, tom. II, p. 693 Hemst., t. VI, p. 279 Bip.

CH. I. ÉLEUSIS ET SES TRADITIONS. 705

tombeau surmonté d'une colonne portant ces mots : « Jupiter ne tonnera plus, car il est mort depuis longtemps. » Suidas, dans un récit plus détaillé, donne une version différente, appuyée du témoignage de Cédrénus. « Picus, dit-il, appelé aussi Jupiter, mourut à l'âge de cent vingt ans, laissant à son fils Hermès (un troisième fils du dieu-homme) l'empire du Couchant. Il voulut être enterré dans l'île de Crète, et l'on mit cette inscription sur son tombeau : *Ici repose après sa mort Jupiter-Picus*[1]. » Cette inscription singulièrement remarquable nous ouvre un nouvel ordre de symboles et nous ramène en même temps aux religions de l'ancienne Italie.

Dans cette contrée du Couchant, dont Jupiter-Picus en mourant avait transmis le sceptre à son fils Hermès, nous trouvons, en effet, particulièrement chez les Sabins, un devin fameux du nom de *Picus*, dont l'histoire, comme on l'a très justement observé, ne semble être autre chose que le développement mythique de vieux symboles[2]. Près de Matiena, dans un bois sacré, Mamers ou Mars avait un oracle, dont le prophète était un oiseau inspiré par le dieu, un pic ou un pivert. Cet oiseau, perché sur une colonne de bois, prédisait l'avenir aux Aborigènes[3]. Il avait aussi, de même que la louve, contribué à nourrir les fils de Mars, Romulus et Rémus, doux et bon qu'il était en même temps que fort et brave, et ren-

---

[1] Πῖκος ὁ Ζεύς, ou, comme dans Cédrénus, ὁ καὶ Ζεύς. *V.* Suidas, III, p. 109 Kuster.

[2] Heyne ad Virgil. Æneid. VII, p. 155. *Cf.* liv. V, sect. II, chap. V, p. 497 et 503 sq., tom. II.

[3] Dionys. Halic. Antiq. Rom. I, 14, p. 40.

dant des oracles tantôt favorables et tantôt funestes[1]. Cet oiseau prophétique fut transformé en roi, et le roi devin Picus, qui rappelle ainsi le Jupiter-Picus de la Crète et son royaume du Couchant, passa pour un fils de Saturne, marié à *Canens* ou la prophétesse, et métamorphosé par Circé en pivert, mais toujours prédisant l'avenir[2]. Fils de Saturne, qui avait régné avec cruauté sur l'Italie et sur la Sicile, Picus relégua ce tyran barbare aux extrémités de l'Occident, et lui-même, monarque clément des peuples italiques, il fut honoré comme un dieu, il fut le bon Picus[3]. Mais le redoutable dieu de la foudre ne fut point oublié non plus dans ces antiques traditions de l'Italie; il s'y retrouve, au contraire, avec son caractère prophétique. Picus eut pour fils *Faunus*, devin comme son père[4]. Un jour Numa en conférence avec la nymphe Égérie fut épouvanté par un éclat terrible et significatif de la foudre. Égérie lui ayant conseillé

---

[1] Plutarch. Quæst. Roman. XXI, p. 100 Wyttenb. Il peut être, en effet, qualifié ἤπιος πῖκος, ainsi qu'il l'est de εὐθαρσής et γαυρός, lui que les Grecs appellent δρυοκολάπτης, à cause de la force de son bec pénétrant (*V*. Schneider ad Eclog. phys. p. 43); et ce n'est pas pour rien que les anciens eux-mêmes ont déjà fait le rapprochement de Πῖκος et πικρός (Eustath. ad Iliad. XI *fin.*, coll. Is. Voss. ad Hesych. p. 961), c'est-à-dire πικρός, épithète fréquemment donnée aux prophètes et aux prophéties de malheur.

[2] Ovid. Metam. XIV, 338. *Cf.* liv. V, sect. II, ch. III, p. 441, t. II.

[3] Crates ap. J. Lyd. de Mens. p. 96 Schow, p. 226 Rœther, et Diodor. Sic. III, 61, coll. V, 71. Ce Jupiter-Picus se rapproche naturellement de Jupiter-Asclépius (Aristid. Orat. VI, pag. 37 Jebb, p. 64 Dindorf) ou d'Esculape, à qui appartient aussi l'épithète de ἤπιος (Etymol. M. *v*. Ἀσκλ.; Tzetzes ad Lycophron. v. 1054, p. 919).

[4] Ovid. *ibid. Cf.* liv. V, sect. II, ch. V, p. 503 sq., tom. II.

de consulter les deux devins Picus et Faunus, Numa les enivra, puis les chargea de liens pour obtenir d'eux ce qu'il désirait, le sens du phénomène qui l'avait effrayé. La foudre de Jupiter fut évoquée et ce dieu en fit pour Numa le gage certain de la royauté[1]. Faunus enivré et enchaîné, dans cette légende italique, rappelle tout-à-fait Silène forcé par le roi Midas de lui révéler l'avenir auprès de la source mêlée de vin[2]. C'est, dans l'un et l'autre cas, charme contre charme; c'est ici surtout l'alliance antique du culte des éléments avec la météorologie sacerdotale des Étrusques. La foudre prophétique y est personnifiée en Jupiter *Elicius*, tel qu'on le trouve, dans une inscription, associé à Faunus et à Picus[3]. Jupiter Tonnant est le symbole de l'épouvante et de la destruction, le symbole des rois dans l'exercice redoutable de leur puissance; mais le dieu de la foudre est aussi le dieu qui féconde le sein de la terre par les pluies propices, qui en fait sortir tous les biens, et il devient ainsi le type des bons monarques, qualifiés de pasteurs des peuples[4]. D'un autre côté, quand les éclats du tonnerre ont cessé de retentir et quand ses feux sont éteints, le dieu de la foudre est censé mort, comme ce Jupiter-Picus qui avait son tombeau dans l'île de Crète.

Ce qui domine, au reste, dans tous ces symboles et

---

[1] Ovid. Fast. III, 285, coll. 259.

[2] *Cf.* liv. VII, ch. II, art. VI, p. 144 sqq. du présent tome.

[3] Ap. Gud. p. 118 et Burmann. Jupiter fulgur. p. 288 : *Jovi Elic. Optumo Maxumo. Et Fauno et Pico*, etc. *Cf.* liv. V, sect. II, ch. IV, p. 472 sqq., tom. II.

[4] *Cf.* liv. VI, ch. I, p. 582 sq., tom. II.

dans ces mythes qui en dérivent, c'est l'idée de la prophétie. Elle s'attache à la chèvre et à ses chevreaux, elle s'attache au pivert, aussi bien qu'à l'abeille, comme nous l'avons vu dans l'article précédent. Ces divers animaux devinrent pour les pasteurs et pour les laboureurs de la Grèce et de l'Italie autant d'interprètes de la volonté divine, dont les différentes expressions se concentrèrent plus tard, à une époque plus avancée du développement religieux, dans le Jupiter rendant tous les oracles [1]. Mais Jupiter s'unit d'abord dans l'abeille avec Bacchus-Briseus et avec Aristée, en qualité de Zeus-Dionysus et de Zeus-Aristæus; dans la chèvre ou le bouc avec Bacchus et Mercure à la fois ; dans le pivert avec Arès ou Mars [2]. Ce dernier est le Jupiter-Picus de la mythologie italique et crétoise, le premier prêtre et le premier roi, le patriarche et le prophète, doux et sévère tout ensemble, de la Crète et de l'Italie. Nul autre exemple n'est plus propre à montrer que les anciennes religions débutent en général par des symboles, qui se traduisent bientôt en formules, et d'où naissent ensuite des mythes plus développés, sur le tour desquels le langage exerce souvent une influence décisive.

[1] Ζεὺς πανομφαῖος. *Cf.* même tome, p. 580, n. 1.

[2] Est-ce par une pure coïncidence de mots que le nom ἐσσῆνες, expliqué d'ordinaire *rois*, proprement *rois des abeilles*, est donné dans Eustathe comme s'appliquant aussi à de jeunes chèvres (Eustath. ad Odyss. IX, p. 1625, l. 36 ed. Rom., coll. p. 676 sq. *ci-dessus*)?—Une remarquable médaille de Pharos, que nous reproduisons dans notre planche CLXXI *bis*, 628 *c*, offre à la face une tête qui paraît être celle de Jupiter-Aristée, et la chèvre au revers. *Cf.* l'explication, n° cité. (J. D. G.)

CH. I. ÉLEUSIS ET SES TRADITIONS.

Si l'on veut trouver dans une légende antique de l'île de Crète la confirmation de ces vues, et en même temps le pendant du mythe italique de Numa et de Jupiter Elicius, il faut lire le curieux passage qu'Antoninus Liberalis nous a conservé de l'Ornithogonie de Bœus[1]. Quatre hommes, un jour, nommés *Laïus, Celeus, Cerberus* et *Ægolius,* voulurent descendre dans la grotte natale de Jupiter, habitée par les abeilles sacrées. De cette grotte s'échappait une flamme tous les ans, à l'époque où bouillonnait le sang de Jupiter. Ces hommes y cherchaient du miel et, pour le recueillir, ils s'étaient armés d'airain. Quand ils furent descendus, ils virent le berceau de Jupiter. Mais bientôt l'airain tomba de leurs membres, Jupiter fit entendre son tonnerre, et déjà il avait aiguisé sa foudre pour les anéantir, lorsque Thémis et les Parques le retinrent, parce qu'il n'était pas permis que personne mourût en ce lieu. Alors Jupiter les métamorphosa tous les quatre en quatre oiseaux qui portent leurs noms. C'est pourquoi l'apparition de ces oiseaux est d'un heureux augure, et ce qu'ils présagent s'accomplit infailliblement; car ils ont vu le sang de Jupiter. — Nous retrouvons ici une grotte sacrée et prophétique, telle que la grotte d'Égérie, l'éclat terrible de la foudre, une divine médiatrice, et des oiseaux qui annoncent l'avenir, qui rendent des oracles certains. Celui qui les inspire, c'est toujours Jupiter, le dieu de la foudre, le prophète universel, qui parle par toutes les bouches, qui révèle sa volonté par tous les signes, qui du sein de la terre comme du haut des

---

[1] Cap. 19, p. 122 Verheyk.

cieux fait entendre sa voix puissante. Quand la flamme s'échappe de la grotte profonde où il réside, c'est qu'il vient de naître, et son sang qui bouillonne n'est pas autre chose que cette flamme. Mais quand s'éteint le feu souterrain, quand se refroidit le sang de Jupiter, c'est que le dieu redoutable a vieilli, qu'il s'est tempéré par l'âge, et que devenu le bon, le clément Picus, il a transmis à son fils Hermès l'empire du Couchant. Enfin il est mort, et il ne reste plus de lui, de sa puissance, qui jadis éclatait dans la foudre, que l'oiseau divin qui le représente, qui s'appelle de son nom et qui continue de manifester ses volontés. Cette mort d'un dieu était célébrée en Crète par des cérémonies mystérieuses. Lorsque Pythagore descendit dans la grotte de l'Ida pour y placer sur le tombeau de Jupiter l'inscription qu'il avait composée, il lui fallut, selon le rit sacré, rester vingt-sept jours sous terre. Là il offrit lui-même au dieu le funèbre sacrifice, et il vit le siége que, chaque année, l'on dressait pour ce dieu-homme[1].

Maintenant qu'il nous soit permis de rechercher dans le mythe de Cérès les allusions claires qu'il renferme à ces mêmes idées et à ces mêmes symboles, afin de prouver qu'ici encore la Grèce et l'Italie se réunissent en un culte primitif commun à toutes les deux. Cérès est la sœur de Jupiter ; c'est d'elle qu'il eut dans l'île de Crète la vierge du miel, Proserpine ; c'est de cette île que, dans l'hymne à Cérès, la déesse prétend être venue à Éleusis. Elle y trouve un asile dans la demeure de *Celeus*, dont le

---

[1] Porphyr. Vit. Pythag. § 17, p. 20 Kuster.

CH. I. ÉLEUSIS ET SES TRADITIONS.

nom reproduit celui d'un des hommes couverts d'airain que nous avons vus en Crète cherchant le miel au berceau de Jupiter. Ce nom nous rappelle en même temps le bon *Picus*, car il signifie également un pic, proprement un pivert[1]. Cet oiseau passait pour un messager de bonheur[2]. Nous pouvons donc nous figurer Cérès dans la demeure d'un Augure; elle qui était regardée précisément comme ayant inventé les augures par les voix ou par les sons[3]. Nous avons vu, en effet, le son de l'airain, qui retentissait dans les mystères nocturnes de la déesse, servir de guide aux colons vers leur patrie nouvelle[4]. Dans la demeure du bon Céléus, Cérès est la bonne nourrice. Elle parfume son fils avec l'ambroisie, quintessence du miel, elle le purifie par cette même flamme qui s'échappe du berceau de Jupiter en Crète, par cette flamme divine qui jette l'épouvante au cœur de sa mère mortelle; puis elle se révèle dans toute sa majesté, et elle fonde la grande

---

[1] Κελεός (*V.* Camus ad Aristot. H. A. VIII, 3, IX, 9, et Schneider *ibid.* et ad Eclog. phys. p. 43). M. Welcker (*Zeitschrift*, I, 1, p. 127, not.) n'admet point cette étymologie du nom propre de Κελεός, qu'il rapproche du Καύκων de Messénie (Pausan. IV, 1) et dérive de κάω, καίω, à cause de la purification du feu subie par le fils de Céléus, Démophon (p. 605 sqq. *ci-dessus*), appelé aussi du nom de son père. Mais les rapprochements faits ici sont tout autrement significatifs, et l'on ne voit pas pourquoi le roi mythique d'Éleusis n'aurait point emprunté son nom de l'oiseau qui avait donné le sien au roi symbolique du Latium. *Cf.* Creuzer, dans les *Heidelb. Jahrb.* 1817, n° 50, p. 843 sq.

[2] Antonin. Liberal., *ubi supra*.

[3] Φῆμαι. *V.* la note 2 sur l'Introd., dans les Éclaircissements du tome I, p. 531, coll. Philochor. Fragm. p. 101 sq.

[4] Article précéd.; p. 698.

fête annuelle des Éleusinies. Ce sont précisément de telles fêtes qui donnèrent naissance à ces mythes si semblables, soit de la Crète, soit de l'Attique, où se retrouvent trait pour trait les mêmes images, les symboles de l'abeille et du miel, du son de l'airain et de la voix des oiseaux, de la flamme qui illumine et qui purifie. La croyance de ces vieux temps unit par les liens les plus étroits la physique et la morale. La culture de la terre et la connaissance des saisons, l'observation des propriétés et du caractère des plantes et des animaux, le travail des métaux et bien d'autres arts encore, se donnaient rendez-vous au sein de la religion. Toutes les puissances de la nature et de l'esprit étaient considérées comme autant d'attributs des grandes divinités locales; ou plutôt elles s'y révélaient aux hommes dans de vivants symboles, et le dieu aussi bien que son prophète apparaissaient en personne aux yeux de l'imagination ou à ceux du corps comme ces puissances elles-mêmes. De là tantôt Jupiter et tantôt son prêtre identifié avec l'oiseau prophétique ou avec l'abeille; de là le feu qui fait éruption du sein de la terre, ou la foudre qui éclate du sein des nuages, présentés comme le sang du dieu ou comme le signe de sa présence; de là Cérès, de son côté, la nourrice des hommes, en rapport si intime avec l'abeille et son miel, avec les plantes salutaires dont il est le produit; de là ses prêtresses elles-mêmes qualifiées de Mélisses ou d'abeilles, et le don de prophétie commun à la déesse et à l'insecte merveilleux qui lui est consacré. Mais de même que les dieux épurèrent le miel pour en faire leur immortelle nourriture, de même les sages de l'ancien monde surent

CH. I. ÉLEUSIS ET SES TRADITIONS. 713

dégager l'esprit de tous ces symboles matériels, et en tirer, comme un dépôt précieux qu'ils se transmirent d'âge en âge dans les saints mystères, les dogmes d'un être divin, unique et éternel, et d'une âme impérissable. C'est ce dont nous allons nous assurer dans les deux chapitres suivants[1].

[1] Sur cet article comme sur le précédent, il faut consulter les observations de notre note 16 dans les Éclaircissements sur ce livre, à la fin du présent tome. (J. D. G.)

CHAPITRE II.

LES THESMOPHORIES DES ATHÉNIENS.

1. Principales fêtes de Cérès; les Thesmophories combien répandues et combien anciennes; monuments relatifs à cette fête et sources écrites de son histoire.

Entre les fêtes assez nombreuses de Cérès et de Proserpine, instituées chez les Grecs et principalement à Athènes, il en est deux surtout, plus connues, plus importantes que toutes les autres, et qui réclament toute notre attention, soit pour le caractère de leurs rites, soit pour les idées élevées qui s'y rattachaient : ce sont les *Thesmophories* et les *Éleusinies*, auxquelles nous consacrerons ce chapitre et le suivant [1].

[1] Plusieurs autres fêtes de Cérès ont été déjà mentionnées dans la section précédente de ce livre, notamment les *Chthonia* d'Hermioné (chap. II, p. 440 sqq.); la fête de Déméter *Achæa* ou affligée en Béotie (chap. III, p. 480 sq.); les *Megalartia* ou la fête des grands pains à Délos (*ibid.*); les *Chlœa* ou la fête de Déméter *Chloé*, célébrée au printemps (ch. V, p. 549 coll. p. 641 sq.); les *Aloa* ou plutôt *Haloa*, la fête de l'aire, de la moisson (chap. complém. p. 641). Il y faut ajouter les *Proerosia*, solennisées après la moisson et avant le labourage (πρὸ ἀρότου), au nom de la Grèce entière, à Athènes (Aristid. Panathen. p. 318, *ibi* Schol. p. 55 Dindorf.; Schol. Aristoph. Plut. 1055, Equit. 725 ; Suidas *v.* προηρόσια et εἰρεσιώνη, etc.), et d'autres encore. Le culte de Proserpine était en général uni à celui de sa mère, quoique les *Anthesphories*, les *Théogamies* et les *Anacalyptéries*, les *Phéréphatties* et les *Corées* lui fussent spécialement consacrées, en

CH. II. LES THESMOPHORIES DES ATHÉNIENS.

Les *Thesmophories* étaient célébrées presque dans tous les pays habités par les Grecs, quoique la période de cette fête et sa durée fussent loin d'être partout les mêmes. Du continent de la Grèce propre et du Péloponnèse, où elles furent établies dès la plus haute antiquité, sur une foule de points divers, elles se propagèrent dans toutes les directions, à la suite des colonies, en Sicile aussi bien qu'en Asie-Mineure ; et celles-ci à leur tour les communiquèrent aux villes qu'elles fondèrent en différents lieux, par exemple Milet à sa colonie d'Abdère sur les côtes de la Thrace [1]. Suivant Hérodote, qui les fait venir de l'Égypte et qui en attribue la fondation à Danaüs et à ses filles [2], elles remonteraient au seizième siècle avant notre ère et seraient plus anciennes que les Éleusinies ; en quoi le père de l'histoire mérite certainement plus de confiance que ceux des Pères de l'Église qui les font postérieures, les rapportant soit à Mélampe, soit à Orphée, quoique toujours d'origine égytienne [3]. Il est vrai que

---

Sicile et ailleurs, soit au printemps, soit à l'automne. Quant aux *Démétries*, où M. Creuzer croit voir une fête distincte de Déméter, ce n'était que le nom commun des fêtes de cette déesse, nom appliqué tantôt aux *Thesmophories*, tantôt et surtout aux *Éleusinies*, ou bien encore aux unes et aux autres. *V.* les passages cités dans le Thesaur. de H. Estienne, éd. Didot, vol. II, col. 1071. (J. D. G.)

[1] Dans l'une et l'autre ville la fête durait trois jours (Diog. Laert. IX, 43), aussi bien qu'à Lacédémone (Hesych. *v.* τριήμερος). *V.*, du reste, sur la propagation des Thesmophories, Wellauer de Thesmophoriis, p. 43 sqq. — *Cf.* Preller, *Demeter u. Persephone*, p. 337 sqq. (J. D. G.)

[2] Herodot. II, 171, *ibi* Bæhr.

[3] Clem. Alex. Protrept. p. 12 Potter ; Theodoret. Serm. I, tom. II Oper., p. 468.

les Thesmophories d'Athènes tombèrent avec le temps sous la direction des Eumolpides d'Éleusis, sans doute par suite du fameux traité dont nous avons parlé plus haut entre Érechthée et Eumolpe [1] ; et c'est peut-être une des causes qui ont donné lieu à cette confusion, comme à tant d'autres, entre les Thesmophories et les Éleusinies [2].

Le nom de *Thesmophories* veut dire, suivant les grammairiens grecs, une fête de la *législation*, de l'établissement des lois [3] ; mais il a trait directement et immédiatement aux rites symboliques qui faisaient partie de cette fête. C'était celle de Cérès *Thesmophore* ou *législatrice*, qui avait donné les lois saintes fondées sur l'agriculture et la propriété [4]. *Thesmos*, en effet, fut le nom le plus ancien des lois, chez les Grecs, et ce nom, qui veut dire *établissement*, *statut*, était encore celui des célèbres et terribles lois de Dracon [5]. Cérès elle-même, d'après la tradition religieuse, passait pour avoir apporté à Éleusis les premières tables de la loi, les premiers *statuts*. En

---

[1] Ch. I, art. II, de cette section, p. 662 sqq.

[2] L'origine et l'histoire des Thesmophories sont présentées sous un point de vue tout différent dans l'ouvrage récent que nous venons de citer et dont on trouvera des extraits dans la note 17 de nos Éclaircissements sur ce livre. (J. D. G.)

[3] Θεσμοφόρια, θεσμῶν φοραί, expliqué par νόμων θέσεις, *legislationes*.

[4] Θεσμοφόρος, *legifera*, Virgil. Æneid. IV, 58, *ibi* Servius. *Cf.* Wyttenb. ad Plutarch. Conjug. præcept. p. 138 B, Animadv. VI, 2, p. 873 sqq.

[5] Meurs. Solon. cap. 13 ; Menag. ad Diog. Laert. I, 53. Solon lui-même appelle ses lois θεσμοί, fragm. 101 Bach.; et Homère, comme l'on sait, ne connaît point le mot νόμος en ce sens. Θεσμός, *quasi* τεθμός, de τίθεσθαι.

CH. II. LES THESMOPHORIES DES ATHÉNIENS. 717

mémoire de ce bienfait, des femmes choisies portaient à Éleusis, dans une procession solennelle qui avait lieu à la fête des Thesmophories, ces mêmes tables de la loi[1]; et de là le nom de cette fête, qui était à la fois une fête des semailles et une fête de la législation. On conjecture que les tables sur lesquelles étaient gravées les constitutions sacrées de Cérès, se trouvaient en dépôt à l'Aréopage, et que les livres sibyllins de Rome en étaient une imitation[2].

---

[1] Schol. Theocrit. IV, 25, où il est dit *les livres des lois*, τὰς νομίμους βίβλους καὶ ἱερὰς κ. τ. λ. (J. D. G.)

[2] Cette double conjecture de Reiske et de De Paw, appliquée encore à des *livres*, et jusqu'à un certain point fondée sur un passage de Dinarque (adv. Demosth. t. IV Orat. gr. ed. Reisk., p. 8 : τὰς ἀπορρήτους διαθήκας, ἐν αἷς τὰ τῆς πόλεως σωτήρια κεῖται), est rapportée par Lenz, le traducteur allemand des Mystères du Paganisme de Sainte-Croix, et reproduite par Silvestre de Sacy dans la deuxième édition de cet ouvrage, tom. II, pag. 11. Brœndsted la rejette, dans une savante dissertation (Voyages et Recherches dans la Grèce, 2ᵉ livraison, p. 237-247, et pl. LI, 20), où, expliquant celle des métopes du Parthénon sur laquelle il croit voir représentée la procession dont il vient d'être parlé, il cherche à établir que les livres sacrés dont il s'agit n'étaient que les *statuts* (θεσμοί) et livres rituels du culte des déesses Thesmophores, analogues aux *écrits* (γράμματα) concernant la célébration des mystères de Déméter (non pas *Thesmia*, mais *Eleusinia*), que les Phénéates de l'Arcadie tiraient, chaque année, à sa principale fête, du réceptacle de pierre où ils étaient conservés (Pausan. VIII, 15). On pourrait les comparer encore, sous ce point de vue, aux feuilles d'étain roulées en volume, sur lesquelles étaient écrits, chez les Messéniens, les mystères des grandes déesses (Pausan. IV, 26 *fin*, et p. 477 *ci-dessus*). Ce qu'il y a de sûr, c'est que, comme nous l'allons voir, les monuments de l'art montrent Cérès *Thesmophore* portant elle-même dans ses mains les rouleaux ou volumes qui renfermaient les lois quelconques dont on lui faisait

Il est à croire que le fait important dont il s'agit était représenté dramatiquement dans les Thesmophories avec toutes ses circonstances mythiques, et qu'il doit par conséquent se retrouver sur les monuments de l'art. En effet, Lanzi croit reconnaître, sur une peinture de vase [1], une scène relative à la fondation même des Thesmophories, scène où figure Cérès voilée, entourée de plusieurs femmes, dont les unes paraissent la consoler, les autres la servir. Près d'elle est Triptolème debout, armé d'une lance, et à quelque distance, en haut, est assis Céléus, tenant la perche de l'arpenteur, emblème du partage des terres et de la propriété. Aux pieds du groupe principal se voient un trépied, un bassin et un miroir. Au-dessus de la scène plane le Génie des mystères de l'Attique, Iacchus, avec une bandelette. Cette explication nous paraît très probable dans son ensemble; seulement Lanzi n'a pas songé que la lance dans la main de Triptolème, au lieu de rappeler simplement l'usage antique des Athéniens qui marchaient toujours armés, devait avoir par-dessus tout un sens mystérieux, sens sur lequel nous nous sommes expliqués plus haut [2]. Pareillement sur un camée célèbre, Cérès est rapprochée de Triptolème dans son char tiré par des serpents ailés; et tandis que le héros tient dans le pan de sa chlamyde la semence du blé qu'il a reçu d'elle, la déesse, comme Thesmophore, porte à la main le rouleau ou volume qui

honneur. *Cf.*, quant au fond de la question, nos Éclaircissements, note indiquée. (J. D. G.)

[1] Dans Passeri, *tav.* 35. Lanzi, *Vasi ant.*, p. 66 sq.
[2] Sect. I, ch. VII, art. II, p. 608 sqq., 616 etc. *ci-dessus.*

renferme les lois de la propriété¹. Une autre peinture de vase montre Cérès déployant le volume sacré de ses lois aux yeux du jeune Bacchus, son élève, debout devant elle et tenant une corbeille pleine de fruits. Une tête de femme sort d'une fenêtre, sans doute celle d'une prêtresse attentive à ce grand spectacle². Ici donc se trouvent réunies, dans une même épiphanie, les deux divinités auxquelles les anciens rapportaient les bienfaits divers de l'agriculture et des institutions sociales qui en découlaient³. Enfin, sur une médaille de Démétrius Soter, Cérès paraît rassemblant en soi les caractères de la déesse qui nourrit les hommes et qui leur donne des lois. Elle est assise sur un trône que supportent des figures de femmes ailées. Dans une main elle tient la corne d'abondance remplie de ses dons, dans l'autre le stylet avec lequel elle a gravé ses lois saintes. Le nom de *Démétrius*, écrit à côté, fait en outre allusion au nom grec *Déméter*, qui est celui de la déesse⁴.

Si maintenant nous voulons étudier l'organisation des Thesmophories dont le sens général vient d'être déter-

---

[1] *V.* notre planche CXLIV, 547, avec l'explicat., p. 221. C'est Germanicus et Agrippine qui sont ici figurés en Triptolème et en Cérès. *Cf.* Brœndsted, ouvrage cité, p. 210 sq. (J. D. G.)

[2] Planche CV, 490, et l'explication, p. 204.

[3] De même ils étaient associés avec Proserpine dans la fête des *Haloa* : p. 641 et n. 4, *ci-dessus*.

[4] *V.* pl. LXXXVI, 547 *a*, et notre explication, qui s'écarte un peu de celle de Visconti, p. 222. On sait qu'à une époque antérieure les Athéniens changèrent le nom des *Dionysies* en celui de *Démétries*, et les célébrèrent en l'honneur de *Démétrius* Poliorcète (Plutarch. Demetr. cap. 12 ; Athen. XII, p. 536 A). (J. D. G.)

miné, nous nous trouvons dans un grand embarras, et il importe d'autant plus d'en faire la remarque, qu'il en est absolument de même des Éleusinies, ainsi que nous le verrons bientôt. Et toutefois les passages des anciens ne manquent pas sur l'une ni sur l'autre fête; ce qui manque, c'est un récit suivi, développé, qui nous fasse connaître de point en point les circonstances et les actes successifs de leur célébration. Nous n'avons sur tout cela que des notices détachées, des témoignages épars; quelques-uns seulement d'une date ancienne, mais récents pour la plupart. Quant à la pièce d'Aristophane intitulée les *Thesmophoriazousæ* (les femmes célébrant les Thesmophories), quiconque a réfléchi sur la nature de la comédie antique, jugera avec quelle circonspection cette pièce doit être ici employée, quoique les interprètes anciens qui l'ont commentée, les Scholiastes, nous soient sur tel ou tel point d'un grand secours. L'antiquité nous a transmis sur les Thesmophories en général, avec ou sans désignation de lieux, des données qu'il ne serait pas moins téméraire d'appliquer indistinctement à la fête du même nom en Attique; à plus forte raison ce qui nous est raconté de la magnificence déployée par le roi d'Égypte Ptolémée Philadelphe, lorsqu'il fit célébrer les Thesmophories à Alexandrie, sa capitale. On sait que l'hymne à Cérès de Callimaque fut composé à l'occasion de cette grande solennité[1]. Avec quelque fidélité que se

---

[1] *V.* le Scholiaste sur cet hymne, au début. Sainte-Croix et Du Theil (ce dernier dans ses *Recherches sur les Thesmophories*, Acad. des Inscript., tom. XXXIX) n'ont peut-être pas suffisamment observé les règles de critique indiquées ici.

CH. II. LES THESMOPHORIES DES ATHÉNIENS. 721

soit perpétué d'âge en âge le culte secret des anciens, quant à son essence, il est hors de doute que, sous d'autres rapports, il dut varier selon le temps, les circonstances et les moyens. Un autre et frappant exemple de cette variation dans les formes d'un culte identique au fond, nous est fourni par une autre solennité Alexandrine, la fameuse procession de Bacchus, si somptueuse et si éclatante, comparée à la simplicité des antiques Dionysies de la Grèce [1].

Pour les Thesmophories comme pour les Éleusinies, même dans cette pénurie des sources de leur histoire, il y aurait, nous le savons, beaucoup à rectifier après les travaux de nos prédécesseurs ; il y aurait à instituer des recherches nouvelles en grande partie. Notre plan ne nous permet pas de les aborder ni d'entrer dans de tels développements. Nous ne voulons que jeter un coup d'œil rapide sur l'ordonnance de ces deux fêtes, afin de faire ressortir, soit les idées, soit les images qu'elles peuvent ajouter à notre tableau de la religion de Cérès ; du reste, nous n'avons pas la prétention de relever toutes les erreurs de détail qui sont échappées à Meursius, à Sainte-Croix, à d'autres encore, nous proposant seulement de redresser celles qui se rencontreront sur notre route et qui auraient pour notre but quelque importance [2].

---

[1] *V.* liv. VII, ch. V, p. 314, coll. ch. II, p. 124, *ci-dessus*.

[2] La note déjà citée, où nous avons mis à profit les recherches plus récentes et plus spéciales de Wellauer, de Preller, etc., complétera sur quelques points essentiels l'exposition de notre auteur, et la rectifiera elle-même sur quelques autres. (J. D. G.)

II. Époque de la célébration des Thesmophories; période, ordonnance, acteurs de cette fête ; son double caractère, agricole et conjugal, révélé par les rites qui y préparaient aussi bien que par les symboles qui y trouvaient place ; rôle qu'y jouaient certaines plantes consacrées ainsi que dans les Scirophories, fête analogue aux Thesmophories.

Les Thesmophories de l'Attique, d'après les principales indications qui nous sont parvenues sur cette fête[1], étaient célébrées en partie à Athènes, en partie à Éleusis, et célébrées annuellement, au mois Pyanépsion, qui répond en général à notre mois d'octobre. Il faut croire, en outre, qu'elles étaient solennisées sur le promontoire Colias, où Vénus avait un temple sous ce même nom[2], et où Cérès en avait un autre, là même où, suivant la tradition, OEdipe termina ses jours, et où aurait eu lieu l'enlèvement de Proserpine par Pluton[3]. Quant à la durée de la fête et à la suite des jours marqués par les

---

[1] *V.* Aristophan. Thesmophor. v. 86, *ibi* interpret.; Schol. Theocrit. IV, 25. *Cf.* Meursii Græc. fer. in Gronov. Thesaur. Antiq. gr. p. 791 sqq.; Corsini Fasti Att. t. II, p. 339 ; Du Theil et Sainte-Croix, ouvrages cités.

[2] *Cf.* liv. VI, ch. V, p. 653 et n. 5, tom. II.

[3] Sophocl. OEdip. Colon. 1589 sqq., *ibi* Schol.; Harpocrat. *s. v.;* Hesych. II, p. 397; Herodot. VIII, 96, et Phot. Lex. gr. p. 144, coll. Polyæn. Stratag. I, 20.— C'étaient les *Thesmophories de Halimus (Alimontia mysteria* de Clément d'Alexandrie et d'Arnobe, ap. Lobeck Aglaoph. p. 983), auxquelles Preller, d'après le Scholiaste d'Aristophane, du ms. de Ravenne, a donné une grande importance, aussi bien qu'à cette localité qu'il substitue à Éleusis comme but de la procession hors d'Athènes. Ce savant, se fondant sur le même témoignage et rejetant celui du Scholiaste de Théocrite, en a tiré un système plus conséquent qu'aucun autre sur l'époque et la marche de la célébration des Thesmophories attiques. *Cf.* les Eclaircissements, note citée. (J. D. G.)

principales cérémonies dont elle se composait, il n'y a guère d'accord entre les données de l'antiquité, et de là les opinions divergentes des modernes. Casaubon a conclu d'un passage d'Athénée[1], où le jour du milieu est dit le jour du *jeûne*, que la fête entière devait durer trois jours. Kuster, d'après un endroit d'Aristophane [2] où le même jour du milieu est appelé le troisième, a porté le nombre total des jours jusqu'à cinq. Sainte-Croix et Schweighæuser l'ont suivi, le premier mettant, d'après Plutarque[3], le jour du jeûne au seizième de Pyanépsion, et fixant le commencement de la fête au quatorzième jour du même mois, sa fin au dix-huitième. Mais nous trouvons maintenant dans le Lexique de Photius des données toutes différentes. Il compte quatre jours, dont le premier, placé le dix du mois susdit, est nommé par lui *Thesmophories*; le onze, tombe la *descente* ou le *retour*; le douze, le *jeûne*, et le treize *Calligénie*[4]. Alciphron donne exactement comme Photius la suite des trois derniers jours; seulement, la *montée* ou l'*allée*, le *voyage*, est pour lui le premier jour de la fête[5]. Ainsi donc il n'y

---

[1] VII, p. 307 F, p. 290 Schweigh.

[2] Thesmophor. v. 86.

[3] Vit. Demosth. cap. 30, où Preller, au lieu de ἕκτῃ ἐπὶ δέκα, lit δωδεκάτῃ, c'est-à-dire ιϛ' pour ιϛ'. (J. D. G.)

[4] Photii Lexic. p. 69. Déjà Alberti (ad Hesych. I, 1702) avait été justement frappé de ce passage.

[5] Alciphron. Ep. III, 39. — Et il faut dire le premier des trois, surtout si on rapproche ce passage de celui d'Hésychius (I, 386), où il explique ἄνοδος par ἀνάβασις, ajoutant : « On appelle ainsi le onze de Pyanépsion, jour où les femmes *montent* pour les Thesmophories (en lisant θεσμοφόρια au lieu de θεσμοφορίαν, avec Bergler; mais ne faut-il pas lire plutôt θεσμο-

a pas plus d'accord sur le nombre des jours que sur leur détermination. Toutefois, un savant qui, dans une dissertation spéciale, a cherché de nouveau à éclaircir les questions si difficiles concernant les Thesmophories, croit pouvoir concilier les indications diverses des anciens en admettant que la fête durait à proprement parler trois jours, mais qu'à ces trois jours l'on en ajoutait un quatrième, placé le premier et nommé l'*allée*, lequel n'était qu'un jour de préparation. Il le fixe au onze de Pyanépsion, puis il suppose un intervalle de trois jours, durant lequel les femmes qui célébraient la fête se tenaient à Éleusis; le quinze du mois tombait le *retour*, le seize le *jeûne*, et le dix-sept était le jour de *Calligénie*[1].

On entrevoit, du reste, que la divergence des témoignages des anciens peut bien tenir, au moins pour le nombre des jours, à ce que l'un d'eux compte dans la période de la fête le jour ou les jours de préparation, et l'autre non. Il n'est pas si aisé de s'expliquer les dates différentes assignées, soit au commencement, soit à la fin de cette période. Mais peut-être une remarque de Jean de Philadelphie ou le Lydien[2] nous met-elle sur la voie, en supposant qu'elle doive s'appliquer aux Thesmopho-

---

φέριον, *au Thesmophorion* ou au temple de Cérès Thesmophore?)" Ainsi le jour de la *montée*, chez ces deux auteurs, est bien le même que Photius nomme la *descente*, κάθοδος, et la contradiction paraît manifeste dans les mots comme dans les choses, du moins au premier coup d'œil. (J. D. G.)

[1] Wellauer de Thesmophoriis, Wratislav. 1820, p. 6-12. — Il est évident que cette conciliation n'en est pas une, car elle sacrifie précisément les passages les plus importants dans le débat. *Cf.* la note citée. (J. D. G.)

[2] De mensib. p. 32 Schow, p. 88 sqq. Rœther.

ries. Il observe, à propos de la fête romaine de Cérès, que les fêtes des semailles, en général, n'avaient point de jour fixe, parce que les époques propres à cette opération sont nécessairement variables. Or, les Thesmophories d'Athènes étaient notoirement une fête des semailles. Le même auteur, toujours au sujet des Céréalies de Rome, remarque que, le premier jour de la fête, l'on sacrifiait à Cérès, comme à la déesse de la terre concevant les semences, et, sept jours après, à Proserpine, comme à celle qui veille sur les fruits de la terre. Il en prend occasion de disserter sur la période septénaire, tant dans le règne végétal que dans le règne animal[1]. Pour nous, bien qu'il ne soit pas positivement question d'une période de sept jours dans les Thesmophories de l'Attique, nous ne doutons pas que ce ne fût là au fond la vraie période, la période symbolique et sacrée de la fête[2].

Les Thesmophories de l'Attique étaient une fête des femmes, et celles qui la célébraient se nommaient *Thesmophoriazouses*, comme le temple où avait lieu cette célébration *Thesmophorion*[3]. Il était défendu aux hommes

---

[1] *Cf.* Varro ap. Gell. III, 10; —et Rœther. adnot. ad Lyd. p. 91.
(J. D. G.)

[2] Nous avons cru pouvoir déterminer ainsi la pensée de M. Creuzer, laquelle se trouve par là d'accord avec le système de Wellauer, en comptant les trois jours d'intervalle, tout comme une autre période sacrée, la triade, non moins essentielle aux Thesmophories, semblera correspondre à la semaine de la fête romaine des semailles, si l'on se place avec notre auteur dans le point de vue de Lydus. (J. D. G.)

[3] Θεσμοφοριάζουσαι, titre de la pièce d'Aristophane; τὸ θεσμοφόριον. *V.* Schol. Aristophan. Thesmoph. v. 285. *Cf.* Chandler, Inscript. CX. —

d'y pénétrer sous peine de mort. Chaque tribu de l'Attique choisissait deux femmes chargées de présider aux Thesmophories; elles devaient être nées d'un mariage légitime et légitimement mariées elles-mêmes; le droit d'élection appartenait à leur sexe. Les hommes qui possédaient un capital de trois talents étaient tenus de fournir à leurs épouses l'argent nécessaire pour subvenir aux frais qu'entraînait la célébration de la fête; c'était un des services publics imposés aux citoyens d'Athènes[1]. Le but même et le caractère des Thesmophories s'accordent avec les témoignages formels des anciens à établir que cette fête devait avoir pour ministres des femmes mariées. En effet nous savons que c'était une fête des semailles d'automne, et les expressions qui désignent les semailles aussi bien que le labour s'appliquaient également au mariage[2]. La génération des enfants et les semailles d'au-

Brœndsted (Voyages, etc., II, p. 242 sqq.), après d'autres, identifie plus ou moins ce temple avec l'*Eleusinion* d'Athènes, dont il aurait été, suivant lui, une dépendance; mais Preller (ouvr. cité, p. 340 sq.) y voit un édifice spécial, comme sa destination même, et lui assigne une place différente, sur la colline où se trouvait le Pnyx, tandis que l'Éleusinium était à l'angle de l'Agora et de la Citadelle. Le Pirée avait un autre *Thesmophorion*, et l'on conjecture que le temple polystyle de Déméter bâti sur le promontoire Colias, et dont il a été question plus haut, portait aussi ce nom. *Cf.* Sainte-Croix, II, p. 19, d'après l'inscription de Chandler; et Bœckh, *Staatshaushalt. d. Athen.* I, 329, II, 336, avec sa planche VII, n° 17, coll. Corp. Inscrip. I, 103. (J. D. G.)

[1] *V.* Aristophan. Thesm. 633 sqq., 1156; Isæus de Pyrrh. hered. § 80 et de Ciron. hered. § 19, p. 70 et 208 Reisk.; Lysias de Eratosth. cæde, § 20. *Cf.* Corsini, Fast. Att. II, p. 340 sq.; Spanheim ad Callim. in Cerer. 43; Wellauer, p. 28. (C-r et J.D.G.)

[2] Les semailles d'automne se nommaient proprement ἄροτος, et Plutarque

tomne étaient des idées et pour ainsi dire des faits connexes, que les Thesmophories furent destinées à consacrer dans leur connexité même ainsi que le souvenir de la fondation des lois civiles. De là vient que l'étude de cette fête est d'une grande importance pour la connaissance approfondie des mœurs, des usages et du droit civil des Athéniens en ce qui concerne l'union conjugale[1].

Et pourtant, dans un des principaux passages relatifs aux Thesmophories, il est fait mention expresse de vierges appelées à la célébration de cette fête de l'hymen[2]. Dans un autre passage, la prêtresse de la déesse Thesmophore est dite : « une femme qui n'a jamais éprouvé le contact d'un homme[3]. » Le même auteur oppose ailleurs les hétæres à cette prêtresse[4]. Il nous paraît donc hors de doute que la Cérès Thesmophore avait des prêtresses non mariées, ou du moins que si des femmes mariées étaient chargées du service de son temple, certaines cérémonies étaient confiées à des vierges[5]. Ce fait, du reste,

(Præcept. conjug. § 42, p. 566 sq. Wyttenb.), qui nous donne à ce sujet des détails curieux, appelle le mariage ὁ γαμήλιος σπόρος καὶ ἄροτος. De là encore la formule athénienne : ἐπ' ἀρότω παίδων γνησίων (tom. II, p. 567).

[1] Cf. Bœttiger, *Aldobrand. Hochzeit*, p. 163 sqq.; — et Preller, ouvrage cité, p. 353 sqq., qui a de nouveau et parfaitement bien exposé ce double point de vue des Thesmophories, et, pour ainsi dire, cette symbolique agricole du mariage, prouvée par une multitude de locutions soit grecques, soit latines. (J. D. G.)

[2] Schol. Theocrit. Idyll. IV, 25. Παρθένοι γυναῖκες καὶ τὸν βίον σεμναί, où Heinsius lit Παρθένοι καὶ γυν. τὸν β. σ.

[3] Lucian. Tim. c. 17, *ibi* Moses du Soul, tom. I, p. 373 Bip.

[4] Dial. meretr. 7 coll. 2.

[5] Preller conteste absolument l'autorité du Scholiaste de Théocrite, sur

est conforme à l'esprit des anciennes religions en général, et nous en avons trouvé des exemples ou des vestiges à Dodone, à Éphèse et dans le mythe des Amazones. La virginité ou tout au moins une continence périodique plus ou moins prolongée, est une des conditions qu'imposent à leur culte les divinités mêmes qui donnent la fécondité. Nous allons voir dominer cette croyance dans tout ce qui nous est rapporté des rites préparatoires de la fête de Cérès, rites sur lesquels nous en savons autant, si ce n'est plus, que sur la fête elle-même, et qui suffiront peut-être à en déterminer complétement le caractère.

Parmi ces rites préparatoires, le premier qui nous est signalé c'est l'abstinence observée par les femmes du commerce avec leurs époux. Si l'on doit appliquer l'indication d'Ovide[1] aux mystères de l'Attique, cette abstinence aurait duré neuf jours et neuf nuits, ce qui, selon la judicieuse remarque de Sainte-Croix, se rapporterait aux neuf jours pendant lesquels Cérès resta dans l'ignorance sur le séjour de sa fille[2]. C'était, quel qu'en soit le sens, une neuvaine sacrée, où la chasteté était de rigueur[3]. Une seconde prescription faite aux femmes était de s'asseoir sur le sol[4], usage qui, en Orient, était un signe de

ce point comme sur la procession à Éleusis dont parle le passage cité ; quant aux passages de Lucien, il n'y voit que l'obligation de la chasteté imposée aux prêtresses temporaires et électives de Cérès-Thesmophore, prises exclusivement parmi les matrones d'Athènes dont sa fête était la fête. (J.D.G.)

[1] Metamorph. X, 434 sq.
[2] Homer. Hymn. in Cerer. v. 47. *Cf.* Sainte-Croix, II, p. 7 sq.
[3] Ἁγνεύειν. Clem. Alex. Strom. IV, p. 316.
[4] Plutarch. de Isid. p. 378 ; Athenag. Legat. § 25.

CH. II. LES THESMOPHORIES DES ATHÉNIENS. 729

deuil et qui nous rappelle les Cananéennes pleurant assises la mort de Thammuz[1]. Dans les Thesmophories, les femmes s'asseyaient sur des plantes de différentes espèces, auxquelles on attribuait des vertus singulières, celle entre autres d'émousser l'aiguillon de l'amour. Parmi ces plantes est cité d'abord le *cnéorum*[2], espèce de daphné; puis une sorte d'osier nommé pour cette raison *agnus*, en latin *castus*, d'où le composé moderne *agnus-castus*[3]; ensuite la *conyse*, dont on distingue trois espèces[4]. Il est mention aussi de branches de pin employées dans la même fête et au même usage, au moins à Milet[5]; et, sans doute pour un motif analogue, il était défendu aux femmes de goûter du fruit de la grenade pendant la célébration des Thesmophories[6].

Au contraire, l'usage de l'ail était prescrit comme moyen d'apaiser les ardeurs de l'amour, durant les jours de fête, et spécialement à la fête des *Scirophories*[7], que

---

[1] *Cf.* liv. IV, ch. III, art. II, p. 42, tom. II.

[2] Κνέωρον, Hesych. II, 284 Alb.

[3] Ἄγνος, *quasi* ἄγονος; mais on écrivait aussi ἄγνος. *V.* Ælian. H. A. IX, 26; Dioscorid. I, 135; Argum. Aristoph. Thesmoph. p. 473 Kuster. *Cf.* liv. VI, ch. II, p. 595 sq., tom. II.

[4] Κονύζα, ou encore κνύζα. *V.* Schol. Theocrit. Id. IV, 25, VII, 68. Selon Schreber (ad Theocrit. *ibid.*), l'espèce dont il s'agit ici serait la petite, *erigeron graveolens* Linn.

[5] Steph. Byz. *v.* Μίλητος, p. 200 Westermann.

[6] Clem. Alex. Protrept., p. 16. Non-seulement à cause de l'aventure de Proserpine (p. 606 *ci-dessus*), mais parce que la pomme de grenade était un symbole d'amour et de fécondité. *Cf.* liv. VI, ch. II et V, pag. 614 et 661 sq., tom. II. (J. D. G.)

[7] Etymol. M. *v.* σκόροδον, coll. Philochor. ap. Phot. et Phavorin. p. 104

nous devons rapprocher ici des Thesmophories, non-seulement pour cette raison, mais parce que ces deux fêtes avaient entre elles les plus grands rapports. Les Scirophories étaient célébrées à Athènes au mois *Scirophorion* (juin), principalement en l'honneur de Minerve, elle-même qualifiée du surnom de *Sciras*[1]. A cette fête, les Étéoboutades portaient une sorte d'ombrelle ou de parasol blanc (*sciron*), pour avertir que l'époque était arrivée de bâtir des maisons[2]. Du reste les Scirophories étaient consacrées à Cérès et à Cora, aussi bien qu'à Minerve, ces trois déesses se trouvant fréquemment associées dans les plus anciennes fêtes de la Grèce[3]. Dionysus aussi avait part à cette solennité, où des courses étaient instituées en son honneur, courses dans lesquelles les jeunes gens portaient des branches de vigne chargées de leurs grap-

ed. Lenz et Siebelis, où la correction Σκίροις est plus que probable. La fête dont il s'agit se nommait τὰ Σκίρα ou Σκιροφόρια.

[1] Σκιράς. Sur cette Minerve et sur le jeu appelé σκιραφεία ou encore πεσσοί (πεττεία), qui se jouait près de son temple, au lieu de réunion nommé σκίρον, il faut voir liv. VI, ch. VIII, p. 762 sq., tom. II.

[2] Philochor. ap. Schol. Aristoph. Eccles. v. 18. Σκίρον paraît venir de σκιά, ombre.

[3] Philochor. *ibid. Cf.* Meursii Græc. fer. p. 851. Dans Aristophane (Thesmoph. 841, avec la correction de Kuster) sont rapprochées les Σκίρα et les Στήνια, dont il sera question tout à l'heure; pareillement, comme deux fêtes célébrées par les femmes de l'Attique, qui y représentaient mimiquement l'enlèvement de Proserpine et toute la légende sacrée, les Thesmophories et les Scirophories, chez Clément d'Alexandrie, Protrept. p. 14 sq. Potter. Quant aux rapports du culte primitif de la Minerve d'Athènes, Minerve d'abord toute agraire, avec celui de Cérès et de sa fille, ils ont été développés par O. Müller (Minerv. Poliad. p. 1-16) et Preller (*Dem. u. Perseph.* p. 124, 289, 391 sqq.). (J. D. G.)

pes, d'où vient que le jour de la fête se nommait encore *Oschophories*[1]. Quant à l'ombrelle, elle figurait aux fêtes de différentes divinités, et c'était l'un des instruments sacrés de leur culte; on explique même par son nom grec une des innombrables épithètes de Bacchus, celle de *Sciandeus*[2]. Souvent les vases bachiques ou autres, d'origine grecque, nous la montrent portée sur la tête de divers personnages[3]. Pour revenir à l'usage de manger de l'ail aux Scirophories, des anciens prétendent qu'il avait pour but de dissiper la vapeur des parfums[4], qui, en effet, devait être très forte dans une réunion de femmes de l'Attique. Mais quelle qu'en ait été l'intention, soit celle-là, soit la première dont nous avons parlé, ou peut-être l'une et l'autre à la fois, toujours est-il que nous y voyons le signe caractéristique d'une fête de deuil, telles qu'étaient aussi les Thesmophories.

A ce cycle de plantes sacrées appartient encore l'*asphodèle*, fleur de l'espèce du lis, dédiée à Proserpine, et que l'on faisait croître sur les tombeaux. On sait qu'Homère

---

[1] Ὀσχοφόρια de ὄσχαι. Philochor. Fragm. p. 31; Meursius, *ibid*. — Les *Erséphories*, où des jeunes filles portaient en l'honneur de Minerve les ἔρσαι, jeunes branches chargées de rosée, n'étaient pas moins intimement liées aux Scirophories. *Cf.* O. Müller, ouvr. cité, p. 15. (J. D. G.)

[2] Σκιανδεύς(?), de σκιά, d'où σκιάς, σκιάδιον, σκίρον, et le poisson appelé σκιαδεύς, l'*ombre*. (J. D. G.)

[3] On la voit abritant Bacchus lui-même avec son Ariadne, sur le beau bas-relief copié dans notre pl. CIX, 451 *a*. *Cf.* l'explication, p. 186 sq.
(J. D. G.)

[4] Philochor. Fragm. p. 104. — Ce motif était évidemment en rapport avec le précédent, d'après le texte même de Philochore : Ἕνεκα τοῦ ἀπέχεσθαι ἀφροδισίων, ὡς ἂν μὴ μύρων ἀποπνέοιεν. (J. D. G.)

parle déjà d'une prairie semée d'asphodèle aux enfers[1], et il n'est pas de plante à laquelle les anciens aient reconnu des vertus plus puissantes et en plus grand nombre ; de là sans doute la vénération dont jouissait cette fleur miraculeuse. Elle était mâle et femelle tout ensemble, et recommandée pour les maladies des yeux. Semée au-devant des portes des maisons des champs, elle neutralisait tous les effets des mixtions vénéneuses[2]. Le médecin Dioscoride s'étend plus longuement encore que Pline sur cette plante et sur ses vertus curatives. Selon lui, elle est efficace contre le venin des serpents et la piqûre des scorpions ; elle favorise la menstruation, et on l'emploie avec succès pour les inflammations des testicules et des seins[3]. Sans énumérer les autres propriétés médicales de l'asphodèle, nous sommes surtout frappés du caractère mythique de cette expression : « L'asphodèle est mâle et femelle », et des effets de cette plante contre les maléfices des sorciers aussi bien que sur les organes de la génération et de la nourriture des enfants. Sous l'un et l'autre point de vue elle nous rappelle et Perséphone-Hécate, la déesse des sortiléges, et Proserpine-

---

[1] Odyss. XI, 538, XXIV, 13. Hésiode (Op. et D. 14, *ibi* Heinsius et Cleric. p. 252 sqq. Lœsner) parle également de l'asphodèle, l'associant à la mauve, comme l'épitaphe citée par Eustathe (ad Odyss. p. 454 Basil.), où le tombeau qui la porte est censé s'exprimer ainsi : Νώτῳ μὲν μαλάχην καὶ ἀσφόδελον πολύριζον κ. τ. λ. L'asphodèle était encore nommé *Héroïon* (Plin. H. N. XXII, 32, p. 276 Hard.), sans doute à titre de plante des morts ; mais c'était, comme on va le voir, une plante salutaire et bonne aux vivants.

[2] Plin. *ibid.* et XXI, 68, p. 252.

[3] Dioscorid. II, 199, p. 159 sq. ed. Wechel. *Cf.* Sprengel, *Geschichte der Botanik*, I, p. 322 sqq., avec la planche coloriée.

CH. II. LES THESMOPHORIES DES ATHÉNIENS. 733

Diane, la déesse qui favorise la naissance[1], et Cérès mère, nourrice, gardienne d'enfants, qui, dans l'hymne homérique, se vante à ce dernier titre de préserver des maléfices et les mères et leurs fruits par la connaissance des herbes salutaires[2]. C'était à la veille de l'établissement des Thesmophories, alors que la déesse, avec tant d'autres bienfaits, versa ses bénédictions sur les familles; alors qu'elle institua cette grande fête de l'agriculture et de la propriété, qui était aussi celle du mariage et de la génération réglée, comme la propriété, par ses lois saintes; qui était celle des mères et des épouses légitimes placées avec leurs enfants sous sa protection et sous la protection de sa fille. De là des rites de toute sorte, se rattachant aux mystères de ces déesses lunaires de la Grèce antique. Un exemple nous suffira parmi les vestiges obscurs de bien d'autres qui durent exister. C'était un usage consacré par la religion de Bacchus, si intimement unie à celle de Cérès-Thesmophore, et dans les récits de l'antiquité, et sur les monuments, d'appliquer sur les seins nus des femmes certains vases larges et profonds de l'espèce des phiales[3]. Nous savons, d'un autre côté, que les anciens avaient une sorte de vase appelée *mamelle*[4], soit à cause de sa forme, soit à raison de la manière dont on s'en servait; et que ce nom, d'origine reculée, ainsi qu'un autre analogue, était usité chez les habitants de

[1] *Cf.* p. 643 et 696 *ci-dessus.*
[2] Hymn. in Cerer. v. 229 sq. *Cf.* p. 428.
[3] *V.* Nonn. Dionys. IX, 125.
[4] Μαστός. *V.* Athen. XI, 74, *ibi* interpret. p. 219 Schweigh. et ad Hesych. II, 546.

Paphos. Enfin, il nous est raconté[1] qu'Hélène avait dédié à la Minerve de Lindos une coupe d'ambre jaune, faite « d'après la mesure de son sein. » Si nous nous souvenons maintenant des rapports que nous avons observés ailleurs[2] entre Hélène, la femme de la Lune, l'habile magicienne, et les vieux cultes de l'Attique; si nous nous souvenons des Danaïdes qui fondent dans l'île solaire de Rhodes le temple de la Minerve de Lindos avant d'instituer les Thesmophories dans la Grèce[3], nous resterons convaincus qu'il s'agit là de rites relatifs à ces fêtes, et dont il faut chercher l'origine en Égypte où nous conduisent les Danaïdes aussi bien qu'Hélène. En Égypte nous trouvons la grande déesse Isis, qualifiée de *Thesmophore* ainsi que Cérès[4], l'Isis de Saïs en qui Minerve s'identifie originairement avec Cérès-Proserpine[5]. Les fêtes nocturnes de Saïs rappellent précisément à Hérodote[6] les Thesmophories de la Grèce, et à Athènes même les Scirophories qui s'y liaient conservèrent le souvenir de cette primitive unité. C'est qu'en effet, comme nous l'avons montré[7], les deux déesses se confondent dans la notion de la lune envisagée sous des aspects divers. Ainsi s'expliquent, suivant nous, ces vases en forme de mamelle ou

---

[1] Plin. H. N. XXXIII, 23, p. 619 Hard.

[2] *V.* section I de ce livre, pag. 528 sqq. *ci-dessus*, coll. liv. V, sect. I, p. 309 sq., tom. II.

[3] Sect. I, ch. II, p. 435 sq. *ci-dessus.*

[4] Sext. Empir. adv. Rhet. p. 296.

[5] Sect. I, ch. VI, art. III, p. 581 sqq. *ci-dessus.*

[6] II, 171.

[7] Sect. I de ce livre, *ibid.*

de demi-lune, modelés sur le sein nourricier de la déesse de la lune, et qui devaient préserver les femmes; les mères nourrices, des maux de sein, tout comme les guérissait l'asphodèle, cette fleur sacrée de Proserpine.

Mais l'asphodèle, nous l'avons vu, guérissait aussi les hommes des maladies qui affectent les organes de la génération, et ce n'est pas pour rien qu'il est dit mâle et femelle. Ici se présente un nouvel ordre de symboles qui appartenaient également aux Thesmophories. Nul doute que celui de l'organe féminin n'y fût consacré aussi bien que dans les Éleusinies [1]. En Sicile on nommait *Myllos* ce qui ailleurs s'appelait *Cleis*, quoique le second de ces noms eût d'abord une signification plus générale, et pût également s'appliquer à l'organe viril aussi bien que le mot latin *pecten*[2]. Mais c'est le symbole de l'organe féminin qui figurait sous ce nom dans les mystères de Cérès [3], et de là vient qu'à Syracuse des gâteaux nommés *Mylli*, qui le rappelaient par leur forme comme par leur composition, étaient offerts à la déesse et à sa fille Proserpine pendant la fête des Thesmophories [4]. Ainsi aux idées

---

[1] C'est ce qu'a contesté Meursius dans sa Græc. fer. p. 798, bornant ce symbole aux Éleusinies; mais déjà un passage formel de Théodoret (Therap. Serm. III, tom. IV Oper. p. 521, coll. Serm. VII, p. 583) prouve ce que nous avançons. *Cf.* Du Theil, Acad. des Inscript., tom. XXXIX, p. 222, et Silvestre de Sacy sur Sainte-Croix, II, p. 13 sq.

[2] Pollux Onomast. II, 174, coll. Juvenal. VI, v. 370, *ibi* interpret. Μυλλός, κτείς.

[3] *Cf.* Euseb. Præp. Ev. II, 3, p. 67.

[4] Μυλλοί. *V.* Heraclid. Syracusan. ap. Athen. XIV, p. 647 Casaub.; p. 350 Schweigh. Ces gâteaux étaient faits de sésame et de miel. Münter (*Nachrichten von Neapel und Sicil.* p. 383) rapporte qu'aujourd'hui en-

de l'agriculture et de ses produits, de ses résultats, notamment des demeures fixes, cette grande fête associait étroitement celles du mariage et de ses fruits, de la fixité des liens qui unissent les deux sexes, de la procréation des enfants légitimes, cette dernière idée sous l'image fondamentale des semailles d'automne. Ainsi à cette image s'en rattachaient d'autres, plus expressives encore quoique plus grossières, et qu'il ne faut pas juger d'après nos modernes bienséances. C'est dans le même esprit de liberté naïve qu'étaient conçus les mythes nés de ces symboles et de ces rites énergiques usités dans les Thesmophories. Quand les Pléiades se couchent et que les semailles ont lieu, quand l'année semble vouloir se plonger dans la nuit et que le laboureur se retire sous l'abri de son toit, alors germent en secret, dans le sein de la terre comme dans celui de la mère, des espérances nouvelles mêlées d'inquiétude et de douleur. La semence du blé est cachée dans les ténèbres; Proserpine est ravie aux enfers; sa mère la regrette et la cherche parmi les pleurs et les lamentations. Telle est la pensée de la fête des semailles, tel est le langage de la mythologie, son interprète. Voilà pourquoi les femmes s'éloignent des hommes,

---

core, à Syracuse, on en fait de pareils et qu'on nomme *Milo*. Le pendant de ces *Mylli*, ce sont, ajoute-t-il, ces anciens *Priapes* que le chevalier Hamilton trouva dans l'église de Saints-Cosme-et-Damien à Isernie. — Des pains de l'une et de l'autre forme se fabriquent également dans diverses parties de la France, comme nous l'apprend Dulaure, Des Divinités génératrices, pag. 226; et on peut voir dans Lobeck, Aglaopham. p. 1067 sq., des rapprochements plus curieux encore de l'antiquité avec le moyen-âge.

(J.D.G.)

pourquoi elles jeûnent dans ces jours de deuil et se soumettent à des privations austères. Mais le principe de vie n'est pas enseveli pour jamais dans les profondeurs de la terre; il y poursuit ses opérations mystérieuses; et le symbole de sa force créatrice offert aux regards témoigne de sa permanence et de son activité. Aussi un rayon de joie, un éclair de gaîté percent-ils à travers les sombres voiles de la fête de Cérès; aussi le front chargé d'ennuis de la déesse se déride-t-il un instant. De même qu'à Samothrace, dans les mystères des Cabires, nous avons vu les railleries d'Hermès annoncer l'œuvre de création, fruit des secrètes amours de Mars et de Vénus[1], de même ici nous allons voir les plaisanteries d'Iambé égayer peu à peu la douleur de Cérès cherchant sa fille, parce que peu à peu, du sein de la terre et de celui de la mère, tend à se produire à la lumière le germe de la vie renouvelée.

III. Suite du même sujet : principaux rites des Thesmophories et leur sens. Le rire opposé aux larmes, légendes qui s'y rattachaient; différentes processions, sacrifices et autres cérémonies.

Ces dernières réflexions expliquent le phénomène, si singulier au premier abord, des scènes de bouffonnerie et de sarcasme qui venaient se mêler à une fête de deuil comme l'étaient les Thesmophories en général. Nous retrouverons ce même phénomène dans les Éleusinies, car ces deux fêtes, sans se confondre ensemble, avaient

[1] Liv. V, sect. I, ch. II, p. 296-300, tom. II.

entre elles de nombreux rapports, ainsi que l'a montré le grand Saumaise[1]. Toutes deux découlaient d'une même source, toutes deux célébraient également Cérès et Iacchus, son nourrisson ; un caractère mystérieux et orgiastique leur était commun, et aussi bien le sacrifice du porc, la potion sacrée nommée kykéon, et la liberté railleuse en actions ou en paroles. Cette liberté existait dans beaucoup d'autres fêtes de l'antiquité, par exemple dans celle de la Bonne Déesse et dans les Saturnales à Rome. Ayant son principe dans la nature humaine, elle se remarque et se reproduit partout où les peuples peuvent s'abandonner sans réserve aux instincts de cette nature.

Ce rire au milieu des larmes, et, pour ainsi dire, ce rayon de soleil perçant le nuage de tristesse qui enveloppait les Thesmophories, se traduisit en légendes dont l'antiquité nous a transmis les versions différentes, toutes reposant sur un même fond. Celle qui fait ressortir avec le plus de délicatesse cette pensée fondamentale se trouve dans l'hymne homérique adressé à Cérès. Voici quels en sont les traits principaux. Cérès après avoir longtemps et vainement cherché sa fille, arrive enfin épuisée de fatigue aux portes d'Éleusis. Elle s'assied sur une pierre du chemin, auprès d'une fontaine, fontaine et pierre consacrées dans la suite, cette dernière sous le nom de *pierre de la tristesse*[2]. Ce fut là que les filles de Céléus rencontrèrent

---

[1] Exercitat. Plinian. p. 752. Sainte-Croix, qui lui doit tant, n'a pas suffisamment tenu compte de ses efforts pour porter la lumière dans cette question difficile.

[2] Littéralement *pierre sans rire*, ἀγέλαστος. Ruhnken. ad Hom. hymn.

CH. II. LES THESMOPHORIES DES ATHÉNIENS. 739

la déesse sous son déguisement, comme nous l'avons rapporté plus haut[1]. Accueillie dans le palais du roi d'Éleusis, Cérès y demeure en proie à de sombres regrets, jusqu'à ce que *Iambé*, la spirituelle Iambé, par ses propos moqueurs et pleins d'enjouement, provoque le sourire d'abord, puis bientôt les éclats de rire de la déesse et réjouit son âme[2]. « De là vient, dit Apollodore, que les femmes célébrant les Thesmophories continuent de se livrer à des plaisanteries[3]. »

Mais cette délicate mesure du poëte homérique ne fut pas plus observée par les vieux chantres des mystères de l'Attique, Pamphus et les autres, que par la verve satirique d'Aristophane, qui avait une belle occasion de se donner carrière dans sa comédie sur le même sujet de la célébration des Thesmophories. Le zèle courroucé des Pères de l'Église nous a conservé un fragment orphique où respire, pour ainsi parler, dans sa naïveté énergique, le style sacerdotal du paganisme ancien[4]. Ici, ce n'est point Iambé, c'est *Baubo* qui, par un acte impudique, c'est Iacchus qui, par un attouchement obscène, provo-

---

in Cerer. v. 99 et 200. Les Mégariens montraient près de leur prytanée une pierre semblable, qu'ils nommaient ἀνάκληθρα ou ἀνακληθρίς, parce que Cérès y avait *appelé* sa fille (Pausan. I, 43, coll. Etymol. M. pag. 96, l. 29). (C-n. et J. D. G.)

[1] Sect. I, ch. VII, p. 605 *ci-dessus*.
[2] Hymn. in Cerer., v. 192-204, *ibi* Voss, p. 61 sqq. (J. D. G.)
[3] Apollodor. I, 5, 1. (J. D. G.)
[4] *V.* Clem. Alex. Protrept. p. 17; Arnob. adv. Gent. V; p. 175; Euseb. Præp. Ev. II, 3. *Cf.* Fragm. Orph. p. 475 Herm.; — et surtout Lobeck, Aglaoph., II, cap. VI, *de Baubo et Cerere*. (J. D. G.)

que le rire de Cérès affligée[1]. Nous ignorons ce que peut vouloir dire ce nom de *Baubo*, et s'il est grec d'origine[2]. Mais ce qui est plus que probable, c'est qu'il avait un sens aussi bien que celui de *Iambé*, qui rappelle l'*iambe*, ce vers satirique dont les mesures improvisées s'échappaient des lèvres des thesmophoriazouses au milieu des transports de la fête[3]. Des rites de cette fête naquirent et ces noms et ces mythes également significatifs. Le jour du jeûne, les femmes étaient assises, tristes, privées de nourriture, privées des plaisirs de l'amour. Pareille-

[1] Ἣς εἰποῦσα πέπλους ἀνεσύρατο, δεῖξέ τε πάντα
Σώματος οὐδὲ πρέποντα τύπον· παῖς δ' ἦεν Ἴακχος
Χειρί τέ μιν ῥίπτασκε γελῶν Βαυβοῦς ὑπὸ κόλποις κ. τ. λ.
(J. D. G.)

[2] Silvestre de Sacy rejette avec raison le rapprochement fait par Sainte-Croix (Recherches, I, pag. 171) de *Baubo* avec *Bebon* ou *Babys*, noms du Typhon égyptien, aussi bien que l'étymologie donnée de ces noms par Jablonski (*voy*. nos Éclaircissem. sur le liv. III, p. 806, n. 2, tom. I). Nous pensons qu'il faut revenir ici aux idées développées dans un de nos livres précédents (liv. V, sect. II, ch. IV, art. I, p. 458 sqq., 463 sq. tom. II), et voir dans Iacchus le Bacchus ἐφάπτωρ ou ἐπάφιος, identique au *Tages* étrusque, c'est-à-dire au *toucheur* qui, par son attouchement, réveille les germes endormis dans le sein de la terre (βαυβᾶν signifie *dormir*. *V*. le fragment d'un drame satyrique dans Valckenaer Diatrib. p. 204). Les femmes, du reste, à la fête de Bubastis, faisaient en Égypte le même geste que Baubo : αἱ δ' ἀνασύρονται (Herodot. II, 60).

[3] Ἰάμβη, ἴαμβος. — Natalis Comes rapporte (III, 16), sur la foi de Philochore, que *Iambé* était fille de *Pan* et d'*Écho*, et cela, nous le croyons, avec plus d'autorité que ne lui en accordent les éditeurs des fragments de l'historien grec (p. 26). N'avons-nous pas vu, en effet, ce même *Pan* avec cette même *Écho* mettre au jour *Iynx*, et, avec *Euphémé*, *Crotos*, le battement de la mesure, ou bien encore l'applaudissement personnifié (liv. VII, ch. II, art. VII, p. 171 *ci-dessus*)?

ment Cérès s'assied sur la pierre de la tristesse et elle y demeure plongée dans une morne douleur, refusant tout aliment, jusqu'à l'arrivée de Iambé, la rieuse, la folâtre, en qui se personnifient ces moqueuses improvisations qui succédaient tout d'un coup à l'affliction et au silence.

Outre l'enfant libertin Iacchus, nous avons encore, dans l'histoire de Cérès en deuil, un autre enfant rieur et moqueur, *Ascalabus*, fils de *Misma* (si ce dernier nom n'est point altéré). Sa mère ayant présenté à Cérès épuisée la coupe qui contenait le kykéon, et la déesse l'ayant vidée d'un trait, l'enfant se mit à rire aux éclats, et, par dérision, fit apporter une grande chaudière. Mais Cérès, loin de se prêter à la plaisanterie, s'en irrita, lui jeta les restes du breuvage, et, changé en lézard, il dut porter à jamais sur son corps les stigmates de malédiction que lui avait imprimés la déesse[1]. Ici, avec Cérès affligée, avec le breuvage sacré des jours de jeûne, avec une raillerie sacrilége, contraste de la précédente, et symbolisée dans un animal impur, objet d'exécration pour les hommes, étaient sans doute déposées, sous le voile des mythes de la fête des semailles, d'antiques observations de la nature, traduites en images parlantes pour ces temps-là, mais dont le sens précis se laisse à peine aujourd'hui pressentir[2].

---

[1] Antonin. Liberal. cap. 24. Ἀσκάλαβος, *stellio*, le lézard moucheté.

[2] Un troisième enfant, *Ascalaphus*, dont le nom se rapproche beaucoup de celui du second, fut métamorphosé en oiseau de nuit (ἀσκάλαφος, *bubo*), pour avoir trahi Proserpine aux enfers, lorsqu'elle eut mangé le fruit de la grenade (Interpret. ad Antonin. Liberal.; Ovid. Metam. V, 438 sqq., *ibi* Burmann,

La solennité préparatoire dans laquelle les femmes d'Athènes se raillaient de nuit entre elles, était une commémoration de l'*allée*, c'est-à-dire de l'arrivée de Cérès à Éleusis, où elles se rendaient en procession, et cette solennité se nommait *Stenia*, les *Sténies*[1]. Elle est fixée, d'après Hésychius[2], au onze de Pyanépsion ; mais ce jour même est donné dans le Lexique de Photius, comme celui du *retour*[3], et dans l'hymne de Callimaque aussi, il est ques-

et Fast. IV, 401). Saumaise a déjà remarqué (Exercit. Plin. p. 750 sqq.) combien ces fables sur Cérès et Proserpine offrent de variantes. Le *kykéon* (κυκεών) est présenté tour à tour à Cérès par Métanire, Baubo et Misma. Ce breuvage sacré des mystères était préparé de différentes manières, et le vin même pouvait y entrer, mais non pas dans les Thesmophories, où il était défendu ; de là les allusions malignes d'Aristophane (Thesmoph. v. 637 coll. 211, et du Theil, p. 222). La farine d'orge, au reste, en demeurait la base, ce qui explique son rapport avec la fête des semailles et avec les fêtes semblables. *Cf.* Interpret. ad Hom. hymn. in Cerer. et ad Anton. Lib. *ll. ll.*; Coray ad Theophrast. Char. eth. IV, 1, p. 177, et Schneider dans les Eclog. phys. p. 139.

[1] Στήνια, d'où στηνιῶσαι, expliqué par βλασφημῆσαι, λοιδορῆσαι, dans Hesych. II, p. 1268 Alb. On peut croire d'après Alciphron, II, 3, *ibi* Wagner, p. 305, que cette fête tirait son nom d'une localité, aussi bien que les γεφυρισμοί analogues, dont il sera question dans le chapitre suivant. Quant à la fête elle-même, il faut voir le passage important d'Eubulus dans Photius, Lex. gr. p. 397 Herm. — Στήνια, ἑορτὴ Ἀθήνησιν, ἐν ᾗ ἐδόκει ἡ ἄνοδος γενέσθαι τῆς Δήμητρος κ. τ. λ.

[2] I, 386 Alb. *Cf.* p. 723, n. 5, *ci-dessus*.

[3] Κάθοδος (Phot. Lex. p. 69), que Wagner sur Alciphron, III, 39, p. 124, veut changer en ἄνοδος, pour faire disparaître la contradiction au moins apparente déjà signalée plus haut. — Cette contradiction semblera plus apparente que réelle, si l'on admet, comme nous inclinons à le penser, que les deux ἄνοδος d'Alciphron et d'Hésychius d'une part, et du premier

CH. II. LES THESMOPHORIES DES ATHÉNIENS. 743

tion du retour de la corbeille sacrée[1]. En effet, il devait y avoir un retour de même qu'une allée, d'autant plus que les derniers jours de la fête se passaient à Athènes. Le jour du *jeûne*[2] était marqué par tous les signes d'un deuil public; le conseil ne s'assemblait point, les prisonniers étaient mis en liberté, et les femmes se livraient, comme aux fêtes d'Isis en Égypte, à des lamentations éclatantes[3]. Différentes causes de ce jeûne sacré sont indiquées par les anciens, celle-ci entre autres, que l'on aurait voulu par là rappeler le temps où les hommes étaient privés des dons de Cérès[4]. Venait ensuite la procession du retour à Athènes. Les initiées suivaient pieds nus le char sur lequel était placée la corbeille sacrée, renfermant les symboles mystiques; à côté, des jeunes filles portaient les vans sacrés. C'était, du reste, une marche longue et pénible; car les vieillards et les malades en étaient dispensés. Le but de cette procession était ou le Prytanée ou le Thesmophorion[5]. Des chants

---

passage cité de Photius, d'autre part, ne se rapportent ni au même jour ni au même acte des Thesmophories. *V.* au surplus la note 17 dans les Éclaircissements sur ce livre. (J. D. G.)

[1] *V.* 1 : Τῷ καλάθω κατιόντος.

[2] Νηστεία. *Cf.* p. 723.

[3] Aristoph. Thesmoph. v. 85. *Cf.* Meurs. Græc. fer. p. 164, et Themis Attica, II, 8.

[4] Cornut. de N. D. cap. 28, p. 211 Gal.

[5] M. Creuzer suit ici Sainte-Croix (II, p. 8 sq.), qui lui-même se guide assez mal à propos sur Callimaque, tout en citant Pausanias I, 14, lequel n'a que faire ici, car il parle de l'Éleusinion et non du Thesmophorion (p. 725 sq., n. 3, *ci-dessus*), et encore d'une manière purement générale. Aussi notre auteur hésite-t-il avec raison et finit-il par reculer devant les

accompagnaient la pompe sacrée, chants dont on peut se faire une idée d'après Callimaque, quoiqu'il décrive la fête d'Alexandrie, non celle d'Athènes, et qui se composaient sans doute d'invocations ou d'actions de grâces à la déesse des moissons, et de vœux pour le bonheur du peuple [1].

Le jour d'après le jeûne est désigné par le nom des *Calligénies* [2]. On y adressait des prières à Déméter, à Cora, à Plutus, à *Calligénie* et à la Terre nourricière [3]. Qu'était-ce que Calligénie? C'était la *Terre* elle-même, suivant Apollodore [4], la Terre à qui Érichthtonius, l'homme de la terre, aurait sacrifié le premier, en lui dressant sur l'Acropolis un autel avec cette inscription : que quiconque ferait un sacrifice à une autre divinité, commencerait par lui en offrir un [5]. Mais Aristophane

difficultés de tout genre que présente cette façon de concevoir ou plutôt de bouleverser toute la suite de la fête, en se demandant ce que la procession dont il s'agit (placée le jour du jeûne par Sainte-Croix), peut avoir de commun avec le *retour* de Photius, fixé positivement au jour d'avant, au jour de l'ἄνοδος, soit d'Hésychius, soit d'Alciphron, « où les femmes *montent*, est-il dit, au Thesmophorion. » *Cf.* les Éclairciss., note citée. (J. D. G.)

[1] *V.* Callimach. hymn. in Cerer. v. 6, v. 121 sqq. *Cf.* Sainte-Croix, *ibid.*, et du Theil, p. 231.

[2] Τὰ Καλλιγένεια. Alciphron. et Phot. *ibid.*

[3] Aristoph. Thesmoph. v. 304 sqq. (*al.* 297 sqq.). — Aristophane ajoute : A Hermès et aux Charites ou Grâces, que, selon nous, M. Creuzer a tort de retrancher d'après Wellauer, ces divinités ayant, dans la théologie attique, un rapport intime avec celles qui président à la terre, à ses productions, à la fertilité et à la croissance en général. *Cf.* Preller, ouvrage cité, p. 345, n. 38. (J. D. G.)

[4] Ap. Phot. Lex. p. 96. *Cf.* Apollodor. Fragm. p. 396 Heyn.

[5] Schol. Aristoph. Thesmoph. v. 306.

évidemment distinguait Calligénie de la Terre, la considérant ou comme la nourrice ou comme une prêtresse de cette divinité, ou encore comme la fille de Jupiter et de Cérès[1]. Une autre opinion reconnaissait en elle *Déméter* même[2], sans doute à titre de la *mère des beaux enfants*, c'est-à-dire de Iacchus et de Cora (le cep de vigne et la semence du blé), interprétation qui nous paraît la plus vraisemblable à tous égards[3]. Seulement il ne faut pas oublier que le savant Apollodore devait avoir une bonne raison de voir dans Calligénie la Terre, et cette raison se fondait, selon nous, sur la notion mystérieuse de Cérès, qui n'était point ici la Cérès vulgaire, d'où vient qu'Aristophane l'en distingue. C'était apparemment Cérès *Chthonia* ou tellurique, réunissant en soi toutes les puissances de la terre et que déjà l'antique culte des Cabires avait consacrée à ce titre. Selon le point de vue sous lequel on l'envisageait, on pouvait l'identifier avec la Terre ou la considérer comme distincte d'elle[4].

[1] Photius, *ibid.*
[2] Hesych. II, p. 124, avec la correction nécessaire.
[3] *Cf.* liv. précéd., ch. IV, p. 259 sq. Du Theil partage cette opinion, et Sainte-Croix l'avait d'abord adoptée. Depuis (II, pag. 12 sec. édit.), il a préféré voir dans *Calligénie* Proserpine, d'après un passage de Nonnus (Dionys. VI, 140) qu'il n'a pas compris et où Calligénie est donnée simplement comme la nourrice de Cérès, laissée par cette déesse auprès de sa fille. Il eut donc mieux fait de s'en tenir à Photius (*ubi sup.*) que cite plus justement son savant éditeur.   (C-r et J. D. G.)
[4] Plus simplement : de même que *Déméter* était la *terre* considérée comme *mère*, de même *Calligénie*, nourrice, prêtresse, assistante de Déméter, était un point de vue, un attribut, et primitivement une épithète de

746   LIVRE HUITIÈME. SECT. II.

Ceci nous rappelle le sacrifice du porc ou de la truie accompli en l'honneur de Cérès, et dont nous avons déjà parlé plus haut[1]. Un ancien nous apprend, en effet, que des truies pleines étaient immolées à Cérès comme symboles de la fertilité de la terre[2], par conséquent dans le même sens où les Romains sacrifiaient à cette terre, identifiée avec la déesse, une vache pleine dans les Fordicalies[3]. Conformément à ces rites et à ces idées, nous trouvons le porc ou la truie représentés au revers des médailles d'Athènes et d'Éleusis, dont la face offre l'image de Cérès[4].

Nous ne savons rien de bien positif sur les autres cérémonies qui pouvaient avoir lieu dans les Thesmophories. Les grammairiens grecs font mention d'un sacrifice

cette terre-mère, personnifiée à part comme la déesse *à la belle progéniture*, d'où vient que Proserpine aussi peut avoir été qualifiée de Καλλιγένεια, ainsi qu'elle l'est de Καλλίπαις (Euripid. Orest. 952, *ibi* Schol., et ci-dessus p. 234 et n. 1), à titre de mère mystique de Iacchus. (J.D.G.)

[1] Sect. I, ch. V, p. 546 *ci-dessus*.
[2] Cornut. de N. D. p. 211 Gal.
[3] Pag. 547 *ci-dessus*. Et la vache pleine et le porc paraissent également avoir été sacrifiés à Bacchus en diverses parties de la Grèce. *Cf.* liv. VII, p. 229 sq.
[4] *V.* planch. CXLIX *ter*, 548 *a*, et *compar.* le bas-relief d'Éleusis, pl. CXLV *bis*, 549, avec l'explicat. p. 222 sq. (J.D.G.) — On a vu sect. I, ch. V de ce livre, endroit cité, d'après Pausanias et Clément d'Alexandrie qu'il explique, comment de jeunes pourceaux étaient consacrés aux déesses dans les Thesmophories de la Béotie. Meursius (Gr. fer. p. 798) et Sainte-Croix d'après lui (II, pag. 18), faute d'avoir rapproché les passages de ces deux auteurs, ont tout-à-fait mal compris le second, où il faut lire μεγαρίζοντες χοίρους ἐμβάλλουσιν, selon la variante donnée chez Potter, comme dans le premier ἐς τὰ μέγαρα et non pas Μέγαρα.

CH. II. LES THESMOPHORIES DES ATHÉNIENS. 747

mystérieux qui en aurait fait partie et qui était nommé la *poursuite*[1]. L'occasion de ce sacrifice fut la fuite à Chalcis des ennemis, dans une circonstance critique où les dieux exaucèrent par là les prières que leur avaient adressées les femmes de l'Attique. On ne nous dit point au reste à quel jour de la fête il se rattachait. Un autre sacrifice, appelé *punition* ou *pénitence,* doit avoir appartenu au dernier jour, selon la conjecture de Meursius, s'il est vrai, comme Hésychius paraît le rapporter[2], qu'il était destiné à expier les fautes ou les négligences commises dans la célébration des Thesmophories. Enfin il est question d'une danse exécutée par les Thesmophoriazouses. Dans la pièce d'Aristophane, elles se tiennent toutes par la main et dansent en rond au son de la flûte jouée suivant le mode persique[3]. Cette danse elle-même est appelée une danse persique, et elle porte en outre deux autres noms, ceux d'*agenouillement* et de *danse fluide*[4]. C'est sans doute celle que dépeint Xénophon, exécutée par un Mysien qui, frappant l'un contre l'autre deux boucliers en demi-lune, tantôt tombait sur les genoux,

---

[1] Δίωγμα, ou encore Χαλκιδικὸν δίωγμα, et plus tard ἀποδίωγμα (Suid. tom. III, p. 651 Kuster; Hesych. I, p. 1013 Alb., *ibi* laud.). *Cf.* la note dans laquelle Silvestre de Sacy a fait justice des conjectures gratuites ou même fausses de Sainte-Croix (II, p. 10 et 18) qui va jusqu'à mettre en rapport le nom de ce sacrifice attique avec l'usage béotien dont il vient d'être parlé, comme au surplus il impute non moins gratuitement cet usage aux Thesmophories d'Athènes.   (Ç-R et J. D. G.)

[2] Tom. I, p. 1584, *v.* Ζημία, *ibi* interpret.; Meurs. Gr. fer. p. 164.

[3] Thesmoph. 960 sqq. coll. 1180.

[4] Pollux, Onomast. IV, 100, p. 406 Hemsterh. Ὄκλασμα, ὑγρά (ὄρχησις).

tantôt se relevait, geste qu'il répétait en cadence au son de la flûte[1]. On pourrait croire, d'après un trait de cette description, que c'était une danse guerrière; mais la figure principale et le nom qui l'exprimait semblent impliquer de tout autres idées. Peut-être faut-il y voir une allusion au bœuf s'affaissant sur lui-même, par suite des fatigues du labour qui précède les semailles solennisées dans les Thesmophories; ce qu'il y a de sûr, c'est que le mot dont il s'agit s'applique en grec d'une manière spéciale aux bêtes de somme qui plient sous le faix et tombent sur les genoux[2]. L'autre nom ou, pour mieux dire, l'épithète de danse fluide, molle, serait assez d'accord avec cette interprétation, quoiqu'elle puisse encore s'expliquer autrement, et s'entendre, au sens de souple, flexible, d'un mouvement rapide et soutenu, tel que celui qu'indique Pollux[3], tel que celui de la danse assyrienne, tout-à-fait analogue, décrite par Héliodore[4]. Quoi qu'il en soit, c'est un rapprochement curieux de voir une danse, qualifiée plus anciennement de *persique*, exécutée par les femmes de l'Attique en l'honneur de *Perséphone* et de sa mère Déméter[5]. Cette

---

[1] Xenophon. Anab. VI, 1, 9 (ὤκλαζε).

[2] *V.* Hesych. et Suid. *v.* ὀκλάζειν, coll. Phot. Lex. p. 238 et Zonaras p. 1440, *ibi* Tittmann.

[3] Par le mot σύντονον, qu'à la vérité Saumaise change en ἀσύντονον.

[4] IV, p. 163 ed. Coray, où les mots ἐποκλάζοντες, κατόχοι et δινεύοντες sont caractéristiques.

[5] *V.* d'autres passages sur la danse persique dans Hesych. *v.* Περσικά, Athen. I, p. 59, XIV, p. 281 Schweigh. (elle y est rangée parmi les plus posées, στασιμώτερα). *Cf.* Brisson. de reg. Persar. princip. p. 446.

danse aux sons de la flûte était peut-être accompagnée d'un chant élégiaque de ce mètre particulier désigné par le nom de *thesmophorion*, et dont l'exemple nous a été conservé aussi bien que le nom par le grammairien qui en parle[1].

IV. Résumé des attributions de Cérès-Thesmophore; comment y correspondent les fonctions diverses des Édiles de Rome.

L'agriculture, la nourriture assurée, les établissements sociaux, voilà les idées fondamentales réunies dans *Cérès-Thesmophore*. Par elle, de l'association des familles se forment les peuples, qui vont s'étendant; nouvelles idées personnifiées en *Damia* et *Auxesia* (la population et la croissance[2]) dont Cérès est l'unité. Cérès ou *Déméter* est la *terre-mère*, qui est domptée et qui dompte par l'agriculture, qui a fondé les demeures fixes, les mœurs

---

[1] Mar. Victorin. de arte grammat. p. 1592 Putsch. *Cf.* Sainte-Croix, II, p. 16 sq. L'induction tirée par ce savant de la danse dont il s'agit, relativement au caractère des Thesmophories, qui n'était pas exclusivement triste, chose vraie d'ailleurs, est dépourvue de fondement, ainsi que le rapport qu'il établit entre le κνισμός et l'ὄκλασμα dans le passage cité de Pollux.

[2] *Cf.* sect. I, p. 444, 616, et surtout 638, — avec notre note. Nous y ajouterons que Lobeck aussi (Aglaoph. p. 822) identifie sans scrupule Δαμία et Δημώ, tout en rapprochant le premier de ces noms de ceux de Ἀμμάς et Ἀμμαία donnés à Cérès en qualité de nourrice (Hesych. et Etymol. M. *s. v.*), quoiqu'il s'oppose au changement si probable fait par Müller de Ἀμαία en Δαμία, et de Ἀζησία en Αὐξησία, chez Zenob. IV, 20, coll. Plutarch. et Suid. Prov., Ἀζησία étant allégué comme un nom de Cérès elle-même dans les Anecd. de Bekker, I, 348.   (J. D. G.)

et les lois. C'est elle qui donne le blé, et de cet aliment des aliments elle reçoit un autre nom, celui de *Sitô*[1]. Là où elle répand ses bénédictions règne l'abondance, prospère l'ordre de la société, s'élèvent les temples; et à l'ombre de ces temples se tiennent les assemblées du peuple qui rend ses décrets sous l'invocation de Cérès[2]. Quiconque méconnaît l'autorité du peuple, de la société réunie en corps, est blâmé ou puni par les desservants de la demeure sacrée de la déesse.

C'est dans cet esprit que l'ancienne Rome institua ses *Ediles*, qui tenaient leur nom des temples de Cérès confiés aux soins de ces magistrats, justement comparés pour cette raison aux *Néocores* des Grecs[3]. Sous leur surveillance se tenaient les marchés, ce qui les rapproche, d'un autre côté, des *Agoranomes* helléniques[4]. Le bon ordre de la cité, et tout ce que nous entendons par le mot police, leur était commis. Ils portaient plainte devant l'assemblée du peuple; ils avaient le droit d'enquête et ils l'exerçaient, non-seulement pour les délits, mais même pour les crimes. Quiconque avait insulté les magistrats populaires était dévoué à Jupiter, et sa fortune confis-

---

[1] *Cf.* sect. I, ch. III, p. 519.

[2] Ce nouveau rapport du culte de Cérès avec l'origine des grandes institutions civiles et politiques, a été développé par Preller (p. 356 sqq.), qui pourtant semble refuser aux Thesmophories de l'Attique ce qu'il accorde, à cet égard, à celles d'autres contrées. Nous examinerons de plus près ses idées, en complétant d'après lui ce chapitre, dans nos Éclaircissements, note citée. (J. D. G.)

[3] J. Lydus de Magistrat. rom. I, 35, p. 60.

[4] J. Lyd. *ibid.* coll. Dionys. Halic. VI, 90, p. 1249 Reisk., et Brown ad Xenophont. Sympos. p. 22 sqq.

quée au profit du temple de Cérès, de Liber et de Libéra[1]. Le trésor public, déposé dans le temple de Cérès, avec les plébiscites et plus tard les sénatus-consultes[2], était placé sous la garde des Édiles, ses officiers. A eux aussi appartenait l'inspection du commerce des blés[3], et, de même qu'ils administraient, selon toute apparence, les deniers de l'état, de même ils étaient chargés de distribuer à ses pauvres, auprès du temple de Cérès et pour ainsi dire en son nom, le pain de chaque jour[4]. Ainsi toutes les institutions fondées sur l'agriculture reposaient elles-mêmes sur la grande conception religieuse de la déesse et de la mère de la terre, du peuple et des lois à la fois; ainsi, par cette conception nettement développée, s'expliquent d'elles-mêmes et dans leur relation naturelle les attributions, au premier abord si disparates, des Édiles romains[5].

---

[1] T. Liv. III, 55. *Cf.* Niebuhr, *Rœm. Gesch.* I, p. 689 sq., 3ᵉ édit. (tom. II, pag. 439 sqq. de la trad. fr. de M. de Golbéry).

[2] Livius, *ibid.*

[3] Plin. H. N. XVIII, 4.

[4] Varro ap. Non. in *pandere*.

[5] *Cf.* sur les Édiles et leurs attributions, Niebuhr, ouvr. cité, I, *ibid.*, III, p. 16, 39-49 (tom. V, pag. 20, 46-61 de la trad. fr.), et le recueil de tous les passages qui y sont relatifs, dans Creuzer, *Rœmisch. Antiquit.* p. 196-202.

(J. D. G.)

CHAPITRE III.

LES ÉLEUSINIES ET LEURS DOGMES FONDAMENTAUX.

Moins encore ici que dans le chapitre précédent nous avons la prétention d'épuiser le sujet qui nous reste à traiter. Il y aurait un livre entier et un gros livre à faire sur les Éleusinies, si l'on voulait en approfondir également tous les points. On connaît la riche collection de matériaux qu'a publiée à cet égard le savant et laborieux Meursius ; et pourtant Sainte-Croix a trouvé quelque chose à y ajouter. Lui aussi, on pourrait le compléter à son tour ; on pourrait surtout, dans le choix des documents, dans l'interprétation des témoignages, employer une critique plus sûre ou plus haute. Déjà nous avons essayé d'en donner quelques exemples, notamment au sujet des jeux d'Éleusis[1], et d'autres occasions s'offriront à nous de les multiplier. Mais le but que nous nous proposons avant tout, dans cette dernière partie de notre ouvrage, c'est de lui conserver son caractère de généralité, de rester fidèle à la pensée qui le domine, d'y faire ressortir, des formes symboliques qu'ils affectent,

---

[1] Sect. I, ch. VII, art. III, pag. 627 sqq. *ci-dessus*. Ce chapitre tout entier doit être regardé comme un complément ou un préambule, également nécessaires, et du chapitre actuel et de toute cette deuxième section du livre VIII. (J. D. G.)

CH. III. LES ÉLEUSINIES, ETC.

les dogmes fondamentaux des mystères de Cérès Éleusine. Il y a beaucoup à dire encore là-dessus. Quant aux rites, à l'ordonnance, à l'histoire extérieure de ces fêtes, nous ne ferons qu'en donner un aperçu rapide, en intercalant çà et là quelques remarques qui pourront contribuer à en éclaircir le détail [1].

I. Établissement et organisation des Éleusinies; prêtres chargés de leur célébration; lois qui les régissaient.

Sur la fondation des Éleusinies, comme sur celle des Thesmophories, ni les données ni les opinions ne sont d'accord. D'après les marbres de Paros, où malheureusement la date se trouve ici effacée, la première et la plus récente de ces deux fêtes ayant été établie sous le règne d'Érechthée, fils de Pandion, on croit pouvoir, en conséquence, fixer l'époque de cet établissement vers la fin du xve ou au commencement du xive siècle avant notre ère [2]. C'est, du reste, une observation judicieuse du savant Marsham [3], que cette grande institution des

---

[1] La note 18, dans les Éclaircissements de ce livre, servira à son tour de complément, sur ces divers points, soit aux aperçus que notre auteur emprunte principalement à Sainte-Croix, soit aux remarques dont il les accompagne. Nous y avons mis à profit les recherches plus récentes de Lobeck, de Preller et autres.   (J. D. G.)

[2] Avant J.-C. 1399 (Lami ad Meursii Eleusin., Oper. II, p. 547), ou 1397 (Sainte-Croix, Recherches, I, p. 112, sec. édit.), ou 1403 (Larcher, Chronol. d'Hérodote, p. 573). — *Cf.* ch. I, pag. 661, 662 sqq., et notre note 14 sur ce livre, fin du vol.   (J. D. G.)

[3] Canon Chronic. p. 262.

Éleusinies dut recevoir, depuis son origine, des développements successifs.

Quant à son organisation, aux prêtres qui étaient chargés de la célébration de la fête, nous savons que l'Archonte-roi en avait la haute surveillance[1]. A lui seul appartenait le droit d'exclure des mystères ceux qui avaient encouru la vindicte des lois, de sacrifier sur les autels de Cérès à Athènes ainsi qu'à Éleusis, et d'y offrir des vœux pour les habitants de l'Attique[2]. Il était assisté de quatre *Épimélètes* ou Surveillants, dont deux étaient choisis parmi le peuple entier, deux dans les familles sacrées des Eumolpides et des Céryces[3]. On parle encore de dix sacrificateurs électifs, qui, tous les cinq ans, devaient accomplir certains sacrifices à Délos, à Brauron, à Éleusis et aux Héraclées ou fêtes d'Hercule[4]. Indépendamment de ces magistrats religieux, qui présidaient à toutes les fêtes quinquennales, sauf les Panathénées[5], d'autres sacrificateurs sont mentionnés, en nombre indéterminé, comme desservant le culte des *augustes déesses*[6]. Enfin, nous savons que les autres villes grecques envoyaient des députés à Athènes pour assister aux Éleusinies[7], ce qui s'explique tant par la majesté de

---

[1] Hesych. I, p. 700 Albert., coll. Pollux VIII, § 90.

[2] Pollux, *ibid.*, et Lysias contr. Andocid. p. 193-199 Reisk.

[3] Etymol. M. *v.* ἐπιμελητής. *Cf.* ch. I, art. III, p. 671 sqq.

[4] Pollux, VIII, 107, p. 927, *ibi* interpret. ἱεροποιοί.

[5] Phot. Lexic. p. 80. Il les nomme ἄρχοντες.

[6] Σεμναὶ θεαί, nom donné aux Érinnyes ou Furies dans Photius, Lex. p. 374. Mais *cf.* sect. I, chap. complém. p. 653 sq.

[7] Euripid. Suppl. v. 173 sqq.

cette fête des fêtes, que parce que la plupart de ces villes ayant aussi leur Cérès Éleusine, faisaient par là acte de foi et hommage à la métropole de ce culte saint.

Les prêtres proprement dits se partageaient en supérieurs et inférieurs. Aux premiers appartenaient le *Hiérophante*, le *Dadouque*, le *Hiérocéryx* et l'*Epibomius*, tous de la race des Eumolpides et des Céryces[1]. Le *Hiérophante* était pris dans la branche aînée des Eumolpides. Par lui Eumolpe continuait de conférer l'initiation aux mystères[2], et les initiés, en effet, sont appelés dans une inscription « Mystes d'Eumolpe[3] ». C'était le grand-prêtre de l'Attique, et voilà pourquoi il est fréquemment comparé au *Pontifex Maximus* des Romains. Les noms de *Mystagogue* et de *Prophète* lui sont encore donnés[4]. Il remplissait le premier rôle soit dans les petits, soit dans les grands mystères. C'est lui qui introduisait les novices dans le temple ; c'est lui qui les y admettait aux derniers degrés de la doctrine secrète[5]. Il les avertissait à plusieurs reprises des obligations qui leur étaient imposées[6]. Un prêtre ne pouvait parvenir à cette

---

[1] *Cf.* p. 671 sqq. *ci-dessus*, et les inscriptions citées par Sainte-Croix, I, p. 217, où ils sont mentionnés dans cet ordre : Ἱεροφάντης, Δαδοῦχος, Ἱεροκῆρυξ, Ἐπιβώμιος.

[2] Ἐμύησε καὶ μυεῖ τοὺς Ἕλληνας. Plutarch. de Exsil. p. 445 Wyttenb.

[3] Εὐμόλπου μύσται. Chandler, CXXIII, p. 78.

[4] Μυσταγωγός, Προφήτης. Aux passages cités dans Sainte-Croix, p. 219, il faut ajouter Phot. Lex. gr. p. 80 sq., et Zonaras, p. 1092.

[5] Diogen. Laert. VII, 186.

[6] Dio Chrysost. XVII, p. 248 A, B.

haute fonction que dans un âge avancé, et après avoir exercé les fonctions inférieures. Une vie sans tache, des mœurs irréprochables devaient appeler sur lui tous les respects ; une règle austère en était la garantie. Rien n'indique qu'il ait été condamné au célibat ; mais il ne pouvait se marier qu'une fois, et, quand il avait obtenu le sacerdoce suprême, il devait renoncer au commerce conjugal[1]. Ses fonctions étaient à vie, ce qu'on ne saurait affirmer de celles du Dadouque. Les hymnes qu'il avait à chanter, la prière solennelle que, conjointement avec ce dernier, il avait à faire pour le salut de tous, exigeaient cet organe sonore, cette voix éclatante, qui, en effet, lui sont attribués. On lui donne encore un trône et un diadème[2]. Après lui, le *Dadouque* ou le *Porte-flambeau* était le premier prêtre de l'Attique. Il avait aussi le diadème, et, de même que le Hiérophante figurait le Démiurge, il représentait, lui, le soleil[3]. Avant son entrée en charge, il était soumis à un examen[4]. Nous avons suffisamment fait connaître le *Hiérocéryx* dans un

---

[1] Sainte-Croix, I, p. 219-222, *ibi* citat. Il faut y ajouter, pour ce dernier point et le suivant, le passage de Pausanias, II, Corinth., 14 *init.*, justement allégué par Silvestre de Sacy.

[2] Sainte-Croix, p. 223 sq., *ibi* cit. et Silv. de Sacy. — Les difficultés qui ont été élevées par Lobeck, notamment en ce qui concerne le droit exclusif d'initiation aux mystères, sont examinées dans nos Éclaircissements, note citée. (J. D. G.)

[3] *Cf.* liv. VII, ch. V, art. IV, p. 313 *ci-dessus*.

[4] Sainte-Croix, pag. 228. Sur la durée problématique des fonctions du Dadouque, il faut voir le même, p. 225 sq., avec la note de Silv. de Sacy, *ibid.*, et celle de Larcher, p. 459 sq.

de nos précédents chapitres[1]. L'*Epibomius,* le dernier de ce degré supérieur de la hiérarchie, devait, à en juger par son nom, s'occuper des soins de l'autel, peut-être même porter de petits autels[2]. Dans la grande scène des mystères, il avait pour rôle de figurer la lune, comme le Hiérocéryx ou héraut sacré figurait Hermès[3].

Tous ces prêtres avaient pour insigne commun la couronne de myrte, de cet arbrisseau sacré qui appartenait à Cérès ainsi qu'à Vénus. Les âmes des initiés habitaient, dit-on, dans des bosquets de myrtes[4]. Ces mêmes prêtres portaient des robes de pourpre, couleur non moins sacrée[5]. Ils étaient encore *hiéronymes,* c'est-à-dire qu'ils avaient des noms sacrés, circonstance qu'une inscription nouvellement découverte étend aux prêtresses d'Éleusis[6]. Il semble, au reste, que le secret du nom propre se soit borné pour le Hiérophante à la durée de son existence, pour les autres prêtres à celle de l'exercice de leurs charges respectives[7].

Une foule de titres divers sont donnés aux prêtres in-

---

[1] Ch. I, art. III, p. 671-674 *ci-dessus,* coll. Sainte-Croix, p. 230.

[2] Sainte-Croix, p. 231.

[3] *Cf.* les Éclaircissements, note citée. (J. D. G.)

[4] *Cf.* Spanheim ad Callimach. hymn. in Cerer., v. 44.

[5] Sainte-Croix, *ibid.* La couleur de pourpre était également affectée aux initiations de Samothrace. *Cf.* liv. V, sect. I, ch. II, p. 320 sq., tom. II.

[6] Lucian. Lexiph. § 10, tom. V, p. 189 Bip. La remarquable inscription dont il s'agit est rapportée à la fois dans la traduction allemande et dans la seconde édition française de l'ouvrage de Sainte-Croix, p. 233 sq.

[7] C'est du moins la conjecture de Sainte-Croix, p. 234, quoique ce point implique plus d'une difficulté, comme l'ont senti Silv. de Sacy, *ibid.,* p. 235, et Lobeck, Aglaoph. p. 62, not. (J. D. G.)

férieurs et aux simples officiants des mystères d'Éleusis ; peut-être même quelques-uns de ces titres appartiennent-ils encore à des prêtres d'un rang plus élevé, car nous ne savons rien de bien positif à cet égard[1]. Le *Hydranus*, dont le nom rappelle l'eau bénite, était chargé de purifier les futurs initiés. Le *Daïritès* doit avoir été le prêtre spécial de Proserpine, surnommé *Daïra*, comme nous l'avons dit plus haut[2]. Nous avons également parlé du *Courotrophos*[3]. Les *Chantres* étaient de la famille des Lycomèdes ; les *Spondophores* soignaient les libations ; les *Pyrphores* portaient le feu. Le *Panagès* ou *Tout-Saint* est un nom qui peut s'être appliqué aux initiés en général[4] ; mais on le rencontre aussi comme titre d'une fonction spéciale, et un certain Théodore, qui avait écrit sur la famille des Céryces, était lui-même Panagès[5]. Le *Hieraulès* veut dire le joueur de flûte sacrée. Le *Iacchagogus* conduisait la procession en l'honneur de Iacchus, et en avait l'inspection. Le *Licnophore* portait le van mystique[6]. Les *Néocores*, si souvent mentionnés sur les monuments antiques, particulièrement des villes d'Asie-Mineure, se retrouvent à Éleusis[7]. Leur place était aux

---

[1] *Cf.* Sainte-Croix, p. 237 sqq.

[2] Sect. I, ch. VII, p. 619 et n. 3.

[3] Chap. complém. p. 639, n. 1.

[4] Comme adjectif seulement et au pluriel, par exemple dans Julien, Orat. V, p. 325 Petav. *Cf.* la note judicieuse de Silv. de Sacy sur Sainte-Croix, p. 239, rectifié par lui à cet égard.   (C-R et J. D. G.)

[5] Pollux, I, 35, coll. Phot. Lex. p. 274 ; Etymol. M. p. 429 Sylb.

[6] *Cf.* liv. VII, ch. IV, p. 227 *ci-dessus*.

[7] Pollux I, 14.

CH. III. LES ÉLEUSINIES, ETC. 759

avenues du temple; Dion Chrysostôme[1], parlant de la célébration des mystères, remarque expressément qu'ils sont relégués dans le vestibule, qu'ils n'entendent que de loin ce qui se passe dans l'intérieur, et ne reçoivent des clartés du sanctuaire que des rayons épars. On peut y ajouter les *Exégètes*, dont la charge consistait à expliquer tout ce qui avait rapport aux prescriptions et aux rites sacrés[2].

Pour les prêtresses, nous nous sommes déjà fort étendus sur les *Mélisses* ou *Métropoles*, nom générique de celles de Cérès[3]. Hésychius[4] nous fait connaître un nom également générique de celles de Proserpine, qu'il appelle *Thysiades*, interprétant ce mot, ainsi que celui de *Thystades* qui le suit, par *inspirées*, ce qui lui rappelle les transports des Bacchantes, et à nous les *Thyades* de Bacchus[5]. En rapport avec Proserpine, les cris de ces prêtresses, dont parle le grammairien, font songer aux lamentations mystiques dont il est question chez Proclus[6], et qui, suivant ce philosophe, seraient un symbole de la descente de l'esprit divin quittant les hautes régions pour venir habiter ce bas-monde. Un autre nom générique, commun aux prêtresses de Cérès et de Proserpine, en tant qu'elles administraient les mystères,

---

[1] XXXVI, 447 B.
[2] Sainte-Croix, p. 240 sq., avec la note de Silv. de Sacy et la dissertation de Thorlacius qui s'y trouve citée.
[3] Chap. I, art. IV de cette section, *passim*, surtout p. 687.
[4] I, p. 1750 sq. Alb., *v.* Θυσιάδες et Θυστάδες.
[5] *Cf.* liv. VII, ch. II, p. 129 sq. *ci-dessus*.
[6] In Plat. Rempubl., sect. 10 (μυστικοὺς θρήνους).

était celui de *Hiérophantides*, ou encore *Prophantides*[1]. Elles avaient une présidente, qui devait être prise dans la famille des *Phillides* et qui initiait aux Éleusinies[2]. On sait, du reste, que les premières prêtresses de Cérès, à Éleusis, furent, suivant la tradition, les filles de Céléus[3], et peut-être rattachait-on à cette origine la famille qui vient d'être citée. Une preuve, entre autres, du rang élevé des Hiérophantides, c'est qu'elles prononçaient la malédiction contre les impies qui avaient profané les mystères[4]. Le myrte était leur insigne aussi bien que celui des autres prêtresses et des prêtres eux-mêmes à Éleusis[5]. Peut-être les Hiérophantides portaient-elles encore une clef[6].

L'écrivain français qui a développé la plupart des

---

[1] Ἱεροφαντίδες, Προφαντίδες. Schol. Sophocl. OEdip. Colon. 673, coll. Phot. p. 80 ; Pollux I, 14.

[2] Suid. *v.* Φιλλεῖδαι, coll. Phot. pag. 472, et l'inscription gravée sur la base d'une statue de l'hiérophantide qui avait initié l'empereur Hadrien aux mystères d'Éleusis, dans Visconti, Musée Pio-Clem., t. V, p. 170 sq. ed. Milan, 1820 (c'est celle dont il est question plus haut, p. 757).

[3] *Cf. ci-dessus*. p. 663.

[4] *V.* Lysias c. Andocid. p. 55 ed. Taylor, p. 252 sq. Reisk., où Silvestre de Sacy sur Sainte-Croix, p. 245, propose avec raison de lire ἱέρεια au lieu de ἱερεῖα ou ἱέρειαι. On datait, en outre, les actes publics, au moins ceux du culte, à Éleusis, par l'année du sacerdoce de l'hiérophantide, ainsi qu'à Argos, de la prêtresse de Junon, comme Barthélemy le conclut des inscriptions. *Cf.* Sainte-Croix, *ibid.*, et Creuzer, *Histor. Kunst der Gr.* p. 83.

[5] Ister ap. Schol. Sophocl. OEdip. Col. 683.

[6] On peut le conclure, pour les prêtresses, du vers 45 de l'hymne à Cérès de Callimaque, mais non pas, pour les prêtres, du passage de Sophocle, OEdip. Col. v. 1044-46; la clef d'or n'y est qu'un symbole du secret des mystères, peut-être, il est vrai, comme attribut de leurs déesses. *Cf.* Silv. de Sacy sur Sainte-Croix, p. 232. (C-n et J. D. G.)

points que nous ne faisons que toucher ici, a traité longuement des lois *écrites*, comme on les nommait, des mystères de l'Attique; on peut consulter sa dissertation sur ce sujet, dans l'ouvrage que nous citons sans cesse[1]. Nous y ajoutons seulement la circonstance de cette table appelée *programme*, que nous révèle Proclus dans son commentaire sur le premier Alcibiade de Platon[2]. Le résultat de toutes les recherches à cet égard, c'est que les mystères dont il s'agit étaient une institution de la plus haute importance, rattachée à l'état par des liens étroits, tellement qu'une juridiction spéciale avait été établie contre les violations qui s'y adressaient, et que, dans les tribunaux qui en connaissaient, siégeaient les Eumolpides et les Céryces. Les procès d'Alcibiade, de Diagoras de Mélos et autres, témoignent du caractère public et de la grande autorité des Éleusinies[3]. Des lois écrites se distinguaient les lois *non écrites*, par où il faut entendre la *tradition*, dont les interprètes et les conservateurs étaient encore les membres de la famille sacerdotale des Eumolpides[4]. Les articles principaux de ces

---

[1] Sect. III, art. III, tom. I, pag. 249 sqq. des Recherches sur les mystères du paganisme.

[2] Page 5 éd. Creuzer, p. 10 sq. Cousin.

[3] *V.* Sluiter, Lect. Andocid. p. 44 sqq., Schol. ad Aristoph. Nub. v. 828, p. 290 ed. Beck, et surtout Wieland, *Attisch. Mus.* II, 3, p. 86 sqq.

[4] Νόμοι ἄγραφοι, καθ' οὓς Εὐμολπίδαι ἐξηγοῦνται (Lys. c. Andocid. p. 204 Reisk.). Lobeck en rapproche les *Eumolpidarum* πάτρια, c'est-à-dire les coutumes héréditaires des Eumolpides, que Cicéron demande à Atticus I, 9; mais il est évident que ces coutumes-là devaient être écrites et rentraient dans les livres rituels des mystères, dont il traite ensuite (Aglaoph.

règlements sacrés, c'est d'abord que les Barbares, c'est-à-dire ceux qui n'étaient point Grecs d'origine, ne pouvaient être admis aux mystères [1]. Toutefois l'adoption par un Grec relevait de cette interdiction. Les Perses et les Mèdes, depuis leur invasion dévastatrice en Attique, et plus tard les Épicuriens, puis les Chrétiens, furent positivement exclus [2]. Cette dernière exclusion est à remarquer, car elle doit entrer pour beaucoup dans l'examen des jugements que les Pères de l'Église ont portés sur les mystères. On conçoit, en effet, qu'à moins d'avoir été initiés à titre de païens, avant leur conversion, et c'est le petit nombre, ils ne peuvent en parler comme témoins oculaires [3]. Sous l'archontat d'Euclide, il fut défendu à quiconque était né hors mariage et à tous les esclaves, de pénétrer dans le temple de Cérès [4]. Parmi les conditions d'admission aux mystères était celle d'être pur de tout meurtre, même involontaire; et de là les récits mystiques sur les expiations auxquelles dut se soumettre

p. 193 sqq.) et dont nous avons nous-mêmes parlé plus haut (p. 717, n. 2). *Cf.*, du reste, Sainte-Croix, art. IV, p. 268 sqq. (J. D. G.)

[1] Schol. Aristoph. Plut. v. 846, coll. Himer. p. 154 Wernsdorf.

[2] Lucian. Pseudom. 38, t. V, p. 98 Bip., *ibi* interpret. Silv. de Sacy sur Sainte-Croix, p. 271, pense qu'il ne faut point prendre à la lettre le passage de Lucien, et que l'exclusion devait être appliquée seulement en vertu d'une formule consacrée et de termes généraux, tels que celui de βέβηλοι, *profanes*.

[3] *V.*, à ce sujet, l'écrit remarquable (de Starck) intitulé: *Ueber die alten und neuen Mysterien*, Berlin, 1782, p. 51 sqq.

[4] Isæus de Philoct. hæred. p. 140 Reisk. — Lobeck (Aglaoph. p. 19) observe qu'il s'agit, dans ce passage, des Thesmophories et non des Éleusinies. (J. D. G.)

CH. III. LES ÉLEUSINIES, ETC. 763

Hercule lui-même, expiations où le sang du taureau et celui du porc jouent un grand rôle [1]. Le héraut réclamait en outre, des futurs initiés, par une formule solennelle, une conduite sans reproche, et l'obligation du silence [2]. Porphyre [3] compare la disposition d'âme des initiés, pendant la célébration des mystères, avec l'état des bien-heureux. Il faut, au reste, faire plus d'une réserve à cet égard, puisqu'on sait que tous les Athéniens étaient dans l'habitude de se faire initier [4]. Socrate s'y refusa, comme nous l'apprend Lucien [5], peut-être, ainsi qu'on l'a pensé, pour n'être point lié par la loi du silence, qui l'aurait empêché de proclamer librement en public les croyances épurées qu'il pouvait supposer être l'objet des révélations faites aux initiés [6]. D'autres philosophes, nous le

---

[1] Æschyl. Eumen. 452 sq.; Apollon. Argon. IV. 705.

[2] Nul doute que le silence ne fût d'obligation pour les initiés; mais cette obligation ne résultait point de la formule dont il s'agit, ni des expressions φωνὴν συνετός (Cels. ap. Origen. III, c. 49, pag. 436 Ruæ.), que Sainte-Croix traduit « réservé dans le discours », tandis qu'elles signifient simplement « intelligible de langage », c'est-à-dire grec d'origine. *Cf.* Lobeck, p. 15, et notre note 18 dans les Éclaircissements sur ce livre. (J. D. G.)

[3] Fragm. de Styge, ap. Stob. Eclog. phys. cap. 52, I, p. 1052 Heeren.

[4] C'est du moins ce que l'on conclut du passage d'Aristophane, dans la Paix, v. 376, où Trygée dit qu'il veut se faire initier aux mystères avant de mourir.

[5] Demonax, IX, p. 237 Bip.

[6] *V.* l'ouvrage allem. déjà cité, Sur les Myst. anc. et mod. — Lobeck, p. 21, n'admet ni cette conjecture ni le fait sur lequel elle se fonde, observant que, de la comparaison faite par Lucien, de Démonax avec Socrate, il ne suit pas nécessairement que ce dernier n'eût point été initié.

(J. D. G.)

voyons par les déclarations d'Antisthène et de Diogène[1], jugeaient peu favorablement des mystères. Nous lisons en outre que les enfants mêmes recevaient l'initiation, ce qui ne peut guère s'entendre que d'une consécration préparatoire qui leur aurait été conférée dans les petits mystères[2]. A ce propos, nous devons mentionner la coutume remarquable, d'après laquelle un éphèbe ou un jeune garçon avait son rôle dans la célébration des Éleusinies. Les légendes traditionnelles qui rendaient compte de cet usage lui assignaient un caractère expiatoire[3]. L'enfant dont il s'agit était appelé « l'enfant du foyer », comme qui dirait le commensal des déesses ; ou bien encore « l'enfant sacré[4] ». L'initiation fut d'abord gratuite. Aristogiton introduisit dans la suite une rétribution[5]. Contentons-nous de rappeler d'un mot le costume solennel des initiés, les cigales d'or et leur signification mystique, les abstinences prescrites pendant la durée de la fête, entre autres la défense de manger du poisson ;

---

[1] Ap. Diogen. Laert. VI, 4 et 39, coll. Plutarch. de Audiend. poet. IV, p. 81 Wyttenb. — *Add.* Julian. Orat. VII, 238, à qui Lobeck, p. 17-20, conteste justement que les aspirants aux mystères d'Éleusis aient dû se faire inscrire comme citoyens d'Athènes, d'où le vrai motif du refus de Diogène s'estimant citoyen du monde. (J. D. G.)

[2] Sainte-Croix, p. 274 sq., avec la note de Silv. de Sacy sur le passage mutilé d'Himérius, qui ne paraît guère favorable à cette opinion. (J.D.G.)

[3] *V.* le récit de Néanthès dans Athénée XIII, p. 180 Schweigh.

[4] Porphyr. de Abstin. IV, § 5, p. 307 Rhœr.; Himer. Orat. XXIII, § 8, p. 778 et *ibi* Wernsdorf. *Cf.* Sainte-Croix, p. 275-277, et Bœttiger, *Vasengemælde*, I, p. 157.

[5] Apsin. de Art. Rhet. p. 691 Ald. *Cf.* Valcken. ad Euripid. Hippol. v. 25.

CH. III. LES ÉLEUSINIES, ETC.   765

d'autres points encore que nous avons déjà touchés ou au moins effleurés[1]. Ajoutons seulement, en terminant cet article, que les vêtements sous lesquels on avait été initié étaient considérés comme sacrés. Aussi les portait-on jusqu'à leur destruction complète, ou en faisait-on des bandes dont on emmaillottait les enfants. D'autres les consacraient aux divinités d'Éleusis, ce qui fournit une riche matière aux allusions comiques d'Aristophane[2].

II. Distinction des petits et des grands mystères, époques différentes de ces fêtes, et particularités connues de la première ; dénominations et formules qui se rapportaient à l'une ou à l'autre ; emprunts que leur firent à cet égard et la philosophie et le christianisme.

Les petits et les grands mystères étaient deux fêtes distinctes, par l'époque de leur célébration comme par les cérémonies qui les constituaient, par les deux degrés successifs d'initiation qui y étaient conférés. Quant à l'époque, on ne saurait s'étonner qu'elle ait donné lieu à tant de débats, que des hommes tels que Joseph Scaliger, Saumaise, Meursius, s'y soient trompés en des sens

---

[1] Ces divers points, développés par Sainte-Croix, p 278-288, sont l'objet de quelques remarques nouvelles, notamment celui qui concerne les poissons sacrés, dans les Éclaircissements de ce livre, note 18, où l'appareil extérieur des mystères, leurs symboles et les représentations figurées qui s'y rapportent sur les monuments, donneront également lieu à des observations complémentaires.   (J. D. G.)

[2] Plutus, 845 sq., *ibi* Schol., en partie d'après Mélanthius (pag. 413 ci-dessus).

divers¹, lorsqu'on voit dans quel état de mutilation nous sont parvenus les documents de l'antiquité sur les Éleusinies. Par un examen attentif de quelques textes fondamentaux², et par un ensemble de recherches chronologiques, Corsini, entre autres, est arrivé à des résultats positifs³. Nous savons aujourd'hui avec certitude que les petits mystères se célébraient annuellement au mois attique d'Anthestérion, qui répond en général à notre mois de février et aux approches du printemps, époque qui était aussi celle des Lénées et des mystères de Bacchus, comme nous l'avons dit ailleurs⁴. Nous savons encore que les grandes Éleusinies, qu'on a cru longtemps quinquennales⁵, avaient lieu également chaque année dans le mois Boédromion, correspondant à septembre⁶. Ainsi les petits et les grands mystères étaient séparés par un intervalle de six mois pleins, du printemps à l'automne, et les deux saisons les plus remarquables de l'année trouvaient sans aucun doute leur consécration dans ces augustes fêtes. Du reste, quand le gouvernement d'Athènes

---

[1] *V.* J. Scaliger de Emend. temp. I, p. 29, V, p. 418 sqq.; Saumaise ad Spart. Hadrian. p. 33 sq., coll. Exercit. Solin. p. 8, l'un et l'autre égarés par le célèbre passage de Tertullien, adv. Valentinian. p. 289. Meursius (Eleusin. c. 6) ignore encore le véritable ordre des mois de l'année attique. *Cf.* Sainte-Croix, p. 292-296. (C-R et J. D. G.)

[2] Herodot. VIII, 65; Isocrat. Paneg. p. 57 Bekker., etc.

[3] Fasti Attici, I, p. 63 sq., II, p. 401 sqq.

[4] Liv. VII, ch. IV, p. 222 sq. *ci-dessus.*

[5] D'après le passage de Tertullien cité plus haut, et qui a été définitivement expliqué et réfuté par Lobeck, p. 31-38. (J. D. G.)

[6] Petav. ad Themist. V, p. 408 Harduin., coll. Bulliald. ad Theon. Smyrn. p. 218; Corsini, II, p. 379.

fut tombé en décadence, il se fit dans la période des Éleusinies diverses modifications plus ou moins passagères, notamment pour complaire à Démétrius Poliorcète[1], et pour d'autres motifs dont il est inutile de parler.

Le premier point qui doit appeler notre attention, après cette détermination d'époques, c'est le rapprochement, que nous venons de voir, des petits mystères d'Éleusis avec les initiations attiques de Bacchus, fixées au même mois. Si l'on se rappelle *Liber* et *Libéra*, si intimement unis dans les mystères gréco-italiques[2], si, d'un autre côté, l'on remarque le témoignage ancien selon lequel les petites Éleusinies auraient été consacrées spécialement à Proserpine[3], tour à tour la sœur, l'épouse et la mère de Dionysus, surtout du Dionysus mystérieux[4], ce rapprochement prendra beaucoup plus d'importance. Il est confirmé par les monuments, qui souvent nous montrent Bacchus en rapport avec Proserpine aussi bien qu'avec Cérès[5]. C'est qu'en effet les idées essentielles de

---

[1] Philochor. Fragm. p. 82, 92 ; Plutarch. Demetr. c. 26.

[2] Liv. VII, ch. IV, art. IV, p. 258 sqq. *ci-dessus.*

[3] Schol. ad Aristoph. Plut. v. 846.

[4] *Cf.* liv. VII, *ibid.*

[5] *V.* le bas-relief décrit dans Welcker, *Zeitschrift*, I, 1, pag. 102, où Bacchus figure entre Cérès et Proserpine, dans la scène du retour de celle-ci, au printemps.— *Cf.* Proserpine assistant à la seconde naissance de Bacchus, entre Ilithyie et Cérès, dans notre pl. CX, 432, d'après l'explication de Visconti ; et les scènes nombreuses où sont rapprochés Dionysus-Iacchus, le Bacchus des mystères, et Cora-Perséphone, ou bien encore Déméter, soit Thesmophore, soit Éleusine, pl. CXLIV, 489, CV, 490, CXLVII, 490 *n*,

ces trois divinités sont voisines ainsi que leurs fonctions; toutes trois elles coopèrent à une même grande œuvre de la nature et de la civilisation à la fois, ayant concouru à donner aux hommes ces aliments plus sains et plus doux, ces mœurs et ces institutions meilleures, ces croyances plus salutaires, qui les ont transformés, qui ont fondé la société et qui la conservent[1]. Leurs cultes étaient associés dans une foule de fêtes, de cérémonies, de temples de la religion grecque[2]; ils devaient l'être à plus forte raison dans les mystères d'Éleusis; et voilà sans doute pourquoi, tandis que, dans le passage allégué plus haut, Proserpine est présentée comme la divinité principale des petits mystères, d'autres autorités les assignent à Cérès aussi bien que les grands[3].

Quoi qu'il en soit, les petits mystères étaient célébrés à *Agra* ou *Agræ*, lieu de l'Attique, sur l'Ilissus, à deux

CXLIV, 490 *b*, CV, 490 *c*, CXLV, 491, CXLV *bis*, 491 *b*, avec l'explication, p. 203-205. (J. D. G.)

[1] *Cf.* Visconti sur le monument précité du Musée Pio-Clémentin, t. IV de ses OEuvres, éd. de Milan, p. 169.

[2] Leurs trois statues se voyaient réunies, non loin de Sicyon, auprès du temple de Déméter *Prostasia* et de Cora (Pausan. II, 11, et pag. 479 ci-dessus); et ces trois mêmes divinités avaient un temple commun à Rome, près du Circus Maximus (Nardini Rom. antiq. VII, 3).

[3] Par exemple Eustathe ad Iliad. II, 841, et le fragm. du lexique dans la Bibliothec. Coislin. p. 603, avec Ruhnken. ad Tim. p. 222 ed. alt. *Cf.* Sainte-Croix, p. 307 sq., et la note de Silv. de Sacy.— Sur cette question, et sur celle du rapport des petits mystères avec les Dionysies, dont ils auraient été une imitation, selon l'abréviateur d'Étienne de Byzance (*v.* Ἄγρα), mal compris de Sainte-Croix, il faut voir notre note 19, dans les Éclaircissements sur ce livre. (J. D. G.)

CH. III. LES ÉLEUSINIES, ETC. 769

ou trois stades d'Athènes[1]. Des abstinences y préparaient, de même qu'aux Thesmophories. Suivait la lustration par l'eau de l'Ilissus, lustration dont le prêtre appelé *Hydranus* devait être chargé, comme ce nom l'indique. Mais le Dadouque aussi avait son rôle dans cette purification. Il faisait placer les pieds du novice sur les peaux des victimes qui avaient été immolées à Jupiter *Meilichius* ou *Ctésias*[2]. Enfin le Mystagogue exigeait des aspirants le serment du secret, et après d'autres recommandations qu'il leur adressait en général, parmi d'autres questions qu'il leur faisait et auxquelles ils étaient tenus de répondre chacun en particulier, telles que : « avez-vous ou n'avez-vous pas goûté du pain? N'êtes-vous point pur? » se trouve mentionnée la formule mystérieuse : « J'ai jeûné; j'ai bu le kykéon ; j'ai pris de la ciste, et, après avoir goûté, j'ai déposé dans le calathus ; j'ai repris du calathus et mis dans la ciste[3]. » Du reste, ces petits mystères n'étaient dans

---

[1] *V.* Platon. Phædr. pag. 229 B, pag. 7 Bekker; Pausan. I, 19; Ruhnken. ad Tim. p. 223; Himerius p. 192 ed. Wernsdorf; Fischer Index in Æschin. Dial. *v.* μυεῖσθαι, *ibi* laudat., et interpret. ad Aristoph. Plut. 846, p. 437 sqq. ed. Beck. *Cf.* Sainte-Croix, p. 297 sqq. — Τὰ ἐν Ἄγραις, ou encore ἐν Ἄγρας, ἐπὶ Ἄγρᾳ μυστήρια.

[2] De là l'expression Διὸς κῴδιον, appliquée à ces peaux : Suidas et Hesych. *s. v. Cf.* Casaub. ad Theophrast. Charact. p. 134; — et liv. VI, ch. I, p. 569 sqq., tom. II.

[3] Liban. Declam. XIX, tom. I, pag. 495 D. ed. Morell.; Clem. Alex. Protrept. p. 18 Potter. coll. Arnob. adv. Gent. V, p. 77 Rigalt. — Nous admettons, dans le texte de Clément, la correction de Lobeck, ἐγγευσάμενος pour ἐργασάμενος, et nous avons traduit en conséquence. Sainte-Croix est revenu sur sa pensée, qui avait été d'abord d'attribuer, avec Meursius, cette dernière formule, aussi bien que la première, aux petits comme aux

leur ensemble qu'une purification préalable et une préparation aux grands, d'après les termes mêmes dont les anciens se servent pour les caractériser[1]. Étaient-ils précédés d'une sorte de confession, de pénitence, nous ne le savons pas positivement; mais, d'après l'analogie, il y a lieu de le penser, quoique cette confession ne dût point entrer dans les détails, un si grand nombre de personnes se présentant à la fois à l'initiation[2]. Il n'est pas moins vraisemblable qu'on expliquait dans les petits mystères ces expressions et ces formules symboliques, qui préludaient en quelque sorte à la révélation de l'essence suprême de Cérès-Proserpine, telle que nous avons essayé de la caractériser dans la première section de ce livre; par exemple, *les chiens de Perséphone*, Persé-

grands mystères (pag. 303 sq. coll. pag. 346). Silvestre de Sacy, considérant la manière dont elle est qualifiée par Clément d'Alexandrie, τὸ σύνθημα Ἐλευσινίων μυστηρίων, incline à croire qu'elle n'était point employée dans l'initiation, mais que c'était plutôt un signe de reconnaissance et une sorte de mot de passe des initiés entre eux, tels qu'en ont diverses sectes religieuses, par exemple celle des Druses; que le savant orientaliste français a si profondément éclairée. Mais il y a sur tout ceci bien d'autres difficultés, qui ont été signalées par Lobeck et autres, et que nous examinerons dans nos Éclaircissements, note citée. (J. D. G.)

[1] Προκάθαρσις, προάγνευσις. Schol. Aristoph. Plut. v. 846.

[2] L'analogie dont il s'agit est empruntée aux mystères cabiriques de Samothrace, liv. V, sect. I, ch. II, pag. 319, tom. II. *Cf.* l'ouvrage déjà cité Sur les anciens et les nouveaux mystères, pag. 103. — Pour les mystères d'Éleusis, les anciens parlent seulement de pratiques expiatoires en général, qui précédaient la lustration (Clem. Alex. Strom. V, pag. 689, et VIII, p. 845); et pourtant il y a quelque chose de plus explicite dans un passage de Philon (quod omnis qui virtuti studet sit liber, tom. II, p. 447 Mangey), quoique sans désignation expresse des Éleusinies. (J. D. G.)

phone *la tisseuse*, et les allégories connexes, le *fil*, la *chaîne*, le *métier*, etc.[1] Plusieurs de ces formules furent reçues par les Pythagoriciens dans leur langue symbolique; car ces philosophes, comme les premiers sages de la Grèce en général, cherchèrent par là, entre autres moyens, à rattacher étroitement leurs opinions aux dogmes les plus élevés de la religion nationale. Il est hors de doute qu'ils puisèrent dans tous les temples, qu'ils s'emparèrent de toutes les traditions sacrées, pour en abstraire l'esprit et le faire passer dans leur doctrine. C'est en ce sens qu'Hérodote put associer les Pythagoriciens aux Orphiques et aux sectateurs de Bacchus. Il aurait pu aussi bien les assimiler aux adorateurs d'Apollon ou à ceux de Cérès et Proserpine, ainsi que nous l'avons vu pour ces dieux, et que nous nous en convaincrons plus complétement ailleurs pour ces déesses.[2]

En attendant, il suffit de suivre, dans l'histoire de leurs applications successives, les dénominations des mystères mêmes d'Éleusis et des différents degrés d'initiation à ces mystères, pour trouver des preuves palpables de ces emprunts que leur firent à l'envi les plus anciennes sectes philosophiques. Le mot *Mystères* désigne tout culte secret, en général. Néanmoins, cette expression est souvent appliquée d'une manière spéciale aux grands mys-

---

[1] Chap. VI, art. III, pag. 581 sqq., surtout 593-597, coll. liv. VII, ch. V, pag. 306 sqq., 351 sq., 367, etc., *ci-dessus*, et la pl. CXLV *bis*, 491 *b*, avec l'explication, p. 205.

[2] Liv. IV, ch. IV, p. 148 sqq., tom. II, et liv. VII, ch. II, pag. 118-120 *ci-dessus*; liv. VIII, ch. IV, p. 826, n. 2, *ci-après*, avec le renvoi indiqué aux Éclaircissements. (J. D. G.)

tères d'Éleusis, ce qu'on peut dire également de celle de *Télètes*[1]. Voulait-on parler avec plus d'exactitude, on distinguait, comme nous le faisons, les *petits* et les *grands mystères*, distinction rare, à la vérité, chez les anciens. Les initiés aux petits mystères étaient appelés *Mystes*, bien que ce nom se trouve quelquefois employé dans un sens tout-à-fait général; ceux des grands mystères se nommaient *Époptes*, ou encore *Éphores*, c'est-à-dire *Voyants*[2]. Du reste, il faut bien reconnaître qu'il y a peu d'accord dans les témoignages relatifs aux différents degrés d'initiation, à leur ordre, à leur nombre, la plupart en admettant trois, auxquels sont appliquées les dénominations de *Télestes*, de *Mystes* et d'*Époptes*[3], mais quelques-uns les portant jusqu'à cinq, dont les deux premiers auraient consisté en purifications, le troisième aurait compris toutes les cérémonies préparatoires pour lesquelles les initiés étaient réunis et qu'ils accomplissaient en commun; le quatrième serait l'initiation proprement

---

[1] Μυστήρια, τελεταί. *V.* Theophrast. Charact. III, 4, *ibi* interpret. — *Cf.* sur ces mots Sainte-Croix, II, p. 200 sqq., et sur la grande extension de sens dont ils sont susceptibles, Lobeck, Aglaoph. p. 89 sqq. (J. D. G.)

[2] Μύσται, Ἐπόπται, Ἔφοροι. Ὄπωπε, *il a vu*, est une expression propre à ce degré. *V.* Meursii Eleusinia, c. 8; Valckenaer ad Euripid. Hippolyt. 25; Interpret. ad Aristoph. Plut. 847, Ran. 758, p. 190 Beck; Fischer. Index sup. laudat.; Verusdorf ad Himer. pag. 916, 984; Zonar. lex. gr. p. 1376, *v.* μύησις; Hermiæ Schol. in Plat. Phædr. p. 158 ed. Ast., etc. — Μύστης se trouve aussi employé comme synonyme de μυσταγωγὸς, et ἐπόπτης pour μύστης au sens ordinaire. *Cf.* Lobeck, pag. 29 et 128.

(J. D. G.)

[3] Proclus in Theol. Plat. IV, 26, p. 220; Herm. in Plat. Phædr., *l. l.*, tous deux cités par Silvestre de Sacy sur Sainte-Croix, p. 391 sq.

dite ou la réception dans les petits mystères, laquelle conférait le titre de *Myste;* le cinquième enfin était l'*Époptie*[1].

Maintenant, s'il est une remarque ingénieuse et vraie à la fois, c'est que les premiers philosophes, dans l'institution de leurs écoles, imitèrent à beaucoup d'égards l'organisation des mystères. Il était donc naturel que, copiant les choses, ils en fissent autant pour les mots, et qu'ils appliquassent la terminologie de ces mêmes mystères à l'espèce de hiérarchie qu'ils leur empruntaient. De là tant de rapports entre la langue philosophique des Grecs et cette terminologie mystérieuse, rapports qui survivent nominalement aux applications réelles, et qui se perpétuent jusqu'au sein des écoles où jamais la discipline hiérarchique ne trouva place. Le plus grand écrivain philosophique de la Grèce, Platon, contribua singulièrement à cette perpétuité, par l'influence qu'exercèrent et ses écrits et son langage sur toutes les sectes qui vinrent après lui, spécialement sur celle des Platoniciens[2]. Les expressions de *mystères, d'initiation,* de *doctrine secrète,* se présentent fréquemment dans les ouvra-

---

[1] Olympiodor. in Plat. Phædon., cité par le même, pag. 392 sq., coll. Theon. Smyrn. de Mathem. Plat. I, pag. 18 Bull., qui présente ces cinq degrés d'une manière différente, en supposant qu'il ait réellement en vue les mystères d'Éleusis, ce que conteste Lobeck, pag. 38 sqq. *Cf.* la note 19 dans nos Éclaircissements.   (J. D. G.)

[2] Voici les passages de Platon les plus remarquables à cet égard : Gorgias, p. 497 C, p. 173 Heindorf., avec le Schol.; Sympos. XXVIII, p. 202, pag. 89 Wolf. Quant aux Platoniciens, il faudrait les citer tous. *Cf.* Wyttenb. ad Plat. Phædon. p. 134-139.

ges de ces philosophes sans aucune application religieuse, et, pour désigner la gradation qu'ils avaient établie dans leurs écoles et dans la transmission ou la communication successive de leurs dogmes, ils emploient toutes les dénominations propres aux différents degrés des mystères[1].

Les chrétiens suivirent en cela l'exemple des philosophes. Eux aussi, tout en combattant les doctrines et les mystères du paganisme, ils en empruntèrent souvent le langage. Déjà l'on rencontre des traces de cette imitation dans les auteurs du Nouveau-Testament, notamment dans saint Paul[2]. Plus s'étendit ensuite la société chrétienne, plus elle fit de prosélytes parmi les païens, plus durent se multiplier ces emprunts, non-seulement à la terminologie, mais à l'organisation même et aux rites des mystères. Ainsi peu à peu, et surtout à l'époque de Constantin-le-Grand, la discipline secrète (*disciplina arcani*), comme on l'appelle, s'introduisit dans l'Église. Dès lors, dans les écrits des Pères, se rencontrent toujours plus fréquentes les désignations et les distinctions mystérieuses, appliquées à la croyance chrétienne, à ses enseignements, à ses adeptes, à l'espèce d'initiation progressive et de hiérarchie qu'elle aussi admettait. Une foule d'initiations, d'usages, de cérémonies, passèrent de la sorte du culte secret des païens dans le christia-

---

[1] *V.*, entre autres, Plotin, VI, 9, 11, qu'il faut comparer avec Théon de Smyrne allégué plus haut. Marinus (Vit. Procl. XIII, p. 11 Boissonade) et saint Basile-le-Grand (De lit. Stud. p. 82 ed. Grot.) sont encore fidèles à cet usage platonicien. — *Cf.* Lobeck, p. 127 sqq.   (J. D. G.)

[2] Μυστήριον, I Timoth. III, 9; ἐπόπται, II Petr., I, 16, *ibi* interpret.

nisme; par exemple, la répartition de la communauté chrétienne d'après la gradation reçue dans les mystères, les places distinctes assignées aux différentes catégories des fidèles dans les églises, l'exclusion formelle des catéchumènes lors de la distribution de la Cène, la prescription du silence, les cinq degrés établis parmi les *lapsi*, toutes choses sur lesquelles Casaubon et d'autres savants ont donné des éclaircissements étendus[1]. Ces *lapsi* ou *déchus* nous rappellent encore un terme qui, propre d'abord à la religion secrète des Grecs, fut adopté ensuite par les philosophes et par les savants, puis par le christianisme. Des chœurs solennels de danses se retrouvaient, nous l'avons vu, dans tous les mystères, à tel point que l'idée de la danse se confondit souvent avec celle même des initiations sacrées. Il en résulta qu'une expression prise à cette source fut appliquée à la révélation coupable du secret des mystères; divulguer ce secret s'appela « sortir de la danse[2] ». Il nous est parvenu sur ce sujet un discours du rhéteur Aristide, intitulé « contre ceux qui sortent de la danse », c'est-à-dire qui révèlent les mystères, et, dans l'épître

[1] Casaub. Exercitat. ad Baron. Annal. XVI, 40, pag. 478 sqq.; Starck, Tralatitia ex Gentilismo in relig. Christ. § III, p. 7 sqq.; J. Chr. Wolf, Not. ad Casauboniana, p. 315; Jablonski Opuscul. III, pag. 489 sqq. ed. Te Water. Non-seulement Synésius, mais saint Chrysostôme et d'autres Pères aiment à présenter les rites, les idées et jusqu'aux sacrements du christianisme sous les expressions consacrées par le paganisme (Chrysost. Homil. III, tom. II, p. 66, *ibi* Matthæi). *Cf.* Segaar ad Clem. Alex. Quis dives salv. p. 321 sqq., p. 378.

[2] Ou « danser en dehors », ἐξορχεῖσθαι. *V.* H. Stephan. Thesaur., vol. III, col. 1335, éd. Didot. (J. D. G.)

du synode d'Antioche, l'hérétique Paul de Samosate reçoit cette même qualification [1].

III. Rapport des petits mystères avec les grands; intervalle observé entre les deux principaux degrés d'initiation. Les Éleusinies proprement dites ou la fête des grands mystères; nombre et suite des jours de cette fête; cérémonies qui les remplissaient, et entre autres le Géphyrisme; l'Époptie ou la dernière initiation.

Les petits mystères d'Agra, improprement appelés les petites Éleusinies, n'étaient, comme nous l'avons avancé, qu'une préparation aux grands, aux *Éleusinies* proprement dites, dont la célébration se partageait entre Athènes et Éleusis. Ils consistaient principalement en cérémonies expiatoires et en purifications, accompagnées toutefois d'une instruction préalable ayant trait aux grands mystères [2]. Quant à ceux-ci, la première question qui s'élève, c'est de savoir quel était l'intervalle obligé pour y être admis et pour recevoir l'initiation supérieure, après avoir été initié dans les petits mystères. Les petits mystères se célébrant (comme nous l'avons dit) au mois Anthestérion, les grands au mois Boédro-

---

[1] Ap. Euseb. Hist. eccles. VII, 30, p. 282. *Cf.* Meursius in Gronov. Præfat. ad Thesaur. Antiq. gr. VII, pag. 10; interpret. ad Hesych. II, p. 1297 Alb. et ad Lucian. de Saltat. t. V, p. 452 Bip.; Wagner ad Alciphron. II, p. 216, et Zonaras *v.* ἐξορχησάμενος, I, p. 783.

[2] Clem. Alex. Stromat. V, p. 689 Potter. Τὰ μικρὰ μυστήρια, διδασκαλίας τινὰ ὑπόθεσιν ἔχοντα καὶ προπαρασκευῆς (ou avec Sylburge προπαρασκευήν) τῶν μελλόντων· τὰ δὲ μεγάλα κ. τ. λ. Nous reviendrons, dans l'article suivant, sur ce passage capital. *Cf.*, en attendant, Proclus in Plat. Alcib. I, p. 9 ed. Creuzer, p. 22 Cousin. (J. D. G.)

mion, l'on devenait Épopte après une année au moins d'intervalle, selon Plutarque[1]; et d'autres auteurs semblent déterminer sa pensée en ce sens, qu'une année se serait écoulée entre la première initiation, qui faisait les *Mystes*, et la seconde, qui faisait les *Époptes* et les *Éphores*[2]. Le P. Pétau toutefois, considérant que l'espace entre l'époque des petits et celle des grands mystères devait être, de toute nécessité, ou de six mois seulement ou de dix-huit mois au moins, a conjecturé, et du Soul après lui, en se tenant au texte de Plutarque, que l'époptie formait un troisième degré, le degré vraiment supérieur de l'initiation, et qu'on n'y était admis qu'un an au plus tôt après avoir été initié aux grands mystères dans l'année même où l'on avait reçu la petite initiation[3]. D'autres, au contraire, parmi les modernes, d'après un passage de Tertullien diversement interprété, mettent ou cinq ou même six années d'intervalle entre les deux degrés extrêmes de l'initiation[4]. Selon nous, il

---

[1] Vit. Demetr. c. 26. — « A partir des grands mystères, » dit le texte, où Sainte-Croix paraît avoir lu ἐπὶ au lieu de ἀπὸ τῶν μεγάλων, avec Meursius, ou ἀπὸ τῶν μικρῶν, avec Casaubon (ad Athen. VI, pag. 253).
(J. D. G.)

[2] Suidas, *v.* Ἐπόπται; Schol. ad Aristoph. Ran. 745.

[3] Petav. ad Themist. pag. 411 sqq. Harduin. *Cf.* Silvestre de Sacy sur Sainte-Croix, p. 309 sq.

[4] J. Scaliger, comme nous l'avons vu (p. 766 *ci-dessus*), et Meursius avec lui, en supposant de cinq années la période même des grands mystères; Saumaise, en imaginant trois degrés d'initiation, comme Pétau, mais de telle sorte que la μύησις, affectée exclusivement aux grands mystères, aurait été obtenue cinq ans seulement après la προκάθαρσις des petits, et l'ἐποπτεία conférée un an après la μύησις, dans les grands mystères aussi. (J. D. G.)

est vraisemblable, en effet, qu'un espace de temps plus ou moins considérable devait les séparer, quoique la célébration des grands mystères fût annuelle, comme celle des petits[1].

Les détails de cette fête des grands mystères, le nombre, l'ordre des jours qui la composaient, la marche des solennités, ne nous sont qu'imparfaitement connus, quelques efforts qu'ait faits Meursius pour recueillir les documents épars et mutilés de l'antiquité sur ce sujet[2]. Il a cru devoir réduire à *neuf* le nombre des jours, se fondant sur une correction tentée par lui du texte de Polyen[3]. Mais de dix manuscrits de cet auteur, qui ont été comparés, un seul porte les lettres numériques corrigées par Meursius[4], ce qui infirme singulièrement la valeur de sa conjecture. Quoi qu'il en soit, jusqu'à ce qu'un heureux hasard nous ait découvert quelque source inattendue, il vaut mieux s'en tenir au système de ce savant homme que de s'égarer dans une hypothèse qui serait dépourvue de tout fondement[5].

---

[1] Sainte-Croix distingue les époques; Lobeck (Aglaoph. pag. 37 sq.) montre par des exemples que l'initiation complète fut souvent obtenue en moins d'un an. *V.*, au reste, les Éclaircissements, même note. (J. D. G.)

[2] Il en convient lui-même, Eleusin. cap. 21, p. 153.

[3] III, 11, 11. Ὅτι ἦν μία τῶν μεγάλων μυστηρίων, où il lit τῶν λθ΄ μυστηρίων, puis retranche λ pour obtenir 9.

[4] *Cf.* Sainte-Croix, p. 312 sq.

[5] C'est ce qu'a fait Corsini, Fast. att. II, p. 378. — Le jeune philologue que nous avons déjà cité bien des fois au sujet du culte de Cérès, n'a pas cru devoir être aussi circonspect. M. Preller, dans le recueil intitulé: *Zeitschrift für die Alterthumswissenschaft,* publié par le docteur Zimmer-

CH. III. LES ÉLEUSINIES, ETC. 779

L'ouverture de la fête tombait le quinze de Boédromion; nous le savons par Plutarque[1]. Ce premier jour s'appelait, selon Hésychius[2], *le Rassemblement*, sans doute parce que les mystes ou initiés aux petits mystères s'y rassemblaient pour se préparer aux grands : c'était une sorte de vigile. Le second jour se nommait *A la mer les mystes*[3]; dans ce jour, en effet, ceux-ci se rendaient en procession sur les bords de la mer, au-delà des ruisseaux salés dont nous avons parlé ailleurs, ou au moins jusque-là, pour se purifier[4]. Ailleurs aussi nous avons traité de la vertu lustrale reconnue à l'eau, particulièrement à l'eau de mer[5]. Meursius affecte au troisième jour la procession du calathus; mais il est plus que probable qu'il se trompe, en s'appuyant de l'hymne où Callimaque chante les Thesmophories, non pas, comme il le croit, les Éleusinies[6]. Vraisemblablement c'est à ce jour qu'il faut

---

mann à Darmstadt, année 1835, n⁰ˢ 125 et 126, a examiné de nouveau la question, et il est arrivé à des résultats fort différents. Nous donnerons l'analyse de ses opinions dans nos Éclaircissem., note 20. (J. D. G.)

[1] Vit. Alex., c. 31, coll. Vit. Camill., c. 19. (J. D. G.)

[2] *S. v.* Ἀγυρμός — καὶ τῶν μυστηρίων ἡμέρα πρώτη. (J. D. G.)

[3] Ἅλαδε μύσται, d'après la correction cette fois certaine que Meursius a faite dans la suite du passage de Polyen déjà cité, et qui se trouve confirmée par l'évidence de celle du texte d'Hésychius, I, p. 216 Alb.

[4] Hesych. *v.* Ῥειτοί. *Cf.* p. 656 et 667 *ci-dessus*.

[5] Liv. VII, ch. IV, p. 225. — *Cf.* Lobeck, Aglaoph. p. 1020-1024. (J. D. G.)

[6] *Cf.* chap. précéd., pag. 720, 742 sq. — Sainte-Croix, pag. 317, se trompe lui-même, et notre auteur avec lui, en avançant que Meursius donne au troisième jour cette destination qu'il assigne réellement au quatrième, fixant au troisième les sacrifices, dont certains avaient lieu, en effet,

fixer le *jeûne* accompagné de continence, dont cette dernière fête, aussi bien que l'autre, devait être précédée, en mémoire de l'enlèvement de Proserpine et de l'affliction de Cérès, leur thème commun[1]. Peut-être encore, dans ce même jour, dressait-on le lit nuptial de la vierge divine, entouré de bandelettes de pourpre[2], et prononçait-on, à cette occasion, la formule sacrée qui nous est rapportée par Clément d'Alexandrie[3] : « Je me suis glissé dans le lit nuptial. » Enfin il est à croire que c'était sur le soir de ce jour qu'on rompait le jeûne en mangeant des gâteaux de diverses espèces, du pavot, etc., et en buvant le kykéon, à l'exemple de Cérès[4]. Nous ne savons rien de positif sur le quatrième jour. Hésychius fait mention d'un sacrifice en l'honneur de Cérès et de Proserpine, que Sainte-Croix croit pouvoir attribuer à ce jour, mais sans preuve aucune[5]. Du reste, non-seulement

---

ce jour-là et les jours suivants, comme nous l'apprend l'importante inscription attique publiée par Bœckh, Corp. Inscript. I, n° 523, pag. 482. *V.* nos Éclaircissements, note citée. (J. D. G.)

[1] Sainte-Croix, p. 317-320, avec les observations de Silvestre de Sacy. *Cf.* le chap. précéd., p. 723, 728, 743.

[2] Plutarch. Vit. Phoc., c. 28. — Il s'agit ici, non de lits, mais de *cistes mystiques*, selon Lobeck, p. 24. (J. D. G.)

[3] Protrept. p. 14 Potter. — Si toutefois cette formule peut être considérée comme ayant appartenu aux Éleusinies. *Cf.* Lobeck, *ibid.* (J. D. G.)

[4] *V.*, sur le kykéon, le chap. précéd. p. 741 sq.

[5] Il s'agit du sacrifice ou des sacrifices (τὰ θυόμενα ταῖν θεαῖν, Hesych. *v.* Θύα) dont nous venons de parler comme ayant lieu le troisième jour, particulièrement celui du porc (*cf.* p. 746 *ci-dessus*), ce qui fait que Bœckh se croit autorisé à donner le nom de Θύα au 17 de Boëdromion. (J. D. G.)

CH. III. LES ÉLEUSINIES, ETC. 781

il était défendu aux initiés de toucher à la chair de certains animaux, mais encore l'usage de certaines parties des victimes permises leur était interdit, par des motifs qui leur étaient révélés[1]. C'est sans y être mieux fondé que le même savant rapporte à ce même jour la danse autour de la fontaine Callichoros[2]. Le cinquième jour se nommait le *jour des flambeaux*, à cause d'une procession ainsi désignée[3]. En ce jour les initiés, tenant chacun un flambeau, se rendaient deux à deux et, dans un profond silence au temple de Cérès à Éleusis. Le Dadouque marchait en avant, à ce qu'il paraît, portant une grande torche[4]. On se passait de main en main les flambeaux, et l'on attribuait à leur flamme ainsi qu'à leur fumée une vertu purifiante. Peut-être le Dadouque représentait-il ici *Phosphoros* ou *Lucifer*, tant exalté par la doctrine des mystères[5]; dans tous les cas, l'ensemble de la cérémonie devait faire allusion à la fois aux courses de Cérès cherchant sa fille, avec des flambeaux dans les mains, et à la

---

[1] Clem. Alex. Strom. II, p. 484 sq. Potter, et Silvestre de Sacy sur Sainte-Croix, p. 321.

[2] Sainte-Croix, p. 322, et la note de Silvestre de Sacy, p. 385.

[3] Λαμπάδων ἡμέρα, *lampadum dies*; Fulgent. Mythol. I, 10. (J. D. G.)

[4] C'est ce qu'entendent les Pères par des expressions *deductor illuminator* (Tertullian. Apolog. p. 198, *ibi* Havercamp.). Un bas-relief découvert par Spon (II, p. 283) et Wheler (II, p. 526) représente cette procession, sur laquelle il faut voir Sainte-Croix et les passages qu'il a cités, p. 322-325.

[5] Chez Aristophane, Ran. v. 346, Iacchus lui-même est qualifié de Φωσφόρος ἀστήρ, nous allons voir en quel sens; et *Phosphoros* paraît sur les vases avec des attributs évidemment mystérieux. Cf. notre pl. CXLIX ter, 555 b, et l'explicat. p. 230 sq.   (J. D. G.)

carrière de la vie humaine¹. Le sixième jour, le plus solennel de tous, tirait son nom de *Iacchus*, ce fils et ce nourrisson de Cérès, que nous connaissons déjà². Ce jour-là, en effet, le jeune Iacchus, couronné de myrte, et tenant un flambeau³, était porté en pompe du Céramique à Éleusis. Suivaient les initiés, couronnés de même, et formant une longue procession, où figuraient les symboles consacrés à Bacchus, le van et autres. On prenait par la porte et par la route *sacrée*, laquelle, pavée de pierres de taille et ornée de monuments de toute sorte, avait été le sujet d'un livre spécial du Périégète Polémon⁴. L'exclamation fréquemment répétée, *Iacche*⁵, et le chant des hymnes, contrastaient fortement avec le silence de la procession aux flambeaux, du jour pré-

¹ Fulgent. *ubi supra*. *Cf.* notre liv. VII, p. 182, 225 sq. *ci-dessus*, et Welcker, *Zeitschrift*, I, 1, pag. 126. Les anciens désignent fréquemment les mystères par le symbole des flambeaux qui en éclairaient la nuit sacrée, et par les noms de δαδοῦχον πῦρ et autres semblables. *V.* Himer. Orat. 23, p. 780 sqq., *ibi* Wernsdorf, et ad Orat. 7, p. 711, mais principalement dans l'édition spéciale, p. 36 sqq.

² Ἴακχος, Hesych. II, p. 5. *Cf.* liv. VII, ch. IV, art. II, p. 231 sqq., et, pour ce qui suit, Sainte-Croix, pag. 325 sqq. Il avait aussi à Athènes un temple appelé Ἰακχεῖον (Hemsterh. ad Hesych. *ibid.*, coll. Alciphron. III, 59, p. 180 Wagner), que Sainte-Croix pense n'être pas distinct de l'Eleusinium, p. 341.

³ Aristoph. Ran. v. 331, 343, 401, sqq., coll. Pausan. I, 2, et p. 226 *ci-dessus*. (J. D. G.)

⁴ C'est le même qui avait écrit contre Ératosthène, et qui avait composé une foule d'autres ouvrages, au temps de Ptolémée Épiphane. *Cf.* Vossius de Histor. gr. I, p. 119 sq.; Casaubon ad Athen. VI, p. 234. (J. D. G.)

⁵ D'où le verbe ἰακχάζειν. Valcken. ad Herodot. VIII, 65, et p. 231 et 235 *ci-dessus*.

CH. III. LES ÉLEUSINIES, ETC. 783

cédent. Nous ne saurions assurément nous en rapporter à Aristophane sur la nature des chants dont il s'agit ; mais si nous observons que, dans la nuit qui suivait, l'initiation suprême était conférée, et que Iacchus, fils et serviteur de Cérès, y jouait le rôle de médiateur entre cette déesse et les hommes, nous pencherons à croire que le Comique d'Athènes reproduit un fait historique, quand il présente les initiés invoquant le jeune dieu comme leur guide et leur intercesseur[1].

Le retour à Athènes devait tomber le septième jour de la fête ; car la distance et des circonstances plus graves encore s'opposaient à ce qu'il eût lieu le sixième. Ce retour était remarquable à plusieurs égards. Il avait ses stations solennelles, notamment celle du *figuier sacré*, appelé ainsi parce qu'en cet endroit le premier figuier avait pris naissance[2]. Venait ensuite ce qu'on nommait les *Géphyrismes* ou les *railleries du pont*. Sitôt, en effet, que les initiés étaient parvenus au pont du Céphise, les habitants des lieux circonvoisins, accourus de toutes parts pour voir la procession, se répandaient en sarcasmes et en plaisanteries licencieuses sur la troupe sainte, auxquelles celle-ci répondait avec une égale liberté[3]. Nul

---

[1] Ran. v. 326 sqq., et surtout 401 sqq.

[2] Philostrat. Vit. Sophist. II, 20, pag. 602 B, et al. ap. Sainte-Croix, p. 332. (J. D. G.)

[3] Cela s'appelait γεφυρίζειν, d'où γεφυρισμός, γεφυρισμοί, de γέφυρα, *pont*. V. Valcken. ad Ammon. III, 13, coll. interpret. ad Hom. Hymn. in Cerer. v. 203, et Zonaras, p. 433. — *Add.* Strabon. IX, p. 400 Cas.
(J. D. G.)

doute qu'il ne s'y joignît des scènes d'un comique grotesque, des espèces de mascarades, jouées entre autres par un personnage de femme qui figurait cette Iambé ou cette Baubo de la légende de Cérès, dont nous avons parlé ci-dessus[1]. Il paraît même qu'un prix consistant en une bandelette était adjugé à celui des acteurs qui avait eu l'avantage dans ces luttes bouffonnes[2], dont l'influence sur les premières et rudes ébauches de l'art dramatique des Grecs nous paraît manifeste[3]. Maintenant nous nous demanderons pourquoi ces scènes bizarres se passaient sur un fleuve, et pourquoi ce nom tiré d'un pont? La première idée qui se présente, en songeant à l'origine égyptienne d'une partie au moins des rites du culte de Cérès, c'est de rapprocher de l'usage grec les écarts du même genre que se permettaient les femmes dans le trajet à Bubastis, le long du Nil et sur ses eaux[4]. Mais des rapprochements plus positifs encore

---

[1] Chap. précéd., art. III, p. 739-741. *V.* les deux passages d'Hésychius, *v.* Γεφυρίς et Γεφυρισταί, où tout est remarquable, surtout dans le premier : πόρνη τις ἐπὶ γεφύρας... ἄνδρα ἐκεῖ καθεζόμενον... συγκαλυπτόμενον, ἐξ ὀνόματος σκώμματα λέγειν εἰς τοὺς ἐνδόξους πολίτας. (C-n et J.D.G.)

[2] *V.* Aristoph. Ran. 395, *ibi* interpret. p. 107 sq. ed. Beck.

[3] *Cf.* Bentley Opuscul. pag. 313 ed. Lips. — Le grand Étymologique, p. 764, 14, fait mention des fêtes de Déméter aussi bien que de celles de Dionysus, comme ayant donné naissance à la comédie ; et Preller, *Dem. und Perseph.*, p. 98 sqq., tout en s'efforçant de présenter comme récente la *Iambé* de l'hymne homérique à Cérès, finit lui-même par la mettre en rapport avec le culte de cette déesse à Paros, où les *iambes*, développés plus tard en un genre de poésie par Archiloque, auraient pris leur origine.

(J. D. G.)

[4] Herodot. II, 60. *Cf.* sect. I de ce livre, ch. II, p. 445 *ci-dessus*.

vont nous révéler peut-être la véritable origine de cet usage. Il est question d'un Démèter *Gephyræa*, qui tenait ce surnom des *Géphyréens*, habitants d'un canton de l'Attique[1]. Ils y étaient venus de Tanagre en Béotie, et les Athéniens leur avaient accordé des demeures sur leur territoire, à de certaines conditions. Primitivement ils sortaient de la Phénicie, étant arrivés en Béotie avec la colonie conduite par Cadmus, et ils faisaient partie de ce même établissement auquel les Grecs croyaient être redevables de mainte connaissance, entre autres de celle des lettres[2]. Indépendamment de Cérès, ils adoraient aussi Minerve, et un auteur ancien les comparant aux *Pontifes* ou grands-prêtres de Rome, qui tenaient également leur nom d'un pont, dit qu'ils étaient appelés *Géphyréens* à cause des fonctions sacerdotales qu'ils remplissaient sur le pont du fleuve Sperchius, auprès de la statue de Pallas[3]. Nous savons, d'un côté, qu'une Mi-

---

[1] Γεφυραία Δημήτηρ, Γεφυρεῖς ou Γεφυραῖοι. Etymol. M. s. v. — Les *Géphyréens* habitaient dans le voisinage du pont (γέφυρα) du Céphise, qu'ils avaient eux-mêmes construit, selon toute apparence; et leur Démèter, censée les avoir conduits de Tanagre (appelée aussi Γέφυρα) dans ces lieux, aux sons de l'airain (p. 698 *ci-dessus*), était originairement la même que Démèter Ἀχαία (pag. 480 et 620, n. 1), d'où vient qu'on dérivait encore ce dernier surnom de ἦχος, ἄχος (au lieu de ἄχος), étymologie défendue par Preller, p. 393 sq., contre Lobeck, p. 1225. (J. D. G.)

[2] Herodot. V, 57-61, *ibi* Bæhr et Creuzer, p. 90-101. — Telle est l'opinion d'Hérodote sur l'origine des *Géphyréens*, qui se disaient eux-mêmes originaires d'Érétrie en Eubée. Cf. O. Müller, *Orchomenos*, p. 118, *Dorier*, I, p. 257; Preller, p. 362 sq., 392-395, et notre note 1re, § 1, dans les Éclaircissements du liv. V, sect. I, tom. II de cet ouvrage. (J. D. G.)

[3] J. Lydus de Mensib. pag. 45 Schow., pag. 118 Rœther, où Preller lit

nerve nommée *Onga* passait pour avoir été apportée en Béotie par Cadmus[1]; d'un autre côté, que des rites singuliers d'un culte antique de Proserpine identifiée avec Vénus existaient à Hypata, ville des Ænianes, qu'arrosait le Sperchius[2]. Tout contribue à nous persuader qu'il s'agit ici de religions phéniciennes, dont les dieux étaient originairement portés sur des barques et mis en rapport avec les eaux. Déméter *Gephyræa* devait être identique avec la Cérès Cabirique, associée aux Dioscures, protecteurs de la navigation, et tenant elle-même une rame à la main; avec la Cérès de Thasos, qui, en Béotie, avait pour sacristain Hercule, c'est-à-dire Melkarth[3]. Toutes ces divinités furent transplantées des côtes de la Syrie sur celles de la Béotie, et se naturalisèrent autour du lac Copaïs, cet antique bassin des eaux de la contrée. Est-il donc surprenant que, dans des conditions semblables, elles aient continué à être honorées par les mêmes rites, et que les *Géphyréens* ou *Pontifes* de Tanagre et d'Érétrie, puis leurs successeurs de l'Attique, aient célébré sur les eaux les

Κηφισσοῦ au lieu de Σπερχείου. Il est mention, en effet, d'un Palladium tombé du ciel sur le pont du Céphise à Athènes, soit dans les fragments de Phylarque (fr. 79 éd. Lucht), soit dans les commentateurs de Virgile (Servius et Interpret. Vatic. ad Æneïd. II, 165), d'après les recherches de Varron; de là le surnom de Γεφυρῖτις ou Γεφυριστής (?) donné à Minerve. Les *pontifes*, au dire des chants saliens, avaient été appelés ainsi à cause du *pons sublicius* sur le Tibre. (G-R et J. D. G.)

[1] *Cf.* liv. VI, ch. VIII, art. IV, p. 741 sq., tom. II, et, dans les Éclaircissements de ce même livre, la note indiquée.

[2] *Cf.* sect. I de ce livre, ch. III, art. II, p. 486 sq. *ci-dessus*.

[3] *Cf.* même sect., chap. I et III, p. 431 sqq., 479, avec les renvois au tome II.

CH. III. LES ÉLEUSINIES, ETC. 787

mystères de leur grande déesse avec toute la licence des cultes de l'Égypte et de l'Orient [1].

Le huitième jour était nommé les *Épidauries*, parce qu'Esculape, dit-on, étant arrivé trop tard d'Épidaure, avait obtenu, dans la nuit de ce jour, une seconde initiation, laquelle devint ensuite un usage général pour tous ceux qui se trouvaient dans le même cas [1]. Nous nous sommes expliqués ailleurs sur ce fait mythique, ainsi que sur les rapports, soit d'Esculape, soit de Jasion, avec Cérès [2], et sur la corrélation qui existait entre Athènes et Argos quant au culte de cette déesse [3]. Le neuvième jour s'appelait *Plémochoé*, du nom d'une espèce de terrine que l'on y employait. Dans ce jour, en effet, deux vases pareils étaient remplis de vin, à ce qu'il paraît, puis épanchés, l'un vers le levant, l'autre vers le couchant, avec des paroles mystérieuses [4]. Si Meursius, comme nous le croyons, a fait une application juste d'un passage de Proclus, les initiés, pendant cette libation,

---

[1] Philostrat. Vit. Apollon. IV, 18; p. 155 Olear., coll. Pausan. II, 26. Τὰ Ἐπιδαύρια. — C'est principalement sur le passage de Philostrate, interprété d'une manière toute différente, que Preller a fondé son nouveau système relativement à la marche des Éleusinies. Selon lui, les *Épidauries*, fixées au 19 de Boëdromion et au cinquième jour de la fête, auraient précédé le jour d'Iacchus. Cf. les Éclaircissements, note 20. (J. D. G.)

[2] Liv. V, sect. I, ch. III, pag. 342 sq., tom. II, coll. liv. VII, chap. V, p. 331 sqq. du présent tome.

[3] Sect. I de ce livre, chap. II, p. 444 sq. *ci-dessus*.

[4] Athen. XI, p. 496 A, p. 340 Schweigh.; coll. Pollux, Onomast. X, 26, § 74, etc. Πλημοχόη, Πλημοχόαι. — C'était le dernier jour des mystères, mais rien ne prouve que ce fût le neuvième ni que la double libation eût lieu avec du vin. (J. D. G.)

regardaient successivement le ciel et la terre, considérés comme le père et la mère de tous les êtres, en prononçant les mots Ὕε Κύε[1]. Un vers d'Euripide ou de Critias, cité par Athénée[2], joint à d'autres données des anciens, semble motiver l'idée de Sainte-Croix, que cette cérémonie des Plémochoés avait lieu en l'honneur des morts[3]. Une circonstance qui vient à l'appui, ce sont les *jeux gymniques*, d'un caractère également funèbre, par lesquels la fête entière se terminait; nous en avons parlé plus haut[4].

---

[1] Proclus ad Plat. Tim. p. 293. — Dans cette formule, Lobeck (Aglaoph. p. 782) soupçonne les deux impératifs grecs ὕε et κύε, dont le premier, suivant nous, rappellerait la fameuse prière athénienne ὗσον, ὗσον, ὦ φίλε Ζεῦ (Marc. Antonin. V, 7), le second aurait trait à la Terre, fécondée par les pluies dans son hymen sacré avec le Ciel. *Cf.* liv. VI, ch. II, p. 612 sq., tom. II.   (J. D. G.)

[2] Loc. laud.

[3] Sainte-Croix, p. 335 sq. Silvestre de Sacy se déclare contre cette idée, et voit dans la cérémonie dont il s'agit une simple libation à Cérès et à Proserpine; — comme si ces déesses n'étaient pas elles-mêmes les divinités des morts. Preller en fait le pendant de la Ζημία des Thesmophories (p. 747 *ci-dessus*) et lui donne, quoique en un sens différent, un but également expiatoire.   (J. D. G.)

[4] Sect. I, ch. VII, art. III, p. 627 sqq. — Meursius les avait arbitrairement placés le septième jour; Preller, sans rien déterminer du reste, paraît les supposer antérieurs aux *Plémochoés*. Le jour qui suivait celles-ci et le lendemain de la célébration des mystères, le conseil ou sénat s'assemblait dans l'*Eleusinium* d'Athènes, en vertu d'une loi de Solon, et sous la présidence de l'archonte-roi, pour connaître des faits d'impiété qui pouvaient s'y être passés (Andocid. de Myster. pag. 135 Bekker.) *Cf.* sur l'*Eleusinium*, outre Sainte-Croix, p. 340 sq., notre note 3, p. 725 sq. *ci-dessus*, et surtout Brœndsted, Voyages et Recherches en Grèce, II, pag. 242 sqq.   (J. D. G.)

Il nous faut, en finissant cet article, donner quelques détails sur l'*Époptie* ou sur la dernière et suprême initiation. Elle avait lieu, selon toute apparence, dans la nuit qui suivait le sixième jour et la procession de Iacchus, « cet astre qui éclaire le mystère nocturne », comme s'exprime Aristophane[1]. Cette nuit était appelée *nuit mystique* ou *nuit sainte*, aussi bien que les précédentes, à cause de la nature auguste et secrète à la fois des rites auxquels elles étaient consacrées[2]. Les Pères de l'Église peuvent avoir eu de bonnes raisons pour condamner ce qui se passait de leur temps dans ces nuits mystérieuses[3]; mais il ne serait pas juste d'étendre cet arrêt aux temps antérieurs. Lorsque les chrétiens eux-mêmes, avec tant d'autres pratiques du paganisme, transportèrent les solennités nocturnes dans la célébration de leurs saints mystères, eux aussi ne devinrent-ils pas l'objet des imputations les plus injustes et les plus calomnieuses[4]? Quant aux rites observés dans la nuit de la grande ini-

---

[1] Ran. v. 346, *ibi* Schol., coll. Cic. de Leg. II, 14, *ibi* Davis. p. 267 ed. Moser et Creuzer.

[2] Sopater Div. Quæst. p. 338; Etymol. M. *v.* Ἀμείδητος.

[3] *V.* le passage capital de Clément d'Alex., Protrept. p. 19 Potter.

[4] *V.* l'Apologétique de Tertullien, cap. 7 et 8, avec les remarques de Havercamp, p. 77, 85 et 88. *Cf.* l'ouvrage allemand déjà cité Sur les anciens et les nouveaux Mystères, p. 75 sqq. — Lobeck, qui a l'incontestable mérite d'avoir, mieux que personne, distingué les époques et démêlé la confusion si fréquente des mystères d'Éleusis avec les autres mystères, publics ou privés, dans les témoignages anciens, prend lui-même avec beaucoup de force la défense des Éleusinies contre les attaques des apologistes du christianisme, à la fin du premier livre de l'*Aglaophamus*, p. 196 sqq.

(J. D. G.)

tiation, à Éleusis, voici en peu de mots ce que nous en savons, ou positivement, ou par conjecture. Le Hiérocéryx ouvrait la cérémonie par les proclamations accoutumées pour l'exclusion des profanes en général, plus tard et spécialement des athées, des épicuriens et des chrétiens[1]. Ensuite le serment du secret était exigé de nouveau, et peut-être, à cette occasion, répétait-on les formules de questions et de réponses sacramentelles en usage dans les petits mystères et qui servaient à discerner les profanes d'avec les adeptes[2]. De nouvelles purifications avaient lieu aussi, où les mystes revêtaient des peaux de faon appelés *nébrides*, puis les habits neufs sous lesquels ils devaient recevoir l'initiation[3], *heureux, fortunés* qu'ils étaient et qu'on les nommait[4] dans ces cérémonies préliminaires, qui se passaient hors du temple, dans l'enceinte extérieure ou dans le vestibule, le temple même et le sanctuaire étant fermés[5]. Il est à croire encore qu'à ce moment solennel, une fois les profanes éloignés, on éteignait les flambeaux et les lampes[6]. Les aspirants étaient plongés dans les ténèbres, où ils cherchaient péniblement leur route et faisaient différentes

---

[1] *Cf.* l'art. I, p. 762, et Sainte-Croix, p. 344 sqq.

[2] Art. II, p. 769.

[3] Harpocrat. *v.* Νεβρίζων, citant Arignoté (p. 413 *ci-dessus*); Plotin. Ennead. I, vi, p. 55.

[4] Εὐδαίμων, ὄλβιος. Sopater Div. Quæst. p. 335.

[5] Themist. Orat. V, p. 71 Harduin.

[6] C'est l'induction que Silvestre de Sacy tire habilement d'un passage du Banquet de Platon (Sympos. pag. 458 Bekker), lequel lui paraît contenir une allusion sensible aux pratiques des mystères d'Éleusis.

CH. III. LES ÉLEUSINIES, ETC. 791

évolutions[1]. Lucien compare ces ténèbres à celles qui enveloppent les âmes descendant aux enfers, et elles causaient aux initiés une terreur profonde[2]. Ce qui la redoublait, c'étaient des alternatives soudaines de lumière et d'obscurité, des éclairs accompagnés de tonnerre sillonnant la nuit, des voix et des bruits redoutables, des visions rapides, effrayantes, et toute l'horreur d'un état que Plutarque rapproche de celui d'un homme au lit de mort[3]. Enfin s'ouvraient les portes du temple, dans l'intérieur duquel les initiés étaient introduits par le mystagogue, et conduits à la lumière, d'où le nom de *Photagogie*, en présence de la déesse dont l'idole, richement parée, resplendissait d'une clarté toute divine. C'était là l'*Époptie* ou encore *Autopsie*, la révélation de la divinité en personne et vue face à face[4]. En même temps les

---

[1] Plutarch. ap. Stob. Serm. CCLXXIV. pag. 884, et ad calc. de Ser. num. vind. p. 129 Wyttenb.; Themist. Orat. in Patr. p. 235 Harduin.

[2] Lucian. Catapl. XXIII, coll. Plutarch. *ibid.*

[3] *Ibid.* p. 136 Wyttenb., coll. Dion. Chrysostom. Orat. XII, tom. I, p. 387 sqq. Reisk. — De ces passages, de celui de Lucien qui précède, et d'autres encore, Sainte-Croix, après Warburton, s'est cru en droit de conclure que la représentation des enfers, y compris l'Élysée, faisait partie des spectacles proposés aux initiés dans les mystères. Notre auteur ne s'explique point à cet égard; mais Lobeck (Aglaoph. p. 111 sqq.) oppose à Sainte-Croix et des restrictions et des distinctions sur lesquelles nous aurons nous-mêmes à nous expliquer, ainsi que sur d'autres points contestés des cérémonies mystiques, dans les Éclaircissements de ce livre, note 20, déjà indiquée.
(J. D. G.)

[4] Sainte-Croix, pag. 350 sqq., 376 sqq., avec les notes de Silvestre de Sacy. Ce dernier savant, se fondant sur les passages déjà cités de Plutarque et de Thémistius, sur Proclus, Theol. Platon. III, 18, sur Iamblique, de

initiés étaient couronnés de myrte, dans la cérémonie de l'*Anadesis*, et leurs yeux éblouis par des spectacles enchanteurs, comme leurs oreilles charmées par des sons ravissants[1]. Ce n'était plus seulement l'image, c'était la réalité, la jouissance de la félicité suprême, que les Époptes partageaient en quelque sorte avec les dieux[2]. Et sans doute il faut rapporter à cette grande et dernière scène ce qui nous a été dit plus haut, du Démiurge ou Créateur représenté par le Hiérophante, du Soleil par le Dadouque, de la Lune par l'Épibomius, et d'Hermès par le Hiérocéryx[3]. Peut-être des danses symboliques, se mêlant aux autres cérémonies, ajoutaient-elles encore à tous les enchantements de cette nuit mystérieuse de l'initiation[4].

Myst. Ægypt. III, 14, distingue la φωταγωγία de l'ἐποπτεία ou αὐτοψία, dont elle n'était que le prélude. Quant à celle-ci, il la caractérise, non pas seulement par les témoignages du même Thémistius, de Sopater, et d'autres auteurs plus ou moins récents, mais par l'heureux rapprochement de deux passages de Platon (Phædr. p. 250, p. 47 sq. Bekker ; Epinom. p. 986, p. 364 Bekk.) qui lui paraissent avoir trait l'un et l'autre à la contemplation finale des mystères. (C.-R et J. D. G.)

[1] Theo Smyrn. Mathem. I, p. 18 Bull. ; Plutarch. Fragm. *ibid.*

[2] Θεοῖς συνδίαιτος εὐδαιμονία, Theo Smyrn. *ibid.*

[3] Art. I, pag. 756 sq. *ci-dessus*, et les renvois indiqués au liv. VII et aux Éclaircissements. (J. D. G.)

[4] C'est la conjecture de Silvestre de Sacy sur Sainte-Croix, p. 384 sq., conjecture empruntée à Meursius, et jusqu'à un certain point autorisée par un passage de Lucien (de Saltat. § 15, tom. V, p. 132 sq. Bip., *ibi* interpret. p. 451 sq.), qui cite à l'appui de son assertion l'emploi du mot ἐξορχεῖσθαι (p. 775 sq. *ci-dessus*). Platon (de Leg. VII, p. 815, p. 54 sq. Bekk.) parle aussi de danses qui accompagnaient certaines initiations et certains

CH. III. LES ÉLEUSINIES, ETC.

Les initiés admis successivement ou par bandes aux cérémonies mystiques, étaient congédiés tour à tour par la formule solennelle *Conx Ompax*[1]. Le Clerc et autres ont cherché dans le phénicien ou ailleurs l'explication de ces mots singuliers, censés significatifs[2]. Récemment on en a demandé l'étymologie à la langue sacrée de l'Inde, au sanscrit, et de là l'on a tiré des inductions plus ou moins hardies relativement à l'origine même des mystères[3].

---

mystères, par où il paraît entendre ceux de Bacchus. Nous avons vu plus haut (pag. 747 sq.) que les Thesmophories avaient également leur danse sacrée.

[1] Meursius, Eleusin. cap. 11, d'après Hésychius (Κόγξ, ὄμπαξ· ἐπιφώνημα τετελεσμένοις, tom. II, pag. 290 Alb.), rapproché de Libanius, Declam. XVIII. Sainte-Croix, p. 385 sq., le suit en l'exagérant, comme il lui arrive souvent. (J. D. G.)

[2] Le Clerc, Bibl. univ. tom. VI, p. 74; Court de Gébelin, Monde primit., tom. IV, p. 323, etc. Silvestre de Sacy sur Sainte-Croix, p. 386, rejette leurs étymologies prétendues phéniciennes des mots en question, comme tout-à-fait dépourvues de fondement. Barthélemy (Voy. d'Anach. t. V, p. 538) incline à les croire égyptiens, à cause de l'origine supposée des mystères d'Éleusis, mais sans entreprendre de les expliquer. (J.D.G.)

[3] Wilford (*Asiat. Research.* tom. V, p. 297), divisant ainsi : Κόγξ, Ὄμ, Πάξ, explique Κόγξ par *Canscha*, signifiant *l'objet des plus ardents désirs* ; Ὄμ serait le fameux monosyllabe trinitaire *Oum*, que les Brahmanes répètent au commencement et à la fin de toutes leurs prières (liv. I, t. I, p. 269, 271, et surtout les Éclaircissements, p. 602, 644); Πάξ, en sanscrit *Pacsha* ou *Pakhscha*, analogue au vieux mot latin *Vix*, veut dire *tour, échange, rangée, place, fortune*, etc., et M. Creuzer le rapproche du mot grec Ἐλευσίς, au sens mystérieux *d'allée et venue*. On se sert du dernier mot sanscrit, ajoute Wilford, quand on a versé de l'eau en l'honneur des dieux et des Pitris ou mânes (nouveau rapprochement avec les Plémochoés); et les Brahmanes emploient la formule totale, aujourd'hui encore, comme conclusion de leurs cérémonies religieuses, ce qui a besoin de con-

L'on n'a pas manqué non plus de faire intervenir la Perse, également dans ce but[1]. Sans se prononcer positivement sur la question étymologique, Silvestre de Sacy, après avoir réfuté ces diverses opinions, a rapproché la formule dont il s'agit d'une formule supposée la même et dont le sens serait : *Peuples, retirez-vous*, d'après un passage d'Apulée, à la vérité sujet à beaucoup de difficultés[2]. D'autres, enfin, tels que Sainte-Croix, voient dans les mots cités des noms barbares, comme il s'en trouvait dans tous les mystères, qu'il était défendu de

firmation. Indépendamment de notre auteur, beaucoup de savants ont été frappés de ce que plusieurs d'entre eux n'ont pas craint d'appeler la découverte de Wilford et de ce qu'il faut nommer tout au plus sa conjecture (Münter, *Antiquar. Abhandl.* p. 229; Schelling, *Gottheit. v. Samothr.* p. 91, et d'autres). M. Ouwaroff (*Myst. d'Éleusis*, p. 29 et 114, 3ᵉ édit.), sans en admettre les conséquences historiques, n'en a pas moins cherché à la fortifier d'un grand nombre de rapprochements qui lui donnent, même aux yeux de M. Silvestre de Sacy, une sorte de vraisemblance, quoique en définitive cet illustre philologue, se reportant au passage d'Hésychius, base de tout l'édifice, penche à croire que l'imagination seule en a fait les frais.

(J. D. G.)

[1] M. de Hammer (*Wiener Allgem. Litter. Zeit.*, 1817, 15 nov.) dérivant Κόγξ ὄμπαξ du persan *cambakhsch*, interprété *voti sui compos*, et qui signifie réellement en persan moderne, *qui votum largitur, qui aliquem voti compotem facit*. *V.* Silvestre de Sacy, notes addit. sur Sainte-Croix, pag. 470. Suivant le système de M. Creuzer, nous l'avons vu, des éléments persiques seraient entrés, en effet, dans la religion de Cérès. (J. D. G.)

[2] Appul. Metam. XI, p. 789 sq. ed. Oudendorp., où, après la pompe sacrée, l'assemblée est congédiée par une sorte de bénédiction, dont les termes exprimés en grec sont : λαοῖς ἄφεσις, espèce d'*ite, missa est*. Mais *voy.* la remarque d'Oudendorp. (C-ʀ et J. D. G.)

changer, et auxquels on attribuait une vertu occulte [1] ; ou bien même ils les regardent comme complétement dépourvus de sens, et comme de simples exclamations [2].

IV. Jugements des anciens et des modernes sur les mystères d'Éleusis et sur la nature des dogmes qui y étaient enseignés ; considérations sur leur origine, sur leur histoire, sur leurs rapports avec la religion populaire et avec la philosophie; transformations subies par la doctrine des mystères, et comment peut-elle être aujourd'hui retrouvée? en quoi consiste-t-elle principalement?

Il s'agit maintenant de nous former une opinion sur le sens, l'esprit, le but des cérémonies que nous venons

---

[1] Sainte-Croix, pag. 389, d'après le Pseudo-Zoroastre, Orac. Chald., v. 316, Psellus Enarrat. in Orac. Chald., cap. 6, etc., et Iamblich. de Myst. Ægypt. § 7, cap. 4. (J. D. G.)

[2] Eschenbach, Epigen., p. 17 et 18. — Lobeck a été plus loin sur cette même route ; car, dans une discussion approfondie, sans trop en avoir l'air (Aglaoph. p. 775-783), ramenant la question sur le terrain de la Grèce et sur celui de la philologie classique, il prouve, d'une part, que les mots dont il s'agit n'ont aucun rapport avec les mystères, comme la suite du passage d'Hésychius, aussi bien que les précédents et les conséquents, tendent à le faire penser ; d'autre part, qu'il faut ranger ces mots dans une classe entière d'onomatopées et d'épiphonèmes populaires, tels que la langue grecque en avait beaucoup, tels qu'en ont toutes les langues ; finalement, qu'on doit lire chez Hésychius : Κόγξ ὁμοίως (par abréviation) ou οἷον Πάξ, ces deux monosyllabes, rapprochés l'un de l'autre, ayant également pour objet de clore un acte quelconque (τετελεσμένα, au neutre, et dans le sens général de ἐξειργασμένα ; ἐπὶ τετελεσμένοις, *re confecta*) par l'imitation d'un son ou d'un bruit retentissant. Suit, en effet : καὶ τῆς δικαστικῆς ψήφου ἦχος, ὡς ὁ τῆς κλεψύδρας· παρὰ δὲ Ἀττικοῖς βλόψ, ce dernier mot étant de même espèce. (J. D. G.)

de décrire, et sur les points de doctrine qui devaient être le fondement des Éleusinies. Mais déjà, en expliquant dans la première section de ce livre les origines du culte de Cérès et de Proserpine, en faisant sortir l'idée de ces déesses du sein des mythes et des symboles traditionnels, en la poursuivant dans tous ses développements, nous avons puisé à la source les enseignements qui s'y trouvaient liés. C'était la meilleure et la plus sûre manière d'établir la réalité, la portée de ces dogmes antiques, dont les mystères d'Éleusis contenaient la plus haute expression. Tout ce qu'il nous reste à faire ici, c'est de comparer, dans quelques rapides aperçus, les jugements divers des anciens et des modernes sur ces mystères si fameux, avec celui que nous croyons devoir en porter nous-mêmes après un mûr examen.

Déjà le plus ancien monument écrit relatif au culte de Cérès-Éleusine, qui soit parvenu jusqu'à nous, l'hymne homérique en l'honneur de cette déesse, nous a fourni, sur la haute importance que l'antiquité attachait à ses mystères, un témoignage remarquable, dans un passage évidemment imité par Sophocle[1]. Nous aurions beaucoup à faire si nous voulions rapporter ici toutes les louanges dans lesquelles se répandent sur ce sujet et les

---

[1] *Cf.* sect. I, ch. VII, p. 621. — Il faut rapprocher de ces passages les vers non moins remarquables de Pindare, cités par Clément d'Alexandrie, Strom. III, p. 518 Potter. (Pindar. Fragm. XCVI, p. 128 Heyn., p. 625 Bœckh) : « Heureux celui qui, après avoir vu ces cérémonies, descend dans les profondeurs de la terre! Il sait la fin de la vie, il sait le commencement donné par Jupiter. » Ces derniers mots contiennent une allusion manifeste à la palingénésie ou seconde naissance. (J. D. G.)

Grecs et les Romains, jusqu'aux derniers temps. Nous nous bornerons à quelques-uns des suffrages les plus graves, soit par la personne de ceux qui les ont portés, soit par les circonstances où ils se sont expliqués à cet égard. Sous l'un et l'autre point de vue nous ne saurions mieux choisir qu'en citant d'abord la déclaration faite, pour ainsi dire, à la face de toute la Grèce, par Isocrate dans son Panégyrique[1]. « Lorsque Déméter, dit-il, errant par toute la terre après l'enlèvement de sa fille, arriva dans notre pays, elle voulut témoigner à nos ancêtres sa reconnaissance pour les bons offices qu'elle avait reçus d'eux et que les seuls initiés ont droit de connaître. Elle les gratifia donc des deux plus beaux présents que les dieux puissent faire aux hommes, l'agriculture à qui nous sommes redevables d'une vie qui nous élève au-dessus de la condition des bêtes, et les mystères qui assurent à ceux qui y sont admis les plus douces espérances[2], non-seulement pour la fin de cette vie, mais encore pour toute la durée des temps. Et notre ville, amie des hommes non moins que des dieux, loin de garder pour elle ces biens inappréciables, s'est fait un devoir de communiquer à tous ce que seule elle avait obtenu. » On sait que

---

[1] Cap. 6, *ibi* Morus, pag. 20, coll. Creuzer. ad Orat. de Civ. Athen. p. 51 ed. alt.

[2] L'expression ἡδίους τὰς ἐλπίδας est caractéristique, quoiqu'elle se trouve aussi appliquée aux récompenses qui sont promises aux hommes pieux et justes en général, soit par le même auteur (Symmach. cap. 12, p. 223 Bekker.), soit par Platon et d'autres. Οὐδεὶς μυούμενος ὀδύρεται, *nemo in mysteriis tristis*, était un proverbe chez les anciens (Plutarch. II, p. 477, coll. Casaubonian. p. 115).

Cicéron, dans un célèbre passage du traité des Lois[1], a reproduit en partie cet éloge d'Isocrate, et il nous serait facile de multiplier les témoignages de ce genre, tous plus honorables les uns que les autres, si d'autres avant nous n'avaient pris soin de les réunir[2].

On peut, nous le savons, opposer à ces jugements si favorables les jugements contraires des Pères de l'Église, parmi lesquels le seul Clément d'Alexandrie fait de temps en temps exception. Mais d'abord, ainsi que nous l'avons observé, les Pères, la plupart du moins, ne connaissaient point le fond des mystères ; ils ne s'attachaient qu'à la forme, à certains symboles et à certains rites qui leur paraissaient nuisibles aux mœurs, et l'on conçoit que de ce point de vue il leur eût été difficile de ne pas les condamner[3]. Ensuite, ces institutions formaient un si puissant obstacle à la rapide propagation

---

[1] II, 14... *neque solum cum lætitia vivendi rationem accepimus, sed etiam cum spe meliore moriendi.* Cf. in Verr. V, 72 ; pro Flacc. 26.

[2] V. Meursii Eleusin. c. 4, 17, 18; Ruhnken. ad Hom. hymn. in Cerer. v. 482, *ibi* citat.; Interpret. ad Aristoph. Ran. 155, pag. 51 ed. Beck; Wyttenb. ad Plutarch. Fragm. de Anima (ap. de Ser. num. vind. p. 137). — Cf. Lobeck, Aglapham. I, § 11, p. 69-76. (J. D. G.)

[3] Cf. Sainte-Croix, pag. 364-376, avec ses citations et les notes de Silvestre de Sacy. L'un et l'autre de ces savants, si respectables du reste, se placent trop exclusivement au point de vue des Pères, tant scandalisés et du Ctéis et du Phallus et de la représentation de l'aventure de Baubo (pag. 735, 739 sq. *ci-dessus*), sans parler d'autres cérémonies obscènes, réelles ou supposées. M. de Sacy, toutefois, observe, avec Meursius, qu'il n'est nullement certain que le symbole du phallus ait fait partie des Éleusinies, et qu'à cet égard, comme à plusieurs autres, les Pères de l'Église ont souvent confondu les mystères de Cérès avec ceux de Bacchus, etc.

(C-n et J. D. G.)

du christianisme, que ses zélés promoteurs ne devaient rien omettre pour les décrier. N'oublions pas, d'ailleurs, à quelle époque les Pères s'élevaient ainsi contre le culte secret du paganisme. Sans doute, et c'est notre intime conviction, symboles et dogmes restèrent fidèles à la tradition de la haute antiquité; mais dans la corruption morale toujours croissante des temps, l'esprit ne parvenait plus à pénétrer la lettre, et le sens primitif obscurci dut souvent périr sous la simplicité grossière de l'expression. Si, à l'époque de Démétrius Poliorcète, le sacerdoce attique était déjà assez dégénéré, assez dominé par les motifs humains, pour bouleverser toute la période de la grande fête de Cérès, au gré de cet enfant du siècle, si peu digne du nom sacré qu'il portait [1], des altérations plus funestes ne durent-elles pas survenir dans les temps qui succédèrent? Enfin, était-il possible que le dépôt sacré de la doctrine d'Éleusis se transmît incorruptible entre les mains des hommes, depuis l'année 1400 avant la naissance du Christ, jusqu'au 20 décembre 381 de l'ère chrétienne, jour auquel Théodose-le-Grand, par son édit, ferma pour jamais le sanctuaire de Cérès après tous les autres? Distinguons donc soigneusement les âges, et les Éleusinies, protégées par un concert de témoignages imposants, retrouveront ce caractère auguste qui les recommandait à la vénération des esprits les plus éclairés de l'antiquité [2].

[1] *Cf.* art. II, p. 767 *ci-dessus.*
[2] Elles ont déjà trouvé un apologiste dans le savant disciple d'Ernesti, J.-A. Bach (de Mysteriis Eleusiniis, p. 17 sqq.); — et jusqu'à un certain point un autre, d'autant plus grave qu'il est plus circonspect, dans le disciple

Quant aux opinions des modernes sur la nature des mystères d'Éleusis et sur la doctrine qui y était ou n'y était pas enseignée, elles sont plus ou moins exclusives, tantôt dans un sens, tantôt dans l'autre. Un point fort essentiel à déterminer par avance et qui domine toute la question, c'est s'il est vrai, comme on l'a prétendu[1], qu'autant il était facile d'être admis aux petits mystères, autant l'admission aux grands était rare et difficile; s'il est vrai encore, que toutes les pratiques extérieures, les rites, les représentations appartinssent aux premiers, tandis que les seconds auraient consisté uniquement dans la révélation des dogmes secrets, réservée à un petit nombre d'élus[2]. Cette théorie est en opposition formelle avec les faits, tels que nous les avons exposés dans les précédents articles; mais elle était indispensable pour rendre plausible l'idée que Warburton et Meiners, par exemple, se formaient de la révélation dont il s'agit, pensant qu'elle avait pour objet principal une théologie abstraite et une cosmologie métaphysique, qui ne pouvaient, certes, être communiquées à tous les Athéniens, voire même à tous les Grecs[3]. D'autres ont voulu, au contraire, réduire toute la haute instruction morale et religieuse donnée dans les mystères à des préceptes sur

---

bien plus savant de G. Hermann, Lobeck, déjà cité p. 789 *ci-dessus*.
(J. D. G.)

[1] Warburton, *the div. Legat. of Moses*, I, p. 159. (J. D. G.)
[2] Meiners, *Vermischte philos. Schriften*, III, p. 164 sqq.
[3] *V.* le célèbre ouvrage cité de Warburton, I, *ibid.* et pag. 131 sqq., 181, surtout 250; et Meiners, *ibid. Cf.* Sainte-Croix, I, p. 436 sqq., réfutant longuement le premier. (J. D. G.)

CH. III. LES ÉLEUSINIES, ETC.   801

l'agriculture[1]. Sans doute, et les anciens sont ici parfaitement d'accord, la mémoire des premiers maîtres de ce grand art était consacrée dans les Éleusinies aussi bien que dans les Thesmophories; les bienfaits qu'ils avaient par lui répandus sur le genre humain y étaient exaltés[2]. Mais si ces héros de la civilisation avaient une place dans les mystères, les dieux aussi y tenaient la leur, les dieux dont ils n'étaient que les instruments, et dont ils avaient propagé la croyance, établi les honneurs, étroitement liés à la culture des champs. Et pourtant, si l'on admettait l'interprétation donnée à un passage de Cicéron, où, à propos de certains sépulcres que l'on montrait en Grèce, un appel est fait aux souvenirs des initiés[3], les dieux eux-mêmes leur auraient été présentés comme des hommes déifiés, en sorte qu'Évhémère, lorsqu'il publia sa fameuse *Histoire sacrée*[4], au grand scandale des croyants, n'aurait fait que révéler la doctrine secrète des mystères[5]. Les joies, les douleurs des dieux, leur passage sur la terre pour le salut des hommes, étaient certainement mis sous les yeux des initiés; et le Jupiter de Crète, bienheureux patriarche, roi clément des temps primitifs, pouvait être

---

[1] Court de Gébelin, Monde primitif, tom. IV (Calendrier), p. 306 sqq.

[2] Indépendamment des témoignages de Cicéron, Isocrate, etc., on peut voir le passage de Proclus (ad Platon. Polit. pag. 369), d'où il résulte que l'on conservait dans les mystères des traditions historiques ou tout au moins mythiques, sur l'état de l'humanité antérieurement à l'introduction de l'agriculture.

[3] Tusculan. Quæst. I, 13, *init.*

[4] *V.* liv. VI, ch. I, art. V, p. 584 sq., tom. II.

[5] *Cf.* la note judicieuse de Silv. de Sacy sur Sainte-Croix, p. 443 sqq., et surtout Lobeck, Aglaoph., p. 137 sq.   (J. D. G.)

également proposé à la foi des Époptes, aussi bien que son père Cronos, tyran cruel de ces âges reculés [1]. Mais qui voudrait se persuader que c'était là tout ce qu'on enseignait sur les dieux dans les mystères? Qui le voudrait, après avoir lu avec quelque attention d'autres passages, tels que celui du même Cicéron où il est question d'un double *Liber Pater* et notamment d'un *Liber* mystérieux [2]? Comment, d'ailleurs, Hérodote et Plutarque, ces hommes si sincèrement religieux, auraient-ils pu parler comme ils l'ont fait des divinités de leur patrie, eux, d'un autre côté, si pleins de respect pour les mystères, s'ils y eussent appris que ces divinités prétendues n'étaient qu'une œuvre d'imposture et d'erreur? Le dernier de ces écrivains, au contraire, ne se montre-t-il pas en toute occasion l'implacable adversaire de l'évhémérisme? Non, non, cette doctrine impie ne fut point celle des initiations. Le Jupiter que les mystères de la Crète et ceux de l'Attique présentaient sous la figure d'un monarque des temps anciens, n'en était pas moins le pouvoir souverain qui fait retentir le tonnerre dans les profondeurs terrestres, et qui, du haut des cieux, lance ses foudres tantôt féconds, tantôt destructeurs. Nul doute que les initiés n'apprissent à voir, dans les dieux de la religion populaire, ce qu'ils étaient originairement en grande partie, les éléments et les puissances de la nature personnifiés; et l'on peut très bien admettre, avec

---

[1] *Cf.* liv. VI, *ibid.*, et liv. VIII, ch. I, art. V, surtout p. 704 sqq. *ci-dessus.*

[2] De N. D. II, 24.

Sainte-Croix[1], que l'époptie était une sorte de physiologie, c'est à dire de philosophie de la nature, pourvu que l'on écarte de cette théorie toute idée d'abstractions métaphysiques. Selon nous, Villoison[2] a parfaitement montré que cette interprétation physique des divinités de la Grèce devait être un point essentiel de la doctrine des mystères, dont l'autre point fondamental aurait consisté dans le dogme de l'émanation, qui fait sortir du sein de Dieu tous les êtres et les y ramène tous. Mais comment, avec cette pensée, le même savant a-t-il pu révoquer en doute que la croyance des peines et des récompenses après cette vie ait appartenu aux mystères? et comment Meiners qui, de son côté, a très bien vu quel grand rôle y jouaient les Démons ou Génies, médiateurs entre la divinité et l'humanité, a-t-il pu mettre en question que des instructions morales, des principes et des maximes pour la conduite de la vie, y aient eu place[3]? Toute espèce de difficulté, nous l'estimons, doit disparaître à cet égard, d'après les preuves nombreuses que nous avons alléguées, soit dans ce livre, soit dans le précédent; d'après les représentations figurées des châti-

[1] I, pag. 429, quoiqu'il s'appuie mal à propos d'un passage de Clément d'Alexandrie (Strom. IV, 564) qui n'a aucun rapport aux mystères, selon la remarque de Silvestre de Sacy. — Il eût mieux fait de s'en tenir au passage de Cicéron, de N. D. I, 42 : *Quibus explicatis ad rationemque revocatis, rerum magis natura cognoscitur quam deorum*, mis dans la bouche d'un stoïcien au sujet des initiations d'Éleusis et de Samothrace. (J.D.G.)

[2] Dans sa dissertation latine *De triplici theologia mysteriisque veterum*, jointe au tome II des Recherches de Sainte-Croix sur les Mystères du Paganisme, deuxième édition.

[3] Recueil cité, tom. III, p. 299.

ments encourus par les impies, par les non-initiés, dont nous parlent les anciens, ou qui même sont parvenues jusqu'à nous[1]. D'ailleurs, les témoignages écrits ne manquent pas non plus. Indépendamment de ces espérances de bonheur à venir que les initiés puisaient dans les mystères, et dont nous ont entretenus Isocrate et Cicéron, indépendamment de la place d'honneur qu'on croyait leur être réservée aux enfers[2], Platon nous parle, également d'après la croyance générale, de la fange où, au contraire, croupiront ceux qui n'ont point eu part à ces saintes cérémonies[3]. Et quand même on ne serait point frappé, comme nous le sommes, de voir ce philosophe attribuer à Musée et à Eumolpe, c'est-à-dire aux chefs mythiques des initiations, le dogme des peines et des récompenses de la vie future[4], il faudrait bien faire attention aux idées si remarquables d'Empédocle sur l'origine des âmes, identifiées avec les Démons bons et mauvais, sur leur exil ici-bas pour expier les fautes d'une vie antérieure, sur le retour à leur source divine de celles qui les ont suffisamment expiées, idées que tout

---

[1] *V.* liv. VII, ch. V, pag. 337 sqq. *ci-dessus.* — *Cf.* dans notre planche CXLIX *bis*, 555, la remarquable peinture de vase offrant le tableau des enfers, et qu'il est difficile de ne pas mettre en rapport avec les mystères, surtout quand on la rapproche des autres scènes figurées sur le même monument, même pl. 555 *a*, et pl. CXLIX *ter*, 555 *b* et 555 *c*, avec nos explications, p. 229-231. (J. D. G.)

[2] Προεδρία. *Cf.* Hemsterh. ad Lucian. Dial., t. II, p. 44 Bip.

[3] Ἐν βορβόρῳ κείσεται. Phædon. p. 69 C, *ibi* Heindorf, pag. 60 sq., et Wyttenb. p. 22, 173, avec sa note sur les Morales de Plutarque, I, p. 222, coll. Plotin. I, 6, p. 55, p. 42 ed. Creuzer.

[4] De Republ. II, p. 363 C, p. 68 Bekker.

CH. III. LES ÉLEUSINIES, ETC.

nous atteste être elles-mêmes dérivées des mystères[1].

Empédocle, en effet, nous l'avons vu ailleurs[2], dut puiser beaucoup à cette dernière source, et à plus forte raison les sages antérieurs, Phérécyde, Pythagore, Héraclite, celui-ci positivement qualifié d'Orphique[3]. N'oublions point, en général, que l'origine des mystères de la Grèce est contemporaine de celle de la civilisation grecque elle-même. Elle se perd dans les nuages de la période pélasgique, dans ces temps reculés où le chantre, tel qu'Eumolpe ou Musée, est à la fois le prêtre et le précepteur de la religion, où nous le trouvons même fréquemment revêtu de la dignité royale. Ces prêtres et ces chantres-rois étaient venus de l'étranger, ou bien ils en avaient tiré les notions supérieures qu'ils possédaient. Ils les rattachèrent soigneusement aux grossières croyances répandues parmi les demi-sauvages qu'ils avaient mission de civiliser. Ces croyances étaient bien peu de chose ; elles consistaient en un commencement de sabéisme ou de culte des astres, et surtout en une adoration étroitement locale des corps de la nature et de ses éléments. Les nouveaux-venus durent tendre à les développer en les transformant, en reproduisant sur le sol de leur patrie adoptive les grandes institutions sacerdotales au sein desquelles ils avaient sucé le lait d'une doctrine

---

[1] *V*. Sturz, Empedocles, p. 448-458, et notre liv. VII, ch. I, p. 41 sq. ci-dessus.

[2] Liv. V, sect. I, ch. II, p. 296, tom. II; et liv. VII, ch. V, p. 287 sq. du tome actuel.

[3] *V*. liv. VII, ch. II, p. 118, 119 sq., et ch. III, p. 205 sq. *ci-dessus*, coll. liv. IV, ch. IV, p. 149 sqq., tom. II.

plus élevée et plus pure. Il semble même que quelques-uns des états fondés par eux, principalement en Thrace et en Argolide, se soient d'abord singulièrement rapprochés des formes à la fois monarchiques et religieuses de l'Égypte et de l'Asie. Mais un tel phénomène ne pouvait subsister sur la terre de Grèce, et la Providence avait sur ses peuples d'autres vues. Ni le climat, ni la nature du sol, ni le génie même des hommes ne permettaient à l'organisation orientale de s'enraciner parmi les Grecs. Des circonstances nouvelles firent naître de nouveaux besoins, développèrent de nouvelles forces, et un autre ordre de choses prévalut bientôt. Dans une foule de lieux les antiques corporations sacerdotales durent céder le terrain avec les tribus qu'elles dominaient. A leur place et à la tête d'autres tribus indépendantes, s'élevèrent les *héros*, maîtres du sol, avec les petits rois dont ils étaient les pairs; et leurs hauts faits, leur vie chevaleresque ayant suscité une poésie analogue et une classe de chantres qui n'avait plus rien de sacerdotal, toutes ces notions, tous ces dogmes supérieurs apportés de l'Orient, toutes ces traditions sacrées, tous ces hymnes symboliques qui en renfermaient le dépôt, durent chercher un asile dans l'ombre de rites secrets et devenir la matière d'un enseignement mystérieux. Maintenant la masse des tribus grecques combina ses croyances héréditaires avec ces chants nouveaux qui, fondés eux-mêmes sur la religion populaire du pays, répondaient aux instincts de ses habitants et à leur imagination vive et mobile. Mais les âmes d'élite gardèrent précieusement le trésor des croyances plus pures prêchées jadis aux aïeux des héros, et l'épopée héroïque elle-même, tout extérieure, toute sensible qu'elle était, n'y demeura pas complétement étrangère; elle y fit en passant mainte allusion [1]. Pythagore et d'autres sages allèrent de nouveau puiser à la source orientale l'antique doctrine; de là le titre d'Orphiques qui leur fut donné, ainsi qu'à ceux de leurs successeurs qui en recueillirent fidèlement la tradition. Mais, tout en la recueillant, ces philosophes se proposèrent de la fonder sur de nouvelles bases, d'enrichir par leurs propres travaux, par leurs méditations personnelles, ce dépôt sacré de la science divine, de former peu à peu l'esprit grec à la spéculation de plus en plus indépendante. Tandis que les premiers systèmes philosophiques, au moins quant au fond, ne faisaient guère que reproduire les grandes conceptions religieuses importées dans la Grèce, ceux qui vinrent ensuite les développèrent et les transformèrent à tel point que bientôt l'équilibre s'établit entre les découvertes nouvelles de la

[1] Pour avoir une vue complète des idées de M. Creuzer sur l'origine des religions grecques en général et sur celle des mystères en particulier, sur les rapports de ceux-ci avec les croyances populaires, et de l'épopée d'abord, puis des premiers systèmes philosophiques, avec les uns et avec les autres, il faut comparer non-seulement l'Introduction, ch. I et V, p. 2 sqq. et 100 sqq. du tome I, mais surtout le livre V, sect. I, chap. IV, art. II, p. 371-381, tome II, et le livre VII, ch. II, art. IV, p. 97 sqq. du présent tome III. Dans les diverses notes de nos Éclaircissements, indiquées là même, nous examinons les principaux points de ces idées, en rapprochant les opinions différentes qui ont pris rang dans l'histoire de la science. La note 21 sur le livre VIII, fin de ce tome, présentera un résumé substantiel de celles de ces opinions qui concernent la question spéciale de l'origine et de l'histoire des mystères. (J. D. G.)

pensée et ces antiques importations de la foi, et qu'à la fin le génie grec prévalut sur le génie oriental. Platon, ce héros de la dialectique, retient toutefois encore dans ses écrits une forte part des dogmes traditionnels, qui lui furent transmis par les Pythagoriciens et les Ioniens. Mais quand l'esprit philosophique se fut émancipé de la sorte, qu'il eut commencé à marcher dans sa force et dans sa liberté, il ne put manquer d'en abuser de temps en temps, et, rompant tout-à-fait avec la tradition, on le vit tourner ses armes contre la religion qui l'avait élevé, comme le prouvent les attaques de Diagoras de Mélos, d'Évhémère et de tant d'autres. Cependant la majorité des philosophes continua de militer en faveur des croyances antiques, que les Pythagoriciens et les Platoniciens surtout respectèrent en les interprétant. Lorsque, par le génie encore plus que par les conquêtes d'Alexandre, l'Orient s'ouvrit de nouveau, et que ses richesses intellectuelles furent entrées dans la circulation, ces philosophes durent puiser largement à la source même des dogmes primitifs, et la haute doctrine religieuse se développer considérablement entre leurs mains, surtout dans la position si favorable où beaucoup d'entre eux se trouvèrent placés à Alexandrie. Ce n'était qu'avec une grande réserve, avec des ménagements infinis, qu'il avait été possible à leurs prédécesseurs d'émettre de temps en temps des maximes théologiques en opposition avec la foi populaire. Mais les règles sévères que maintenaient à cet égard les chefs des instituts mystérieux, commencèrent à se relâcher par suite du contact journalier des Grecs avec les Orientaux et les Juifs. Il devint difficile de continuer à céler des vérités que professaient publiquement ceux-ci. Ce fut bien autre chose depuis la prédication du christianisme, surtout quand on le vit, dès le principe, déclarer une guerre à mort aux cultes païens. Le moyen pour ces derniers de soutenir la lutte contre un si redoutable adversaire, en s'obstinant à renfermer dans le secret des mystères la meilleure part des croyances sur lesquelles ils reposaient? Il était désormais dans les intérêts du sacerdoce grec que des athlètes exercés prissent en main la défense de la cause commune, et, sans rien compromettre, fissent ressortir tout le prix de la doctrine mystérieuse. C'est ainsi que Plotin, mais plus encore le zélé Porphyre, Apollonius, Iamblique, Julien, Proclus et autres, la plupart se rattachant aux écoles philosophiques de Pythagore et de Platon, révélèrent à leur manière les dogmes fondamentaux des anciens mystères de la Grèce, et durent les révéler [1].

Nous disons « à leur manière »; et en effet, il fallut que ces dogmes antiques, pour se produire avec quelque avantage dans le combat, se pliassent aux formes nouvelles de la philosophie. Sous ce point de vue les Pères ont raison, quand ils se récrient sur ce qu'ont de forcé les explications des philosophes, quand ils se plaignent, par exemple, de ne retrouver ni de ne reconnaître à beaucoup près, dans la doctrine des mystères de l'É-

---

[1] Sur la grande lutte du christianisme et du polythéisme, et sur la part qu'y prirent, dans l'intérêt de celui-ci, les philosophes grecs, on peut comparer les réflexions de M. Ouwaroff, dans l'ouvrage bien connu, intitulé: Essai sur les mystères d'Éleusis, sect. IV, p. 50 sqq., troisième édition, publiée sous les auspices de M. Silvestre de Sacy, à Paris. (C-R et J. D. G.)

gypte et de la Grèce, tout ce qu'ils lisaient dans les écrits de Porphyre[1]. Il est vrai que les Hiérophantes n'avaient point employé la terminologie dont plus tard se servirent les philosophes pour rendre les mêmes idées. Mais n'oublions pas, d'un autre côté, que les docteurs de l'Église avaient un grand intérêt à frapper de suspicion tout ce qui était donné comme provenant de la croyance secrète du paganisme. Celui-ci ne pouvait succomber tant qu'il se maintenait par là dans le respect des peuples. Et toutefois nous n'entendons pas révoquer en doute un fait non moins constant, sur lequel nous reviendrons à la fin de ce livre, c'est que, dans leurs attaques contre les mystères, les Pères furent souvent guidés par des motifs purement moraux.

De tout ce que nous venons de dire résulte la confirmation d'un principe fréquemment appliqué dans le cours de ces recherches, à savoir que les écrits des philosophes qualifiés de nouveaux Pythagoriciens et de nouveaux Platoniciens, ou encore d'Éclectiques, sont de la plus haute importance pour pénétrer l'essence intime de la religion grecque en général et de la doctrine des mystères en particulier, comme le sont aussi, dans une certaine mesure, les ouvrages des docteurs chrétiens qui les combattent. Nous ne saurions donc approuver Sainte-Croix, savant si recommandable du reste, de s'être cru dispensé, sur la foi de quelques-uns des Pères, d'entrer plus profondément qu'il ne l'a fait dans la théorie que ces philosophes ont développée sur la religion et la my-

[1] *V.* Euseb. Præpar. Ev. III, pag. 118 sq. ed. Colon. (κατηναγκασμένη ἀπόδοσις).

CH. III. LES ÉLEUSINIES, ETC.

thologie des Grecs[1]. L'étude de leurs idées à cet égard est féconde en utiles enseignements et ne saurait être impunément négligée. Mais il faut dégager ce qui appartient au langage et aux formules de l'école, du fond et de la substance réelle des dogmes mystérieux, et pour cela il est nécessaire de rapprocher avec soin les écrits dont il s'agit de ceux des anciens historiens, des fragments des vieux systèmes philosophiques, et aussi des poëtes, particulièrement des tragiques. On sait, en effet, que la tragédie grecque, aspirant à instruire les contemporains autant qu'à leur plaire, et voulant obtenir les suffrages de la partie éclairée du public, produisit fréquemment sur la scène les notions les plus épurées de la divinité et des choses divines. Sans parler de la religion de Sophocle, si élevée au-dessus des croyances vulgaires[2],

---

[1] Il en fait lui-même l'aveu dans la première édition de ses Recherches (Mémoires pour servir à l'histoire de la religion secrète, etc., Paris, 1784, p. 364). — Depuis, Sainte-Croix avait senti le besoin de combler cette lacune de ses travaux, comme l'on s'en aperçoit dans les remaniements qui ont servi à la seconde édition de son livre, tom. I, p. 430 sqq., et comme en témoignent bien mieux encore diverses notices insérées dans le Magasin encyclopédique de Millin (3e année, t. I et III). Mais et lui et son illustre éditeur envisagent le système d'interprétation mythologique des Alexandrins sous un point de vue très différent de celui de M. Creuzer, et sont loin d'y attacher la même importance, ce qu'on doit dire à plus forte raison de Lobeck, sans parler des critiques antérieurs, tels que Meiners et autres. Nous nous expliquerons sur cette question délicate, dans son rapport avec les mystères, Éclaircissements de ce livre, note 21. (J. D. G.)

[2] V., à ce sujet, le Programme de G. Schwab, de religione Sophoclis rationali, p. I, Stuttgart, 1820, in-4°. — Cf. E. J. G. Schmidt de notione Fati in Sophocl. tragœdiis et fragm. expressa, Lips., 1821, in-4°; Steiner,

Eschyle est déjà fort remarquable sous ce rapport. Nous ne discuterons point ici la question de savoir jusqu'à quel point et dans quel sens il a pu être appelé pythagoricien ; mais il est un récit célèbre qui le concerne et qui tient trop intimement à notre sujet pour que nous le passions sous silence. Il s'était, dit-on, dans son Sisyphe, dans son Iphigénie, dans son OEdipe et dans quelques autres pièces, exprimé sur Cérès d'une manière qui parut toucher avec une certaine affectation à la doctrine des mystères[1]. En conséquence, il fut décrété d'accusation comme coupable de sacrilége. Un jour même, ajoute-t-on, figurant sur la scène dans une de ses tragédies, un passage de ce genre fut proféré par lui, qui irrita l'assemblée à tel point que le profanateur se vit forcé de chercher son salut en se réfugiant près de l'autel de Bacchus. Les membres de l'Aréopage intervinrent, et, soit la déclaration qu'il n'était point initié, soit les services de son frère Cynégire, soit l'un et l'autre ensemble, le sauvèrent du châtiment le plus rigoureux.

Qu'Eschyle ait été initié ou non, peu nous importe ; ce qui nous intéresse, c'est de savoir que, dans ce qu'il avait dit de Cérès, on reconnut une profanation des mystères. Une assertion qu'il avait avancée sur cette déesse, nous est positivement connue, et par un témoin grave,

über die Idee des Sophocles von der göttlichen Vorsehung, Züllichau, 1829, in-8°. (J. D. G.)

[1] Περὶ Δημήτρας λέγων τῶν μυστικωτέρων περιεργότερον ἅπτεσθαι... ἐπὶ τῷ τῶν μυστικῶν προφέρειν τινὰ δοκεῖν. Eustratius ad Aristotel. Eth. Nicom. III, 2, pag. 40 A (en partie d'après Héraclide de Pont), coll. Clem. Alex. Strom. II, p. 387, et Ælian. V. H. V, 19.

par Hérodote : c'est que Déméter était mère d'Artémis. Par là Artémis devenait Perséphone, comme elle l'était également chez Pindare, lui aussi qualifié de pythagoricien, et comme le professa plus tard Callimaque. C'était, nous l'avons montré ailleurs[1], un dogme égyptien, et en même temps un dogme des mystères de l'Attique, selon toute apparence[2]. Les platoniciens, tels que Porphyre et Proclus, ne veulent pas dire autre chose, quand ils parlent de deux Vierges, Proserpine et Diane, qui au fond n'en sont qu'une. Après Eschyle, Euripide affectionna le grand sens de l'ancienne doctrine. Nous en pourrions citer beaucoup d'exemples ; celui qui touche le plus directement à la question qui nous occupe, c'est son axiome de l'Éther et de la Terre, le premier père et la première mère de tous les êtres, animés ou non[3]. On

---

[1] Sect. I, ch. V, de ce livre, p. 552, coll. ch. I, pag. 417 *ci-dessus*, et liv. IV, ch. IV, p. 133, t. II.

[2] Lobeck (Aglaoph. pag. 78 sqq.) rapportant l'opinion de notre Fréret (sur le culte de Bacchus, Acad. des Inscript. t. XXIII, p. 266), qui pense que l'assertion dont il s'agit fut réellement la cause de la poursuite intentée contre Eschyle, ajoute : « Si Æschylus, quum ad Dianam transferret, quod vulgo de Proserpina creditum, mysteria evulgavit, fere pro explorato haberi potest, in his illam Theocrasiæ rationem traditam esse, qua deorum popularium nomenclatura ad unius naturalis dei vim et naturam revocatur. Idque mirifice confirmare videtur Heraclides Allegor. VI, p. 21 : Ὅτι τοίνυν ὁ αὐτὸς Ἀπόλλων ἡλίῳ, καὶ θεὸς εἷς δυσὶν ὀνόμασι κοσμεῖται, σαφὲς ἡμῖν ἐκτε τῶν μυστικῶν λόγων, οἷς αἱ ἀπόρρητοι τελεταὶ θεολογοῦσιν. » Puis il essaie, vainement selon nous, de réfuter cette opinion, soit pour ce qui concerne Eschyle, soit en général. Cf. Welcker, *Æschyl. Trilog. Prometh.*, p. 106 sqq., et Klausen, Æschyli Theologumena, p. 93 sqq. (J. D. G.)

[3] *V.* les passages dans Valckenaer, Diatrib. Euripid. p. 46-48.

y reconnaît la doctrine antique d'Ammon et Rhéa, de Jupiter et Cérès, d'Osiris et Isis, ces derniers sous leur aspect le plus élevé. Il est à remarquer que c'est précisément dans les Thesmophoriazouses, ou les femmes célébrant la fête des Thesmophories en l'honneur de Cérès, qu'Aristophane tourne en ridicule le dualisme cosmogonique d'Euripide [1].

Mais quelle était donc enfin, nous demandera-t-on, la doctrine enseignée dans les grands mystères? Tout ce que nous avons dit dans la première partie de cet article, à l'exclusion d'une métaphysique abstraite et d'une vulgaire instruction dans l'économie rustique. Les Thesmophories furent à Athènes la plus ancienne des fêtes mystérieuses, et les dogmes qui s'y rattachaient peuvent être appelés la *loi de Cérès*. De même donc qu'à la législation du Sinaï se lie étroitement l'Exode, et de même qu'au Décalogue de Moïse se superpose l'histoire entière du peuple de Dieu et celle des patriarches jusqu'à la création, de même les Athéniens avaient dans leurs mystères, à Éleusis, d'abord leur Décalogue, pour donner ce nom aux commandements de Triptolème, puis, en remontant, leur Exode, leur Lévitique et enfin leur Genèse. D'après la tradition figurée du monde primitif, que l'on représentait dans les scènes des mystères, les grands êtres cosmiques apparaissaient aux regards des initiés, accom-

---

[1] V. 13. — *Cf.* Fritzsche ad Aristophan. Thesmoph. p. 166, 163, 287, 511; et la dissertation d'E. Müller intitulée : Euripides deorum popularium contentor, Breslau, 1826, in-8°. Euripide, au reste, se montre presque partout le disciple de la philosophie de son temps bien plus que celui des mystères. (J. D. G.)

CH. III. LES ÉLEUSINIES, ETC. 815

plissant l'œuvre de la création : le démiurge escorté du soleil et de la lune, et d'Hermès, la parole de vie incarnée[1]; ensuite Cérès cherchant sa fille, Cérès dans son état d'abaissement et dans la purification qu'elle fait subir au jeune Démophon ; puis les migrations et épurations successives de l'âme, les régions infernales avec Pluton et Proserpine[2]; enfin Triptolème, Jasion, Androgée, Thésée, et tous les grands rois, cultivateurs et civilisateurs de l'Attique, les uns apportant de l'étranger la semence du blé et celle de la foi, les autres s'éloignant de leur patrie pour communiquer ces bienfaits aux peuples[3]. De ces images et de ces représentations scéniques on tirait, dans les grands mystères, une instruction destinée aux plus parfaits ; et les vérités d'un dieu unique et éternel, de la destination du monde et de celle de l'homme, étaient déposées dans le cœur des Époptes[4].

---

[1] *Cf.* art. I, p. 756 sq., et liv. VII, p. 313, *ci-dessus*.

[2] *V.* Sainte-Croix, I, p. 360 sqq., avec les notes de Silvestre de Sacy, et p. 418 sqq., 424 sq. — *Cf.* sect. I de ce livre, ch. VII, pag. 608 sqq., 620 sqq., et le monument indiqué p. 804, n. 1, *ci-dessus*. (J. D. G.)

[3] *Cf.* même section, *passim*, surtout ch. I, p. 416 sq., ch. II, p. 457 sq., ch. III, p. 496, 497, 506 sqq., ch. VII, p. 607 sq., 623 sqq., et les monuments indiqués. (J. D. G.)

[4] Ici se représente naturellement l'important passage de Clément d'Alexandrie, dont la première partie, relative aux petits mystères, a été citée par nous p. 776, n. 2, *ci-dessus*. Il en résulte que ces derniers renfermaient une instruction, reste à savoir de quelle nature, qui servait de préparation à ce qui devait suivre, c'est-à-dire aux grands mystères, selon toute apparence. Clément poursuit : Τὰ δὲ μεγάλα περὶ τῶν συμπάντων οὐ μανθάνειν ἔτι ὑπολείπεται, ἐποπτεύειν δὲ καὶ περινοεῖν τήν τε φύσιν καὶ τὰ πράγματα. Cette phrase, peut-être mutilée, et dans tous les cas très obscure, quelque

L'agriculture et les mystères sont dits par Isocrate les deux biens les plus précieux de l'Attique, ainsi rapprochés l'un de l'autre. Ce rapprochement seul, quand même les chants religieux ne viendraient point à l'appui, pourrait autoriser la conjecture que, dans les mystères de l'Attique, le dogme de la palingénésie ou seconde naissance et de l'immortalité de l'âme était enseigné principalement sous des symboles empruntés aux transformations du grain de blé. Cet emblème était si bien dans la nature et si heureusement approprié à l'idée, qu'il se retrouve dans presque toutes les religions. L'É-

---

ponctuation que l'on adopte, est sans aucun doute la base de ce que vient d'avancer notre auteur, qui paraît l'entendre dans le même sens que Warburton et jusqu'à un certain point Sainte-Croix : « Puis enfin les grands mystères, *qui avaient pour objet l'universalité des êtres*, où l'on n'avait plus rien à apprendre, mais où l'on voyait de ses yeux, et où on comprenait la nature et les choses. » Silvestre de Sacy, au fond tout aussi peu fixé que Sainte-Croix sur le vrai sens du passage, et Lobeck, qui tranche la difficulté plus qu'il ne la résout (Aglaopham. p. 140 sqq.), tirent de cette seconde partie, rapprochée de la première, une conclusion absolument opposée à celle de M. Creuzer, refusant aux grands mystères toute doctrine explicite, et les réduisant à la contemplation, à l'intuition immédiate (l'époptie) des scènes sacrées mises sous les yeux des initiés, et que l'instruction préalable des petits mystères les avait préparés à comprendre. Et de fait, cette instruction supérieure dont parle ici notre auteur, semble peu d'accord avec ce qu'il a dit plus haut, pag. 800. *Cf.* la note 22 dans les Éclaircissements sur ce livre, où nous exposons sous un point de vue critique et avec les développements nécessaires, les opinions ou les conjectures, soit des anciens, soit des modernes, relativement à la nature, à la portée, à l'influence de l'enseignement quelconque donné dans les mystères, spécialement dans ceux d'Éleusis. (J. D. G.)

vangile du Christ n'a point dédaigné de s'en servir [1], et la *loi des Perses* que nous avons déjà trouvée tant de fois d'accord avec celle de Cérès, rattache à des images analogues le dogme de la résurrection [2]. Les deux hymnes orphiques adressés à Cérès-Éleusine et à Proserpine, quelque récente qu'en puisse être la date [3], n'en sont pas moins conçus dans le même esprit. Comme ils forment une espèce de résumé des attributions des deux déesses, telles que nous les avons expliquées dans ce livre, et qu'ils sont, pour ainsi dire, le symbole de leur culte mystérieux, nous croyons ne pouvoir mieux terminer ce chapitre qu'en les lui donnant pour couronnement.

HYMNE A PERSÉPHONE.

« Perséphone, fille du grand Jupiter, viens, déesse bienheureuse, seule-engendrée, recevoir des offrandes qui te soient agréables ! Épouse honorée et fidèle de Pluton, toi qui répands la vie, qui gardes les portes d'Aïdès (l'invisible) dans les profondeurs de la terre, vengeresse du droit [4], aux cheveux bien bouclés, chaste rejeton de Déô [5], mère des Euménides, reine des morts, enfant à

---

[1] Jo. XII, 24.

[2] Zendavesta, Boundehesch, t. II, p. 411 sq.

[3] *Cf.* liv. VII, ch. II, art. IV, p. 100-103, *ci-dessus*, et les Éclaircissements, notes indiquées là même.   (J. D. G.)

[4] Πραξιδίκη. *Cf.* sect. I, ch. VI, art. I, p. 569 sqq.

[5] Δηοῦς, d'après la conjecture de Lennep, au lieu de Διός, retenu par Scaliger, dans sa traduction latine métrique : *Jovisque insigne propagmen*. *Cf.* p. 617 sq., 637 *ci-dessus*.

qui Jupiter donna l'être par une ineffable union ; mère d'Eubuleus aux mugissements terribles, aux formes multipliées [1], compagne enjouée des Heures, qui portes la lumière, qui resplendis de beauté ; auguste déesse, souveraine de tous les êtres, vierge, qui prodigues les fruits, à la douce clarté, aux cornes recourbées ; seule désirable aux mortels, messagère du printemps, te plaisant aux parfums des prairies, révélant ton corps sacré dans les pousses vertes qui promettent les moissons ; et ravie pour la couche nuptiale aux jours de l'automne. Toi, qui seule es la vie et la mort pour les misérables mortels, toi justement nommée Phersephonie, car tu produis et tu détruis sans cesse [2], exauce nos vœux, ô bienheureuse déesse ! envoie-nous les fruits du sein de la terre, fais fleurir parmi nous la paix, la douce santé, accorde-nous une vie fortunée, qui nous conduise par une heureuse vieillesse à ta demeure, ô reine ! et à celle du tout-puissant Pluton. »

A DÉMÉTER ÉLEUSINIA,

OFFRANDE DE PARFUMS.

« Déô, mère de tous les êtres, divinité aux mille noms divers, auguste Déméter, nourrice des jeunes gens, toi qui donnes le bonheur et la richesse, qui fais croître les épis, qui prodigues tous les biens, qui te plais à la paix, aux pénibles travaux des champs, qui répands les se-

---

[1] *Cf.* p. 545 sq., avec les renvois aux livres V et VI.
[2] *Cf.* chap. complém. de la sect. I, p. 646 sq.

mences, qui entasses les gerbes, qui bénis l'aire, qui jaunis les moissons, qui as choisi ta demeure dans les saints vallons d'Éleusis ; aimable et charmante déesse, qui nourris tous les mortels, qui, la première, as fait plier sous le joug le bœuf laboureur et donné aux hommes le meilleur et le plus doux des aliments ; toi qui favorises la végétation, qui partages les autels de Bacchus[1] et jouis de brillants honneurs, qui portes dans tes mains des flambeaux, qui es pure, qui fais ta joie de la faucille moissonneuse ; toi qui habites sous terre, toi qui reparais à la lumière, toi qui es secourable à tous; mère féconde, qui chéris tes enfants, vierge auguste qui nourris les générations naissantes[2] ; toi qui guides les dragons attelés à ton char et se repliant avec transport pour former leurs orbes autour de son trône[3] ; mère d'une fille unique

---

[1] Βρομίοιο συνέστιος, comme encore συμβωμός. Cf. liv. VII, chap. II, p. 60, ch. IV, p. 232 sqq., et surtout les livre et chapitre actuels, p. 767 sq. ci-dessus.

[2] C'est l'opposition significative qui nous paraît résulter de ce vers :

Εὔτεκνε, παιδοφίλη, σεμνὴ, κουροτρόφε κούρη.

Scaliger traduit : *Proletaria, amans natæ, Dea Rumia nutrix.*
Taylor, que nous avons peine à comprendre :

Prolific, venerable, nurse divine,
Thy daughter loving, holy Proserpine.

(J. D. G.)

[3] Nous avons cru devoir traduire ainsi, conformément à la correction de Hermann qui substitue εὐαζόντων à l'ancienne leçon εὐάζουσα, et aux représentations des monuments : pl. CXLIV, 547, CXLIV bis, 551, CXLVI, 550. Moser, dans sa traduction métrique en allemand, communiquée à M. Creuzer, de cet hymne et de celui qui précède, suit εὐάζουσα, que notre

et de nombreux enfants tout à la fois, révérée des mortels, qui te produis sous mille formes, parées de mille fleurs, riches d'une végétation sacrée[1]. Viens, bienheureuse et sainte déesse, viens chargée des trésors de la moisson, amenant avec toi la paix, le bon ordre, la richesse, féconde en jouissances, et la santé, reine de tous les biens. »

auteur approuve, comme répondant mieux à la pensée du poëte orphique (p. 210, 471 sq. *ci-dessus*). (J. D. G.)

[1] Ἱεροθηλεῖς, *sancte vegetantes*. *Cf.*, à l'appui de cette leçon, Valckenaer ad Callimach. Eleg. Fragm. p. 128 sq.

CHAPITRE IV.

CONCLUSION.

Le paganisme comparé avec le christianisme;
esprit opposé des deux religions.

La grande question que nous posons ici en terminant cet ouvrage, l'on ne doit pas s'attendre à la voir complétement traitée ; nous ne voulons qu'indiquer en peu de mots les points de comparaison qui, depuis le second ou le troisième siècle de notre ère, pouvaient s'offrir à l'esprit des penseurs du paganisme; ou, en d'autres termes, présenter les idées d'un panthéiste sur l'ancienne et la nouvelle croyance.

Le point fondamental qui, sous des formes si variées, reparaît sans cesse dans la religion des peuples grecs, c'est la déification de la nature matérielle. Les éléments ou ce qu'on nommait ainsi, l'air, le feu, l'eau, la terre, dans leur action réciproque et dans leur influence sur l'homme ; les phénomènes les plus frappants du règne animal et du règne végétal ; par-dessus tout le soleil et la lune, les planètes avec quelques autres étoiles remarquables, Sirius surtout ; voilà quels étaient en définitive les objets du culte des Grecs, ce dont il fit le fond et la base de mille et mille fables. Leur religion, ou publique ou secrète, était donc presque entièrement physique. L'essence propre des choses de la nature, leur mode d'existence, leur vie, réfléchis dans la pensée humaine, formaient le pivot autour duquel roulaient, pour ainsi dire, tous leurs actes, tous leurs sentiments religieux. Dans cette sphère, le culte extérieur sanctifia tous les êtres, grands et petits, sans dédaigner même les plus infimes. Ils vinrent tous avec leurs propriétés, leurs caractères, leurs habitudes, se refléter dans la croyance des peuples comme dans un miroir magique, par le milieu de l'imagination. L'année avec les vicissitudes de son cours, avec les alternatives de la lumière et des ténèbres; les périodes du soleil et de la lune et les changements qui s'y liaient, dans l'ordre des opérations de la nature ou dans celui des travaux de l'homme, décrivaient le cycle perpétuellement reproduit des solennités du culte. Des esprits de la nature furent inventés, des esprits, soit des éléments, soit des astres, qui, rayonnant ensuite dans toutes les directions, donnèrent naissance à une multitude infinie de dieux et d'êtres analogues. Les rapports mutuels de ces dieux furent l'expression des lois de la nature physique, telles qu'elles pouvaient être conçues par la pensée naïve de ces temps. Au sommet du monde corporel, du monde organique, le phénomène de la génération devint le point culminant de la foi, de la méditation, de l'art religieux. Il n'y eut rien de si secret dans la nature, qui ne dût se produire à la lumière, se révéler aux yeux par une image sensible. Ce que l'homme civilisé, l'homme de la vie sociale, cache avec pudeur et dérobe soigneusement aux regards, l'homme simple et droit de la nature en fit, de nom et de figure, un symbole religieux, consacré dans le culte public. Avec cette foi universelle et immanente, pour ainsi parler, cette foi qui met Dieu dans la nature et l'identifie avec elle, et puis, avec les mœurs plus libres des peuples méridionaux, surtout des Grecs, toutes ces distinctions de décent ou d'indécent, de digne ou d'indigne de la majesté divine, qui, chez nous, se sont établies sous l'influence d'opinions et de faits historiques entièrement différents, ne pouvaient se faire sentir. De là vient que ces peuples admettaient dans leurs religions ces légendes sacrées que nous trouvons scandaleuses, ces emblèmes que nous taxons d'obscénité, avec une innocence devenue étrangère aux Romains du temps de l'empire aussi bien qu'à l'Europe moderne en général.

Ce monde divin que l'art grec révéla avec tant de supériorité, repose au fond sur la même base physique que le culte naïf des premiers temps. Mais il lui fit faire un grand pas, en épurant l'imagination, en élevant la pensée religieuse. Par lui chaque figure divine devint un esprit revêtu d'un corps. Montrer dans une belle individualité le caractère propre de l'espèce entière, et par les lignes de la surface visible faire, en quelque sorte, pénétrer le regard jusqu'à l'invisible essence, tel est le problème que se proposèrent les artistes de la Grèce, et qu'il leur fut donné de résoudre. Ce fut, encore un coup, un notable progrès. Car, dans cette représentation plastique de la divinité, la nature n'était plus conçue en elle-même et dans ses manifestations purement individuelles ; elle n'était plus déifiée à ce titre. Les caractères individuels durent céder de plus en plus la place aux caractères généraux. Tout ce qui n'appartenait point à l'essence véritable du corps, à la figure humaine considérée en soi, fut négligé ou retranché, comme ne faisant qu'en altérer la vérité et la beauté. L'art voulut personnifier la loi même que la nature créatrice semblait avoir suivie en formant l'homme ; il voulut représenter, non pas ce qui apparaissait aux yeux du corps, mais ce que l'œil de l'esprit voyait seul sous les contours matériels ; il voulut saisir l'idée sous la forme, et, la dégageant des accidents de la matière, la réaliser pourtant sous une forme nouvelle, qui en fût la pure révélation. De la sorte, les attributs les plus sublimes des dieux, la puissance, la sagesse et la bonté, revêtirent un corps, et, devenus visibles, reçurent les adorations qu'ils méritaient.

Ces mêmes caractères, les Grecs les admiraient dans les œuvres de leurs poëtes. Ils les retrouvaient dans les légendes de leurs dieux. Pareils à ces dieux en force, en beauté, en bonté, en sagesse, étaient les héros, leurs enfants et leurs émules. L'histoire héroïque enseignait aux Grecs que ces hommes illustres des temps anciens s'étaient proposé, comme but unique de leur vie, d'imiter les dieux, de se rendre dignes, par leurs travaux et leurs efforts, de parvenir aux honneurs divins ou à des honneurs presque égaux. Pleins d'amour pour la patrie, défenseurs zélés des dieux et promoteurs de leur culte, fondateurs de l'agriculture et de la vie sociale intimement unies à la religion, toujours prêts à faire au bien commun le sacrifice de leur vie, tels avaient été les héros ; à tous ces titres ils étaient devenus les modèles de leurs descendants. La morale avait dans cette croyance populaire une base solide. Mais bien plus large était cette base dans les développements que la doctrine des mystères avait donnés au dogme des héros. Là, sous les images sensibles de la purification par le feu ou d'autres épreuves semblables, la lutte des deux principes qui se partagent l'homme, et la victoire du bon principe sur le mauvais, de l'esprit sur la matière, étaient mises en évidence dans la carrière des héros, bienfaiteurs de la patrie, et représentées avec éclat et avec grandeur. Par là se trouva fondé chez les Grecs un système d'éducation religieuse, qui, depuis leurs jeunes années, les mit continuellement en présence de ces figures vénérables d'un âge meilleur que le présent. Chacun d'eux eut dès lors une vocation héroïque; chacun dut tendre à devenir ce qu'avaient été les héros dans leur passage sur la terre. Toute âme était descendue ici-bas du séjour des dieux, et dut avoir pour premier intérêt de se rendre digne d'y remonter.

Ce n'était là, au reste, qu'une conséquence du principe général qui renfermait en soi toute la substance de la doctrine des mystères, et par lequel elle se rattachait aux religions de l'Orient. Ce principe est le dogme de l'émanation, selon lequel tous les êtres découlent du sein de Dieu et doivent y rentrer. Il soulevait une grande question, celle de la raison de cette espèce de chute, celle de savoir pourquoi l'être éternel et bienheureux était sorti de son essence et de sa paix, avait voulu se révéler dans le monde. Cette question, qui se retrouve au fond de toutes les religions anciennes[1], nous avons vu, dans nos deux derniers livres, comment les mystères de la Grèce la posèrent et tentèrent de la résoudre. Confirmer, épurer cette solution et toute la doctrine mystérieuse, ce fut la tâche de maint penseur de génie, principalement dans les écoles de Pythagore et de Platon[2]. Mais quand le christianisme fut annoncé, la question ayant été posée de nouveau reçut une solution nouvelle. Voici les points fondamentaux de la nouvelle doctrine, dans son opposition avec la philosophie religieuse du paganisme.

Le christianisme gravite tout entier autour du dogme

---

[1] C'est ce qu'a très bien montré Gœrres de plusieurs de ces religions, dans son livre si connu, *Mythengeschichte der Asiat. Welt*, page 633.

[2] Ici se rattacherait surtout un article qualifié d'*Excursus* par M. Creuzer, et intitulé : *Cérès-Éleusine Dyas* (Dyade), *ou la chute et le retour*, que nous appellerions volontiers le symbole philosophique des mystères d'Éleusis, comme les hymnes orphiques qui viennent d'être lus peuvent en être dits jusqu'à un certain point le symbole religieux. Notre auteur y fait voir comment le dogme (selon lui) fondamental des Éleusinies, le dogme de la *guerre* et de la *paix*, de la lutte de la *matière* avec l'*esprit* et de leur purification dans le cours de cette lutte, le dogme de la *séparation* et de la *réconciliation*, fut adopté par les Pythagoriciens sous sa forme symbolique, mis en rapport avec leur arithmétique sacrée, et développé à leur manière, la Dyade se détachant de la Monade, en tant que *Demetra*, *Eleusinia* ou *Éleusine*, la mère du monde, et en tant que *Coré*, la vierge divine, s'en séparant et s'y réunissant tour à tour. Le caractère de ce morceau, si savant et si profond qu'il soit, et pour cela même, nous détermine à en faire un appendice aux Éclaircissements sur ce livre, note 22ᵉ et dernière.

(J. D. G.)

de l'incarnation et de la rédemption[1]. Il était de toute éternité dans les conseils de Dieu de se révéler dans le monde, ce qui impliquait la séparation de ce monde d'avec Dieu, conséquemment la chute et le péché; mais il était aussi de toute éternité dans les conseils de Dieu, de rappeler à lui ce monde[2]. Dieu lui-même, sortant de Dieu, partageant la chute de l'homme, mais non pas son péché, soutient ici-bas la lutte morale jusqu'au moment où la victoire est remportée, où la nature finie est rendue à son auteur[3], par où cesse la séparation d'avec Dieu, par où l'état de péché qu'elle entraîne. Ainsi la mort est vaincue par le retour à Dieu de celui qui en était sorti, et qui, par un acte libre de sa volonté, s'est immolé lui-même. Au moyen de ce sublime dénouement du combat rendu par le Dieu-Homme, se trouve résolu le grand problème qui pesait sur la race humaine depuis sa chute, ce problème après la solution duquel soupirait depuis Adam toute créature[4]. Un acte de la plus haute liberté a rendu tout ce qui est hors de Dieu capable d'habiter en Dieu de nouveau. Le sacrifice est consommé, la réconciliation est accomplie. Ce sacrifice, tout homme y a part[5], qui veut être un chrétien, un oint du Seigneur, une hostie sacrée, comme le Christ lui-même. Le retour à Dieu dépend du libre arbitre, de la force morale, de la vertu

---

[1] Epist. I ad Tim. III, 16; Ephes. I, 7; Coloss. I, 14.

[2] Col. I, 20; II Tim. I, 9, 10; Ephes. I, 3, 4.

[3] Philipp. II, 6, 7; Hebr. IV, 15, II, 9; Phil. II, 8; I Corinth. XV, 55-57.

[4] Rom. VIII, 19 sqq.

[5] Hebr. X, 10, 14, V, 9.

de chacun de nous. Le plan de ce retour, devenu possible par le décret éternel de l'incarnation, l'œuvre de retour opérée par le sacrifice volontaire de la victime sainte, c'est là le mystère de l'amour divin [1]. Cette loi de l'amour peut seule rendre raison de l'acte par lequel Dieu s'est déterminé à se révéler dans le monde; seule elle explique l'énigme de la création et de l'histoire universelle. Car maintenant que cette grande immolation a eu lieu, il vaut mieux que le monde ait été créé; s'il ne l'eût point été, ce triomphe du Saint des saints n'aurait pu éclater; c'est lui qui justifie l'existence du monde; c'est depuis le sacrifice accompli par le Christ que tous les cieux et tous les êtres créés célèbrent la gloire du Dieu qui s'est révélé dans le monde.

Voilà comment les principaux dogmes du christianisme trouvent leur signification. D'abord le dogme de la divinité du Fils: le retour de ce qui s'est séparé de Dieu, la rédemption du monde, ne pouvait s'opérer par un autre que par celui qui n'a jamais été hors de Dieu, qui n'a jamais été moins que Dieu même [2]; en Christ et par Christ, le monde, c'est-à-dire ce qui est tombé hors de Dieu, était de toute éternité revenu en Dieu. Ensuite le dogme du péché originel: l'espèce humaine, considérée du point de vue moral d'où l'envisage le christianisme, était mauvaise en soi et dans son existence même [3]; ce qui est hors de Dieu étant censé par cela seul avoir démérité, et ne pouvant se réhabiliter ni se justifier que par le sacrifice

[1] I Jo. IV, 9 sqq.; Ephes. II, 4 sqq.
[2] Jo. I, 1, 3, 10, 14.
[3] Rom. VII, 14, 18; VIII, 7, 8.

volontaire de l'existence. Par là s'explique encore la *typologie* entière, c'est-à-dire la doctrine de l'ardente aspiration des patriarches de l'Ancien-Testament après la délivrance, et des figures dans lesquelles ils contemplaient le salut à venir, conséquemment cet article de foi, que les promesses de l'antique alliance ne pouvaient être accomplies que par la nouvelle.

Le christianisme fait tout consister dans la force volontaire et libre. Le problème de la création et de l'existence en dehors de Dieu ne peut être résolu que par le principe moral, c'est-à-dire par la doctrine de la sanctification de la volonté. Le principe physique, la nature extérieure, n'intervient que de loin en loin, et encore par figure. Le paganisme, au contraire, fait dominer l'élément physique, tant dans la déification de l'année avec ses phénomènes et ses influences toutes sensibles, que dans les grandes périodes de la nature. La croyance du retour de chaque être individuel à la source première et commune de tous les êtres était, du moins dans le culte public, conçue physiquement et présentée de même. Elle se manifestait par des sentiments enthousiastes, par des transports fanatiques, où l'homme cherchait à confondre sa personne bornée et finie avec l'existence infinie et universelle. A peine quelques rayons de pure morale perçaient-ils de temps en temps ces ténèbres, par exemple quand le dieu de la nature apparaissait comme un sage législateur et comme un roi juste. Le paganisme se rapproche davantage du christianisme, lorsque sous le dogme de la transmigration des âmes s'insinue celui de leur purification progressive ;

bien plus encore dans cet autre dogme, originairement persique, d'une grande lutte, conciliée en Dieu, comme de la cause du monde, et du combat de la lumière avec les ténèbres. Par l'admission de ces deux dogmes, par leur perfectionnement et leur application, les Éleusinies s'élevèrent au-dessus de tous les autres mystères de la Grèce. Et pourtant, ici encore, le vieux génie des religions de la nature exerça trop d'influence. Sous le voile des symboles et des mythes divins, le principe moral devait être toujours plus ou moins obscurci par l'élément physique, l'esprit dominé par la lettre.

De tout ce que nous venons de dire, il résulte deux choses : la première, c'est que l'on comprend pourquoi les plus éclairés, mais en même temps les plus zélés, sous le rapport moral, parmi les Pères de l'Église chrétienne, même connaissant le fond des mystères comme le connaissaient quelques-uns d'entre eux, n'en jugèrent pas moins devoir, de toutes leurs forces, combattre ces institutions, loin de s'y tenir. La seconde, c'est que l'on conçoit tout aussi bien que des caractères estimables, des esprits élevés parmi les païens, aient pris la défense de leur religion secrète contre le christianisme. D'une part, ils se fondaient sur le sens vraiment moral des dogmes les plus essentiels des mystères, et, sous ce point de vue, la nouvelle religion leur semblait superflue ; d'autre part, ils trouvaient que le christianisme avait mis de côté ou tranché, au lieu de les résoudre, une foule de questions qui fournissaient à leur génie spéculatif une riche matière et un aliment supérieur. Ainsi la guerre était inévitable. Mais dans les deux partis une noble paix put réconcilier ceux qui en étaient dignes[1].

[1] M. Creuzer a placé à la fin de la *Symbolique* deux appendices, l'un du docteur Abegg sur cette question : « Comment les apôtres ont-ils trouvé dans l'avénement du Christ l'explication du plan de Dieu en créant l'espèce humaine »; l'autre du docteur Ullmann, intitulé : « Comparaison et rapprochement du cycle des fêtes chrétiennes avec les fêtes antérieures au christianisme. » Le livre IXe et dernier, qui va suivre, étant destiné par nous à élargir la *Conclusion* précédente, de même que le Discours préliminaire à généraliser l'*Introduction* de notre auteur, en y faisant intervenir, aussi bien que dans le corps de l'ouvrage, les religions de l'Orient à côté du paganisme grec et romain, nous avons cru devoir rattacher à ce livre IXe les deux morceaux dont il s'agit, et les comprendre dans la récapitulation des *Religions de l'antiquité* comparées entre elles, laquelle se termine par une vue plus complète des principaux rapports de ces religions avec le judaïsme et le christianisme. (J. D. G.)

FIN DU LIVRE HUITIÈME.